TRAITÉ GÉNÉRAL

DE

PHOTOGRAPHIE.

Gand, Imp. de C. Annoot-Braeckman.

TRAITÉ GÉNÉRAL

DE

PHOTOGRAPHIE

COMPRENANT

TOUS LES PROCÉDÉS CONNUS JUSQU'À CE JOUR;

SUIVI DE

LA THÉORIE DE LA PHOTOGRAPHIE

ET DE SON

APPLICATION AUX SCIENCES D'OBSERVATION.

PAR

D. V. MONCKHOVEN.

QUATRIÈME ÉDITION, ENTIÈREMENT REFONDUE,

Avec 253 figures intercalées dans le texte.

PARIS

LIBRAIRIE DE VICTOR MASSON ET FILS,

PLACE DE L'ÉCOLE DE MÉDECINE.

1863.

A

SIR JOHN HERSCHEL,

ASSOCIÉ ÉTRANGER DE L'INSTITUT DE FRANCE, ETC.

en reconnaissance de ses éminentes recherches sur la photographie,
ce livre est respectueusement dédié par

L'AUTEUR.

AVANT-PROPOS.

Ce livre est moins une quatrième édition du *Traité général de Photographie* publié en 1856, qu'un travail entièrement nouveau. Il est divisé en deux parties : la première traitant de la pratique de la photographie ; la seconde, des recherches scientifiques et des applications aux sciences d'observation (météorologie, micrographie et astronomie) dont cet art a été l'objet. Un *index* par ordre alphabétique l'accompagne, afin de faciliter au lecteur la recherche dans le corps de l'ouvrage des faits spéciaux sur lesquels il désire se renseigner. La description des procédés étant notre but essentiel y occupe le plus d'espace ; néanmoins, les sujets accessoires, non plus que la partie scientifique, n'ont pour cela pas été négligés.

Ne décrire avec des détails complets que les procédés universellement reconnus comme les meilleurs, tout en résumant ceux qui n'ont plus qu'une valeur historique, et ne tenir pour vrai que ce qui a été démontré par l'expérience en excluant l'explication des faits à l'aide d'hypothèses gratuites dont on fait malheureusement un si déplorable et fréquent usage, ont été les deux points fondamentaux sur lesquels nous avons constamment maintenu notre attention.

Sans aucun doute cet ouvrage est encore incomplet, mais tel qu'il est nous osons le présenter avec confiance au public, persuadé, comme nous le sommes, qu'il lui sera de quelque utilité.

Gand, le 15 février 1863.

D. Van Monckhoven,
Docteur en Sciences.

ERRATA.

Quelques erreurs se sont glissées dans cet ouvrage, nous les rectifions ici :

Page 19. Remplacez les lignes 9 et 10 par celles-ci : lumière solaire, prenait, sous l'influence des rayons du spectre, des couleurs analogues dans le rouge, le vert et le bleu. Ces expériences n'eurent néanmoins....

Page 29. Remplacez la ligne 37 par la suivante : jusque dans le jaune, bien entendu par une action de la lumière très-courte et un développement subséquent. Il paraît qu'avec l'arséniate....

Page 224. Entre les lignes 23 et 24 intercallez : Il lave la couche de collodion sensibilisée avec un peu d'eau insuffisante pour enlever tout le nitrate en excès, la recouvre d'albumine, pour l'enlever à son tour par l'eau.

Page 284. *Procédés aux sels de mercure.* Remplacez la deuxième ligne par la suivante : de sel au minimum. Plusieurs de ces sels ont été employés dans des procédés photographiques (Sir John Herschell). Il en résulte qu'on peut....

SOMMAIRE.

(La table des matières par ordre alphabétique se trouve à la fin du volume.)

DEUXIÈME PARTIE.

HISTORIQUE.

Nous connaissons peu d'observations des anciens relativement à l'action chimique de la lumière. Il doit, cependant, être hors de doute, que les Égyptiens, qui possédaient des connaissances en sciences naturelles, avaient examiné l'action de la lumière sur certains corps, sur les plantes, par exemple ; mais les historiens ne nous ont transmis aucun renseignement à cet égard.

Les Grecs ont été les premiers à observer le singulier phénomène de l'opale et de l'améthyste perdant leur éclat par un séjour prolongé au soleil.

Enfin, nous savons encore, que Vitruve, célèbre architecte romain, prenait soin de disposer les tableaux dans des salles exposées au Nord, afin d'éviter les effets du soleil d'Italie, qui altérait le ton des couleurs.

Bien des siècles s'écoulèrent sans qu'aucun phénomène chimique produit par la lumière fût signalé, et, ce n'est que dans l'époque moderne que l'on trouve les premières observations de ce genre. Ainsi, c'est aux alchimistes que l'on doit la découverte du changement de couleur du chlorure d'argent blanc exposé à la lumière ; d'après Arago, ce serait Fabricius, qui aurait signalé, le premier, ce phénomène en 1566.

Petit, six années plus tard, fit l'observation curieuse, que l'azotate de potasse et le chlorhydrate d'ammoniaque, cristallisent plus facilement à la lumière que dans l'obscurité.

Scheele, en 1777, découvrit que le chlorure d'argent blanc était plus sensible aux rayons bleus et violets, qu'aux rayons moins réfrangibles.

Senebier, en répétant l'expérience de Scheele, s'assura que, dans le violet, le chlorure d'argent noircissait autant en quinze secondes, que dans le rouge en vingt minutes.

En 1798, Rumford, dans un travail sur les propriétés de la lumière, cita un grand nombre d'expériences, qui prouvaient, que l'effet de la lumière sur les dissolutions métalliques, était le même, que celui de la chaleur longtemps soutenue. Quatre ans après, un savant anglais, M. Robert Harrup, réfuta les conclusions de Rumford, en prouvant, que plusieurs sels de mercure sont réduits par la lumière, et non par la chaleur. Aujourd'hui, l'on connait une foule de corps sensibles à la lumière, et sur lesquels la chaleur n'exerce pas le même effet.

C'est en 1801, qu'une des plus belles découvertes sur l'action chimique de la lumière fut annoncée par Ritter. Ce savant signala l'existence, en dehors du spectre, de rayons invisibles qui noircissent rapidement le chlorure d'argent. Cette découverte fut le point de départ d'une foule de recherches sur le pouvoir chimique et calorifique des rayons lumineux. C'est de cette époque que date une science nouvelle, qui a pris, dans ces derniers temps, des proportions plus étendues; nous voulons parler de la *photochimie*, c'est-à-dire, de la science qui a pour objet, l'étude des phénomènes chimiques produits par la lumière.

Plus tard, Wollaston fit connaître l'influence de la lumière sur la résine gaïac. Davy, à son tour, montra que l'oxide puce de plomb humide, devenait rouge dans le rayon rouge du spectre, et noir dans le rayon violet.

Vers la même époque, divers savants étudièrent l'influence de la lumière sur les plantes, et découvrirent les phénomènes curieux qui se trouvent aujourd'hui décrits dans tous les ouvrages de botanique. Sous l'influence de la lumière solaire, les parties vertes des plantes décomposent l'acide carbonique de l'air, en s'assimilant le carbone, et en rejetant l'oxigène. Néanmoins, les botanistes sont en désaccord sur la couleur qui agirait le plus activement. Suivant les uns, ce seraient les rayons jaunes; suivant d'autres, les rayons violets. Probablement le phénomène découvert par M. Stokes dans ces dernières années, du changement de réfrangibilité sous l'influence de certaines dissolutions, complique ici l'observation.

En 1802, le célèbre Wedgwood publia un travail remarquable sur la reproduction des images par la lumière. Voici quelques lignes de ce curieux mémoire :

« Si l'on mouille un papier au moyen d'une dissolution de nitrate d'argent, il ne se manifeste aucun changement dans l'obscurité; mais à la lumière du jour, ce papier change rapidement de couleur, et devient noir, après une action prolongée. La rapidité de l'impression est proportionnelle à l'intensité de la lumière; ainsi, au soleil, il ne faut que deux ou trois minutes, tandis qu'il faut plusieurs heures à la lumière diffuse. La lumière, transmise à travers un verre rouge, a une action infiniment moins active que celle qui a traversé un verre bleu ou violet. »

Partant de ce principe, Wedgwood copiait au soleil le profil d'une personne dont l'ombre était projetée sur son papier sensible. Il ne réussit pas à copier les objets dans la chambre noire, mais Davy parvint à fixer les images amplifiées du microscope solaire. Le nitrate d'argent non impressionné était enlevé par un lavage à l'eau.

Le docteur Young, en 1804, apporta un beau corollaire à la découverte de Ritter. Il trouva, qu'au-delà des rayons violets des anneaux colorés, il existait de la lumière chimique, et il s'en assura en se servant du papier sensible de Wedgwood. Dans ces dernières années on a beaucoup étendu ces diverses observations.

Gay-Lussac et Thénard firent la découverte importante de l'action de la lumière sur un mélange d'hydrogène et de chlore. On sait qu'un tel mélange détone quand on l'expose au soleil, tandis que la combinaison ne s'opère pas dans l'obscurité. Toutefois, Draper montra que, si on expose le chlore seul au soleil, qu'on le porte ensuite dans l'obscurité et qu'on le mêle alors avec l'hydrogène, la formation d'acide chlorhydrique peut s'opérer également.

Bérard fit, en 1812, l'observation curieuse que le maximum de l'action chimique du spectre se trouvait dans le violet extrême et décroissait graduellement jusqu'au rouge. Il concentra, au moyen de deux lentilles, les deux parties du spectre qui s'étendent du violet au vert et du vert au rouge. Cette dernière, quoique formant au foyer un point extrêmement brillant, n'amena, en deux heures, aucun changement visible sur le papier au chlorure d'argent, tandis que l'autre partie noircit le papier en moins de dix minutes.

M. Niépce, de Châlons, parvint, le premier, à fixer les images fugitives, formées par la lumière, au foyer de la chambre noire.

C'était au moyen du bitume du Judée dissous dans l'essence de lavande, puis appliqué, à l'aide d'un tampon, sur une plaque de cuivre argenté, que M. Niépce préparait sa couche sensible. Il exposait ensuite cette plaque, pendant huit heures, au foyer de la chambre noire, et faisait apparaître l'image en la soumettant à l'action d'un dissolvant composé d'huile de pétrole et d'essence de lavande, lequel enlevait la couche de vernis partout où la lumière n'avait pas agi. La plaque était alors lavée et séchée. Examinée par réflexion, la couche blanche de bitume représentait les grands clairs du modèle, tandis que les parties enlevées par le dissolvant, correspondant aux noirs, formaient les ombres.

Comme le contraste entre les noirs et les blancs était peu prononcé, M. Niépce songea à les renforcer, et employa, à cet effet, le sulfure de potassium et l'iode. Seulement, il paraît qu'il ne découvrit point la sensibilité exquise de l'iodure d'argent, principe sur lequel repose la photographie actuelle.

Niépce et Daguerre s'associèrent, en 1829, dans le but de poursuivre ensemble leurs recherches sur la lumière, et ce fût le 19 août 1839, que l'admirable découverte de la production des images sur plaqué d'argent fut livrée au monde savant et artistique.

La même année de la publication du procédé de Daguerre (Janvier 1839), M. Talbot présentait, à la Société Royale de Londres, la description de son premier procédé sur papier, qu'il perfectionna en 1840.

M. Talbot enduisait d'abord son papier de nitrate d'argent, puis, d'iodure de potassium, et enfin, de *gallo-nitrate d'argent*, c'est-à-dire, d'une dissolution aqueuse de nitrate d'argent additionnée d'acide gallique et d'acide acétique.

Il l'exposait alors à la lumière, développait l'image latente dans la solution précédente et enfin, la fixait au bromure de potassium. Après avoir obtenu ainsi une épreuve *négative* (fig. 1), c'est-à-dire, où les parties blanches du modèle étaient rendues en noir, il en tirait des épreuves *positives* (fig. 2), au moyen d'un papier au chlorure d'argent.

M. Blanquard-Evrard, en perfectionnant cette méthode, produisit

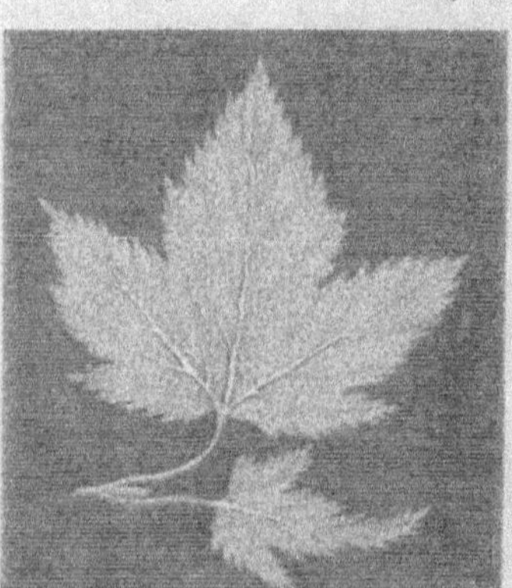

Fig. 1. Épreuve négative.

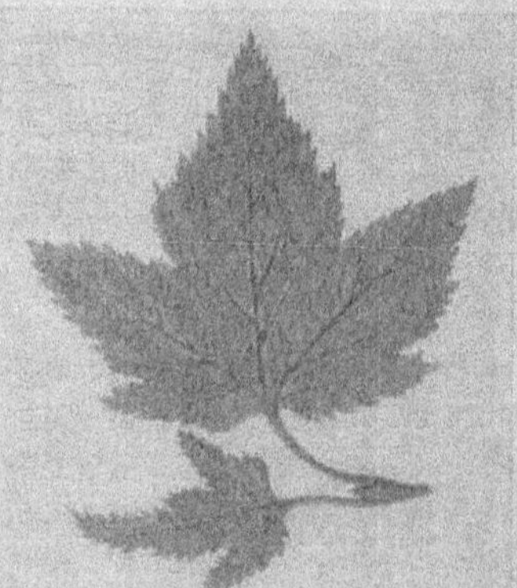

Fig. 2. Épreuve positive.

des épreuves bien plus pures que celles qu'on avait obtenues jusqu'alors. Divers perfectionnements furent successivement apportés à ce procédé par plusieurs opérateurs distingués.

D'un autre côté, le daguerréotype recevait, vers la même époque d'heureuses modifications. Ainsi, M. Fizeau découvrait l'effet merveilleux de l'hyposulfite de soude et d'or sur l'image daguerrienne fixée, et M. Claudet, en 1841, celui non moins étonnant des substances accélératrices, à l'aide desquelles le temps de pose était réduit à quelques secondes.

En 1847, M. Niépce de St-Victor, neveu de Niépce, de Châlons, parvint à enduire le verre d'une couche d'albumine, et à produire, de cette façon, des images incomparablement plus belles que celles obtenues sur papier. Ce procédé, perfectionné par MM. Bayard, Humbert de Molard, Constant, Vigier, Martens et plusieurs autres amateurs, fournit des épreuves d'une vigueur et d'une beauté réellement étonnantes.

Enfin M. Legray indiqua, en 1851, le collodion comme étant susceptible de donner des images très-rapides, et, la même année, MM. Fry et Archer publièrent une méthode complète ayant le collodion pour base. M. de Brébisson popularisa cette méthode en France, en publiant sur ce sujet, en 1853, une petite brochure qui eut un succès considérable.

La méthode du collodion, telle qu'elle fut décrite par Archer, était à peu près telle que nous la pratiquons encore aujourd'hui. Aucun changement important n'y a été introduit, si ce n'est, la substitution de l'acide pyrogallique au sulfate de fer, pour le développement de l'image.

Des essais multipliés, pour opérer à sec, ont enfin donné des méthodes certaines. Celles qui sont le plus généralement adoptées ont été découvertes par M. Taupenot, en France, et par le major Russell, en Angleterre.

La question du tirage des positives a été, de son côté, le sujet d'études sérieuses. Sans parler des travaux de MM. Davanne et Girard dont nous donnerons un extrait dans le chapitre consacré à cette partie de la photographie, nous citerons ceux de MM. Garnier et Salmon, Poitevin[1], Fargier, Pouncy, pour substituer le carbone aux sels d'argent. On conçoit que cette substitution rendra les épreuves indélébiles, malheureusement, les résultats que l'on a obtenus jusqu'ici, sont loin d'être parfaits.

Voilà brièvement l'histoire de la photographie ; néanmoins, nous y ajouterons encore quelques pages, pour rappeler rapidement des découvertes, qui, si elles ne se rattachent pas directement à cet art, tel qu'il est pratiqué par la plupart des photographes de profession, intéressent vivement les savants et les amateurs.

Voyons d'abord la gravure héliographique. L'avenir de la photographie réside dans la suppression des longueurs du tirage des épreuves

(1) M. Poitevin vient de publier un ouvrage traitant spécialement de l'impression photographique sans sels d'argent. A tous égards, c'est le meilleur traité qui ait été écrit sur cette matière importante.

et de leur prix élevé. C'est ce qu'avait compris le public dès la naissance du daguerréotype, aussi essaya-t-on, ce procédé une fois bien connu, de s'en servir comme type de planches typographiques.

Deux ans après la découverte de Niépce et de Daguerre, M. Fizeau eut l'heureuse idée de recouvrir l'image daguerrienne d'une couche de cuivre au moyen de la galvanoplastie. Il obtint ainsi une planche susceptible d'être imprimée, et qui reproduisait grossièrement l'original.

Ce procédé fut perfectionné par M. Fizeau lui-même. Un mélange d'acide nitrique, chargé d'acide nitreux, et d'acide chlorhydrique, versé sur la plaque daguerrienne, attaque les noirs en formant un sous-chlorure violet. L'ammoniaque est employée pour enlever ce chlorure, afin de permettre une nouvelle attaque par les acides. En opérant ainsi plusieurs fois de suite, l'épreuve devient plus profonde et susceptible d'être imprimée.

Ce procédé fut encore modifié, puis abandonné. On en trouvera une description complète dans le journal le *Cosmos*.

M. Beuvière[1], en 1850, décrivit un procédé de gravure héliographique basé sur une propriété très-curieuse de l'iodure et du bromure d'argent. En effet, si, au lieu de laver la plaque daguerrienne avec l'hyposulfite pour fixer l'image, on la place dans un bain de sulfate de cuivre en la mettant en communication avec la pile, les parties modifiées par la lumière se recouvrent seules de cuivre.

Après avoir oxidé le cuivre et amalgamé la plaque, on la soumet à l'action d'un acide, qui dissout le cuivre, sans attaquer l'amalgame d'argent.

Voilà les procédés primitifs de gravure héliographique. Mais ces procédés, très-imparfaits, ne sont pas susceptibles d'être appliqués industriellement avec avantage.

M. Niépce de St-Victor perfectionna, et perfectionne encore toujours, la méthode de son oncle, (page 15), au bitume de Judée. Déjà cet infatigable expérimentateur a produit d'admirables planches, et tout fait espérer, qu'un succès complet couronnera ses intéressants travaux.

Dans ces dernières années, les procédés de gravure héliographique se sont multipliés, et, ce chapitre trainerait en longueur, si nous nous y arrêtions; citons les noms de MM. Talbot, Poitevin, Joubert, comme ayant apporté d'heureuses innovations à cette branche de la science, et renvoyons le lecteur, désireux de les connaître, au chapitre de cet ouvrage qui traite spécialement de la gravure héliographique.

(1) *Cosmos*, Tome IV.

Non-seulement les recherches furent dirigées dans le but de transformer les épreuves photographiques en planches susceptibles d'être gravées, mais l'on osa aborder un sujet plus difficile encore, celui de produire, dans la chambre noire, les objets avec leurs couleurs naturelles.

Le fils de l'illustre astronome de Slough fut le premier qui fit des expériences dans ce sens. Sir John Herschell, en février 1840, remarqua, qu'un papier préparé au chlorure d'argent et noirci à la lumière solaire, prenait, sous l'influence de verres rouges et bleus, des couleurs identiques. Ces expériences n'eurent néanmoins aucun retentissement, tout le monde étant convaincu de l'impossibilité du problème, et d'un simple hasard dans le fait signalé par Sir John Herschell. M. Biot, que la mort vient récemment d'enlever à la science, était surtout l'un des savants qui niait cette possibilité avec le plus d'autorité.

Ce fût donc un grand jour, pour l'avenir de la photographie, que celui où un jeune physicien, annonça, à la France et au monde, qu'il était parvenu à reproduire, avec toutes ses couleurs, un spectre solaire.

M. Edmond Becquerel[1] (1847-1848) prépare sa couche sensible en immergeant une plaque d'argent polie dans un bichlorure métallique, ou dans de l'eau chlorée. Il se produit une couche violette de sous-chlorure qui, sous l'influence de verres colorés ou du spectre, prend et conserve l'impression qu'elle a reçue, pour autant cependant qu'on la préserve de l'action subséquente de la lumière.

M. Niépce de St-Victor a fait beaucoup d'essais, soit pour perfectionner la méthode de M. Becquerel, soit pour fixer ces couleurs d'une manière permanente. Ce dernier point est encore à trouver.

L'héliochromie, ou, si l'on veut, la reproduction des couleurs, est trouvée. Le fixage parait être d'une grande difficulté, mais *rien ne prouve* qu'il est impossible.

Si nous sortons maintenant des procédés photographiques proprement dits, pour examiner les applications de la photographie, nous consignerons, en première ligne, la transformation des observatoires météorologiques. Les savants savent, qu'il y a déjà bien des années, que des procédés mécaniques ont été substitués à l'observation directe du baromètre, du thermomètre, des appareils magnétiques, etc.

La photographie est venu détrôner ces procédés mécaniques eux-mêmes. On comprend, combien il est facile, de recevoir sur une feuille sensible à la lumière, l'impression du mouvement oscillatoire du mercure dans un tube de verre ; aussi, des appareils ont-ils été

(1) *Annales de chimie et de physique*, 3e série.

installés dans tous les observatoires d'Angleterre. Nous décrirons, avec soin, les meilleurs de ces appareils, en regrettant de ne pas les voir généralement adoptés.

Les sciences naturelles ont aussi emprunté à la photographie son extrême fidélité : toutes les expéditions scientifiques seront désormais accompagnées par un photographe. Les remarquables publications des voyages de circumnavigation de la frégate autrichienne *la Novara*, celles des frères Schlagintweit, prouvent, en effet, de quelle utilité peut être la photographie au point de vue de l'archéologie, de l'ethnographie, etc.

La microscopie aussi est redevable à cet art de planches nombreuses et inimitables.

Bien d'autres applications de la photographie ont été faites, particulièrement à l'astronomie. La seconde partie de cet ouvrage en contient une description détaillée.

Relativement à l'action chimique de la lumière, un mémoire important a été publié dans ces dernières années sur ce sujet, par M. Bunsen et Roscoe. Ces savants se servaient, comme moyen de mesure, d'un mélange de chlore et d'hydrogène. Ils sont arrivés à des résultats très-exacts sur l'intensité de la lumière pendant les diverses périodes de l'année. Dans nos climats, c'est en été que cette intensité est la plus grande, et, en hiver, la moins.

Il résulte encore des mêmes recherches, que la quantité d'acide chlorhydrique formée, est proportionnelle à la durée de l'action lumineuse.

De curieux mémoires ont aussi été publiés par MM. Niépce de St-Victor et Becquerel sur *l'emmagasinement* de la lumière. Nous ne parlerons de ces découvertes qu'incidemment, attendu qu'elles n'ont qu'un rapport indirect avec le sujet de ce livre.

Nous terminerons ici *l'historique* de la photographie. Nous pourrions y ajouter beaucoup, mais ce serait sortir du cadre que nous nous sommes imposés; nous dirons, néanmoins, que nous ne pensons pas avoir oublié une seule découverte de quelque importance. Nous nous réservons, au reste, de continuer cet historique, pour des progrès d'une moindre valeur, à mesure que nous avancerons dans le cours de cet ouvrage.

INTRODUCTION

A L'ÉTUDE DE LA PHOTOGRAPHIE.

§ 1. CE QUE C'EST QUE LA LUMIÈRE.

Quand nous approchons la main d'un calorifère, nous éprouvons une sensation particulière que nous appelons chaleur ; lorsque notre oreille perçoit une sensation, nous la disons produite par un *son* ou un bruit ; de même, si nous distinguons la couleur et le contour d'un objet, c'est que cet objet nous envoie de la *lumière*, car, dans *l'obscurité*, la présence de cet objet ne nous serait pas démontrée. *Le jour*, nous voyons aisément tous les objets que le hasard ou notre volonté nous fait rencontrer, parce que tous nous envoient de la lumière ; mais la nuit, ces mêmes corps disparaissent. Il en résulte évidemment qu'ils ne brillent pas par eux-mêmes, et, qu'ils empruntent leur lumière à une source que tout le monde sait être le soleil.

En effet, quelques heures avant le lever de cet astre, nous commençons à distinguer confusément les objets, et plus nous approchons de l'heure de ce lever, plus nous distinguons avec netteté tout ce qui nous entoure ; enfin, quand son disque brillant apparaît sur l'horizon, la lumière inonde avec l'intensité la plus grande toutes les parties de l'espace que nous occupons. On conçoit donc, qu'il existe nécessairement entre le soleil et nous, un certain mode de communication dont nos yeux sont l'intermédiaire ; c'est ce mode de communication qui constitue ce que l'on appelle la *lumière*.

Mais nous venons de le dire, par cela même, qu'à la surface de notre globe les objets cessent d'être visibles avec la disparition du soleil au-dessous de l'horizon, il faut que la lumière, qui nous les montre si divers quant à leur aspect, soit susceptible de diverses modifications. Le soleil est blanc et, néanmoins, les arbres nous apparaissent verts, le ciel bleu et les monuments de mille autres teintes ; n'est-il pas évident, que, si la lumière blanche du soleil ne

2

renfermait pas toutes ces couleurs, nous ne saurions les apercevoir? On appelle « *optique* » l'étude de tous ces phénomènes qui concernent la lumière.

Nous l'avons dit, le soleil brille d'un éclat qui lui est propre, les objets terrestres d'un éclat emprunté. Cela ne veut pas dire, qu'à la surface de la terre, il n'existe pas d'objets lumineux par eux-mêmes; ce serait là une grande erreur, car la chaleur donne aux substances matérielles la propriété de devenir lumineuses dès que leur température est assez élevée; ainsi, les becs de gaz, qui, la nuit, éclairent les rues de nos grandes villes, brillent d'une lumière propre, car ils sont visibles le jour comme la nuit, et aussi longtemps que l'on ne fait pas cesser la cause qui les produit. On s'aperçoit, toutefois, que la nuit, une lumière artificielle semble bien plus intense que le jour, où elle l'est d'autant moins, que le soleil est plus vif; que même, une bougie allumée ne se voit plus dès qu'elle est exposée aux rayons solaires. Cependant, si la bougie brille de sa propre lumière, il faut qu'on l'aperçoive toujours. C'est bien en réalité ce qui aurait lieu, si nos yeux étaient un organe parfait. Mais les sens des hommes, comme ceux des animaux, sont appropriés à ses usages et non à des lois fixes et immuables. L'œil de l'homme, en effet, est constitué de manière à n'embrasser qu'une partie de l'échelle qui part de l'obscurité pour finir à une lumière très-vive comme celle du soleil.

Les animaux ont les yeux constitués, quant à leur conformation anatomique, à peu près comme l'homme, mais ils possèdent une perception différente suivant leur nature. Les chats, (nous prenons cet exemple par ce que tout le monde le connaît), les chats disons-nous, voient fort bien, la nuit, là où nous ne distinguons rien, et, le jour, ils voient cependant tout aussi bien que nous; ce qui prouve que l'échelle de leur perception visuelle est plus grande que chez l'homme. D'ailleurs, et c'est une chose bien remarquable, ces animaux ont un moyen de dilater l'ouverture de leurs yeux, (la pupille), de manière à empêcher l'entrée d'une trop grande quantité de lumière; l'image qu'ils perçoivent en est d'autant plus nette. Si nous citons cet exemple dans un Traité de Photographie, c'est pour montrer par des rapprochements frappants, l'analogie qu'il y a entre les appareils que l'homme emploie pour perfectionner ses sens et la nature même; ainsi, en photographie on emploie aussi un moyen pour rendre les images plus nettes, et ce moyen est le même que celui dont se servent les animaux de nuit.

En même temps que le soleil nous envoie des rayons de lumière, il nous envoie aussi des rayons de chaleur; en effet, nous savons tous que l'été est la saison qui résulte de l'action plus longue des rayons solaires dans nos climats, nous savons encore, que si nous exposons le revers de la main aux rayons solaires, nous en sentons la chaleur; que, si, à la place des simples rayons directs, nous substituons l'action condensante d'un verre ardent, la sensation sera celle d'une brûlure; qu'on enflamme de cette manière de la poudre, du bois et même du diamant, tellement la chaleur des rayons solaires est élevée.

Mais il est une propriété de la lumière plus extraordinaire, parce qu'elle est moins connue, nous voulons parler de son action chimique. Un seul exemple justifiera notre assertion.

Si on place, dans une cave, une plante encore très jeune, on remarquera, à mesure qu'elle se développe, que toutes ses tiges se dirigent, non vers les ouvertures par où entre l'air, mais bien vers celles d'où vient la lumière. Il y a plus, les feuilles de cette plante, au lieu d'être vertes comme celles de nos jardins, sont blanches ou légèrement jaunâtres. Mais si l'on vient à les porter au jour, au bout de quelques heures, leurs feuilles auront verdi. Or, ce n'est pas la lumière qui a agi, ou, du moins, ce n'est pas la partie éclairante de la lumière qui a ainsi changé la couleur des feuilles, ce sont les *rayons chimiques* de la lumière, et la preuve en est, que, si au lieu de placer les plantes étiolées au grand jour, on les enferme dans une cage en verre d'un bleu très foncé, verre qui absorbe la partie éclairante de la lumière tout en laissant passer les rayons chimiques, les feuilles étiolées y verdiront presqu'aussi vite qu'au jour pur et simple.

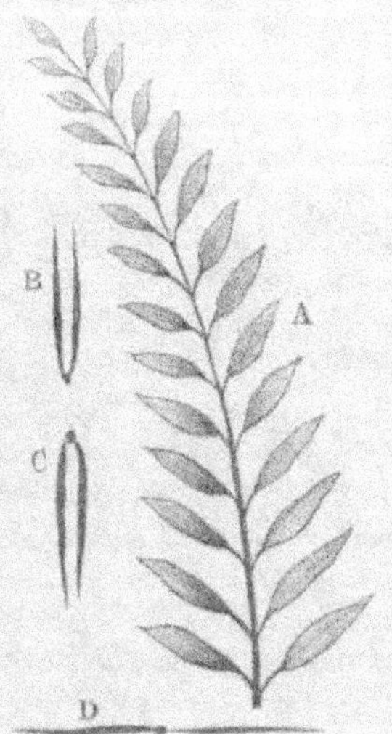

Fig. 3. Feuille de sensitive.

Il est un autre phénomène également lié à la lumière, c'est le sommeil des plantes. Il existe une famille de plantes que l'on appelle *Légumineuses*. Beaucoup de ces plantes ont des feuilles composées dont les folioles sont articulées sur le pétiole. (fig. 3). Eh bien! la nuit toutes ces petites feuilles pendent vers le sol, le matin elles se redressent (D) et sont horizontales. A midi elles se hérissent jusqu'à se joindre (B), pour redevenir horizontales l'après-midi, et retomber le soir (C). Les *sensitives*, plantes de serre chaude, et même beaucoup de plantes de nos jardins, présentent ce phénomène d'une manière frappante.

Sans pouvoir dire que ce phénomène soit dû à la simple action chimique de la lumière, on peut, cependant, le citer comme un exemple de l'influence de cet agent sur les corps organisés de la nature.

Faisons-nous maintenant une idée plus nette de la lumière; les éclaircissements que nous venons de donner nous permettront de le faire.

La lumière solaire est donc composée de plusieurs rayons différents : les rayons lumineux proprement dits, ce sont ceux qui nous font voir tout ce qui nous entoure; les rayons de chaleur, qui échauffent la terre, et d'autant plus, que ces rayons sont moins obliques; et, enfin, les rayons chimiques, qui ont la propriété de verdir les plantes étiolées.

Qu'on ne croie pas que cette définition des propriétés fondamentales de la lumière ne soit qu'une hypothèse, car on peut séparer ces genres de rayons l'un de l'autre de la manière suivante : si on reçoit un rayon de soleil à travers une double lame transparente d'alun et de verre vert, ce rayon aura perdu ses propriétés calorifiques. Un rayon transmis à travers une lame de cristal de roche enfumé ne se transmet plus, il est éteint, mais la chaleur du rayon passe très bien. Enfin, si un rayon de lumière traverse un mélange de chlore et d'hydrogène, il aura perdu tous ses rayons chimiques. Ainsi, que devant l'appareil d'un photographe occupé à prendre une vue, on place un vase en verre rempli de chlore et d'hydrogène, quoique, dans son appareil, l'image soit parfaitement visible, il n'obtiendra aucune image, parce que ce mélange de gaz absorbe tous les rayons chimiques de la lumière (1), au moins pour un certain temps. Un verre jaune, coloré à l'aide des sels d'argent, produirait le même effet.

Mais qu'est-ce donc que la lumière? Ici nous n'avons plus que des théories, mais il faut le dire, des théories qui témoignent du génie profond des grands hommes qui les ont créées.

Newton, le plus illustre des physiciens de tous les siècles et de tous les pays, prétendait que la lumière était produite par une infinité de petits corpuscules lancés avec une énorme vitesse par les corps lumineux. Ces petits corpuscules sont si excessivement petits, si immatériels, si nous pouvons nous exprimer ainsi, que le choc de plusieurs millions de ces corps ne nous fait éprouver aucune sensation. Ils traversent les pores des corps transparents avec une vitesse *plus grande* que le vide, et c'est par le choc de ces corps sur la rétine que nous éprouvons la sensation de lumière.

Descartes, grand philosophe autant que mathématicien profond, émit une théorie plus élevée encore, et qui n'eut pas, d'abord, autant de partisans que celle de Newton : il émit l'existence d'un fluide analogue à l'air mais bien plus léger, qui serait répandu dans l'univers entier, aussi bien dans les espaces célestes que dans l'air, et même dans les

(1) Une dissolution de sulfate de quinine absorbe les rayons ultra-violets.

pores des corps solides et liquides, transparents et opaques. Un corps lumineux aurait la propriété d'ébranler une des molécules de ce fluide éminemment élastique qu'il a nommé *éther*, l'ébranlement se communiquerait jusqu'à notre rétine. Cet ébranlement a reçu le nom d'ondulation. Rien ne peut mieux donner une image des ondulations de la lumière que les ondes produites par une pierre que l'on jette dans une eau tranquille : on voit une série de cercles se former et se propager au loin ; la pierre, c'est le corps lumineux, les ondes de l'eau figurent très-bien les ondulations de l'éther.

Ainsi, pour Newton, la lumière n'est qu'une *émanation*, pour Descartes, c'est un *mouvement*. Nous dirons, sans entrer dans des développements plus longs à cet égard, que c'est la théorie de Descartes qui est aujourd'hui universellement adoptée.

Une expérience célèbre en est la preuve. Elle est due à Fresnel, et consiste, à ajouter un rayon de lumière à un autre. Au lieu de produire une image d'une intensité double, il y a production d'obscurité.

Dans la théorie de Newton il y aurait évidemment une plus grande intensité. Dans l'hypothèse de Descartes, au contraire, les ondulations se contrariant mutuellement, il doit y avoir production d'obscurité et c'est ce qui arrive.

Dans la théorie de Newton, la lumière devrait se mouvoir le plus vite dans les milieux les plus réfringents ; dans celle de Descartes, ce serait le contraire. M. L. Foucault a vérifié que la lumière se meut réellement moins vite dans l'eau que dans l'air, de sorte que c'est bien la théorie des ondulations qui semble la plus vraie.

§ 2. DE L'ACTION CHIMIQUE DE LA LUMIÈRE.

Nous avons vu que les rayons solaires étaient essentiellement composés de trois espèces de rayons : les rayons éclairants, les rayons échauffants, et les rayons chimiques qui possèdent la propriété de verdir les plantes étiolées.

Ces diverses propriétés appartiennent aux mêmes rayons solaires, et la distinction que nous établissons est plutôt méthodique que réelle ; toute la photographie est basée sur la seule propriété de ces rayons de donner lieu à certains phénomènes chimiques, ainsi que nous allons le faire voir.

Faisons deux dissolutions, l'une de nitrate d'argent, l'autre de blanc d'œuf, et mélangeons les dans l'obscurité. Il se forme instantanément une substance floconneuse blanche, formée de l'albumine du blanc d'œuf et de nitrate d'argent. Tant que cette substance se trouve dans l'obscurité, elle conserve sa couleur blanche; mais, vient-on à l'exposer aux rayons solaires, elle change rapidement, en prenant une teinte d'abord violette, puis noire.

C'est là un exemple de l'action chimique de la lumière, car, si l'on arrête l'action chimique en interposant un verre jaune entre les rayons solaires et le vase contenant l'albuminate d'argent, malgré que ce verre n'arrête presque pas la lumière *éclairante*, l'albuminate reste blanc. Au contraire, en interposant un verre violet foncé, la substance, quoique soustraite à l'action éclairante des rayons solaires change très-rapidement de couleur.

L'action n'est non plus due à une élévation de température, car, un thermomètre plongé dans le liquide qui baigne l'albuminate n'indique pas de changement. D'ailleurs, en opérant à chaud et à l'abri de la lumière, l'albuminate reste blanc.

La lumière a donc provoqué ici une action chimique.

Nous ne connaissons point la nature des rayons chimiques, mais nous constatons uniquement ce fait que certains corps, exposés au soleil, sont altérés dans leur composition élémentaire.

La liste des substances sensibles à la lumière est extrêmement longue, et il est même à supposer, avec quelque apparence de vérité, qu'il n'existe peut-être pas une seule substance dans la nature qui ne soit pas affectée par la lumière.

Ce changement n'est pas toujours apparent, mais souvent les propriétés chimiques ou physiques sont changées. C'est ainsi que le soufre soumis à la lumière, ne semble pas, à la simple vue, changer de propriétés. Cependant l'action de la lumière se décèle par les vapeurs du mercure, qui forment un sulfure d'un brun jaunâtre, là où la lumière a agi le plus activement (1).

La liste des substances ainsi indirectement sensibles, est nécessairement bien moins étendue que celle des substances directement sensibles, c'est-à-dire, celles dans lesquelles il se produit un changement immédiatement appréciable. Mais, cette différence peut fort bien provenir de ce qu'il faut bien plus d'observations et d'expériences pour les premières, tandis que le changement se remarque de suite pour les dernières.

Parmi les corps qui sont décomposés rapidement quand on les expose aux rayons solaires, nous citerons: les sels d'or, d'argent, de mercure, de chrome, d'urane, et une très grande quantité de substances organiques (2).

(1) Garnier et Salmon. *Bull. Soc. française de Photographie* 1858.
(2) Voir à ce sujet : Hunt. *Researches on light* 1844.

Les *sels d'argent* sont presque tous décomposés plus ou moins rapidement quand on les expose aux rayons solaires. Presque tous ces sels sont blancs, mais il en existe aussi de rouges, de jaunes, de verts, et cette couleur exceptionnelle ne les préserve pas de la décomposition [1].

Le lecteur sait, sans doute, que la lumière blanche est composée de plusieurs couleurs différentes réunies. Un rayon blanc doit donc pouvoir se décomposer en rayons colorés, dans certaines circonstances.

La meilleure méthode pour isoler les différentes couleurs dont se compose la lumière blanche, consiste, fig. 4, à faire tomber un rayon

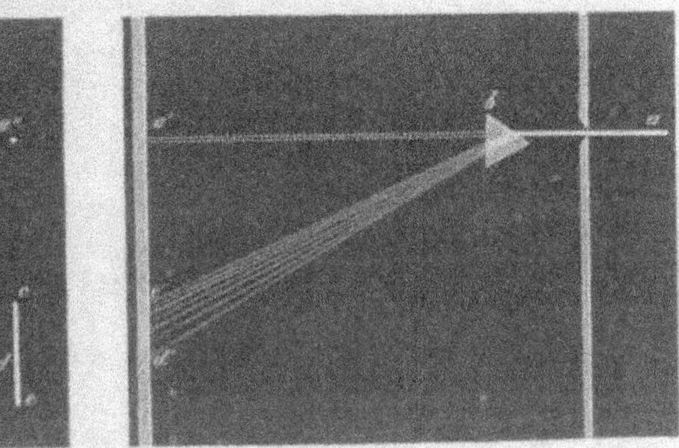

Fig. 4.

solaire *a* sur une des faces d'un prisme triangulaire de flintglass. Par suite de la réfraction, le rayon primitif est brisé, c'est-à-dire, dévié de sa position primitive, et, de plus, décomposé en un série de couleurs qui forment, en arrière du prisme, une image colorée *cd*, appelée *spectre* solaire.

Ce *spectre* est composé des couleurs suivantes; en commençant vers le haut : rouge, orangé, jaune, vert, bleu, indigo, violet. Le rouge étant moins dévié que le violet est dit *moins réfrangible*.

Il est à remarquer que, si les substances sensibles à la lumière sont exposées au spectre solaire, ce n'est pas indifféremment qu'elles se colorent, au contraire, elles restent, le plus souvent, inaltérées dans le rouge, l'orangé, le jaune et le vert, tandis qu'elles changent rapidement de couleur dans le bleu, l'indigo et le violet.

Ce qui est encore plus curieux, c'est que ces substances, exposées en *e*, au-dessous du spectre solaire, là où l'œil ne perçoit aucune lumière, s'y impressionnent, et souvent, plus rapidement qu'en aucun autre endroit du spectre.

(1) D. van Monckhoven. *Researches on the silver salts*, 1862. *Photo'news*.

Ces *rayons invisibles*, qui s'étendent en dehors du spectre visible sont souvent désignés sous le nom *d'extra-prismatiques*, *ultra-violets*, etc.

Ainsi donc, nous constatons que, si les couleurs supérieures, c'est-à-dire, le rouge, l'orangé, le jaune, le vert, sont bien plus claires que les autres couleurs du spectre, ce sont ces dernières qui agissent le plus activement, au moins dans la plupart des cas.

Quand le spectre solaire est examiné avec une très-grande attention, quand les appareils qui servent à le produire sont bien parfaits, et qu'enfin l'expérience est bien conduite, une foule de lignes noires parcourent ce spectre perpendiculairement à sa longueur : ce sont les *raies* du spectre.

Ces raies occupent toujours la même position relative quand la source de lumière est le soleil et que le prisme est de même verre. Aussi, vu la difficulté de désigner les diverses parties du spectre par la désignation de leur couleur, par suite de leur propriété de ne pas offrir de limites tranchées, les physiciens sont-ils convenus de désigner ces parties par les raies principales. Ces raies, d'ailleurs, très-caractéristiques, ont été notées par des lettres. Plus tard, du reste, nous reviendrons plus longuement sur ce sujet.

Nous venons de voir que la plupart des substances sont surtout impressionnées dans la partie du spectre qui s'étend du vert à l'extrême violet et même au-delà. Ceci a, pour la photographie, une très-grande importance. On conçoit, en effet, qu'une plaque préparée aux sels d'argent étant soumise à la lumière derrière un verre rouge, orangé, jaune ou vert, ne sera aucunément impressionnée.

De même, tous les objets de la nature qui offrent ces couleurs, doivent se reproduire comme s'ils étaient obscurs. C'est bien, en effet, ce qui arriverait si ces couleurs étaient *très-pures* ; mais, fort heureusement, ce sont aussi ces couleurs qui réfléchissent le plus de lumière diffuse, et c'est grâce à cette lumière réfléchie qu'ils se reproduisent en photographie.

Nous avons déjà dit que les substances occupent, quant au maximum d'action des diverses couleurs du spectre, un ordre différent. C'est ainsi que l'action du spectre sur l'iodure d'argent s'étend depuis le bleu jusque dans le violet extrême ; sur le bromure d'argent elle comprend aussi le vert ; avec le fluorure d'argent l'action s'étend jusque dans le jaune (Sir J. Herschell). Il paraît qu'avec l'arséniate d'argent cette action s'étend encore plus loin.

La figure 5, de la page suivante, fait voir cette différence d'action des différentes couleurs du spectre sur l'iodure, le bromure, le fluorure et l'arséniate d'argent.

Si les substances que nous venons de signaler s'impressionnaient également vite, en les réunissant, la surface serait sensible à tous les rayons colorés. Mais il n'en est pas ainsi, aussi, dans les procédés ordinaires, est-on obligé de ne réunir que l'iodure et le bromure, et de corriger l'inactivité des rayons rouges et jaunes par une pose plus longue.

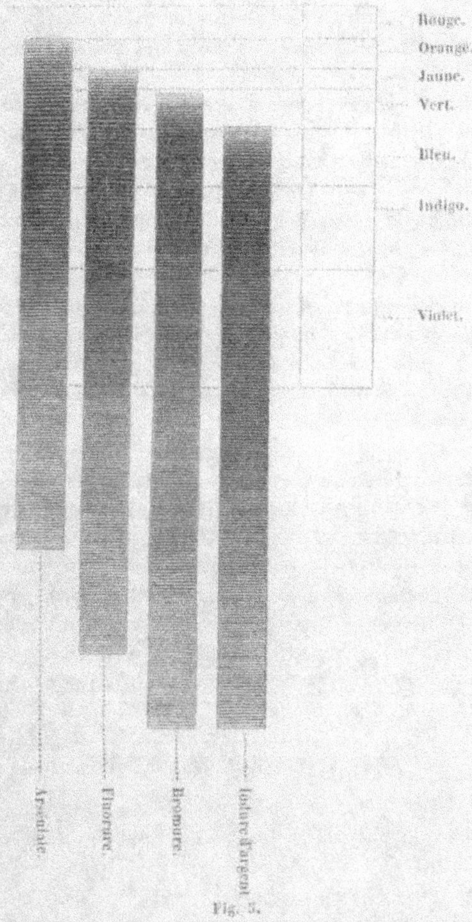

Fig. 3.

Pour faire comprendre comment, par une pose plus longue, on parvient à reproduire des couleurs inactives, nous devons appeler l'attention sur une des propriétés de l'iodure et du bromure d'argent, peut être la plus curieuse de leur histoire.

Quand une glace, recouverte de collodion ioduré et sensibilisé dans le nitrate d'argent, est exposée un temps très-court à l'action d'un spectre solaire d'une faible intensité, on observe, après le développement, que les rayons rouges, orangés, jaunes et verts, n'ont pas agi, tandis que le reste du spectre s'est fortement impressionné. Mais, si l'expérience est répétée en prolongeant l'exposition à la lumière du spectre, on observe que cette forte impression des rayons bleus et violets s'est détruite, tandis que le rouge, l'orangé et le vert se sont au contraire légèrement imprimés.

La lumière, en agissant un temps suffisant, détermine donc un maximum d'action sur l'iodure d'argent, mais si elle continue à agir, elle détruit une partie de son action primitive.

Dans la pratique usuelle l'on sait fort bien qu'il ne faut pas dépasser un certain temps de pose, et que les clichés qui en résultent sont très-transparents; c'est ce qu'on appelle la *solarisation*.

Une autre propriété de ces sels d'argent c'est que, exposés à la lumière blanche un temps très court, les couleurs inactives continuent l'action commencée. Or, les couleurs des objets extérieurs n'étant jamais pures comme celles du spectre, mais mélangées de lumière diffuse réfléchie, c'est celle-ci qui commence l'action, tandis qu'elle y est aidée par la lumière inactive.

C'est donc grâce à ces propriétés que nous pouvons, en photographie, reproduire avec plus ou moins de vérité les objets extérieurs. Si ces objets offrent des couleurs actives à côté de couleurs inactives, on augmente très fortement le temps de pose pour atténuer l'action des premières tout en permettant aux secondes d'agir(1).

Jamais l'effet obtenu ne répond exactement à celui que l'on aurait, si l'iodure et le bromure d'argent étaient également sensibles à tous les rayons colorés, mais, au moins, cet effet est-il de beaucoup supérieur à celui que produirait une pose seulement suffisante pour les couleurs actives.

§ 3. OPTIQUE APPLIQUÉE A LA PHOTOGRAPHIE.

Nous venons de jeter un coup-d'œil rapide sur la nature de la lumière et sur l'action qu'elle exerce sur certaines substances, action que nous avons définie « chimique » quoique, dans bien des cas, cette action soit « physique » c'est-à-dire, que le changement produit n'affecte pas la composition du corps soumis à l'expérience.

Il nous reste à étudier la marche de la lumière, l'*optique* en d'autres termes.

(1) Tel est surtout le cas pour les reproductions de tableaux.

La marche de la lumière en ligne droite, son immense vitesse, la variation de son intensité en raison inverse du carré des distances,

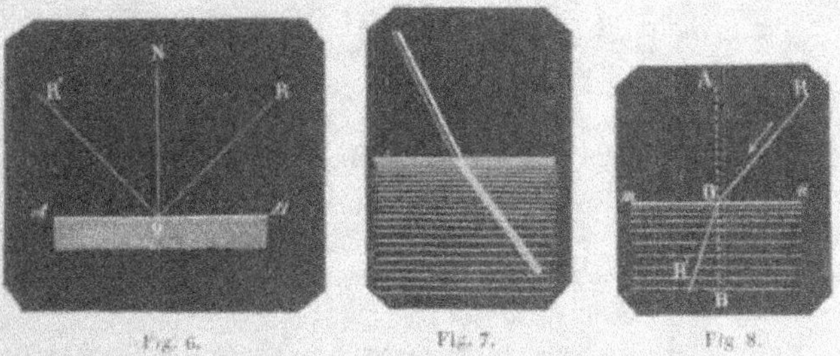

Fig. 6. Fig. 7. Fig. 8.

la définition de l'ombre et de la pénombre, sont des éléments si simples et si répandus, que nous croyons inutile de nous y arrêter.

Les lois de la *réflexion* de la lumière sont également si simples que l'on s'étonnerait si elles étaient autrement qu'elles ne sont. Bornons-nous donc à dire, que, lorsqu'un rayon de lumière R*o* (fig. 6) tombe sur une surface polie AB, il se réfléchit suivant une direction *o*R', telle, que les angles R*o*B et R'*o*A sont égaux. De plus, le plan qui contient le rayon incident R*o* et le rayon réfléchi *o*R', est perpendiculaire au plan du miroir.

A l'aide de ces deux lois, on peut calculer la marche de la lumière réfléchie par des surfaces géométriques quelconques. Pour cela on suppose, dans le cas de surfaces courbes, qu'une fraction infiniment petite est plane, et l'on calcule ce que devient le rayon réfléchi. Cette étude porte le nom de *catoptrique*; elle nécessite des connaissances mathématiques d'autant plus étendues, que les surfaces sont d'un ordre de courbure plus élevé.

Pour ce qui nous concerne, cette étude serait superflue. En revanche, l'étude de la *dioptrique*, c'est-à-dire, l'étude de ce que devient un rayon de lumière qui passe d'un milieu dans un autre, mérite toute notre attention.

Un bâton (fig. 7) que l'on plonge dans l'eau paraît brisé. Ce phénomène est dû à la réfraction de la lumière.

Pour bien comprendre ce que devient un rayon lumineux R*o* (fig. 8) qui passe de l'air, par exemple, dans l'eau, nous dirons tout d'abord que le rayon réfracté *o*R' se trouve dans le même plan que le rayon incident et que ce plan est perpendiculaire *à la surface mn* de l'eau.

Si au point *o*, où le rayon incident R*o* touche l'eau, nous élevons une perpendiculaire AB à la ligne *nm* qui représente la surface de l'eau, nous trouverons que le rayon réfracté s'est rapproché de cette perpendiculaire. Inversement, un rayon R'*o*, passant de l'eau dans l'air, se réfracte suivant une direction oR qui s'éloigne de la perpendiculaire, ou *normale,* ainsi qu'on est convenu de l'appeler.

Pour l'air et l'eau, le rapport des sinus des angles RoA et R'oB est constant, c'est l'*indice de réfraction.*

Connaissant donc l'*indice de réfraction* et l'*inclinaison* d'un rayon incident quelconque par rapport à la surface du milieu réfringent, on peut toujours trouver, par le calcul, la direction du rayon réfracté.

Voyons brièvement, comme exemples de la réfraction de la lumière, les cas les plus simples qui se présentent, c'est-à-dire, la marche de la lumière à travers une lame à faces planes et parallèles, et une lame à faces planes mais non parallèles.

Soit ABCD (fig. 9) une lame de verre à faces parallèles, et R un rayon de lumière incident. Si la lame AB ne se trouvait pas là, le rayon poursuivrait sa route en ligne droite suivant RO, mais, à son entrée dans le verre, il subit une déviation, s'approche de la normale N, de laquelle, au sortir du verre, il s'éloigne de nouveau.

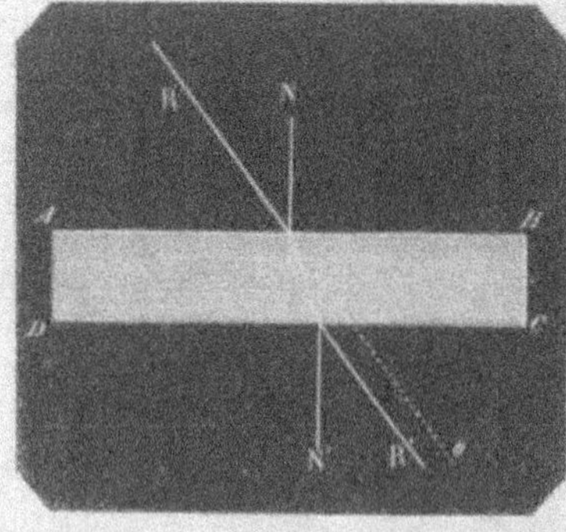

Fig. 9.

Or, puisque le verre pris pour exemple offre des faces parallèles, il s'en suit que les deux normales sont également parallèles. Comme il est aisé de le concevoir, la déviation, au sortir du verre, est précisément égale à la déviation à l'entrée et le rayon R reste parallèle à R'; donc, *quand on place sur le trajet d'un rayon lumineux une lame réfringente à faces parallèles, ce rayon garde sa direction, tout en étant dérangé de sa position première.* Il est évident que si le rayon tombait perpendiculairement sur le verre, par exemple suivant N, il sortirait non dévié puisqu'il se confondrait avec la normale.

Il est aisé de voir qu'au lieu d'une lame de verre nous pouvons tout aussi bien prendre une lame de cristal, de sel gemme, ou de toute autre matière transparente. En nous servant de ces *diverses* matières, pour une même épaisseur et une même inclinaison de la lame par rapport au rayon, le déplacement R'o sera variable.

Voyons maintenant le cas des milieux réfringents à faces planes inclinées entr'elles, de pareils milieux ont reçu le nom de prismes. La fig. 10 représente un prisme tel qu'on l'emploie en optique. C'est une pièce triangulaire de verre, de cristal ou de toute autre matière.

Nous savons déjà que la lumière se décompose en passant à travers un prisme; faisons pour un moment abstraction de ce phénomène en le considérant dans sa plus grande simplicité.

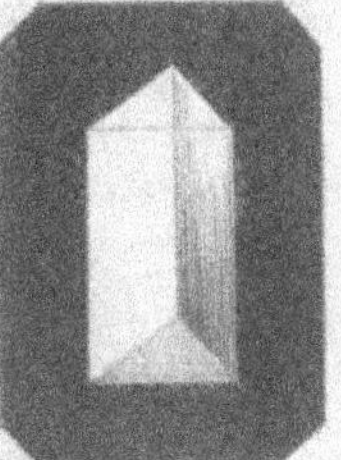

Fig. 10.

Ainsi (fig. 11), soit ABC un prisme, et Ro un rayon de lumière qui vient le frapper; en entrant dans le prisme ce rayon va être dévié, à moins qu'il ne tombe perpendiculairement sur la face AC, puis, au sortir du prisme, il va de nouveau être dévié. Les deux déviations sont identiques comme dans l'exemple de la lame à faces parallèles, mais comme ici les faces AC, AB font entr'elles un angle, les deux rayons Ro et o'R' feront également entr'eux un angle. Ainsi, si sur le trajet d'un rayon de lumière on place un prisme, ce rayon sera brisé, et d'autant plus, que l'angle du prisme sera plus grand. Cette dernière règle n'a cependant pas toujours une rigueur absolue, car il peut arriver qu'il y ait réflexion, comme dans le cas suivant.

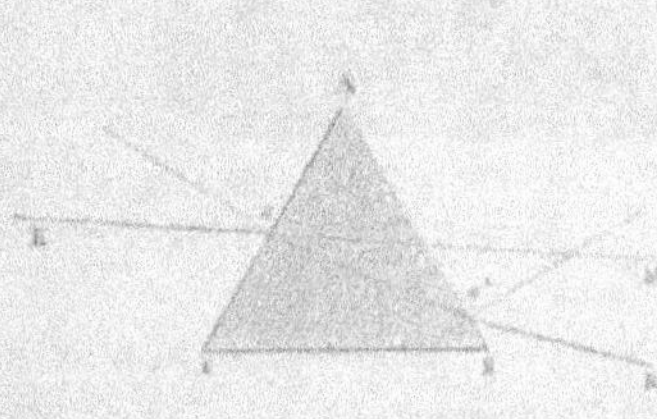

Fig. 11.

Si l'on place, sur le trajet d'un rayon de lumière *a*, un prisme ACB (fig. 12) taillé de façon à ce qu'il offre dans sa section un

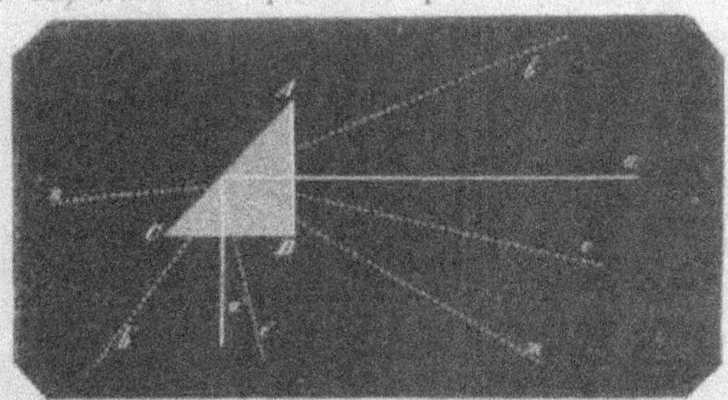

Fig. 12.

triangle rectangle isocèle, si en outre le rayon *a'* tombe perpendiculairement à la face AB, il ne sera pas dévié, mais lorsqu'il arrivera au contact de la face AC, au lieu de passer à travers il se réfléchira et sortira, en *a'*, perpendiculairement à l'autre face CB. Le même prisme, placé sur le trajet de rayons dans la position indiquée par la fig. 13, ne fera subir aucune déviation à ces rayons, mais, si l'on regarde en *a'b'* un objet *ab*, cet objet paraîtra renversé.

Un prisme peut donc faire fonction de miroir, on l'emploie même pour cet usage en photographie. En optique, on dit en parlant de ce phénomène qu'il y a *réflection totale*, et l'on appelle *angle limite* l'angle maximum qu'un prisme d'une matière donnée doit avoir pour qu'il y ait encore réfraction et que la réflection commence[1].

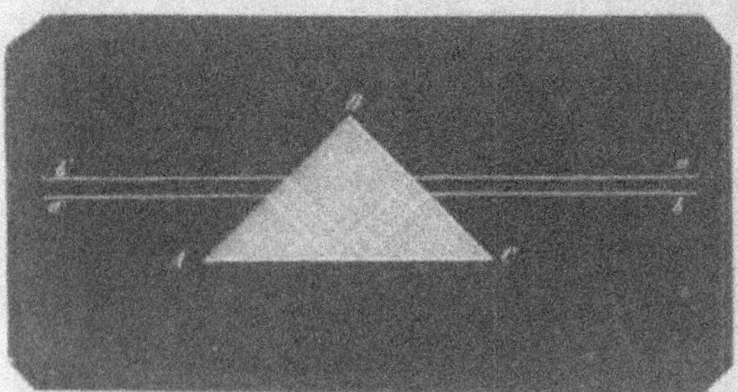

Fig 13.

Il s'en suit donc que tout rayon qui tombe (fig. 12) au-delà de l'angle limite $c\,c'$, sera réfléchi, mais en deçà $m\,n$, il sera réfracté.

Voyons maintenant ce qui a lieu lorsqu'on ne fait plus abstraction de la décomposition de la lumière, et prenons le phénomène tel qu'il se présente en réalité (fig. 14). Quand le rayon r tombe sur le prisme CAB, tout en se réfractant, il se décompose en sept rayons principaux qui représentent chacun l'une des sept couleurs simples, le rouge est le moins dévié, et le violet le plus. Dès que cette décomposition a eu lieu dans le verre même, au sortir du prisme tous ces rayons vont encore être déviés mais tous inégalement, et de nouveau ce sera le rouge qui le sera le moins et le violet le plus; aussi recevra-t-on en arrière du prisme une série de rayons colorés $r\,v$, qui constituent le *spectre solaire*, dont au reste nous avons déjà parlé.

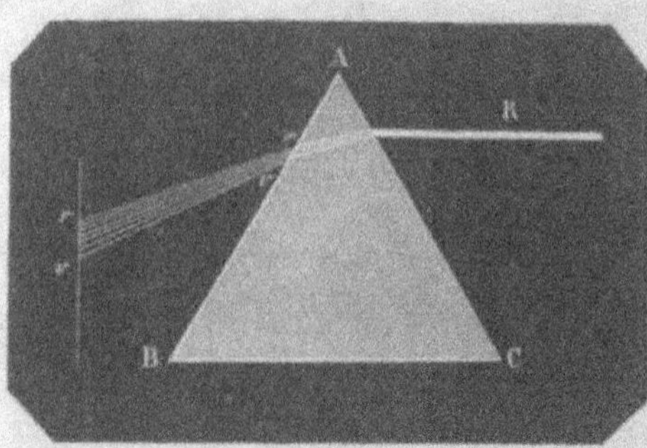

Fig. 14.

Chose remarquable, les prismes de différentes matières offrent tous des spectres de longueur différente et ce phénomène est indépendant de la réfraction; ce n'est donc pas la substance la plus réfringente qui

(1) Les rayons lumineux qui se sont réfractés à la première face d'un prisme, ne peuvent immerger à la deuxième, qu'autant que l'angle réfringent du prisme, est moindre que le double de l'angle limite de la substance dont le prisme est formé.

donne le spectre le plus allongé, ce phénomène est particulier à chaque matière. Newton croyait que ce pouvoir de donner un spectre allongé, *la dispersion* comme on l'appelle, était proportionnelle à la réfraction. Ce fut Dollond, célèbre opticien anglais, qui prouva le contraire [1].

LENTILLES.

L'étude de la marche de la lumière dans les milieux réfringents est surtout importante à étudier dans les lentilles, c'est-à-dire, dans des milieux terminés par des surfaces sphériques dont l'intersection est une ligne sans épaisseur sensible.

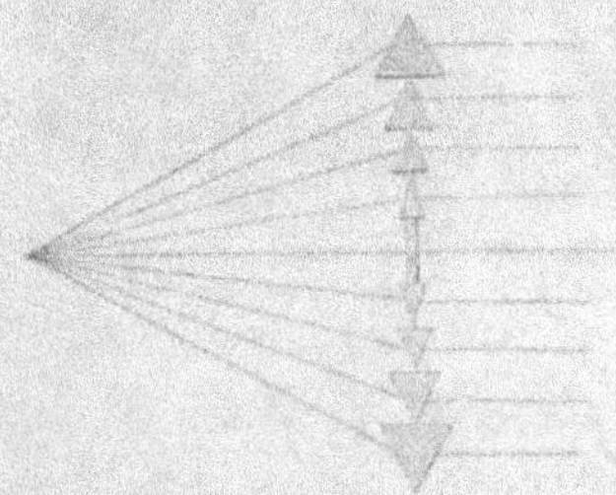

Fig. 15.

La dernière condition est importante. Si les surfaces sphériques n'étaient pas symétriques par rapport à un axe commun, on aurait un prisme à surfaces sphériques et non une lentille.

Nous ferons, pour le moment, de nouveau abstraction de la décomposition qui accompagne la réfraction, nous considérerons seulement des rayons de même réfrangibilité, nous réservant plus loin de voir ce qui a lieu en réalité.

Toute lentille peut être considérée comme une réunion de prismes (fig. 15), car, une portion infiniment petite d'une surface convexe ou concave peut être assimilée à un plan.

Les lentilles se divisent en deux classes bien distinctes : la première comprend les lentilles convexes, plus épaisses au milieu que sur les bords; les secondes, concaves, plus minces au contraire au milieu.

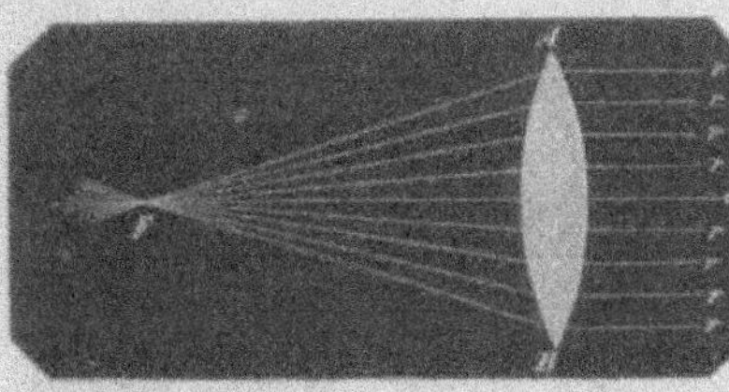

Fig. 16.

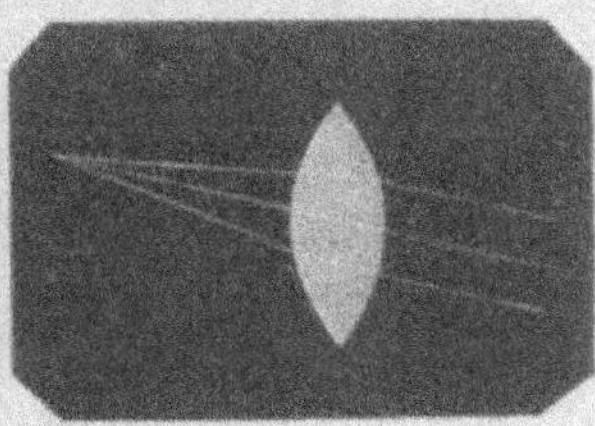

Fig. 17.

Considérons d'abord la première de ces deux catégories, les lentilles convexes, ou, comme on les appelle encore, *convergentes*. La propriété

(1) Les substances les plus réfringentes sont celles qui dévient le plus la lumière, et les plus dispersives celles qui donnent le plus de longueur au spectre. Ces deux propriétés sont tout à fait distinctes.

la plus saillante de ces lentilles consiste dans leur propriété de réunir en un point F (fig. 16) nommé *foyer*, les rayons parallèles *rr* venant de l'infini, par exemple les rayons solaires, qui tombent à sa surface.

Dans la figure 16, ces rayons *rr* tombent perpendiculairement sur la lentille AB, mais ils peuvent aussi tomber obliquement, comme on le voit dans la fig. 17.

Inversement, les rayons émanant d'un point lumineux placé au

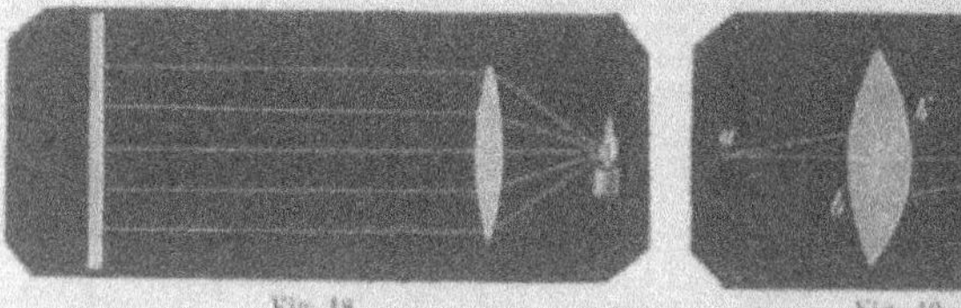

Fig. 18. Fig. 19.

foyer, (fig. 18), arrivent en divergeant sur la lentille, et en sortent parallèles à la sortie.

La distance focale d'une lentille dépend évidemment du pouvoir réfringent de la substance dont elle est formée et de son rayon de courbure. *Cette distance focale se mesure, non à partir des surfaces de la lentille, mais à partir du centre de la lentille.* Pour trouver ce centre, on mène deux rayons parallèles (fig. 19 et 20) émanant du *centre de courbure a, a'* de chaque surface sphérique, et on joint les points *b, b'* où ils y aboutissent; le centre de la lentille se trouve sur le milieu de cette droite.

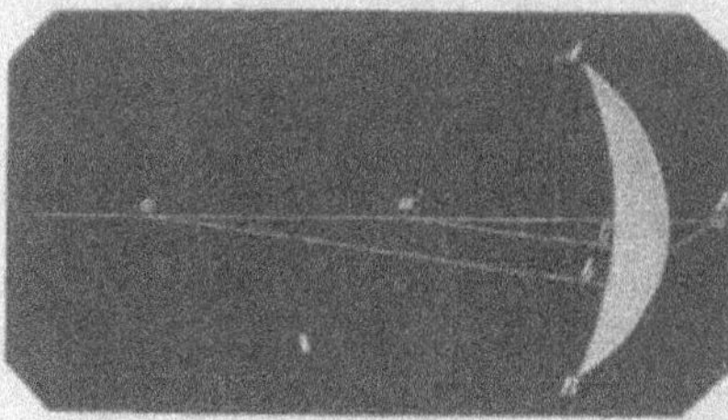

Fig. 20.

Ce centre jouit de la propriété curieuse, que tout rayon lumineux qui le traverse, ne subit pas de déviation.

Les propriétés des lentilles qui nous intéressent le plus, consistent dans la formation à leur foyer d'images des objets extérieurs.

Si ces objets sont placés à l'infini, l'image se forme au foyer mathématique de la lentille, mais, s'ils se rapprochent, cette distance s'allonge.

Si l'objet est à une distance de la lentille égale au *double* de la distance focale principale, l'image aura la même grandeur que l'objet, et, de plus, cette distance focale sera doublée (fig. 21).

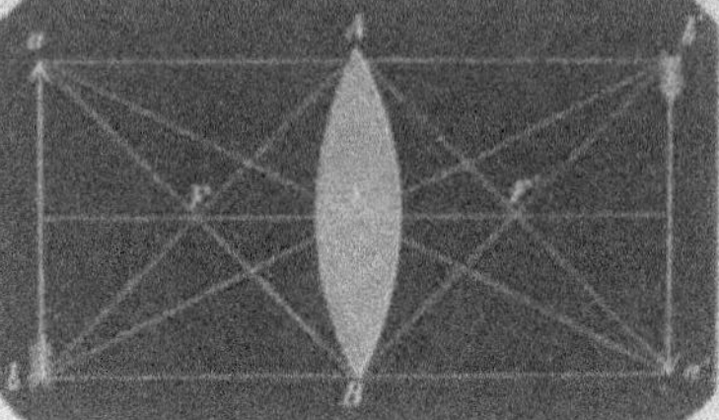

Fig. 21.

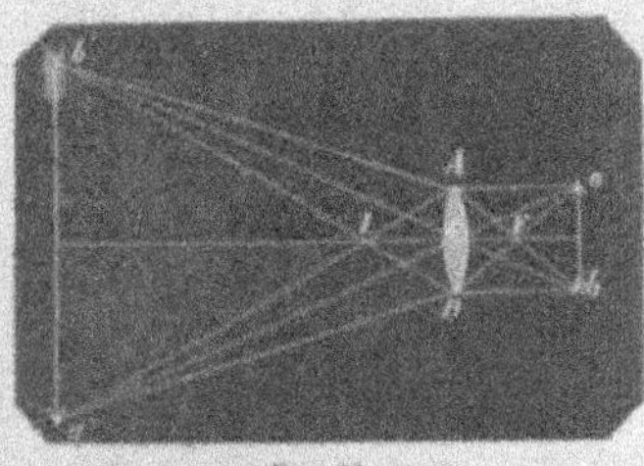

Fig. 22

Plus l'objet se rapproche du foyer, et plus l'image se reproduit agrandie (fig. 22), plus l'objet s'éloigne et plus l'image de l'objet est petite, mais elle est toujours renversée.

Voici les formules qui lient la distance de l'objet à la lentille et celle où l'image se forme en arrière, en supposant, bien entendu, la lentille sans épaisseur.

Soit p la distance de l'objet à la lentille convergente,

p' celle où l'image se forme,

R, R' les rayons de courbure de la lentille,

n, l'indice de réfraction de la substance dont la lentille est formée;

Nous aurons : $\frac{1}{p}+\frac{1}{p'}=\frac{n-1}{R}+\frac{n-1}{R'}=\frac{(n-1)(R+R')}{RR'}$.

Il s'en suit que, si l'objet est placé à l'infini, p est infini, et alors p' devient : $p'=\frac{RR'}{(n-1)(R+R')}$, ce qui est la *distance focale principale*, c'est-à-dire, celle que l'on observe par l'expérience.

Il est bien clair que l'expression p' varie avec les rayons de courbure R et R'. Cette expression varie encore avec la forme de la lentille. Ainsi, dans le cas des lentilles bi-convexes dont les surfaces sont égales, l'on a $p'=\frac{R}{2(n-1)}$; si l'une des faces est plane : $p'=\frac{R}{(n-1)}$; si l'une des faces est convexe l'autre concave, toujours dans le cas de lentilles convergentes : $p'=\frac{-RR'}{(n-1)(R-R')}$.

Dans le cas des lentilles divergentes, c'est-à-dire, celles dont les faces sont concaves (fig. 23), nous avons, pour la lentille bi-concave à faces égales : $p'=a=\frac{-R}{2(n-1)}$.

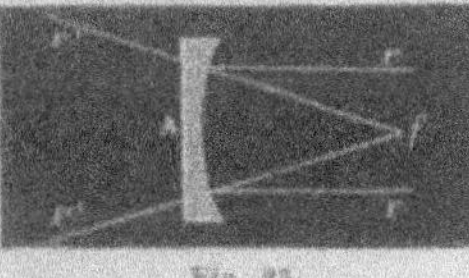

Fig. 23

On voit donc que le foyer des lentilles concaves ou divergentes est négatif, aussi des rayons solaires rr tombant sur une pareille lentille ne se rencontrent plus en arrière, mais continuent leur route $r'r'$ en divergeant. Si ces rayons $r'r'$ sont prolongés en f, c'est la distance Af qui représente la longueur focale principale.

C'est à l'aide de ces formules que l'on calcule les tableaux des pages 44 et 45.

Nous ajouterons, qu'en photographie, l'usage des lentilles simples s'abandonne de plus en plus; les formules précédentes sont donc incomplètes, puisque l'on se sert *d'objectifs combinés*. Le plus souvent, le cas se résume à deux lentilles placées à une distance fixe.

Supposons donc que le point lumineux soit situé à une distance p de la première lentille, plus grande que son foyer a, et que la seconde lentille soit à une distance d de la première plus petite que la distance p' où se fait le foyer conjugué. Les rayons émergeant de la première, tomberont en convergeant sur la seconde, et l'on aura $\frac{1}{p}+\frac{1}{p'}=\frac{1}{a}$ et $\frac{-1}{p'-d}+\frac{1}{p''}=\frac{1}{a'}$, d'où $p''=\frac{a'}{1+\frac{a'}{p'-d}}$. p, et par suite p', étant supposés constants; et, d, étant moindre que p', on voit que p'' diminue quand d augmente, le foyer se rapproche de la seconde lentille quand on l'écarte de la première.

Quant au rapport entre la grandeur de l'image et celle de l'objet à la lentille, ce rapport est égal entre leurs distances p et p'.

Comme, le plus souvent, la distance focale de la lentille est connue, représentons-la par f; p étant alors la distance de l'objet à la lentille, p' la distance de l'image formée en arrière de la lentille, nous aurons en définitive $\frac{1}{f}=\frac{1}{p}+\frac{1}{p'}$.

Nous ferons bientôt usage de ces formules.

ABERRATIONS SPHÉRIQUE ET CHROMATIQUE.

On démontre par le calcul que les rayons parallèles R'' (fig. 24) tombant sur une lentille AB dont l'ouverture est très petite, se réu-

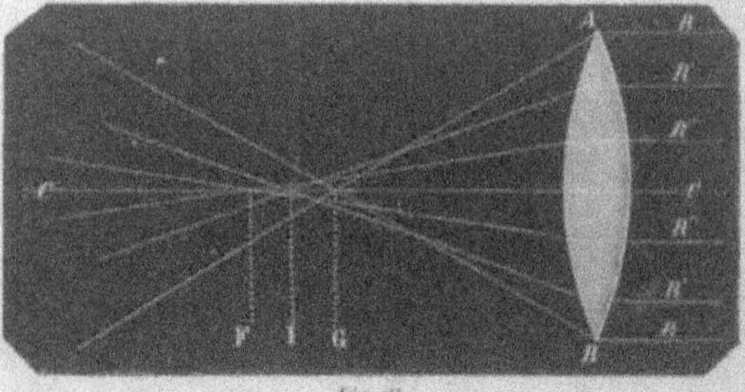

Fig. 24.

nissent en un point mathématique F. Mais, si l'ouverture de la lentille augmente, les rayons R', R se réunissent plus près, en I et en G.

Il en résulte que les images au foyer des lentilles ne sont pas nettement terminées, à moins de donner à ces lentilles des ouvertures extrêmement petites, comme c'est le cas des objectifs simples employés en photographie.

On peut cependant donner, par le tâtonnement, des courbures telles à la lentille, *que des rayons parallèles à l'axe*, tombent en un point mathématique. Ces lentilles sont dites aplanétiques. On s'en sert surtout comme objectifs astronomiques.

Pour la photographie, qui exige des lentilles agissant avec toute leur ouverture, l'on est obligé de combiner plusieurs lentilles pour détruire cette aberration sphérique[1].

Nous avons, jusqu'ici, considéré les rayons lumineux qui tombent sur les lentilles comme homogènes, mais il n'en est pas ainsi.

(1) Quant aux formules usitées, nous ne les connaissons pas, aucun traité d'optique n'en parlant, pas même le récent ouvrage de M. Billet sur l'optique *physique*. Nous soulignons le mot physique, parce que c'est sans doute une erreur de plume de l'auteur, car l'on n'y trouve absolument que de l'optique *mathématique*.

Il paraît que M. Petzval, professeur à Vienne, a publié des tables pour la construction des objectifs doubles basées sur une série de formules trop compliquées sans doute pour figurer dans cet ouvrage, mais, tables et formules nous sont inconnues.

Nous ne pouvons passer sous silence une petite brochure intitulée « *De la distance focale des systèmes optiques convergents* » qui, de tous les ouvrages d'optique que nous avons sous les yeux, est le plus net et le plus clair. L'auteur de ce petit opuscule, M. Secretan, n'y a eu recours qu'aux mathématiques élémentaires, mais, il faut le dire, plusieurs de ses démonstrations ont une élégance et une concision toutes particulières.

Il est à regretter que M. Secretan n'ait pas donné à cette brochure l'étendue qu'elle mériterait d'avoir. Ce travail serait accueilli par tous les physiciens avec reconnaissance, car il est rare qu'un auteur joigne une pratique consommée à des connaissances mathématiques élevées. L'auteur ne nous dit rien sur les formules qui président à la construction des objectifs doubles, à la distance des deux lentilles, les courbures, etc. Ce sont cependant ces points surtout qu'il importe de connaître. Ceci confirme, ce qu'un jour un illustre savant disait devant nous, à peu près en ces termes : « Le tâtonnement, aidé de quelques formules empiriques, est la seule règle des opticiens dans la construction des objectifs photographiques, et l'on est loin d'avoir pour cette branche si importante de l'optique moderne, ces tables commodes des Herschell et des Littrow à l'aide desquelles la construction des objectifs astronomiques s'est tant simplifiée.

« Si vous ne trouvez rien dans nos traités d'optique sur cette spécialité, c'est que nous n'en savons guère plus que vous, et, quant à moi, si l'on me donnait les indications de la nature des verres à employer, je serais fort embarrassé de vous indiquer les courbures. »

M. Secretan, outre l'aberration sphérique et l'aberration chromatique, définit aussi l'aberration de forme. Pour ceux de nos lecteurs qui se tiennent au courant des progrès de l'optique moderne, nous dirons, qu'en Angleterre, M. Dallmeyer a défini cette aberration sous le nom de *distortion*. L'étude de cette aberration est négligée dans tous les ouvrages de physique, et bien des savants s'imaginent que l'aberration de forme n'est autre que l'aberration sphérique.

On le voit donc, la trop petite brochure de M. Secretan doit se trouver dans la bibliothèque des physiciens, et des amateurs de photographie qui voient dans cet art autre chose que des procédés mécaniques. Ecrite avec une rare netteté, aucun traité de physique ne donne des formules aussi claires ni aussi élégantes.

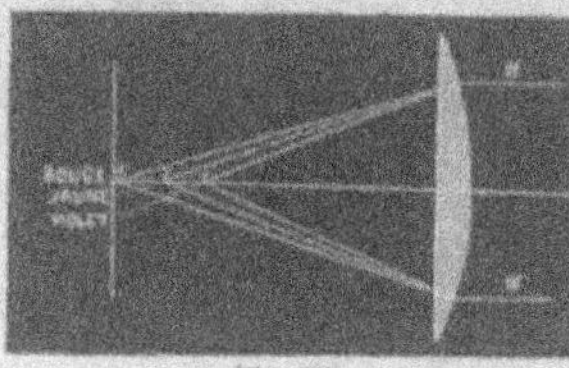
Fig. 25.

Faisons tomber des rayons solaires *a a* (fig. 25) sur une lentille convexe, ils forment en *j* un point très-lumineux. Mais des trois espèces de rayons que nous avons énumérées[1], une seule a son foyer en *j* et ce sont les rayons lumineux. Les rayons calorifiques ont leur foyer plus loin, en *r*, et les rayons chimiques plus près de la lentille, en *v*.

Car, la lentille convexe peut être considérée comme une réunion de prismes à surfaces convexes réunis par la base. Si nous isolions un de ces prismes, sur lequel nous laisserions tomber un rayon solaire, le spectre se formerait à une distance convenable. Or, dans le spectre les intensités calorifique, lumineuse et chimique ne se trouvent pas à la même place, le rouge extrême est le siége du maximum calorifique, le jaune du maximum lumineux, et le violet enfin du maximum chimique (voir page 29).

Si nous employions donc une telle lentille comme objectif photographique, il en résulterait :

1° Que les bords des objets seraient colorés;

2° Que le foyer visuel ne correspondrait pas avec le foyer chimique.

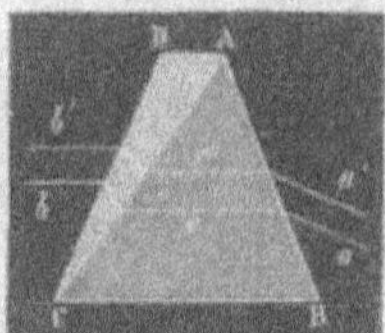
Fig. 26.

On appelle *achromatiques*, les prismes et les lentilles qui font disparaître ces couleurs; pour y parvenir (fig. 26) on réunit deux prismes de matière différente. Ainsi, les rayons lumineux tombant sur le premier, se décomposent, mais par suite de la dispersion relative des deux matières, les rayons colorés formés par le premier prisme sont réunis par le second, et sortent définitivement incolores.

L'opticien qui construit un objectif doit donc avant tout corriger ce défaut. Il y arrive assez aisément en combinant le *flint* et le *crown* de façon à obtenir l'achromatisme; seulement, il n'est pas nécessaire de combiner les prismes de manière à faire coïncider le rouge et le jaune, mais bien le jaune, siége du maximum lumineux et le violet, siége du maximum chimique.

L'on pourrait, à la rigueur, se servir en photographie de lentilles non achromatiques, seulement, elles offriraient alors un *foyer chimique*, c'est-à-dire, que l'image mise au point sur le verre dépoli ne serait pas nette sur la couche sensible qui remplacerait ce verre.

(1) Les rayons chimiques, lumineux proprement dits, et calorifiques.

Généralement donc, on substitue les lentilles achromatiques aux lentilles ordinaires, aussi bien dans les lentilles simples que dans les objectifs combinés à deux lentilles.

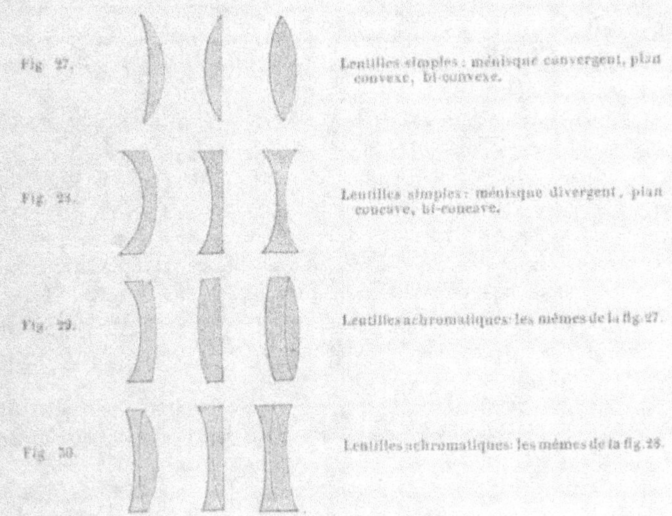

Fig. 27. Lentilles simples : ménisque convergent, plan convexe, bi-convexe.

Fig. 28. Lentilles simples : ménisque divergent, plan concave, bi-concave.

Fig. 29. Lentilles achromatiques : les mêmes de la fig. 27.

Fig. 30. Lentilles achromatiques : les mêmes de la fig. 28.

Les figures 27, 28, 29, 30 montrent comment, en combinant le flint et le crown, l'on parvient à achromatiser les lentilles ; quant au calcul des courbes relatives aux pouvoirs dispersifs des matières employées, il est trop difficile pour que nous essayions d'en donner, même brièvement, une idée exacte.

LES OBJECTIFS PHOTOGRAPHIQUES.

Les détails, peut-être trop concis, que nous avons énoncés précédemment, feront mieux comprendre ce que nous avons à dire des *objectifs* employés en photographie.

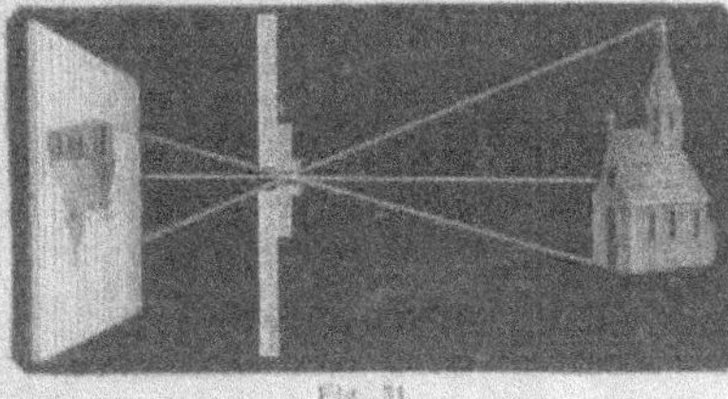

Fig. 31.

Rappelons-nous d'abord ce fait : que si, dans une chambre bien obscurcie (fig. 31) nous perçons une petite ouverture, les objets extérieurs viendront se peindre sur un écran blanc placé en arrière de cette ouverture. *Plus la distance de ces objets sera grande, plus leur image sera petite, mais on pourra agrandir ou diminuer cette grandeur des images, en reculant ou en avançant l'écran.*

Si, sur l'ouverture, nous plaçons une lentille convergente dont la face la moins convexe regarde ces objets extérieurs, nous remarquerons qu'il y a une place en arrière de cette lentille où l'image est la plus nette; en avançant ou en reculant l'écran, cette image perdra de sa netteté primitive.

L'emploi de la lentille ne change rien à la dimension que l'image avait primitivement, mais lui donne seulement plus de netteté. En se servant de lentilles plus ou moins convexes, il est facile de voir, qu'à chaque lentille différente, correspond une distance autre de l'écran pour le maximum de netteté. Si la lentille dont on se sert est employée avec son ouverture entière, les images seront moins nettes que si on la couvre de *diaphragmes*, c'est-à-dire, de disques opaques percés d'ouvertures circulaires plus petites que la lentille. C'est que l'on réduit ainsi la lentille à sa partie centrale, qui, ainsi que nous l'avons dit à la page 38, ne donne pas d'aberration sphérique.

Si l'objet fixe, qui, dans notre figure, est représenté par une église, est remplacé par une figure mobile, par un homme qui marche, par exemple, on pourra vérifier, que, si cet homme s'éloigne, l'image se rapproche de la lentille et diminue de grandeur; et que, inversement, si l'homme se rapproche, le foyer s'allonge, et l'image augmente de grandeur (1).

Nous avons déjà dit que l'on appelle *distance focale principale*, ou plus communément, *foyer*, la distance entre le *centre optique* de la lentille et l'image la plus nette possible des objets très-éloignés. Comme

(1) La distance focale f étant donnée (et elle est toujours facile à trouver en exposant la lentille aux rayons solaires), connaissant en outre la distance p de l'objet à lentille, nous avons vu, page 38, que l'on trouvait la distance focale p' par la formule

$$\frac{1}{f}=\frac{1}{p}+\frac{1}{p'}.$$

L'objectif a-t-il 24 centimètres de foyer, la distance de l'objet à la lentille étant de 4 mètres, soit 400 centimètres, nous aurons pour la distance p' où l'image se peint *avec netteté* sur le verre dépoli :

$$\frac{1}{24}=\frac{1}{400}+\frac{1}{p'},\quad \text{ou bien :}$$

$$400=24+\frac{24\times 400}{p},$$

$$\text{d'où}\quad p=25{,}5 \text{ centimètres,}$$

Le foyer principal se sera donc allongé de 1,5 centimètres.

Le rapport de grandeur des deux images sera comme $p' : p$, soit de 25,3 à 400, c'est-à-dire, réduit à 1/16 de sa grandeur.

C'est de cette façon que les tableaux des pages suivantes ont été calculés.

les lentilles photographiques ont généralement un foyer assez long, nous pouvons remplacer, dans la définition précédente, l'expression *centre optique* par celle de *face antérieure du verre*.

Le foyer d'un objectif, (*simple*, bien entendu), s'obtient aisément en vissant cet objectif sur la chambre noire employée en photographie, et, en mettant au point des objets éloignés. Dans ce cas, le foyer est la distance entre la face du verre qui regarde le verre dépoli et ce verre dépoli lui-même, plus l'épaisseur de la lentille.

Dans les objectifs doubles, il n'en est plus ainsi. Nous avons dit, en effet, page 38, que le foyer de deux lentilles combinées dépend, non-seulement de la distance focale de chacune d'elles, mais encore de leur distance entr'elles.

On ne peut donc pas ici, pour connaitre le foyer d'un objectif combiné, mesurer la distance de l'image au dernier verre, mais il faut, à toute force recourir au calcul [1] ou prendre une moyenne.

Ce qui le prouve, c'est que deux objectifs combinés, dont la distance entre l'image au dernier verre, est égale, peuvent donner des images de grandeurs différentes.

Généralement, les constructeurs d'objectifs donnent, dans leurs catalogues, la distance focale des objectifs combinés, en mesurant le foyer à partir du dernier verre, c'est une erreur. Mais puisque nous ne pouvons la redresser, nous ferons comme eux.

A l'aide de la formule que nous avons donnée dans la note de la page précédente, il sera toujours aisé de calculer la grandeur de l'image, et le tirage de la chambre noire, le foyer de l'objectif étant connu. Cependant pour éviter à nos lecteurs cet embarras, nous extrayons de l'excellente brochure de M. Secretan que nous avons déjà eu l'occasion de citer, le tableau suivant, avec l'explication de son usage.

(1) Le micromètre à fils mobiles peut fournir, avec une grande exactitude, les images des objets très éloignés. L'on a alors un moyen *exact* d'évaluer la distance focale absolue des objectifs. Mais, pour se servir de cet appareil, il faut des mains exercées. Jamais, d'ailleurs, l'on n'a besoin de connaître ce foyer d'une façon rigoureuse.

M. Secretan a décrit, dans la brochure que nous avons signalée page 39, un instrument qu'il a nommé *focabsolumètre* qui atteint le même but. Nous renvoyons le lecteur désireux de le connaître à cette brochure.

	1/1	1/2	1/3	1/4	1/5	1/6	1/7	1/8	1/9	1/10	1/15	1/20	1/25	1/30
0,10	0,20 0,20	0,30 0,15	0,40 0,13	0,50 0,13	0,60 0,12	0,70 0,12	0,80 0,11	0,90 0,11	1,00 0,11	1,10 0,11	1,60 0,11	2,10 0,11	2,60 0,10	3,10 0,10
0,15	0,30 0,30	0,45 0,23	0,60 0,20	0,75 0,19	0,90 0,18	1,05 0,18	1,20 0,17	1,35 0,17	1,50 0,17	1,65 0,17	2,40 0,16	3,15 0,16	3,90 0,16	4,65 0,16
0,20	0,40 0,40	0,60 0,30	0,80 0,27	1,00 0,25	1,20 0,24	1,40 0,23	1,60 0,23	1,80 0,23	2,00 0,22	2,20 0,22	3,20 0,21	4,20 0,21	5,20 0,21	6,20 0,21
0,25	0,50 0,50	0,75 0,38	1,00 0,33	1,25 0,31	1,50 0,30	1,75 0,29	2,00 0,29	2,25 0,28	2,50 0,28	2,75 0,28	4,00 0,27	5,25 0,26	6,50 0,26	7,75 0,26
0,30	0,60 0,60	0,90 0,45	1,20 0,40	1,50 0,38	1,80 0,36	2,10 0,35	2,40 0,34	2,70 0,34	3,00 0,33	3,30 0,33	4,80 0,32	6,30 0,32	7,80 0,31	9,30 0,31
0,35	0,70 0,70	1,05 0,53	1,40 0,47	1,75 0,44	2,10 0,42	2,45 0,41	2,80 0,40	3,15 0,39	3,50 0,39	3,85 0,39	5,60 0,37	7,35 0,37	9,10 0,36	10,85 0,36
0,40	0,80 0,80	1,20 0,60	1,60 0,53	2,00 0,50	2,40 0,48	2,80 0,47	3,20 0,46	3,60 0,45	4,00 0,44	4,40 0,44	6,40 0,43	8,40 0,42	10,40 0,42	12,40 0,41
0,45	0,90 0,90	1,35 0,68	1,80 0,60	2,25 0,56	2,70 0,54	3,15 0,53	3,60 0,51	4,05 0,51	4,50 0,50	4,95 0,50	7,20 0,48	9,45 0,47	11,70 0,47	13,95 0,47
0,50	1,00 1,00	1,50 0,75	2,00 0,67	2,50 0,63	3,00 0,60	3,50 0,58	4,00 0,57	4,50 0,56	5,00 0,55	5,50 0,55	8,00 0,53	10,50 0,53	13,00 0,52	15,50 0,52
0,55	1,10 1,10	1,65 0,83	2,20 0,73	2,75 0,69	3,30 0,66	3,85 0,64	4,40 0,63	4,95 0,62	5,50 0,61	6,05 0,61	8,80 0,59	11,55 0,58	14,30 0,57	17,05 0,57
0,60	1,20 1,20	1,80 0,90	2,40 0,80	3,00 0,75	3,60 0,72	4,20 0,70	4,80 0,69	5,40 0,68	6,00 0,66	6,60 0,66	9,60 0,64	12,60 0,63	15,60 0,62	18,60 0,62
0,65	1,30 1,30	1,95 0,98	2,60 0,87	3,25 0,81	3,90 0,78	4,55 0,76	5,20 0,74	5,85 0,73	6,50 0,72	7,15 0,72	10,40 0,69	13,65 0,68	16,90 0,68	20,15 0,67
0,70	1,40 1,40	2,10 1,05	2,80 0,93	3,50 0,87	4,20 0,84	4,90 0,82	5,60 0,80	6,30 0,79	7,00 0,77	7,70 0,77	11,20 0,75	14,70 0,74	18,20 0,73	21,70 0,72
0,75	1,50 1,50	2,25 1,13	3,00 1,00	3,75 0,94	4,50 0,90	5,25 0,88	6,00 0,86	6,75 0,84	7,50 0,83	8,25 0,83	12,00 0,80	15,75 0,79	19,50 0,78	23,25 0,77
0,80	1,60 1,60	2,40 1,20	3,20 1,07	4,00 1,00	4,80 0,96	5,60 0,93	6,40 0,91	7,20 0,90	8,00 0,88	8,80 0,88	12,80 0,85	16,80 0,84	20,80 0,83	24,80 0,83
0,85	1,70 1,70	2,55 1,28	3,40 1,13	4,25 1,06	5,10 1,02	5,95 0,99	6,80 0,97	7,65 0,96	8,50 0,94	9,35 0,94	13,60 0,91	17,85 0,89	22,10 0,88	26,35 0,88
0,90	1,80 1,80	2,70 1,35	3,60 1,20	4,50 1,12	5,40 1,08	6,30 1,05	7,20 1,03	8,10 1,01	9,00 0,99	9,90 0,99	14,40 0,96	18,90 0,95	23,40 0,94	27,90 0,93
0,95	1,90 1,90	2,85 1,43	3,80 1,27	4,75 1,19	5,70 1,14	6,65 1,11	7,60 1,09	8,55 1,07	9,50 1,05	10,45 1,05	15,20 1,01	19,95 1,00	24,70 0,99	29,45 0,98
1,00	2,00 2,00	3,00 1,50	4,00 1,33	5,00 1,25	6,00 1,20	7,00 1,17	8,00 1,14	9,00 1,13	10,00 1,10	11,00 1,10	16,00 1,07	21,00 1,05	26,00 1,04	31,00 1,03

	1/40	1/50	1/60	1/70	1/80	1/90	1/100	1/120	1/140	1/160	1/180	1/200
0,10	4,10 0,10	5,10 0,10	6,10 0,10	7,10 0,10	8,10 0,10	9,10 0,10	10,10 0,10	12,10 0,10	14,10 0,10	16,10 0,10	18,10 0,10	20,10 0,10
0,15	6,15 0,15	7,65 0,15	9,15 0,15	10,65 0,15	12,15 0,15	13,65 0,15	15,15 0,15	18,15 0,15	21,15 0,15	24,15 0,15	27,15 0,15	30,15 0,15
0,20	8,20 0,21	10,20 0,20	12,20 0,20	14,20 0,20	16,20 0,20	18,20 0,20	20,20 0,20	24,20 0,20	28,20 0,20	32,20 0,20	36,20 0,20	40,20 0,20
0,25	10,25 0,26	12,75 0,26	15,25 0,25	17,75 0,25	20,25 0,25	22,75 0,25	25,25 0,25	30,25 0,25	35,25 0,25	40,25 0,25	45,25 0,25	50,25 0,25
0,30	12,30 0,31	15,30 0,31	18,30 0,31	21,30 0,30	24,30 0,30	27,30 0,30	30,30 0,30	36,30 0,30	42,30 0,30	48,30 0,30	54,30 0,30	60,30 0,30
0,35	14,35 0,36	17,85 0,36	21,35 0,36	24,85 0,36	28,35 0,35	31,85 0,35	35,35 0,35	42,35 0,35	49,35 0,35	56,35 0,35	63,35 0,35	70,35 0,35
0,40	16,40 0,41	20,40 0,41	24,40 0,41	28,40 0,41	32,40 0,41	36,40 0,40	40,40 0,40	48,40 0,40	56,40 0,40	64,40 0,40	72,40 0,40	80,40 0,40
0,45	18,45 0,46	22,95 0,46	27,45 0,46	31,95 0,46	36,45 0,46	40,95 0,46	45,45 0,45	54,45 0,45	63,45 0,45	72,45 0,45	81,45 0,45	90,45 0,45
0,50	20,50 0,51	25,50 0,51	30,50 0,51	35,50 0,51	40,50 0,51	45,50 0,51	50,50 0,51	60,50 0,50	70,50 0,50	80,50 0,50	90,50 0,50	100,50 0,50
0,55	22,55 0,56	28,05 0,56	33,55 0,56	39,05 0,56	44,55 0,56	50,05 0,56	55,55 0,56	66,55 0,55	77,55 0,55	88,55 0,55	99,55 0,55	110,55 0,55
0,60	24,60 0,62	30,60 0,61	36,60 0,61	42,60 0,61	48,60 0,61	54,60 0,61	60,60 0,61	72,60 0,61	84,60 0,60	96,60 0,60	108,60 0,60	120,60 0,60
0,65	26,65 0,67	33,15 0,66	39,65 0,66	46,15 0,66	52,65 0,66	59,15 0,66	65,65 0,66	78,65 0,66	91,65 0,65	104,65 0,65	117,65 0,65	130,65 0,65
0,70	28,70 0,72	35,70 0,71	42,70 0,71	49,70 0,71	56,70 0,71	63,70 0,71	70,70 0,71	84,70 0,71	98,70 0,71	112,70 0,70	126,70 0,70	140,70 0,70
0,75	30,75 0,77	38,25 0,77	45,75 0,76	53,25 0,76	60,75 0,76	68,25 0,76	75,75 0,76	90,75 0,76	105,75 0,76	120,75 0,75	135,75 0,75	150,75 0,75
0,80	32,80 0,82	40,80 0,82	48,80 0,81	56,80 0,81	64,80 0,81	72,80 0,81	80,80 0,81	96,80 0,81	112,80 0,81	128,80 0,81	144,80 0,80	160,80 0,80
0,85	34,85 0,87	43,35 0,87	51,85 0,86	60,35 0,86	68,85 0,86	77,35 0,86	85,85 0,86	102,85 0,86	119,85 0,86	136,85 0,86	153,85 0,85	170,85 0,85
0,90	36,90 0,92	45,90 0,92	54,90 0,92	63,90 0,91	72,90 0,91	81,90 0,91	90,90 0,91	108,90 0,91	126,90 0,91	144,90 0,91	162,90 0,91	180,90 0,90
0,95	38,95 0,97	48,45 0,97	57,95 0,97	67,45 0,97	76,95 0,97	86,45 0,96	95,95 0,96	114,95 0,96	133,95 0,96	152,95 0,96	171,95 0,96	190,95 0,95
1,00	41,00 1,03	51,00 1,02	61,00 1,02	71,00 1,01	81,00 1,01	91,00 1,01	101,00 1,01	121,00 1,01	141,00 1,01	161,00 1,01	181,00 1,01	201,00 1,01

« La première colonne verticale contient les distances focales de 5 en 5 centimètres, depuis 10 jusqu'à 100 centimètres ; pour des distances focales intermédiaires, on pourra interpoler ou plutôt calculer les résultats par les règles ci-dessus (voir page 42). La seconde colonne verticale, qui porte en tête le nombre fractionnaire $\frac{1}{1}$ ou 1, donne, pour ce rapport de grandeur de l'image et vis-à-vis de chaque distance focale de la première colonne, deux nombres : le premier est la distance de l'objet au point d'arrivée ; le second, celle de la glace dépolie au point de départ. La somme de ces deux nombres est donc la distance de l'objet à l'image, plus le petit intervalle qui sépare les centres conjugués (1). La troisième colonne verticale donne les mêmes choses, mais pour le rapport d'image $\frac{1}{2}$; la quatrième colonne les donne pour le rapport $\frac{1}{3}$, et ainsi des suivantes.

« Supposons qu'avec un objectif de 30 centimètres de foyer on veuille faire un portrait au $\frac{1}{6}$ de grandeur.

« Partant du nombre 30 de la première colonne verticale, on suivra la ligne horizontale jusqu'à ce qu'on soit arrivé dans la verticale en tête de laquelle se trouve $\frac{1}{6}$; on tombera ainsi sur la case où se trouvent les deux nombres 2,10 et 0,35 ; le premier indique que la personne devra être à 2 mètres 10 centimètres du point d'arrivée de l'objectif, et le second nous apprend que la glace dépolie mise au foyer sera à environ 35 centimètres du point de départ.

« Les résultats du tableau sont exacts à moins d'un centimètre près ; plus d'exactitude eût été inutile, surtout pour le nombre qui détermine la distance de la glace dépolie, attendu que c'est toujours par la mise effective au point, qu'on règle celle-ci. Cette dernière quantité est toutefois bonne à connaître d'avance, quand ce ne serait que pour savoir si le local où l'on opère est assez grand pour opérer telle réduction d'image avec tel foyer d'objectif.

« Ainsi, veut-on savoir quelle est la plus petite réduction qu'on peut faire avec un foyer de 40 centimètres, dans une chambre dont la plus grande dimension est de 4 mètres, ôtons d'abord 1 mètre pour la place de celui qui posera et pour celle de l'opérateur mettant au point sur la glace dépolie, nos 4 mètres se réduiront à 3 mètres.

« Dans la ligne horizontale qui correspond au foyer 40, faisons à vue la somme des deux nombres de chaque case jusqu'à ce que nous trouvions le résultat qui approche le plus de 3 mètres, mais en moins, et nous arriverons ainsi au nombre 2,88, fourni par la colonne verticale en tête de laquelle se trouve $\frac{1}{5}$.

« Telle sera la plus petite grandeur d'image que nous pourrons obtenir dans ce local avec cet objectif.

(1) Pour les objectifs doubles. Le plus souvent on peut le négliger (D. V. M.).

« Un problème analogue serait celui où, ayant la distance de l'objet à l'image, on demanderait quel foyer devrait avoir l'objectif pour obtenir une réduction donnée dans le portrait.

« Ainsi, on peut disposer d'un espace de 4 mètres, et on veut faire une réduction au $\frac{1}{8}$ en employant un objectif du plus long foyer possible ; quel sera ce foyer ? Pour le connaître, je consulte la colonne verticale en tête de laquelle se trouve $\frac{1}{8}$, et, faisant la somme des deux nombres de chaque case jusqu'à ce que je trouve le résultat le plus voisin de 4, j'arrive ainsi jusqu'à la septième case, qui me donne 4,05 et correspond horizontalement au foyer 40, qui sera celui qu'on cherchait.

« La solution des divers problèmes, que les tableaux ci-dessus permettent de résoudre avec facilité, fournira souvent après coup, des données qui pourront être utiles. Ainsi, dans une vue faite avec un objectif connu, on pourra retrouver la grandeur réelle d'une place qui séparait l'opérateur du monument reproduit, la hauteur effective de celui-ci, ou telle autre dimension qu'on peut avoir intérêt à connaître. »

Les tableaux des pages 44 et 45 seront donc de la plus grande utilité pour le photographe, soit qu'il cherche à savoir quelle grandeur un monument occupe dans son appareil, la distance du monument à la station présumée étant connu ainsi que le foyer de l'objectif, soit qu'il veuille connaître la longueur à donner à son atelier vitré.

C'est surtout à cause de leur utilité pratique, que nous avons inséré ces tableaux.

DU FOYER CHIMIQUE.

Il nous reste, pour finir ce chapitre, à dire quelques mots sur le foyer chimique. Nous avons déjà expliqué ce qu'on entend par foyer chimique. Un objectif entaché de ce défaut ne donne pas une image nette lorsque la plaque sensible est substituée au verre dépoli.

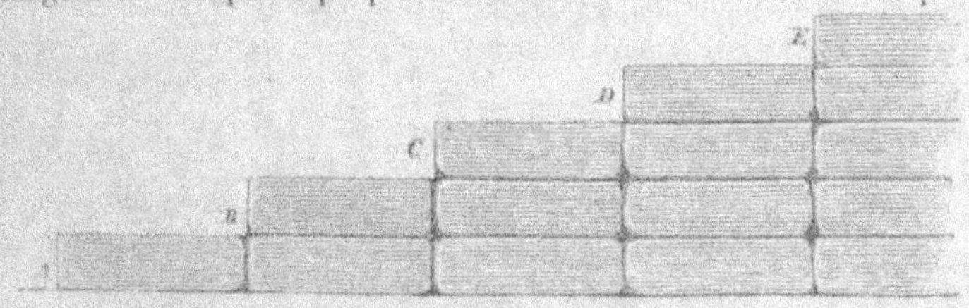

Fig. 32.

Voici comment on établit la différence qui existe entre le foyer chimique et le foyer visuel (1). On place (fig. 32), en ligne droite,

(1) Le focimètre de M. Claudet est un petit instrument qui donne les mêmes résultats que le système que nous suivons ici.

une série de briques, plus élevées l'une que l'autre. L'appareil est placé sur la même ligne que les briques, en mettant au point au milieu, en C par exemple. On tire une épreuve: si l'une des briques B ou D est nette, c'est que le foyer chimique est plus court ou plus long, on voit la différence qui en résulte en mettant alternativement les briques B ou D au point, c'est la distance moyenne qui correspond au foyer chimique, dont il faudra toujours tenir compte dans la mise au point. Le meilleur moyen est de graduer la base de la chambre noire; la différence des foyers chimique et visuel croit avec la distance focale, c'est-à-dire, que plus un objet est près de l'objectif, plus le tiroir devra être tiré, car plus le foyer chimique est considérable.

MM. Lerebours et Secretan ont trouvé qu'un objectif sans foyer chimique pour la plaque, donnait une légère différence pour les procédés humides.

Suivant ces messieurs, les objectifs qui n'ont qu'un foyer unique pour la plaque daguerrienne n'en ont qu'un pour le papier sec. Le même papier mouillé a donné une certaine différence, mais peu considérable.

Ce résultat s'explique aisément.

Dans un objectif simple achromatique, les deux lentilles peuvent être considérées comme deux prismes qui réalisent un système achromatique. Cependant, on devrait combiner sept verres pour obtenir un achromatisme complet puisqu'il y a sept couleurs principales, on se contente cependant, dans un objectif ordinaire, de faire coïncider deux couleurs, le rouge et le jaune.

Mais le bleu et le violet étant plus réfrangibles, et le maximum chimique existant dans ces rayons, il est évident que la lentille représentée par ces prismes, aura un foyer chimique.

Ceci posé, nous dirons *que chaque substance occupe un maximum chimique différent dans les rayons les plus réfrangibles*, la place du maximum d'action change encore si les substances sont sèches ou humides, et il en est ainsi de l'iodure d'argent.

Donc, dans un objectif, il faut corriger ce foyer chimique en faisant coïncider le jaune, siége du maximum lumineux, avec le bleu où règne le maximum chimique. Si cette correction est faite, l'objectif n'aura pas de foyer chimique pour les substances dont le maximum d'action est dans le bleu, par exemple la plaque iodée et bromée. Mais il en sera tout autrement si l'on se sert d'iodure d'argent lavé, dont le maximum est dans les rayons les plus réfrangibles.

Tel objectif qui serait donc sans foyer chimique pour le procédé au collodion humide, aura un léger foyer chimique pour le collodion sec.

La différence sera fort peu sensible, il est vrai, mais si l'objectif a un très long foyer, on s'apercevra très aisément de la différence.

Ainsi, en résumé, un objectif achromatique ordinaire ne peut subir de correction telle, qu'il n'offre de foyer chimique pour toutes les substances sensibles à la lumière.

§ 4. CHIMIE PHOTOGRAPHIQUE.

Le but de ce chapitre, n'est pas de faire un cours, aussi élémentaire qu'il puisse être, de chimie photographique, mais, de donner simplement quelques renseignements sur les substances les plus usitées en photographie. Nous nous attacherons surtout à ne décrire complètement que la préparation des substances qu'il y a réellement économie à les préparer soi-même.

Nous nous abstiendrons de parler de l'analyse chimique, des réactifs, etc., renvoyant pour cela le lecteur à la *Chimie photographique* de MM. Bareswill et Davanne ou de M. Hardwich.

Acétique (acide).

L'acide acétique cristallisable est un liquide incolore ayant l'odeur du vinaigre, qui n'est que de l'acide acétique dilué.

L'acide acétique cristallisable que l'on emploie en photographie n'est pas de l'acide monohydraté. Ordinairement il ne se solidifie que vers 4°, tandis que l'acide monohydraté est solide à 15°. Conservé dans un flacon fermé, le liquide ne se congèle pas toujours à cette température ni même au-dessous de 0, mais il suffit d'ouvrir le flacon et de l'agiter, pour qu'il se prenne instantanément en cristaux.

L'acide acétique monohydraté mélangé à une faible quantité d'eau augmente de densité, de sorte qu'on ne peut pas se servir de l'aréomètre pour déterminer sa richesse en acide pur. Ajoutons, qu'en photographie, l'acide acétique ordinaire est d'un emploi aussi avantageux que l'acide concentré, et, comme on le trouve partout, il ne reste qu'à déterminer son état de concentration pour l'employer aux dosages prescrits.

Voici de quelle manière on détermine la richesse de deux solutions d'acide acétique.

Dans une éprouvette graduée on verse cinq centimètres cubes d'acide pur, puis d'autre part on y verse goutte à goutte une solution de

Eau	100
Potasse caustique	10
Teinture bleue de tournesol	quelques gouttes.

Supposons, qu'en versant dans l'acide concentré 30 centimètres cubes de potasse, *la liqueur devienne bleue*; on opère alors de la même manière avec l'acide ordinaire, s'il ne faut que 25 centimètres cubes de potasse pour le bleuir, c'est une preuve que le premier est deux fois aussi concentré que le second.

L'acide acétique se prépare en distillant dans une cornue en verre un mélange de cinq parties d'acétate de soude et de dix parties d'acide sulfurique. On recueille dans le récipient un liquide incolore qui est l'acide acétique. Pour concentrer ce dernier, on le refroidit jusqu'à ce qu'il abandonne des cristaux. On décante le liquide, puis, après avoir fait fondre de nouveau les cristaux, on les refroidit jusqu'à ce qu'ils en abandonnent d'autres. En renouvelant trois ou quatre fois cette opération on obtient l'acide acétique au maximum de concentration.

Acéto-nitrate d'argent.

Mélange, en proportions variables, d'acide acétique et de nitrate d'argent dissous dans l'eau.

Albumine.

Substance liquide, constitue essentiellement le blanc d'œuf. Versée dans le nitrate d'argent, elle se combine à l'oxyde d'argent, en formant un *albuminate d'argent* blanc, très-sensible à la lumière.

Noirci au rayons solaires, l'albuminate d'argent semble une combinaison de sous-oxyde d'argent avec l'albumine, car, l'acide nitrique

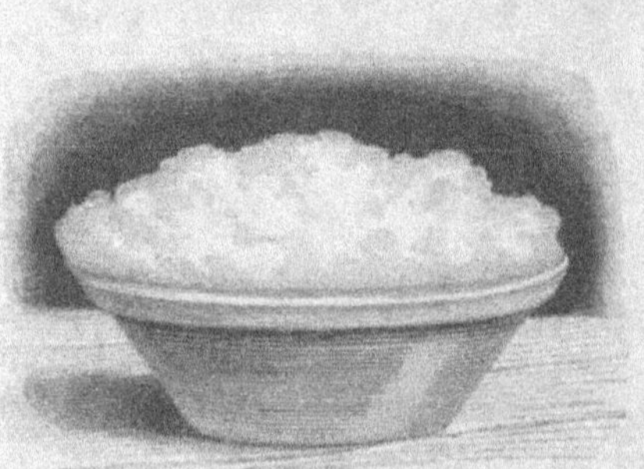

Fig. 53. — Albumine battue en neige.

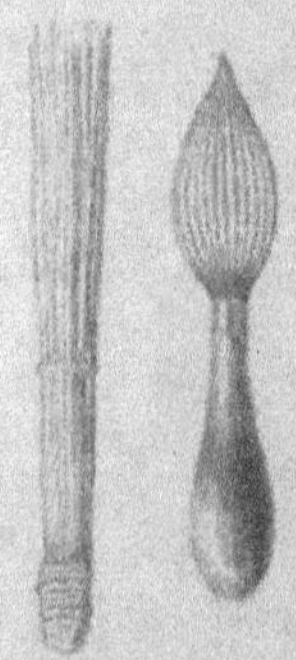

Fig. 54-55. — Verges à battre l'albumine.

à 50° de température ne la dissout ni ne la décolore point. La potasse caustique, au contraire, dissout en entier cet albuminate noirci.

C'est à cet albuminate d'argent qu'est due la faible coloration que prennent les glaces albuminées au sortir de la chambre noire.

L'albumine, pour servir en photographie, doit subir une préparation. Pour cela on se procure des œufs de poule bien frais, on les casse vers le milieu et on en recueille le blanc avec soin. Ce blanc d'œuf est versé dans une terrine en grès verni, additionné de chlorure de sodium ou d'iodure de potassium, et *complètement* battu en neige[1] (fig. 33) à l'aide de baguettes de bois rassemblées (fig. 34) ou de fils de fer étamé réunis par un manche (fig. 35).

Cette neige d'œufs est abandonnée 12 heures à elle-même ; elle se résout à peu près en entier en albumine incolore. Il est bon de passer cette albumine à travers un linge à grosses mailles avant de s'en servir.

L'albumine se conserve assez bien en hiver, mais, en été, elle est sujette à fermenter, aussi ne faut-il la préparer que peu de jours à l'avance.

Alcolène (voir **Pyroxile**).

Alcool.

L'alcool est connu de tout le monde. Il bout à 78° et brûle sans laisser de résidu. Un kilogramme d'alcool mesure environ 1 1/4 litres, et un litre d'alcool pèse 800 grammes, en chiffres ronds.

L'alcool est souvent mêlé de pailles, de fragments de bouchons, etc. Pour l'en débarasser on doit le filtrer. La fig. 36 nous dispense d'expliquer comment se fait cette opération.

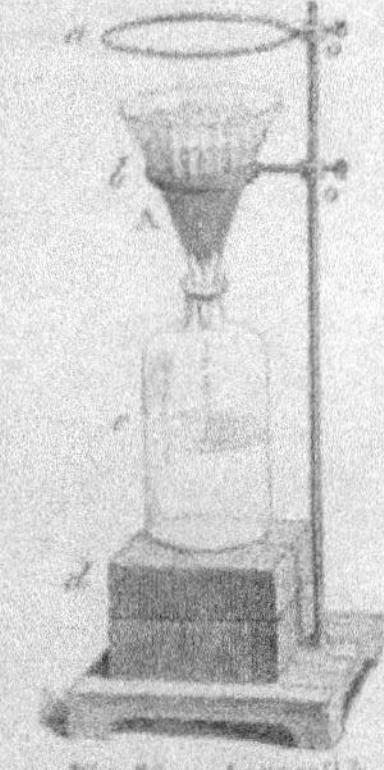

Fig. 36. — Appareil à filtrer.

Quand l'alcool est faible on le distille avec la moitié de son poids de chaux vive (voir distillation de l'*éther*).

Si l'alcool sent le vernis, il doit être irrévocablement rejeté, même pour le nettoyage des glaces.

Pour mesurer la force d'un liquide en alcool pur, on se sert de l'*aréomètre de Gay-Lussac*, aussi nommé *pèse-alcool* et *alcoomètre*.

Cet instrument, tout en verre, se compose d'un tube qui renferme un papier sur lequel sont inscrites les divisions ; d'un second tube beaucoup plus large, et finalement d'une petite boule contenant du mercure. Il est fait de telle manière que, placé dans l'alcool absolu (ou pur en d'autres termes), il plonge entièrement dans le liquide, et marque 100° ; tandis que dans l'eau pure, le tube est tout entier au-dessus du niveau du liquide, et marque 0°[2]. Les points intermédiaires marquent à peu de chose près la quantité réelle d'alcool pur que contient l'esprit à essayer.

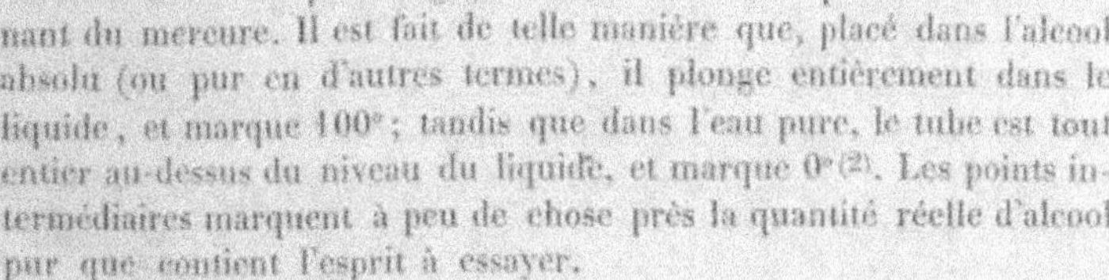

Ainsi le photographe qui achète de l'alcool, possédera un alcoo-

(1) Il faut avoir soin de battre suffisamment l'albumine pour qu'elle se prenne en neige d'une consistance suffisante, et de transvaser la neige dans un second vase où elle se résout en liquide.

(2) Vers 15° de température, bien entendu.

mètre (fig. 38) et une petite éprouvette en fer-blanc (fig. 37). Voici comment il se servira de l'instrument. L'alcool est versé dans l'éprouvette fig. 37, dans laquelle on aura placé préalablement le pèse-alcool. On a soin de remplir presque complètement l'éprouvette, de manière que l'instrument en verre ne repose pas sur le fond. Le degré cherché se lit facilement au niveau du liquide qui baigne le tube. La fig. 37 représente un pareil essai, dans lequel l'alcoomètre marque environ 80°.

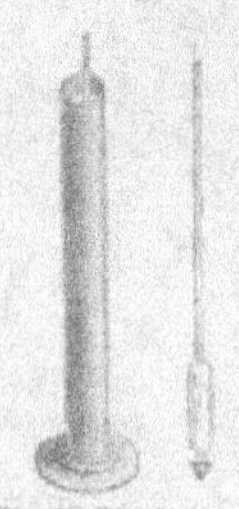

Fig. 37-38. Aréomètre et son cylindre.

En général, pour les usages de la photographie, l'alcool doit marquer 90° à 94°.

L'alcoomètre de Cartier, dont la forme est peu différente de celle de l'aréomètre de Gay-Lussac, est fréquemment employé dans le commerce pour indiquer la *force* de l'alcool. Voici les degrés que marquent ces deux aréomètres lorsqu'ils sont plongés ensemble dans des alcools divers :

Gay-Lussac :	Cartier :
100	44
95	39
90	36
85	33 1/2

Ammoniaque.

Liquide saturé de gaz ammoniac ; possède une odeur caractéristique. L'ammoniaque du commerce est généralement préparée à l'aide des résidus du gaz à l'éclairage et contient en dissolution des corps solides organiques.

Azotate d'argent. (Nitrate d'argent).

Substance blanche, se présente tantôt à l'état fondu, tantôt à l'état cristallisé. Dans le premier cas, elle est blanche ou noire, suivant qu'elle est exempte ou non de matières organiques. L'azotate d'argent est soluble dans l'eau et l'alcool.

Le nitrate d'argent du commerce est souvent falsifié. Le nitrate d'argent très-blanc l'est presque toujours. En effet, quand on fond le nitrate d'argent pur, il suffit de quelques poussières pour lui donner une apparence grise; les marchands, pour l'avoir blanc, y ajoutent alors du salpêtre.

Le nitrate d'argent pur diffère, par l'aspect, de celui qui renferme du nitrate de potasse ; le premier est plus dur, plus cristallisé quand on le casse ; le dernier semble granuleux, sans offrir cet aspect cristallin.

Tout photographe doit préparer son nitrate d'argent lui-même :

le nitrate du commerce lui revient à 180 fr., et en moyenne renferme 20 °/ₒ de nitrate de potasse, ce qui fait donc monter le prix à 220 fr. à peu près. Or, deux cent-vingt francs en argent pur, produisent 1 1/2 kil. de nitrate chimiquement pur avec lequel on est plus certain de réussir. Il y a donc, pour l'amateur, une grande économie à préparer cette substance.

Une capsule en porcelaine de 16 cent. de diamètre (fig. 59), sert pour les préparations de 20 à 40 francs d'argent. Pour de plus grandes quantités il faut de plus grandes capsules. Nous prendrons un chiffre de 20 francs d'argent monnayé en pièces de 5 francs, neuves s'il se peut. L'argent est placé au fond de la capsule B avec 100 grammes d'eau et 100 grammes de bon acide azotique du commerce; puis, on recouvre la capsule par un entonnoir B qui touche la capsule par les bords intérieurs, ceci pour éviter que l'ébullition du liquide ne projette des gouttes à l'extérieur. La capsule est placée sur un petit fourneau C, muni de quelques charbons de bois allumés, le tout étant placé sous le manteau d'une cheminée qui entraine les vapeurs acides, ou bien, dans un endroit où ces vapeurs ne causent pas de dommage.

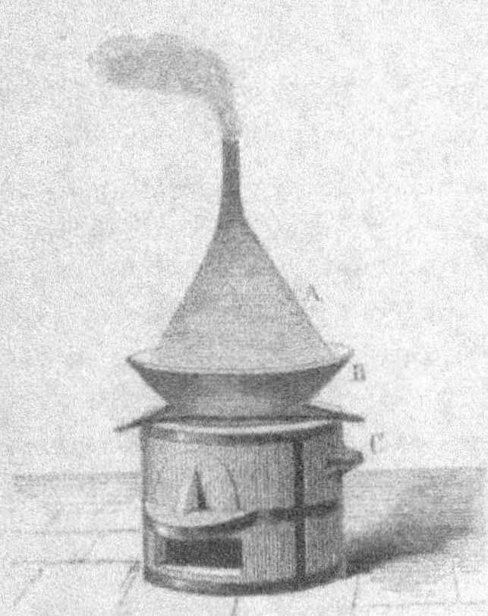

Fig. 59. — Préparation du nitrate d'argent.

Dès que le liquide s'échauffe, il bleuit; bientôt d'abondantes vapeurs rouges se déclarent sous l'entonnoir et tout le liquide entre en ébullition. Insensiblement les vapeurs rouges disparaissent et l'on aperçoit le liquide clair à travers l'entonnoir. Si l'on remarque encore de l'argent non attaqué, on ajoute un peu d'acide, sans soulever l'entonnoir et par le bec A de la capsule; de nouvelles vapeurs rouges se manifestent et disparaissent de nouveau au bout de quelques minutes. Enfin, tout l'argent étant dissous (1), on alimente un peu plus fortement le fourneau à l'aide de nouveaux charbons. Le

(1) Si l'on voulait préparer le nitrate d'argent cristallisé, c'est à ce moment qu'on arrêterait l'opération.

Le liquide refroidi abandonne de larges cristaux que l'on jette sur un entonnoir pour les laisser s'égoutter. On peut les sécher sur une pierre dégourdie, mais il vaut mieux les peser tout humides, ce qui ne change presque rien au dosages.

Un tel nitrate est surtout convenable pour le bain qui sert au tirage des positifs sur papier.

Quant à l'eau mère, on la transforme en nitrate fondu comme nous le décrivons plus loin.

feu étant bien en train, le liquide bout en répandant des vapeurs blanches acides qu'il faut éviter de respirer. Au bout d'une demi-heure plus ou moins, suivant la manière dont on conduit le feu, le liquide est complètement évaporé, et une substance d'un vert sale est abandonnée comme résidu.

On continue toujours à chauffer, la substance verte se boursoufle et fond en un liquide noir. A ce moment, on enlève l'entonnoir, et, saisissant un bord de la capsule, on l'agite et on l'incline pour que le liquide noir entraine toute la substance verte au fond. On doit, pour bien réussir, chauffer fortement. Le liquide noir entre en ébullition, dégage quelques vapeurs rouges en faisant entendre un certain bruissement. Peu à peu ce bruissement disparait, et toute la matière est d'un noir de jais. On enlève alors la capsule du feu, en se préservant les mains au moyen d'un linge, puis, la plaçant sur un morceau de bois sec pour ne pas la casser par un refroidissement brusque, on lui imprime un mouvement rotatoire qui fait couler le nitrate fondu sur les bords, où il se solidifie.

On abandonne alors le tout au refroidissement; le nitrate fondu subissant un retrait considérable, fait entendre des craquements qui feraient croire que c'est la capsule qui se fend. Il s'enlève facilement avec un couteau que l'on introduit entre la croûte de nitrate et la capsule. La substance noire, consistant en nitrate d'argent et oxide de cuivre, est mise en flacons. Dans cet état, elle constitue le meilleur nitrate d'argent photographique. Il est vrai, que sous le rapport chimique, ce nitrate n'est pas pur puisqu'il contient de l'oxide de cuivre, mais, en le dissolvant dans l'eau et filtrant, l'oxide de cuivre reste sur le filtre. Une telle dissolution évaporée donne alors le nitrate blanc.

Si l'on a employé 20 francs de pièces monnayées, on obtiendra environ 135 grammes de nitrate fondu.

Généralement l'on se sert en Angleterre de nitrate d'argent *recristallisé*. C'est du nitrate obtenu en dissolvant dans l'eau distillée le nitrate fondu noir dont nous venons d'indiquer la préparation, et, cristallisé après l'avoir filtré et évaporé suffisamment.

Ce nitrate recristallisé convient surtout pour le procédé au collodion.

Azotate de potasse, ou salpêtre.

Substance employée dans la préparation de l'acide azotique et du coton-poudre.

Azotate d'urane.

Substance verte, déliquescente, employée dans un procédé de tirage des positives découvert par M. Niépce de St. Victor. Elle est très soluble dans l'éther, l'alcool et l'eau.

Acide azotique (ou nitrique).

Cet acide se rencontre pur dans le commerce. Il contient parfois des acides chlorhydrique et iodhydrique, et même de l'acide iodique, souvent de l'acide nitreux. On le purifie suffisamment en y ajoutant d'abord un peu de nitrate d'argent qui précipite à l'instant l'iode et le chlore, puis on le décante dans une cornue (fig. 40) après qu'il s'est déposé.

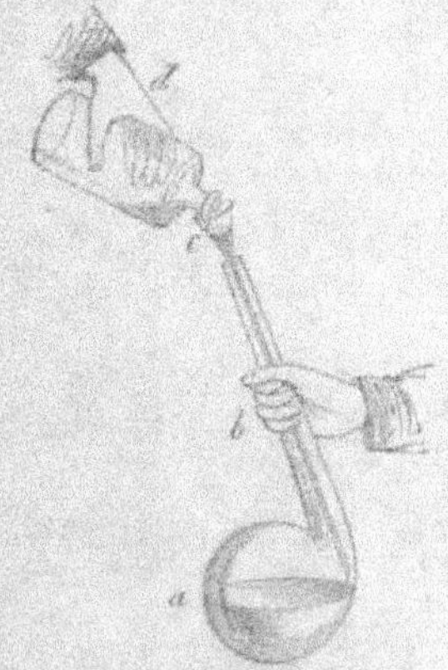

Fig. 40. — Verser l'acide nitrique dans une cornue non tubulée.

On le distille alors dans une cornue B (fig. 41), l'acide pur se recueille dans le ballon C.

L'appareil est si simple qu'il nous dispense d'une description. Disons seulement qu'il est bon de tourner de temps à autre le ballon C pour mieux condenser les vapeurs acides.

Quand on veut préparer l'acide nitrique monohydraté, d'une densité de 1,51, on monte l'appareil comme le représente la figure 42.

Dans la cornue D, on place 1 kil. d'azotate de potasse préalablement fondu et concassé en petits fragments, et l'on y verse, à l'aide

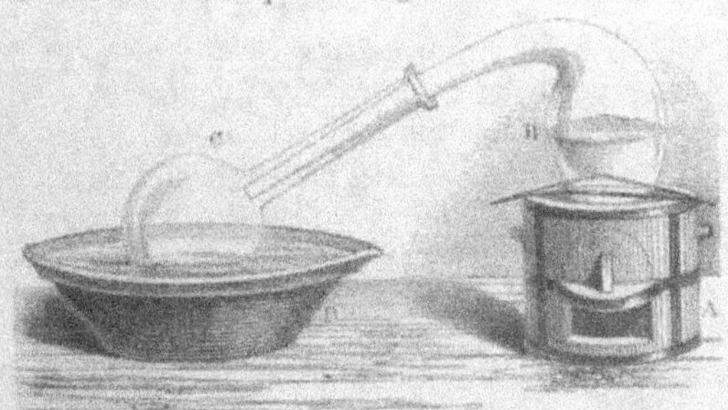

Fig. 41. — Distillation de l'acide azotique ordinaire du commerce.

d'un entonnoir, 950 gr. d'acide sulfurique ordinaire du commerce. Le récipient C est adapté à la cornue et constamment refroidi à l'aide d'un courant d'eau provenant d'un réservoir A.

L'eau coule dans la terrine F et est reçue dans un vase G.

La cornue est doucement chauffée à l'aide de charbons de bois. Il se forme d'abord d'abondantes vapeurs rouges, mais bientôt ces vapeurs disparaissent et l'acide azotique distille rapidement, surtout si l'on élève la température. Vers la fin, de nouvelles vapeurs rouges apparaissent et prennent une couleur de plus en plus foncée.

A ce moment on arrête l'opération. La cornue est enlevée et lavée après qu'elle s'est refroidie, car le résidu de l'opération, le bisulfate de potasse, n'est d'aucun usage.

Dans le récipient, on recueille environ 625 grammes d'acide

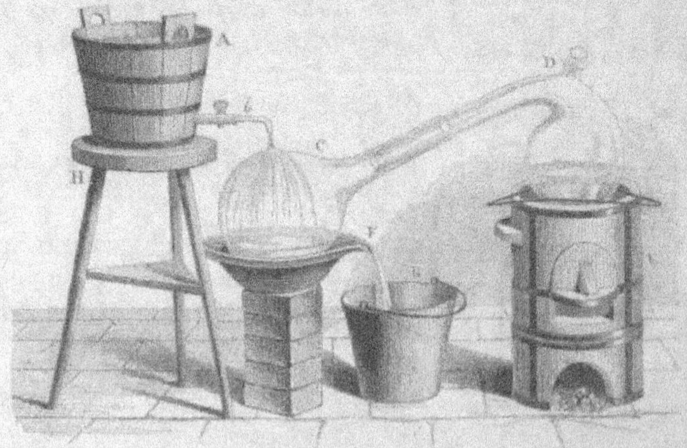

Fig. 42. — Préparation de l'acide azotique monohydraté.

azotique coloré en jaune. Cet acide est versé dans un flacon bouché à l'émeri et sert à la préparation du coton-poudre.

Dans la méthode de préparation du coton-poudre que nous préférons, nous nous bornons à placer dans la cornue D de l'acide azotique du commerce, et à le distiller. De temps à autre on enlève le bouchon de verre qui ferme la cornue et on plonge dans le liquide bouillant un thermomètre divisé sur tige (fig. 43), jusqu'à ce que le liquide bouillant ait atteint la température de 123°. A ce moment, la cornue est enlevée du feu et abandonnée une demi heure à l'air, afin qu'elle se refroidisse. L'acide qu'elle contient marque alors au densimètre 1,42, et 43° à l'aréomètre de Beaumé.

Quant à l'acide incolore du récipient C, c'est de l'acide azotique très-faible qui peut encore servir à la préparation du nitrate d'argent.

L'acide nitrique du commerce a ordinairement une densité de 1,33 à 1,37, de 38 à 40° de l'aréomètre de Beaumé. Le

Fig. 43.

but de l'opération précédente, est d'enlever à l'acide du commerce son excès d'eau. Aussi la température, qui est au début de l'opération de 110° environ, s'élève-t-elle insensiblement à 123°. En changeant alors le récipient, le thermomètre se maintiendrait à 123° ; c'est qu'il distille un acide défini : ($AzO^5,4HO$). Il est cependant inutile de continuer cette distillation, et, il suffit de l'arrêter dès que le liquide bouillant atteint cette température de 125°.

Dans le petit tableau suivant (1) on peut voir les quantités d'acide réelles que renferment les acides du commerce, dont on connait, soit la densité, soit le degré aréométrique.

Densité.	Degrés Baumé. (Approximatifs.)	Acide réel pour 100.
1,515	55	85,7
1,498	51	84,2
1,470	48,5	72,9
1,454	46	62,9
1,422	45	61,9
1,376	41	54,9
1,333	38	45,4

Bichlorure de mercure (sublimé corrosif).

Substance blanche, très-dense, soluble dans l'eau, l'alcool et l'éther ; elle ne s'emploie presque plus.

Bitume de Judée.

C'est un corps noir à aspect brillant et de propriétés très-variables. On l'emploie en dissolution dans la benzine comme vernis pour les épreuves positives sur verre.

Brôme.

Corps liquide, d'une odeur suffocante, d'une couleur rouge foncée ; s'emploie dans la préparation des bromures.

Bromure d'argent.

S'obtient en versant le nitrate d'argent dans un bromure alcalin. Le précipité est d'un blanc jaunâtre, et soluble dans l'ammoniaque.

Le bromure d'argent noircit à la lumière, surtout en présence d'un excès de nitrate d'argent. Il prend la couleur de l'argent métallique.

Dans l'acide azotique étendu de son volume d'eau, cette coloration est violette comme celle du chlorure.

Bromure de chaux.

Cette substance est rouge et répand une vapeur de brôme qu'il faut toujours éviter de respirer. Le bromure de chaux n'est pas un composé défini, car la chaux ne peut se combiner qu'avec l'acide bromhydrique pour former un bromure de calcium, mais le bromure de chaux est un simple mélange de chaux, de bromure de calcium, et d'un composé bromé particulier (2). Quoi qu'il en soit voici sa méthode de préparation :

On verse sur de la chaux vive une quantité d'eau suffisante pour

(1) Extrait du *Traité de chimie générale* de Pelouze et Fremy.

(2) Ce composé correspond très-probablement à l'hypochlorite de chaux. Toutefois l'acide hypo-bromeux n'a pas été isolé.

l'éteindre complètement, puis on la passe à travers un tamis. On la met alors dans un flacon à large ouverture bouché à l'émeri. Si le flacon contient un kilogramme de chaux éteinte, on y versera rapidement 100 grammes de brôme, en évitant de respirer les vapeurs délétères qu'il répand et qui sont extrêmement désagréables. Fermant aussitôt le flacon, on l'agite fortement pendant quelques minutes, et on abandonne le mélange à lui-même dans un lieu frais, pendant 24 heures. Au bout de ce temps, on rouvre le flacon, et, à l'aide d'un pilon de porcelaine ou de verre, on écrase les grumeaux, de manière à obtenir un mélange bien homogène.

Versant de nouveau 75 grammes de brôme sur la chaux, on renouvelle toutes les opérations que nous venons de décrire, et l'on obtient finalement la substance rougeâtre connue sous le nom de bromure de chaux. Dans tous les cas, le plus important est de bien écraser les grumeaux de façon à obtenir un mélange pulvérulent.

Le bromure de chaux ainsi préparé se conserve dans des flacons à l'émeri, que l'on débouche seulement au moment de s'en servir. Cette substance sert du reste pendant fort longtemps.

Le chloro-bromure de chaux était jadis employé par M. Vaillat, qui obtenait à l'aide de cette substance accélératrice des épreuves extrêmement remarquables. Nous répèterons, relativement à la composition de cette substance, ce que nous avons dit du bromure de chaux, c'est-à-dire, que l'on ne connait pas en chimie de composé défini qui porte ce nom ; c'est un simple mélange de chaux, de bromure et de chlorure de calcium, et de brôme et de chlore.

Généralement, pour qu'une substance accélératrice soit d'un emploi constant, elle doit être formée d'un corps poreux, pour ainsi dire, qui absorbe les vapeurs de brôme et de chlore, et qui ne les abandonne que lentement. Les mélanges ainsi obtenus ne forment donc pas des combinaisons définies, sinon l'action serait nulle ou sensible seulement au début de la décomposition.

On obtiendra un chloro-bromure de chaux dont les effets sont excellents, en opérant de la manière que nous avons décrite pour le bromure de chaux, mais en se servant de 120 grammes de chlorure de brôme, par kilogramme de chaux ; la première fois on versera 80 grammes de liquide sur la chaux, la seconde fois 40. La substance ainsi obtenue présente la même apparence que le bromure de chaux.

Quelques opérateurs se servent avec avantage du bromure de chaux et de magnésie préparé de la manière suivante :

On mélange dans un mortier en porcelaine :

200 grammes de carbonate de magnésie
et 800 » de chaux éteinte.

La masse est placée dans une capsule en porcelaine à bords rodés et hermétiquement fermée à l'aide d'une glace dépolie qui sert de couvercle. On place sur le mélange des verres de montre, dans lesquels on verse du brôme ou du chlorure de brôme (100 à 150 grammes), et on abandonne le tout à lui-même pendant quelques jours. La chaux absorbe ainsi complètement le brôme, et se transforme en chloro-bromure prêt pour l'usage.

Bromure de potassium.

Très-soluble dans l'eau, cristallise en cubes, dissout l'iodure, le bromure et le chlorure d'argent. Cette substance se trouve très-pure dans le commerce.

Bromure d'ammonium.

Soluble dans l'eau et l'alcool; s'obtient en versant l'une dans l'autre des solutions concentrées de sulfate d'ammoniaque et de bromure de potassium. Il se précipite du sulfate de potasse; l'eau mère est évaporée à sec et reprise par l'alcool qui dissout seulement le bromure d'ammonium.

Le liquide alcoolique évaporé fournit le bromure d'ammonium.

Bromure de cadmium.

C'est une substance blanche, soluble dans l'eau, l'alcool et l'éther. Elle cristallise beaucoup plus facilement que l'iodure de cadmium.

Pour la préparer, on place dans un flacon à l'émeri 30 grammes de brôme, 100 grammes d'eau, et 30 grammes de cadmium en petits bâtons ou laminé. Au bout de quelques jours le liquide s'est décoloré. On le filtre et on l'évapore à sec dans une capsule en porcelaine.

On peut aussi le faire cristalliser, mais alors il est bon de faire l'opération sur une grande quantité.

Le bromure de cadmium s'achète très pur dans le commerce.

Cadmium.

Métal blanc, très fusible, sert en photographie à la préparation du bromure et de l'iodure de cadmium.

Chlorhydrate d'ammoniaque (sel ammoniac).

Substance blanche, volatile à une température élevée. On la trouve dans le commerce suffisamment pure pour les usages de la photographie.

Chlorhydrique (acide) (acide muriatique, esprit de sel).

Corps gazeux très soluble dans l'eau. C'est sa dissolution aqueuse que l'on trouve dans le commerce.

Chlorobromure de chaux. (*Voir* **Bromure de chaux**).

Chlorure d'argent.

S'obtient en versant un chlorure alcalin dans une solution de nitrate d'argent.

Le chlorure d'argent est blanc, très-sensible à la lumière. Il noircit à la lumière, même dans un mélange d'eau et d'acide nitrique à 40° de température; or, si cette décomposition consistait dans la séparation de ses éléments constitutifs, chlore et argent, l'argent devrait être dissous au moment même de sa formation et le chlorure rester blanc.

Le chlorure d'argent est une substance que les photographes possèdent toujours en grande quantité, car, toutes les solutions argentifères provenant des résidus, excepté des hyposulfites, doivent être réunies dans un grand vase en verre dans lequel on ajoute, quand il est plein, de l'acide chlorhydrique. Le liquide est agité à l'aide d'une baguette de verre, afin que le chlorure d'argent se forme dans toutes les parties du liquide. Au bout de quelques heures le liquide s'est éclairci. En ajoutant quelques gouttes d'acide chlorhydrique, on s'assure si réellement tout l'argent s'est précipité; s'il en restait, le liquide se troublerait, et l'on ajouterait une quantité suffisante d'acide chlorhydrique.

On décante finalement le liquide clair, que l'on jette; quand à la suite d'une série d'opérations, l'on a réuni une grande quantité de chlorure d'argent, on acidule le liquide à l'aide *d'un peu* d'acide chlorhydrique, et l'on y trempe une lame de zinc.

Le chlorure d'argent change insensiblement de couleur; il était primitivement blanc ou teinté en violet, il devient d'un gris sale qui est la couleur de l'argent métallique.

Il ne faut pas agiter le liquide, mais laisser la réduction du chlorure par le zinc s'opérer tranquillement. Il suffit d'une nuit pour cela, si, bien entendu, la lame de zinc est suffisante pour la quantité de chlorure, sinon, cette lame se dissoudrait en entier.

Quand tout le chlorure est ainsi transformé, la lame de zinc est frottée à l'aide du doigt, et agitée dans le liquide pour en détacher l'argent, après quoi, on laisse le dépôt se former; ce qui a lieu en quelques minutes.

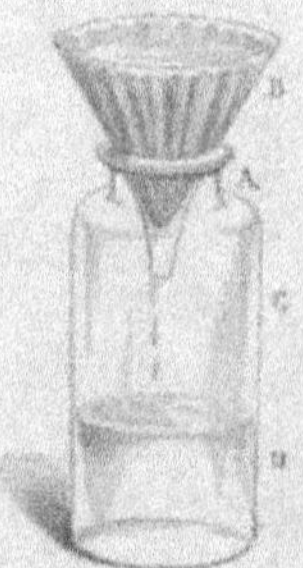

Fig. 44.

Le liquide est décanté aussi loin que possible, et remplacé par de l'acide chlorhydrique, en quantité suffisante pour dissoudre le zinc qui s'est mécaniquement précipité. Une centaine de grammes suffit. Au bout d'une heure de contact, le vase est rempli d'eau, abandonné au repos et décanté de nouveau.

Tout l'argent est alors réuni sur un filtre B (fig. 44). L'excès de liquide coule alors dans le vase CD.

Finalement, le filtre est enlevé de l'entonnoir et ouvert sur une brique dégourdie pour qu'il sèche avec l'argent qu'il contient. On peut aussi le sécher sur une assiette dans une étuve chauffée.

Quand l'argent et le filtre sont secs, on les *comprime* ensemble dans un petit creuset qu'on chauffe ensuite au rouge-vif, avec un peu de soude ou de potasse caustiques, ou mieux, avec du borax préalablement fondu et concassé [1].

L'argent fondu se réunit en un culot au fond du creuset. Quand ce dernier est froid, on le casse, et l'on en extrait le métal.

Avec un peu d'adresse, le procédé suivant réussit mieux. On se procure un bon creuset en plombagine de petite dimension, et on le chauffe au rouge dans un fourneau d'appartement, après l'avoir rempli de carbonate de soude. Quand le creuset est au rouge vif, on l'enlève avec une pince et on le renverse. Tout le carbonate de soude fondu s'écoule alors, mais le creuset est imprégné et verni par l'alcali. Il peut, dans cet état, servir un grand nombre de fois pour fondre l'argent impur provenant de la réduction du chlorure. Mais, au lieu de laisser refroidir le creuset avec l'argent fondu dans le feu même, on l'enlève avec une pince en fer (fig. 45) quand il est encore à une haute température, et on coule l'argent fondu d'une certaine hauteur dans un baquet d'eau froide; on obtient ainsi le métal en grenailles.

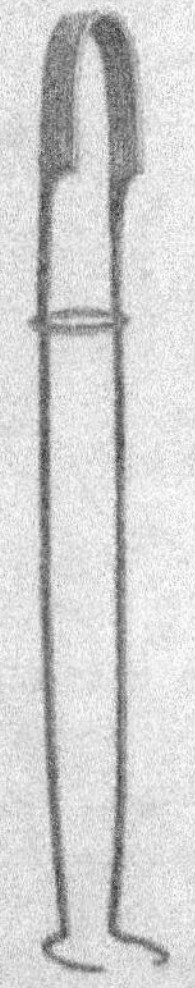

Fig. 45. Pince à charbons.

Quant aux matières légères que le creuset contenait, matières qui proviennent du papier et d'autres impuretés, elles s'enlèvent en plaçant les grenailles d'argent sous le robinet d'une fontaine; l'eau entraine ces impuretés à cause de leur légèreté, et l'argent, beaucoup plus lourd, reste pur.

Ce procédé, d'une grande facilité d'exécution, est de beaucoup préférable à la réduction directe du chlorure d'argent par la craie et le charbon, ou par l'ébullition avec la potasse et le sucre.

Le métal obtenu n'est pas très pur. Souvent quand on le dissout dans l'acide azotique, il laisse un résidu noir en poudre très-fine qui n'est autre que de l'or métallique.

Pour le recueillir la solution nitrique de l'argent sera décantée dans une autre capsule; le précipité noir lavé deux fois de suite avec un peu d'eau que l'on réunit à la solution nitrique primitive,

(1) Au feu le borax fond dans son eau de cristallisation, se boursoufle, puis fond de nouveau. Dans cet état il est coulé sur une plaque de marbre pour être concassé en petits fragments.

Si l'on se servait de borax non fondu, les matières seraient, en grande partie, projetées hors du creuset, ce qui entrainerait des pertes considérables.

et finalement recueilli sur un filtre qu'on laisse sécher sur une pierre dégourdie.

Quand on a une certaine quantité de cet or, on y joint celui qui provient des vieux hyposulfites et des bains de virage. Tous ces filtres et papiers aurifères seront brûlés ensemble sur une assiette, les cendres recueillies avec soin et placées dans un petit creuset chauffé au rouge-vif avec un peu de borax préalablement fondu.

Chlorure de sodium (sel marin).

Substance blanche, qui constitue le sel de cuisine. Le sel raffiné ordinaire est d'une pureté plus que suffisante pour les besoins de la photographie.

Chlorure d'or.

Le chlorure d'or se consomme en si grandes quantités par les photographes de profession, que nous devons nous étendre sur la préparation de cette substance.

Sa composition élémentaire est représentée par la formule

$$\begin{array}{ll} Au^2 & = 196,5 \\ Cl^4 & = 142 \\ H & = \underline{\quad 1} \\ & \quad 339,5; \end{array}$$

Nous pouvons dire, qu'en chiffres ronds, sur 340 grammes de chlorure d'or *pur* il y a 200 grammes d'or métallique, ou, ce qui revient au même que

17 *grammes de chlorure d'or contiennent* 10 *grammes d'or.*

Le produit du commerce est généralement impur ; tantôt il contient un excès d'acide chlorhydrique, tantôt du chlorure de sodium, et bien souvent d'autres substances encore.

Le chlorure d'or pur est d'un jaune brun, très déliquescent; il tache le papier et les mains en violet; se réduit facilement sous l'influence de la lumière et de la chaleur en or métallique; et enfin, est très soluble dans l'eau, l'alcool et l'éther.

Pour le préparer on se sert soit des résidus aurifères, soit d'or monnayé. L'or des bijoux contient souvent de l'argent et doit être préalablement laminé en feuilles *très-minces*, sinon la couche adhérente de chlorure d'argent qui se forme dans l'eau régale préserve l'or d'une dissolution complète.

On commence par préparer de l'*eau régale* en mélangeant dans un flacon à l'émeri une partie d'acide nitrique et quatre d'acide chlorhydrique (en volume).

L'or, (que nous supposerons être de l'or monnayé), est placé dans un petit ballon en verre. L'eau régale est versée dans le ballon, et chauffée à l'aide d'une lampe à alcool. Le liquide entre en ébullition et l'or se dissout rapidement en dégageant du chlore et des vapeurs rouges d'acide hypo-azotique. Si ces vapeurs rouges disparaissent et qu'il reste encore de l'or non dissous, de nouvelle eau régale est ajoutée par fractions successives, jusqu'à ce que tout l'or ait entièrement disparu.

Le contenu du ballon est alors versé et évaporé à siccité dans une petite capsule en porcelaine à fond rond, ou mieux, à fond plat.

Cette partie de l'opération est la plus importante, et doit être faite avec beaucoup de précautions. Il est bon de mener doucement cette évaporation, surtout vers la fin, et de s'arrêter quand le chlorure prend une teinte brune. Refroidi, ce chlorure se prend en cristaux que l'on s'empresse de mettre en flacons.

Si l'on chauffe trop peu, il y a un excès d'acide; si l'on chauffe trop, décomposition du chlorure. Entre les deux écueils le premier est préférable, et voici pourquoi.

La quantité d'or employée est connue. La proportion suivante indique la quantité de chlorure[1].

Si 10 gr. d'or, donnent 17 de chlorure, n grammes, donneront x de chlorure. Si l'on a donc employé une pièce de 20 francs française, pesant environ 6 gr. en or pur, l'on aura $\frac{17 \times 6}{10}$ soit 10 gr. chlorure d'or pur.

Nous savons donc que nous avons 10 gr. de chlorure d'or, malgré le poids obtenu plus considérable, ce qui provient de l'excès d'acide.

Ce chlorure d'or acide est dissous dans un peu d'eau et mis en contact avec un fragment de craie que l'on broie avec un pilon dans le liquide même. Il se fait une vive effervescence, et la solution aurifère se neutralise complètement. On étend enfin le liquide d'eau jusqu'à ce qu'il occupe, dans la mesure graduée, 550 cent. cubes et on le filtre[2].

50 centimètres cubes de ce liquide contiennent alors 1 gr. de

(1) Du poids de l'or monnayé, on soustraira un dixième pour le cuivre qu'il contient.

(2) Tous les filtres sont conservés. Les vases où il y a des solutions d'or seront lavés et ces eaux de lavage réunies dans un grand vase en verre. On les acidifie avec de l'acide chlorhydrique, et l'on y verse une solution *filtrée* de protosulfate de fer qui précipite l'or sous forme d'une poudre noire.

On réunira dans ce vase tout l'or qui provient des bains de virage tant acides que neutres ou alcalins, *excepté ceux contenant de l'hyposulfite de soude.* Ces bains seront *acidifiés par l'acide chlorhydrique* jusqu'à ce qu'ils aient pris une couleur jaune bien prononcée, et précipités, comme nous venons de le dire, par le sulfate de fer.

chlorure d'or bien neutre. Quant aux autres sels que contient notre solution, ils n'exercent aucun effet sur les bains de virage.

Prescrit-on le bain de virage alcalin : 1 gr. de chlorure d'or ou de chlorure d'or et de sodium et 5 de carbonate de soude, on prendra 50 cent. de la liqueur, puisque cette quantité contient 1 gramme. On fera de même pour toutes les autres formules.

Le *chlorure d'or et de sodium*, ou bien, *le chlorure d'or et de potassium* servent aux mêmes usages que le chlorure d'or ordinaire. Il faut, pour préparer ces sels, opérer sur de grandes quantités, que l'on peut alors faire cristalliser avec facilité.

Toutes les formules, où l'on prescrit ces substances, peuvent être remplacées par le chlorure d'or neutralisé par la craie et filtré, que nous venons de décrire :

Chlorure de platine.

C'est le même sel que le chlorure d'or, mais le platine y remplace l'or. La préparation en est identique.

Il donne aussi des tons violets aux épreuves positives, mais il les ronge beaucoup plus. La couleur, n'est non plus, aussi belle.

Collodion.

Solution éthéro-alcoolique de coton-poudre.

Coton poudre, Pyroxyle, Pyroxiline.

Il existe beaucoup de substances qui présentent la même composition chimique, et que l'on a désignées en chimie sous le nom de *cellulose*. Ainsi, le papier, le lin, le chanvre, le coton, sont essentiellement formés de cellulose ; examinés sur la platine du microscope, ces corps se montrent sous forme de fibres déliées, s'entrelaçant en tous sens, et constituant alors un tissu plus ou moins serré. De toutes les substances qui renferment la cellulose, le coton est celle qui nous offre ce produit sous son état le plus pur, car, à l'exception de quelques impuretés dont il est mélangé mécaniquement, le coton est formé de cellulose pure. Désormais donc, quand nous dirons cellulose, le lecteur peut prendre le coton blanc non filé comme type de ce corps.

La cellulose présente plusieurs propriétés très-importantes, mais une seule nous intéresse seulement.

Si l'on trempe pendant 10 minutes dans l'acide azotique concentré, du coton exempt d'impuretés mécaniques, comme le coton qui sert au nettoyage des plaques daguerriennes, qu'ensuite on le lave à grande eau et qu'on le sèche, on croirait à le voir qu'il n'a subi aucun changement. Cependant pesé avant et après cette opération, on trouve qu'il a notablement augmenté de poids ; le coton a donc subi une transformation chimique. En effet, l'analyse prouve qu'il s'est assimilé de l'acide azotique en perdant de l'eau.

Le produit ainsi obtenu a reçu les noms de *pyroxyle*, *pyroxiline*, *coton-poudre*, *fulmi-coton*, *coton azotique*.

Il est indifférent d'opérer sur l'une ou l'autre des variétés de cellulose que l'on trouve ordinairement sous la main; on peut tout aussi bien employer le coton, que le lin, le papier, le chanvre, etc. Le coton est généralement employé pour préparer le pyroxyle; le produit est alors blanc et lui ressemble à s'y méprendre. Il est insoluble dans l'eau, l'alcool, l'éther, mais il se dissout dans l'acétate d'éthyle, l'acétone, l'éther alcoolisé, l'alcool méthylique, etc. D'après les expériences que nous avons faites à ce sujet, le meilleur dissolvant est l'acétate d'éthyle bien pur.

Le pyroxyle s'enflamme avec une extrême violence à l'approche d'un corps enflammé : il possède un pouvoir explosible bien plus élevé que la meilleure poudre de chasse et brûle avec une vitesse telle, qu'allumé sur de la poudre ordinaire celle-ci reste parfaitement intacte. Chauffé à 140° seulement, c'est-à-dire à une température un peu supérieure à celle de l'eau bouillante, il s'enflamme brusquement et brise avec violence le vase qui le contient. Dès que ce corps fût connu, on essaya de l'appliquer aux armes à feu, mais son prix élevé le fit rejeter autant que son excessive explosibilité. En effet, quand on emploie le coton-poudre, il brûle si brusquement qu'il brise les armes ordinaires et détériore même les armes de précision, c'est une poudre brisante en un mot. Toutefois on l'emploie déjà aux ouvrages de mine où il rend de grands services.

Les pyroxyles préparés à l'aide du lin, du chanvre ou du papier, ne possèdent pas un pouvoir aussi explosible que celui que l'on obtient à l'aide du coton, cependant la composition chimique est la même pour ces divers corps.

On appelle *collodion* la dissolution dans l'éther alcoolisé de l'une des variétés de pyroxyle dont nous avons parlé précédemment. Si l'on verse de l'eau dans le collodion, il s'y forme un précipité volumineux qui se rassemble au fond du vase. Il suffit de décanter le liquide surnageant et de le soumettre à une distillation fractionnée, pour en retirer successivement l'éther et l'alcool.

Le coton-poudre fut découvert en 1846 par M. Schœnbein qui tint sa découverte secrète pendant quelques mois.

Toutefois, avant M. Schœnbein, MM. Pelouze et Braconnot avaient déjà signalé les effets de l'acide azotique sur l'amidon, mais le corps qu'ils avaient obtenu, quoiqu'offrant sous le rapport chimique de grandes analogies avec celui de M. Schœnbein, ne possède par les mêmes propriétés. On lui a donné le nom de *xyloïdine*.

Le retentissement qu'eurent en Europe les expériences de M. Schœnbein attira l'attention des savants et ce corps fut bientôt soumis à une étude approfondie. M. Meynier et M. M.-A. Gaudin donnèrent de nouvelles méthodes de préparation qui sont encore usitées aujourd'hui.

C'est à MM. Florès Domonte et Ménard que l'on doit la découverte de la solubilité du coton-poudre dans l'éther alcoolisé. Cette dissolution fut aussitôt utilisée en médecine.

DES VARIÉTÉS DE PYROXILE.

L'analyse élémentaire de la pyroxiline a donné lieu à beaucoup de discussions entre les savants qui s'en sont occupés. Toutefois on est généralement d'accord aujourd'hui pour admettre que la composition de la pyroxiline varie suivant la méthode de préparation employée.

En effet, il ne suffit pas de tremper le coton dans un mélange d'acides sulfurique et azotique pour obtenir du coton-poudre; il faut une série de précautions que la théorie peut indiquer d'avance et qui font l'objet de cet article.

Si, dans l'acide azotique monohydraté froid, on trempe du coton, on obtient une substance dont les propriétés sont assez variables, mais qui, néanmoins, est toujours très-exposible et assez peu soluble dans l'éther alcoolisé.

Si, au lieu d'un acide aussi concentré, on se sert d'un acide plus faible, le pyroxyle est très-soluble dans l'éther alcoolique, mais peu explosible.

Comme on le voit, il est d'une très-grande importance pour la photographie d'étudier les différents modes de formation de ces corps, en même temps que les variétés obtenues doivent être comparées entr'elles pour décider celles qu'on choisira.

Nous l'avons déjà dit, quand on immerge du coton dans de l'acide azotique, il absorbe de l'acide nitrique en abandonnant de l'eau; il suit de là, que plus on prépare de coton à la fois, plus l'acide se dilue par la quantité d'eau qu'il prend au coton; et il est une propriété assez curieuse du coton, c'est de se dissoudre, à un moment donné, en dégageant de l'acide hypo-azotique.

L'addition de l'acide sulfurique a pour but d'empêcher cette décomposition. En effet, cet acide a une très-grande affinité pour l'eau, de manière que si l'on fait un mélange d'acides azotique et sulfurique en proportions convenables, et qu'on y trempe le coton, celui-ci ne s'y dissoudra plus, parce que l'eau abandonnée est immédiatement absorbée par l'acide sulfurique.

L'acide sulfurique n'agit pas sur le coton, ou plutôt, le coton-poudre ne retient pas l'acide sulfurique : mais nous allons faire voir combien il faut tenir compte de la présence de cet acide.

Si, dans de l'acide sulfurique ordinaire mélangé de la moitié de son volume d'eau et refroidi, on immerge du coton par portions successives en l'y laissant chaque fois plus longtemps; qu'ensuite, après avoir lavé ces échantillons de coton, on les transforme en coton-poudre par une immersion subséquente dans l'acide azotique monohydraté, on remarquera entr'eux des différences considérables. Le coton qui n'a séjourné dans l'acide sulfurique que quelques secondes, fournit un coton-poudre, qui donne une couche d'une ténacité extraordinaire et qui ne s'enlève pas sous un courant d'eau très fort. L'échantillon suivant, obtenu par une immersion plus longue dans l'acide sulfurique, donne un coton-poudre dont la dissolution éthéro-alcoolique est beaucoup plus fluide et qui s'étend dès-lors beaucoup mieux sur la glace, mais qui, par contre, s'en détache aussi plus facilement.

Enfin, ce qui est aussi un fait très-singulier, c'est qu'il existe encore une autre variété de coton-poudre, celle sur laquelle l'acide sulfurique a longtemps agi, laquelle, dissoute dans l'éther alcoolisé, fait rougir fortement le liquide lorsqu'on y ajoute un iodure(1).

Le lecteur saisira l'extrême importance de toutes ces observations, lorsqu'il saura que le pyroxyle est la principale substance que l'on emploie en photographie, et que c'est par le mélange des acides sulfurique et nitrique qu'il faut le préparer. Or, on voit combien de précautions il faut observer, pour préparer chaque fois un produit identique.

Voyons maintenant l'effet de l'eau dans le mélange des acides : pour cela procurons-nous de l'acide azotique monohydraté : un volume; et de l'acide sulfurique concentré : deux volumes; mêlons-les, laissons-les refroidir, et immergeons y une petite quantité de coton que nous retirerons au bout de 10 minutes; puis, une seconde, une troisième, jusqu'à ce qu'à la fin le coton que l'on y plonge s'y dissolve. Nous aurons ainsi une série d'échantillons de coton-poudre qui auront été préparés, en apparence, dans le même acide, mais, en réalité, dans des acides de plus en plus aqueux, puisque chaque échantillon de coton a introduit de l'eau. Or, l'expérience prouve qu'il existe aussi une considérable différence dans les échantillons de fulmi-coton obtenus. Les premiers sont éminemment explosibles, et insolubles dans l'éther alcoolisé; les seconds sont plus solubles, mais donnent par l'évaporation sur une glace, une couche épaisse, moutonnée et se détachant aisément; les troisièmes enfin donnent, dans les mêmes

(1) Ces observations sont dues à M. Hardwich.

circonstances, une couche qui présente toutes les qualités requises; et enfin, les derniers échantillons sont ceux qui se sont dissous. Il suit de là, que le mélange des acides ne peut pas être trop concentré pour obtenir un bon pyroxyle photographique, ni non plus être trop aqueux.

Enfin, la température à laquelle on opère n'est pas indifférente. Ainsi, un mélange qui, à froid, donne un coton-poudre très-explosible, donne, à une température plus élevée, un produit moins explosible mais plus soluble; et encore y a-t-il des variations importantes dans la qualité de ce produit suivant que le mélange est *plus ou moins* chaud.

Préparation du coton-poudre.

D'après ce que nous venons de dire, on conçoit que le coton-poudre donne des résultats différents suivant la concentration des acides employés et la température. Déjà il existe dans le commerce deux produits diversément dénommés,

le coton poudre éthérique
le coton poudre alcoolique (1).

Le premier, spécialement destiné au collodion avec excès d'éther; le second au collodion où l'alcool domine.

Il existe plusieurs méthodes pour préparer ces variétés de pyroxile, celle de M. Marc-Antoine Gaudin n'est plus employée dans les grandes fabriques de produits chimiques; cependant, comme elle est d'une exécution aisée, nous la donnons en note (2).

(1) L'alcolène de M. Sutton est un coton-poudre soluble en entier dans l'alcool. Il se prépare à l'aide de notre formule, mais en opérant à 70 ou 75 degrés de température.

(2) *Méthode de M. M.-A. Gaudin.*

Dans un verre à boire, on verse 90 grammes d'acide sulfurique du commerce bien incolore, et l'on y introduit, par petites portions, 60 grammes d'azotate de potasse en poudre fine (salpêtre raffiné). Aussitôt qu'on a formé un mélange homogène, on y immerge complétement trois grammes de coton cardé bien blanc et le plus pur possible. (Il est bon de le laver préalablement à l'eau distillée, si l'on suppose qu'il contient des impuretés solubles, mais on doit ensuite le sécher avec le plus grand soin.) Il faut que l'acide pénètre bien les fibres du coton, ce qu'on obtient en pressant ce dernier dans le liquide avec un tube de verre. On couvre alors le vase d'une assiette pour éviter de respirer les vapeurs nitreuses qui se dégagent continuellement. On laisse digérer le coton avec l'acide pendant 10 minutes au moins. Il vaut mieux l'y laisser plus longtemps, parce que généralement on obtient alors un pyroxyle qui se dissout avec plus de facilité. Le coton forme avec le salpêtre et l'acide sulfurique un mélange dur et intime; aussi en l'ôtant du verre doit-on le mettre immédiatement dans une grande terrine d'eau et remuer fortement pour dissoudre le sel adhérent. Quelquefois ce salpêtre, ou plutôt ce sulfate de potasse, tient si fortement entre les fibres du coton, qu'on en trouve encore après une immersion de dix heures dans l'eau *froide*. Aussi, au sortir de l'acide, croyons-nous qu'il est préférable de jeter le coton dans l'eau chaude en remuant constamment. Dans ce cas le coton est souple au bout de cinq minutes. Quoi qu'il en

On se procurera d'abord :

1° De l'acide sulfurique à 66° de l'aréomètre de Beaumé ; c'est l'acide dit *anglais*.

2° De l'acide nitrique du commerce, distillé à 123° de température, comme nous l'avons indiqué page 56.

Voici maintenant comment se prépare le coton-poudre avec les acides précédents. Dans une éprouvette en cristal, graduée en centimètres cubes, on mesure 50 centimètres d'acide nitrique à 1,4 de densité. Cet acide est alors versé dans le vase en verre *a*, fig. 46. On

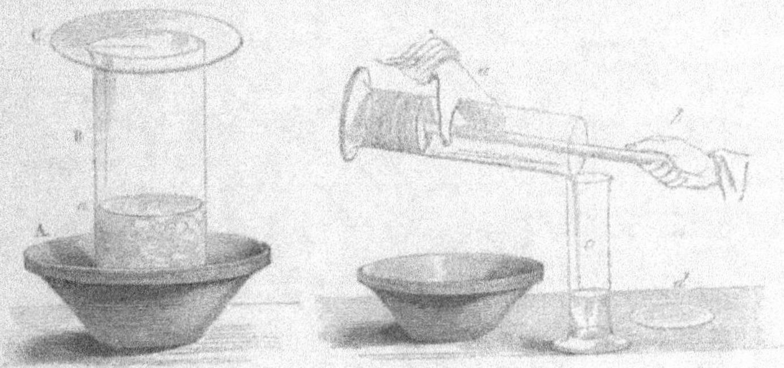

Fig. 46. Fig. 47.
Préparation du coton-poudre.

mesure de même 100 centimètres d'acide sulfurique que l'on verse également dans le vase *a*. Comme le mélange de ces deux acides s'échauffe et que le verre pourrait se fendre, on le place dans une terrine en grès A, ou bien dans une de ces cuvettes en porcelaine qui servent aux opérations photographiques. Si le verre, en se fendant, laissait échapper l'acide, on le recueillerait toujours dans la terrine en grès.

Un thermomètre étant plongé dans les deux acides au moment où ils sont mélangés, monte jusque 70° ou 80°. Agitant alors le mélange avec une baguette en verre épais, on laisse le liquide se refroidir jusqu'à ce que le thermomètre marque 60° centigrades. On y plonge alors, par petites portions de 1 gramme à la fois, environ 7 grammes de coton cardé. Chaque fois que l'on a plongé un fragment de coton dans le liquide il faut le presser avec la baguette, afin de bien chasser l'air et

soit, aussitôt ce dernier but atteint, il faut le soumettre au filet d'eau d'une fontaine, et exprimer le liquide à diverses reprises, de manière à le bien laver. Ce lavage doit être fait de la façon la plus complète, car il est de la dernière importance que l'acide soit enlevé. En dernier lieu, le coton est immergé pendant quelques minutes *dans l'eau de pluie bouillante* et finalement séché à l'air.

de favoriser l'imbibition du coton. Quand le tout y est plongé, la baguette est retirée, le vase couvert avec une lame de verre et le coton-poudre d'une rondelle en verre. On attend alors dix minutes. Au bout de ce temps l'acide est transvasé dans une autre éprouvette en verre, et, en appuyant avec la baguette sur le coton, on exprime l'excès de liquide, fig. 47, qui peut servir une seconde fois pour 3 grammes de coton en y ajoutant 10 centimètres cubes d'acide sulfurique.

On lave finalement le coton comme nous l'avons décrit à propos de la méthode de M. Gaudin. Voici la récapitulation de la formule :

Acide nitrique (D. 1,5)	**50 cent. cubes.**
Acide sulfurique (D. 1,8)	**100 id.**
Coton	**7 grammes.**

Immersion pendant dix minutes, à 60° centigrades.

Puis, ajouter au mélange ci-dessus ayant servi une première fois :

Acide sulfurique	**10 cent. cubes.**
Coton	**3 grammes.**

Immersion pendant dix minutes.

Cette opération doit se faire rapidement, sans temps d'arrêt, le liquide ne pouvant pas se refroidir au dessous de 50°.

Le coton ainsi obtenu est complètement soluble dans l'éther alcoolisé ; il s'étend parfaitement sur la glace. Sa couleur est d'un blanc jaunâtre, surtout s'il a été lavé avec une eau ammoniacale.

Voici comment on reconnaît que le coton a été suffisamment lavé. La dernière eau de lavage est versée dans une éprouvette bien propre ; et l'on y trempe du papier de tournesol, qui dénote la moindre trace d'acide par son changement de couleur, de bleu qu'il était il devient rouge. Enfin, on exprime l'eau, et, épanouissant les flocons, on les laisse sécher à l'air libre, ou bien au soleil.

La formule précédente donne le *coton-poudre éthérique*, c'est-à-dire le coton-poudre qui sert dans le collodion avec excès d'éther.

Coton-poudre alcoolique.

Dans les climats chauds le collodion s'étend difficilement sur les glaces à cause du faible degré de chaleur auquel bout l'éther. Dans ce cas, le coton-poudre alcoolique est préférable au coton-poudre ordinaire, parce qu'il permet l'emploi d'un excès d'alcool dans le collodion.

Pour le préparer, on suivra exactement les mêmes indications que nous avons données pour le pyroxile précédent, mais, *au lieu d'opérer à 60° centigrades on laissera refroidir le mélange jusque 45°.*

La formule sera aussi remplacée par la suivante :

Acide nitrique (D. 1,4)	**80 cent. cubes.**
Acide sulfurique (D. 1,8)	**100 id.**
Coton	**8 grammes.**

Cyanure de potassium.

Se rencontre à l'état fondu et à l'état cristallisé. C'est une substance extrêmement vénéneuse, d'une préparation assez délicate et qu'il vaut mieux acheter toute faite que préparer soi-même.

Eau.

L'eau dont on se sert en photographie doit être pure.

L'eau de pluie convient le plus souvent après l'avoir filtrée, mais l'eau distillée est encore plus avantageuse pour les solutions suivantes :

Nitrate d'argent.
Acide pyrogallique.
Chlorure d'or.

Eau régale.

Mélange de 1 partie d'acide nitrique et de 3 ou 4 d'acide chlorhydrique (en volume).

Equivalents.

Poids des corps qui se substituent les uns aux autres dans les combinaisons chimiques.

En voici un tableau, où nous supposons l'hydrogène pris pour unité.

Aluminium	13,75	Lithium	6,43
Antimoine	122	Magnésium	12
Argent	108	Manganèse	27,50
Arsenic	75	Mercure	100
Azote	14	Molybdène	48
Baryum	68,50	Nickel.	29,57
Bismuth	105	Or.	98,22
Bore	10,88	Osmium	99,55
Brôme.	80	Palladium.	53,22
Cadmium.	56	Phosphore	31
Calcium	20	Platine	98,56
Carbone	6	Plomb.	103,50
Chlore.	35,5	Potassium	39,20
Chrôme	26,24	Rhodium.	52,17
Cobalt.	29,52	Silicium	21
Cuivre	31,65	Sodium	23
Etain	59	Soufre.	16
Fer	28	Strontium	43,84
Fluor.	19	Titane.	25,17
Glucinium	6,97	Tungstène	92
Hydrogène	1	Uranium.	60
Iode	127 *	Zinc	32,53
Iridium	98,66	Zircone	(?)

Essences.

L'*essence de lavande* est employée pour la gravure héliographique, l'*essence de térébenthine* pour certains vernis. La dernière se remplace avantageusement par la benzine.

Ether sulfurique.

L'éther est un liquide incolore d'une odeur suave. Versé dans l'eau, il s'y dissout à peine et surnage comme de l'huile. Il pèse beaucoup moins que l'eau puisqu'un kilogramme d'éther occupe un volume d'environ 1350 centimètres cubes, et que 1 litre d'éther ne pèse que 720 grammes environ, tandis que, ainsi que tout le monde le sait, 1 kilogramme d'eau occupe un volume de 1 litre.

On essaie l'éther au *pèse-éther* exactement de la même manière que l'alcool. (Voir page 52.) L'éther doit marquer de 54 à 58° pour être d'un bon usage en photographie. Le plus souvent, il est bon de le rectifier comme nous l'indiquerons tout à l'heure.

Nous devons insister tout particulièrement sur le danger que présente le maniement de l'éther dans des places où il y a du feu ou des lumières. Si l'on versait un flacon d'éther dans une place fermée, puis, si l'on y portait une bougie allumée, une détonation terrible serait le résultat de cette imprudence, qui s'est déjà reproduite bien des fois. L'éther est, en effet, un liquide qui se vaporise avec une extrême facilité, et ses vapeurs se mélangeant avec l'air environnant, constituent alors un mélange détonnant fort dangereux.

Il résulte de ce qui précède qu'il ne faut jamais transvaser l'éther le soir, à moins de se trouver loin des lumières; il en est de même du collodion qui est cependant un peu moins dangereux parce qu'il contient une assez forte proportion d'alcool.

Nous avons dit qu'il était fort difficile de trouver dans le commerce de l'éther pur, mais que cependant on pouvait se le procurer dans de bonnes pharmacies. Voici de quelle manière on procède à sa rectification.

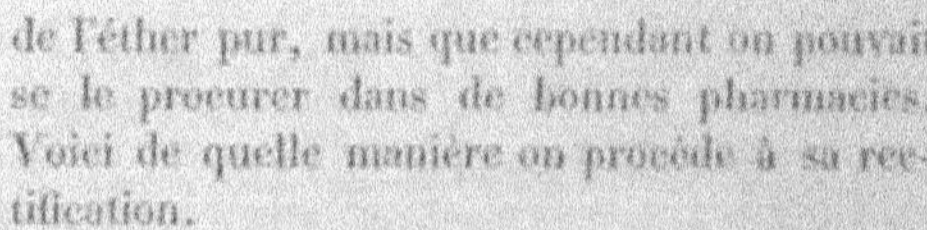

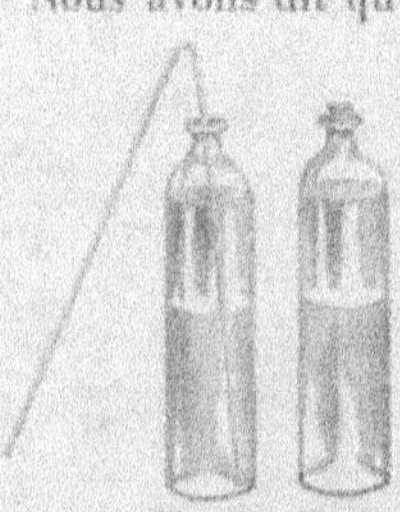

Fig. 49. Fig. 48.
Lavage de l'éther.

Dans un flacon très-haut relativement à sa largeur (fig. 48) on verse l'éther avec environ $\frac{1}{4}$ de son volume d'eau, puis on le bouche avec un bouchon de liége. Le liquide est agité fortement, et abandonné au repos pendant quelques minutes. On remarque alors deux couches : la couche inférieure est de l'eau légèrement éthérée, la supérieure de l'éther. Le bouchon étant enlevé, on plonge dans le liquide un siphon ordinaire, fig. 49, on l'amorce en aspirant le liquide par le tube le plus long. L'eau monte dans le tube le plus court, et descend dans le second; à ce moment on cesse d'aspirer. Le siphon est alors complétement amorcé, car le liquide s'écoule rapidement. On le reçoit dans un flacon. Dès que la couche inférieure a *presque* entièrement disparu, on en arrête l'écoulement en fermant l'orifice du tube avec le doigt et on enlève le siphon, car l'éther s'écoulerait à son tour et l'on serait obligé de tout reverser dans le flacon et de recommencer. Une fois cette opération finie, on verse dans le flacon une nouvelle quantité d'eau égale à la première, l'on agite et l'on transvase une seconde fois à l'aide du siphon.

Cette opération s'appelle « laver l'éther; » elle est indispensable. Quant au siphon, on le trouve chez tous les marchands de verreries, on le choisit étroit, afin de perdre peu d'éther.

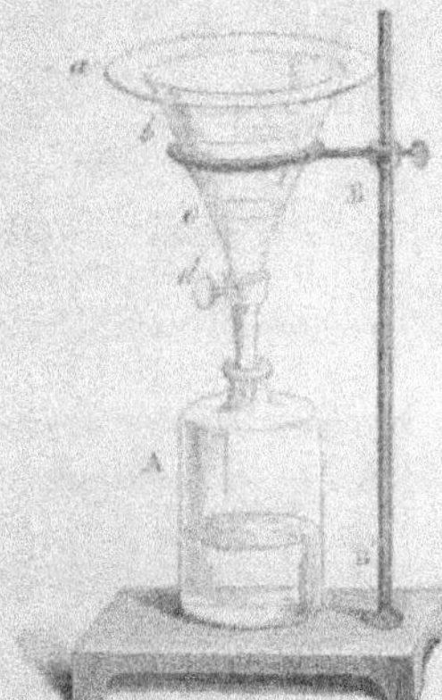

Fig. 50. — Lavage de l'éther.

Un second moyen de laver l'éther consiste dans l'emploi d'un entonnoir à robinet (fig. 50) recouvert d'une plaque de verre *a*. Le mélange d'eau et d'éther est agité dans le flacon et versé dans l'entonnoir. Il se forme deux couches *b* et *c*. L'inférieure est l'eau. En ouvrant légèrement le robinet *d*, on recueille l'eau dans le flacon A qu'on remplace par un second pour recueillir l'éther.

Le lavage de l'éther doit être renouvelé deux fois au moins, mais il ne faut, la seconde ou la troisième fois qu'employer fort peu d'eau, un dixième du volume de l'éther suffit.

Voilà donc l'éther bien lavé; il s'agit maintenant de le sécher et de le distiller. L'éther est abandonné plusieurs heures dans un autre flacon contenant des morceaux de chlorure de calcium, puis distillé. Voici l'appareil qui convient pour cette opération (fig. 51), il paraît très compliqué, mais il est d'une grande simplicité dès qu'on l'a monté et employé une seule fois.

En petit, c'est-à-dire si l'on opère sur un ou deux litres seulement, il vaut mieux se servir d'une cornue non tubulée dans laquelle on introduit l'éther (voir fig. 40).

A est un réchaud en terre, B un vase en cuivre ou en fer d'une forme quelconque contenant un peu d'eau, C la cornue dont le col est relié au tube du réfrigérant D à l'aide d'un caoutchouc.

Ce tube doit avoir environ 1 mètre de long. Il s'engage au quart de sa longueur dans un second tube de 2 pouces de large et de 60 cent.

de long, entièrement fermé, excepté à la partie supérieure qui porte un tube à écoulement *a*, et à sa partie inférieure, en *b*, un entonnoir par lequel on peut verser de l'eau froide. D'ailleurs la figure est

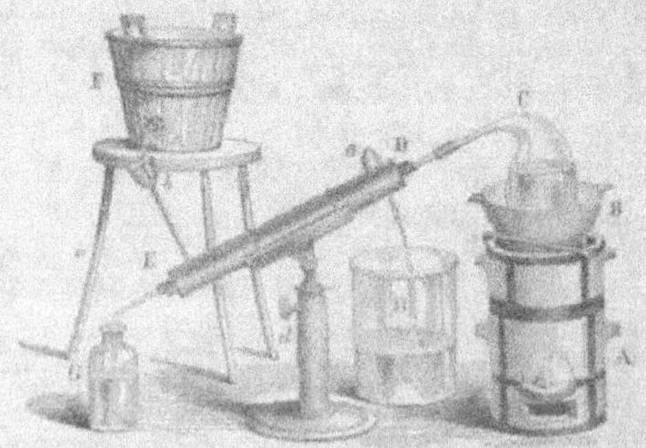

Fig. 31. — Appareil de la distillation de l'éther.

si bien exécutée qu'elle fait comprendre d'un seul coup-d'œil la construction de l'appareil. Enfin, l'autre bout du tube est recourbée et s'engage dans un flacon G bien nettoyé. Cet appareil est construit en fer blanc.

L'appareil ainsi disposé, on verse un peu d'eau dans le vase B de manière à ce que la partie inférieure de la cornue C soit immergée, et l'on place une lampe à alcool dans le réchaud A. L'eau du vase B s'échauffe, communique sa chaleur à l'éther contenu dans le vase C, bientôt l'on voit des gouttes d'éther apparaître à l'autre bout du tube et la distillation s'opérer. On l'arrête quand l'eau du vase B a atteint 40 ou 45 degrés de température.

Il faut tant que possible ne pas approcher de feu du flacon qui reçoit l'éther, et faire constamment arriver par le tube *b* de l'eau très-froide qui s'écoule par le tube *a*; cette eau est destinée à condenser l'éther.

Que l'opérateur ne s'effraie pas de cette description; rien n'est aussi facile, surtout si l'on se fait assister la première fois par une personne qui connaît un peu les manipulations chimiques; la plupart des pharmaciens sont à même de l'exécuter et pourront servir au lecteur d'assistant; une fois que l'on est initié, on peut se passer d'aide, et être à même de faire l'une des opérations les plus utiles, nous dirions presque les plus indispensables à un photographe.

En effet, nous ne saurions trop le répéter, il est de première nécessité de posséder de bon éther, et, malheureusement, loin des grandes villes ce corps peut rarement s'acheter à l'état pur.

Un fait assez singulier c'est que l'éther chimiquement pur semble moins apte à donner de bon collodion qu'un éther rectifié comme nous venons de le décrire; la résinification rapide de l'éther complètement pur est peut-être la cause de ce fait singulier.

Fluorure de potassium.

Sel blanc, soluble dans l'eau, attaque le verre des flacons dans lesquels on le conserve.

Le fluorure de potassium n'est plus employé.

Formique (acide).

On recommande l'emploi de cet acide pour remplacer l'acide acétique dans les bains réducteurs. Il est d'une préparation extrêmement facile. Il suffit de chauffer vers 105° dans une cornue en cuivre ou en verre, un mélange de glycérine brute et d'acide oxalique. L'acide formique dilué distille lentement et l'opération dure parfois plusieurs jours, mais on peut l'interrompre la nuit.

Le produit brut est neutralisé par le carbonate de soude, desséché dans une étuve, et traité par son poids d'acide sulfurique. L'acide formique distille sous forme d'un liquide clair dont l'odeur ressemble à celle de l'acide acétique.

Gallique (acide).

Il est impossible de préparer cet acide avec avantage autrement que sur de très grandes quantités. Nous passerons donc sa préparation sous silence.

L'acide gallique est un corps solide, léger, d'un blanc jaunâtre, difficilement soluble dans l'eau froide, soluble en entier dans l'alcool. Comme l'acide gallique du commerce est souvent mêlé de sulfate de chaux insoluble dans l'alcool, on peut facilement constater cette fraude.

Les dissolutions d'acide gallique servent surtout à développer les épreuves sur papier et sur albumine.

Gélatine.

Substance blanche, soluble dans l'eau tiède.

Glycérine.

Corps liquide, d'une saveur sucrée; possède la propriété de ne pas sécher et de se conserver inaltérée à l'air. La glycérine s'obtient en quantités énormes dans la fabrication des bougies stéariques.

Hypochlorite de chaux.

Corps vulgairement désigné sous le nom de chlorure de chaux.

Hyposulfite de soude.

C'est le dissolvant par excellence du chlorure d'argent des épreuves positives sur papier. Il dissout encore la plupart des autres sels d'argent avec lesquels il forme de l'hyposulfite double de soude et d'argent très soluble dans un excès d'hyposulfite de soude.

L'eau, à 15° de température, dissout les 80 centièmes de son poids d'hyposulfite de soude.

Ce sel se prépare en saturant de soufre une solution de sulfite de soude.

Il cristallise en gros prismes hexagones et se trouve très pur dans le commerce.

Hyposulfite d'or et de soude (sel d'or de Fordos et Gélis).

Substance blanche, cristallisée et soluble dans l'eau; elle est d'une préparation délicate et difficile, et prend naissance en versant du chlorure d'or bien neutre dans l'hyposulfite de soude.

Iode.

Cette substance, d'un aspect métallique, se trouve dans le commerce sous le nom d'*iode précipité* par le chlore, et d'*iode sublimé*, préparé par l'iodure de potassium, le peroxide de manganèse, et l'acide sulfurique.

L'iode précipité est en masses violettes amorphes, l'iode sublimé en paillettes éclatantes. Ce dernier est le plus pur.

L'iode est soluble dans l'alcool et l'éther, mais, presque insoluble dans l'eau. L'iode libre colore le papier amidonné en bleu foncé, excepté dans les dissolutions alcooliques où cette coloration est faiblement prononcée.

L'iode tache les mains en brun, mais cette coloration disparait d'elle-même.

L'iode étant volatil doit se conserver dans des flacons bouchés à l'émeri.

Iodure d'ammonium.

Cette substance se prépare en dissolvant une partie de sulfate d'ammoniaque dans deux d'eau, et, d'autre part, trois d'iodure de potassium dans une d'eau. Il est bon d'échauffer ces solutions dans un ballon et de les mélanger pendant qu'elles sont chaudes.

Elles déposent par le refroidissement des cristaux de sulfate de potasse. L'eau mère est évaporée à sec, traitée par l'alcool qui dissout l'iodure d'ammonium et évaporée de nouveau (M. L. Krafft).

Cet iodure est peu stable.

Iodure d'argent.

S'obtient par double décomposition en versant un iodure alcalin dans le nitrate d'argent. L'iodure d'argent se sépare sous forme d'une poudre jaune-paille, soluble dans le cyanure de potassium, l'hyposulfite de soude, mais presqu'insoluble dans l'ammoniaque.

L'iodure d'argent pur, c'est-à-dire bien lavé, ne noircit pas à la lumière. Il faut plusieurs jours d'exposition au soleil pour en modifier la teinte d'une manière sensible.

Il noircit, au contraire, très-rapidement quand il se trouve en présence d'un excès de nitrate d'argent, excepté, si ce nitrate d'argent contient de l'acide azotique. Ceci prouve que la lumière décompose l'iodure d'argent en argent et iode.

L'iodure d'argent forme avec les iodures alcalins des sels doubles. Il se combine également avec le nitrate d'argent pour former de l'iodo-nitrate d'argent.

Iodures de cadmium, de zinc, de fer.

Ces iodures s'obtiennent en chauffant, dans un ballon en verre, l'iode et le métal en présence de l'eau jusqu'à décoloration complète. Avec le cadmium cette opération dure plusieurs heures. Il ne faut pas chauffer trop fort, sinon l'iode se volatiliserait en grande partie.

L'eau mère filtrée et évaporée donne les iodures.

Iodure de potassium.

Cette substance se prépare en grand dans les fabriques d'iode. Elle est souvent très-pure et tout-à-fait propre aux usages de la photographie.

Elle est très-soluble dans l'eau, mais beaucoup moins dans l'alcool.

Kaolin.

C'est un silicate qui provient de la décomposition des pegmatites, roches qui constituent une partie notable de l'écorce terrestre. Le kaolin est une terre blanche alumineuse, dont on se sert pour décolorer les bains de nitrate d'argent servant à la préparation des papiers albuminés.

Nitrates (*voir* **Azotates**).

Pentasulfure de potassium (foie de soufre).

Substance brune, qui sert à précipiter les solutions argentifères à l'état de sulfure d'argent.

Pyrogallique (acide).

Substance blanche, cristallisée, noircissant rapidement sous l'influence de l'oxygène de l'air.

L'acide pyrogallique sert à développer les épreuves sur collodion; il réduit l'argent de ses solutions avec une grande énergie.

C'est un réducteur moins énergique que les sulfates de fer et d'urane, et surtout, que les hypophosphites et les phosphites.

La préparation en est fort délicate, aussi la passerons-nous sous silence.

Pyroxyle (voir **Coton-poudre**).

Résidus.

Les résidus dont on doit s'occuper en photographie ont surtout trait à l'argent et à l'or. Les vieux collodions peuvent aussi rentrer dans la consommation, comme nous allons le voir.

A. *Les résidus argentifères* se retrouvent :

1° Dans les filtres et papiers ; pour en retirer l'argent on les sèche préalablement, puis on les brûle un à un de manière à n'en recueillir que les cendres.

Ces cendres sont traitées, dans une capsule en porcelaine, par leur poids d'acide nitrique mêlé de son volume d'eau et chauffé. L'argent des cendres se dissout au bout de quelques minutes. Le liquide est filtré après avoir été étendu de beaucoup d'eau, et traité par l'acide chlorhydrique qui précipite l'argent à l'état de *chlorure*. (Voir chlorure d'argent.)

2° Les hyposulfites ayant servi longtemps sont, ou précipités à l'état de sulfure à l'aide du pentasulfure de potassium (voir sulfure d'argent), ou mieux, par une grande lame de zinc qui précipite tout l'or et l'argent. Pour cela, il est bon de laisser le zinc en contact avec les hyposulfites une semaine entière.

Le liquide est décanté, remplacé par de l'eau, et les lames de zinc sont grattées dans cette eau pour les débarasser de l'argent qui les recouvre.

Après avoir lavé et décanté ainsi plusieurs fois, l'argent est rassemblé et fondu comme nous l'avons indiqué à l'article *chlorure d'argent*.

3° Les bains de lavage qui précèdent le virage des positives seront traités par l'acide chlorhydrique pour précipiter l'argent à l'état de chlorure, qui sera réduit comme nous l'avons dit à l'article *chlorure d'argent*.

4° Le développement au sulfate de fer, à l'acide gallique ou pyrogallique, fournit beaucoup d'argent, si l'on a soin de recueillir les boues qui se forment dans ces liquides. Il suffit, pour cela, de réunir tous les liquides du développement dans un grand vase, de les filtrer, et de fondre dans un creuset, après l'avoir séchée, la boue brune qui reste sur le filtre.

5° Les vieux bains de nitrate d'argent seront réduits en y versant une solution de sulfate de fer ; tout l'argent est précipité à l'état métallique. On reconnait que la précipitation est complète lorsque l'acide chlorhydrique ne trouble plus le liquide.

Pour toutes ces opérations, il est bon d'agir méthodiquement. Pour cela, l'argent précipité sera réuni au chlorure, ce mélange sera lavé avant de le réduire par le zinc, puis, une fois réduit, séché et fondu en une seule fois comme nous l'avons indiqué page 61.

Le culot d'argent traité par l'acide nitrique laisse l'or qu'il renferme sous forme de poudre noire.

B. *L'or* se retire des bains de virage de la manière suivante. Tous ces bains, soit acides, soit alcalins, sont additionnés d'acide chlorhydrique jusqu'à ce qu'ils aient pris une teinte jaune bien accentuée; ils sont alors étendus d'eau et traités par une solution filtrée de sulfate de fer. L'or se précipite à l'état de poudre noire. Après le dépôt, le liquide est décanté, l'or enlevé des parois du vase avec un pinceau, décanté avec de nouvelle eau dans une capsule en porcelaine, et finalement jeté sur un filtre.

Il est important de bien réunir tout le précipité et de ne décanter les liquides qu'après un temps suffisant pour que tout l'or se dépose.

Quand on a ainsi réuni le résidu d'un certain nombre d'opérations, on brûle les filtres sur lesquels l'or a été recueilli; les cendres, réunies dans un creuset avec du borax préalablement calciné, sont fondues en un petit culot d'or pur.

C. *L'éther et l'alcool* des vieux collodions valent parfois la peine d'une opération. On les distille alors dans une cornue tubulée munie d'un thermomètre. La distillation est arrêtée quand le thermomètre marque 45° centigrades.

Le produit est de l'éther qui est lavé et distillé de nouveau comme nous l'avons indiqué page 74.

Jamais cet éther n'est aussi pur que l'éther ordinaire, il contient toujours des produits volatils provenant de la décomposition du collodion.

L'alcool distille vers 80°, mais cet alcool ne peut servir que pour le nettoyage des glaces.

Rouge à polir (Rouge d'Angleterre).

S'obtient en calcinant le sulfate de fer au rouge. La masse finement broyée est lavée; on ne recueille que la poudre qui se dépose quand les particules les plus grossières se sont déposées d'abord.

Sulfate de fer.

Sel fréquemment employé tant pour précipiter l'argent et l'or des résidus que pour développer les négatifs au collodion.

Pour le préparer on mélange dans une capsule en porcelaine 10 parties d'eau et une d'acide sulfurique et l'on y jette des *pointes de Paris* ou du fil de fer ordinaire.

Au bout de quelques heures, le liquide est filtré et abandonné à la cristallisation après une évaporation suffisante.

Le sulfate ordinaire du commerce bouilli dans un vase de fonte avec de la limaille de fer et filtré, abandonne par le refroidissement des cristaux verts de sulfate de fer pur. — Le sulfate de fer ordinaire est même déjà d'une pureté suffisante pour les besoins de la photographie.

Dans le commerce, ce produit porte aussi le nom de *Couperose verte*.

Sulfhydrique (acide), hydrogène sulfuré.

Corps gazeux, d'une odeur d'œufs pourri, se prépare en attaquant le sulfure de fer par l'acide sulfurique étendu d'eau.

Sulfhydrate d'ammoniaque.

Corps liquide, d'une odeur repoussante, ordinairement d'une couleur jaune ; se prépare en saturant l'ammoniaque par l'hydrogène sulfuré et en y ajoutant un volume d'ammoniaque égal à celui employé d'abord.

Sulfure d'argent.

C'est de tous les composés d'argent le plus inaltérable. Il s'obtient en versant un sulfure alcalin dans le nitrate d'argent.

Les vieux hyposulfites, traités par le pentasulfure de potassium, donnent un précipité de sulfure d'argent. Pour retirer l'argent du sulfure d'argent on le sèche et on le mêle avec deux fois son poids de salpêtre en poudre. D'un autre côté, on chauffe un creuset au rouge, et l'on y projette le mélange par petites fractions. Le sulfure se réduit en un culot d'argent métallique.

Tannin.

Le tannin, ou acide tannique, s'extrait des écorces de chêne; on le trouve à très-bas prix dans le commerce. Il précipite les alcaloïdes et la gélatine. Le tannin est employé dans le procédé du major Russel au collodion sec.

Tournesol.

On trouve le tournesol chez les marchands de couleurs. Pour s'en servir, on le fait bouillir avec deux fois son poids d'eau et on passe, à travers un linge, le liquide d'un bleu foncé qui en résulte, pour en enduire du papier blanc des deux côtés.

On additionne ensuite ce liquide bleu de quelques gouttes d'acide acétique, qui le rougit sur le champ. On en enduit de nouvelles feuilles de papier.

Le papier bleu rougit dans les solutions acides, le papier rouge bleuit dans les solutions alcalines.

Vernis.

Les vernis photographiques servent surtout à protéger la couche de pyroxyle, (procédé au collodion), des éraillements auxquelles elle est sujette par suite de sa grande fragilité.

Parmi les divers corps, résines et liquides, employés à cette fabrication, nous citerons :

Le copal, le copal tendre (soluble dans l'alcool et la benzine), la sandaraque, le mastic, la gomme laque jaune ou blanche, le succin fondu, l'essence de térébenthine, la benzine (aussi appelée eau de Naphte), l'alcool, l'éther, et le chloroforme.

Toutes ces substances, mélangées en proportions plus ou moins diverses, donnent des vernis photographiques.

Les meilleurs vernis sont ceux à l'ambre et à la gomme laque blanche.

Vernis à l'ambre et à la benzine.

L'ambre, ou succin jaune, est une résine que l'on rencontre sur les rivages de la mer Baltique ; on en fait des perles et autres ustensiles de toilette ; mais, dans cette fabrication une foule de déchets, provenant des perles cassées, sont livrées au commerce. C'est là l'ambre de première qualité et celui que l'on doit choisir pour la préparation d'un bon vernis ; son prix est d'ailleurs très modéré.

On concasse la résine en petits fragments, et, après l'avoir placée dans un vase en fer muni de son couvercle bien luté, à l'exception d'une petite ouverture qu'il présente au milieu, on la chauffe graduellement jusqu'à 300°. Il se dégage beaucoup de vapeurs blanches, mais on ne doit y faire aucune attention ; insensiblement l'ambre se ramollit, fond et se boursoufle. A cet instant on enlève le vase du feu et on laisse refroidir la masse. L'ambre ainsi transformé est très soluble dans la benzine et le chloroforme. On l'y dissout à la dose de 8 à 10 pour cent. Avec la benzine on obtient un vernis brun, mais qui donne une couche très-peu colorée sur le cliché. Au bout de quelques minutes elle est sèche ; elle est alors très-brillante, de telle façon qu'il est souvent difficile de distinguer le verre du vernis, mais ce qui est surtout très-précieux, c'est que cette couche ne se ramollit pas sous l'influence des rayons solaires.

Vernis à l'ambre et au chloroforme.

Au lieu de benzine, on peut se servir du chloroforme(1) comme dissolvant de l'ambre *non fondu*, également à raison de 8 à 10 pour cent d'ambre pour 100 cent. cubes de liquide. On obtient, après un contact prolongé, une dissolution jaune que l'on filtre. Quand on la verse sur le cliché elle sèche instantanément. Nos voisins d'Angleterre nomment ce vernis *amber varnish*, vernis d'ambre. Mais chose singulière et digne de remarque, malgré l'apparence de supériorité de ce vernis, c'est cependant celui à la benzine qui est préférable; en effet, nous avons observé sur de nombreux clichés, vernis à l'*amber varnish*, que, par un brusque changement de température, la couche se fendillait et occasionnait ainsi de larges fissures, qui constituaient des taches irréparables. Ainsi, justement à cause de cette rapide dessication, la couche est-elle dure et cassante.

Vernis à la gomme laque.

Ce vernis s'étend à chaud. Pour le préparer on projette dans un ballon :

1000 centimètres cubes d'alcool à 95°.
80 grammes de gomme laque blanche.

On élève un peu la température en plongeant le ballon dans l'eau chaude; au bout de quelques minutes la dissolution s'est faite, sauf de longs et légers filaments blancs de gomme insolubles. La liqueur filtrée est alors légèrement jaunâtre et prête pour l'usage.

Vernis noir.

Enfin, le vernis qui sert à revêtir les épreuves positives sur verre d'une couche noire, est composé comme suit :

Benzine.	1 litre.
Bitume de Judée	80 grammes.

(1) Le sulfure de carbone peut remplacer le chloroforme.

DU LOCAL

DESTINÉ AUX OPÉRATIONS PHOTOGRAPHIQUES.

Le local destiné aux opérations photographiques se compose essentiellement :

1° Du laboratoire, dans lequel se préparent les produits chimiques, les épreuves positives sur papier, où se traitent les résidus, etc.

2° Du cabinet obscur, où se font les opérations délicates de la sensibilisation des papiers et des glaces.

3° Enfin de l'atelier vitré, dans lequel se font les portraits.

§ I. LE LABORATOIRE ET LES OPÉRATIONS QUI S'Y EXÉCUTENT.

Le laboratoire doit se composer de deux places ayant une porte commune, qui permette de passer facilement de l'une à l'autre. Il est bon qu'elles soient au rez-de-chaussée.

La première chose dont on se préoccupera quand on installe un laboratoire, c'est d'y avoir de l'eau en quantité. Pour cela, des bacs cylindriques en zinc, munis de robinets, seront disposés dans les coins, un peu au-dessus du niveau des tables.

Si l'on est appelé à satisfaire une clientèle considérable, il sera nécessaire d'y posséder une pompe foulante qui amène l'eau d'un puits jusque dans ces bacs.

L'une des deux places sera destinée aux préparations chimiques proprement dites, l'autre au tirage des positives, au nettoyage des glaces, etc.

C'est donc ici le lieu de passer en revue les ustensiles que tous les photographes doivent posséder et les manipulations avec lesquelles ils se familiariseront. Nous supposerons, d'ailleurs, que notre lecteur achète les produits principaux que nécessite son industrie, par exemple, le coton-poudre, l'hyposulfite de soude, l'acide pyrogallique, l'éther, l'alcool, le cyanure de potassium, etc.

En revanche, nous l'engagerons à préparer lui-même le nitrate d'argent, le chlorure d'or, et le vernis à la gomme laque; ce sont là des préparations qu'il doit étudier, par ce qu'elles lui sont presqu'indispensables, surtout les deux premières.

Il sera même bon qu'il sache distiller de l'éther, de l'alcool, de l'eau, car, dans un grand atelier, ces produits se consomment par énormes quantités.

Outre ces préparations, le lecteur s'exercera encore à faire des filtres à plis, à courber des tubes, à fondre les métaux précieux, etc. etc. Le but de ce chapitre est de lui indiquer *brièvement* quels sont les ustensiles qu'il se procurera pour cela et comment il en fera usage. Nous suivrons l'ordre alphabétique, pour plus de facilité.

Voici d'ailleurs une liste préalable des objets les plus indispensables. Trois mesures graduées; quelques ballons; 3 cornues tubulées; un kilog. tubes; des flacons bouchés à l'émeri et non bouchés; des bouchons; des perce-bouchons; un flacon à trois tubulures; des entonnoirs; une ou deux lampes à gaz ou à alcool; quelques creusets; un ou deux fourneaux en terre; quelques capsules en porcelaine; quelques liasses de filtres; un moule filtre-carré; deux balances avec poids; quelques éprouvettes; un ou deux mortiers en porcelaine; un vase à lavages; et quelques autres objets dont le détail suivra.

Aréomètres. Nous avons déjà fait connaître l'aréomètre de Gay-Lussac, le pèse-éther de Beaumé. On doit encore posséder un pèse-acides, et, si l'on tient à faire les opérations chimiques avec une certaine exactitude, des *densimètres*, c'est-à-dire, deux aréomètres, l'un pour les liquides plus lourds, l'autre plus légers que l'eau, et qui indiquent immédiatement la densité. En Allemagne, on ne se sert plus que des densimètres, et l'on en fait où la division est gravée sur le verre même du tube.

Voici deux tableaux qui indiquent les rapports entre la densité des liquides et les degrés de l'aréomètre de Beaumé.

Pour les liqueurs plus denses que l'eau.

DEGRÉS	DENSITÉ.	DEGRÉS	DENSITÉ.	DEGRÉS	DENSITÉ.	DEGRÉS	DENSITÉ.	DEGRÉS	DENSITÉ.	DEGRÉS	DENSITÉ.
0	1,000	12	1,091	24	1,199	36	1,334	48	1,501	60	1,715
1	1,007	13	1,100	25	1,210	37	1,346	49	1,516	61	1,736
2	1,014	14	1,108	26	1,221	38	1,359	50	1,532	62	1,758
3	1,022	15	1,116	27	1,231	39	1,372	51	1,549	63	1,779
4	1,029	16	1,125	28	1,242	40	1,384	52	1,566	64	1,801
5	1,036	17	1,134	29	1,252	41	1,398	53	1,583	65	1,823
6	1,044	18	1,143	30	1,261	42	1,412	54	1,601	66	1,847
7	1,052	19	1,152	31	1,275	43	1,426	55	1,618	67	1,872
8	1,060	20	1,161	32	1,286	44	1,440	56	1,637	68	1,897
9	1,067	21	1,171	33	1,298	45	1,454	57	1,656	69	1,921
10	1,075	22	1,180	34	1,309	46	1,470	58	1,676	70	1,946
11	1,083	23	1,190	35	1,321	47	1,485	59	1,695	71	1,974

Pour les liqueurs moins denses que l'eau.

BEAUMÉ.	CARTIER.	DENSITÉ.	(1) CENTÉSIMAL	BEAUMÉ.	CARTIER.	DENSITÉ.	(1) CENTÉSIMAL
10	10	1,000	0	30	28,38	0,878	75
11	10,92	0,993	5	31	29,29	0,872	77
12	11,84	0,987	10	32	30,31	0,867	79
13	12,76	0,979	17	33	31,13	0,862	81
14	13,67	0,973	23	34	32,04	0,857	83
15	14,59	0,966	29	35	32,96	0,852	84
16	15,51	0,960	34	36	33,88	0,847	86
17	16,43	0,953	39	37	34,80	0,842	88
18	17,35	0,947	43	38	35,72	0,837	89
19	18,26	0,941	47	39	36,63	0,832	91
20	19,18	0,935	50	40	37,65	0,827	92
21	20,10	0,929	53	41	38,46	0,823	93
22	21,02	0,923	56	42	39,40	0,818	94
23	21,94	0,917	59	43	40,31	0,813	96
24	22,85	0,911	61	44	41,22	0,809	97
25	23,77	0,905	64	45	42,14	0,804	98
26	24,69	0,900	66	46	43,06	0,800	99
27	25,61	0,894	69	47	43,19	0,795	100
28	26,53	0,888	71	48	44,90	0,791	
29	27,44	0,883	73				

Balances. Le laboratoire doit contenir deux balances, l'une à grands plateaux, système Roberval (fig. 52), sur laquelle se pèsent les corps

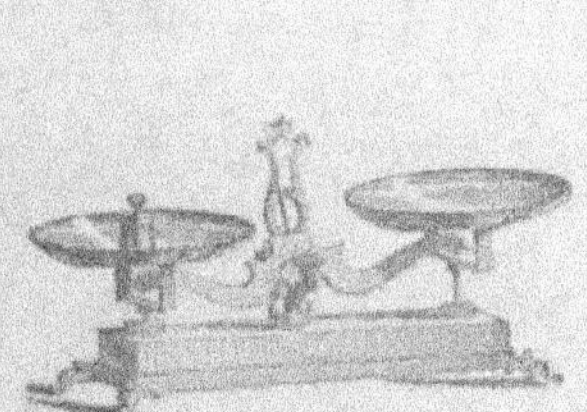

Fig. 52. — Balance Roberval.

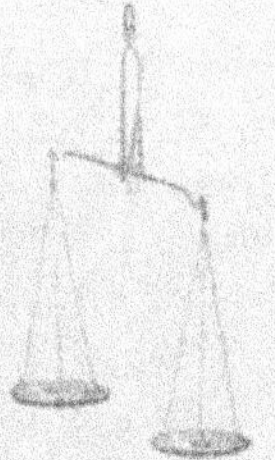

Fig. 53. — Balance à main.

lourds ; et l'autre, petite balance à main, (fig. 53), qui sert au pesage des petites quantités de substances. Pour opérer proprement et exactement les pesées, il est bon de recouvrir chaque plateau de la balance d'un carré de papier d'un poids égal ; on ne salit point ainsi les plateaux, et les substances s'introduisent facilement dans les vases en pliant le papier en deux.

Ballons et cornues. Les ballons sont des sphères creuses en verre mince, munies d'une ouverture. La cornue est un ballon dont le col est replié.

Les ballons à fond plat, lorsqu'ils sont en verre bien mince, sont

(1) Les degrés centésimaux ont été indiqués en nombres ronds, en négligeant les fractions.

meilleurs que les ballons à fond rond. On les chauffe très facilement sur les lampes à gaz ou à alcool, en interposant une toile métallique très-serrée entre la flamme et le verre du ballon. C'est une façon commode et rapide de chauffer les ballons sans aucun danger de rupture.

Les ballons français sont excellents, mais les cornues laissent beaucoup à désirer sous le rapport de la forme.

La cornue sert aux distillations, elle est, ou tubulée (fig. 55), ou

Fig. 54. Fig. 55.

non tubulée (fig. 54). La forme anglaise ou allemande (fig. 55) se prête facilement à la distillation, tandis que la forme élevée de la cornue française est fort désavantageuse.

Les cornues se chauffent comme les ballons, soit sur de petits fourneaux en terre comme les figures 41 et 42 le représentent, soit avec une lampe à alcool ou à gaz, sur des supports à anneaux (fig. 36). Quand on doit introduire des substances solides dans la cornue, ou bien, quand la distillation exige un thermomètre, on se servira de cornues tubulées; autrement la cornue non tubulée est préférable. Nous avons indiqué (fig. 40) comment on peut y introduire des liquides.

Bouchons. Les bouchons doivent être choisis avec le plus grand soin, exempts de trous. On les coupe avec des couteaux très-finement

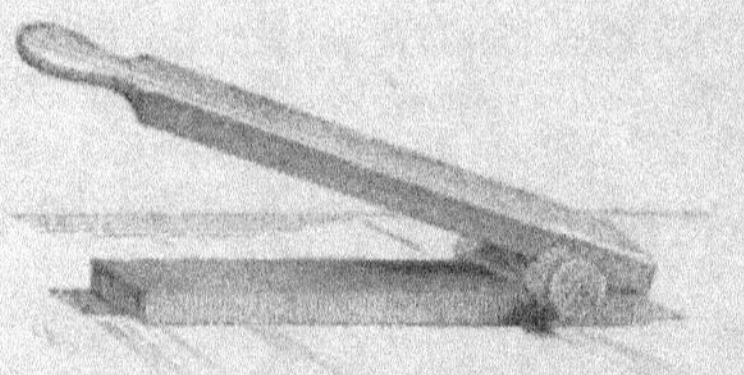

Fig. 56. — Appareil pour ramollir les bouchons de liége.

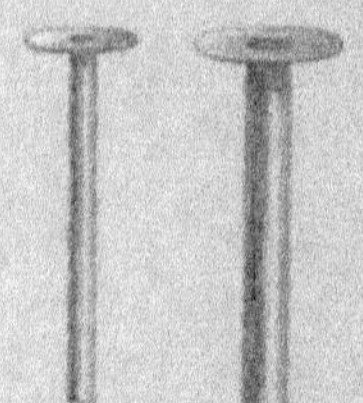

Fig. 57. — Perce-bouchons.

aiguisés en glissant toujours la lame dans le sens de la longueur tout en la faisant avancer. On leur laissera une forme légèrement conique.

Pour enlever aux bouchons leur dureté, on les comprime entre deux lames de bois à échancrure (fig. 56), en tournant le bouchon sur son axe.

Pour percer les bouchons, on se sert de tubes en cuivre mince (fig. 57) aiguisés à l'une extrémité et aplatis à l'autre. Le bouchon étant placé à plat sur une table, se perce aisément en tournant le perce-bouchons sur son axe tout en appuyant fortement. Une goutte d'huile favorise l'opération.

On possédera une série de ces perce-bouchons; ils se vendent d'ailleurs ainsi. Le trou fait dans le bouchon peut être, au besoin, agrandi avec une lime ronde.

Les tubes s'introduisent alors facilement dans les bouchons, mais il faut qu'ils entrent avec facilité; en employant la force, on pourrait se blesser dangereusement. En ajustant le bouchon dans le goulot, la fermeture devient encore plus complète. D'ailleurs, on les recouvre souvent d'un emplâtre de graine de lin pour empêcher toute fuite.

Capsules en porcelaine. On possédera deux ou trois capsules en porcelaine à bec, de 11 à 25 cent. de diamètre. Les capsules de porcelaine doivent se chauffer au charbon de bois (fig. 59) ou sur une lampe à gaz circulaire (fig. 60) mais jamais avec une flamme isolée, excepté pour les petites capsules. Les capsules de Bayeux, en France, sont excellentes et meilleures que celles de Saxe.

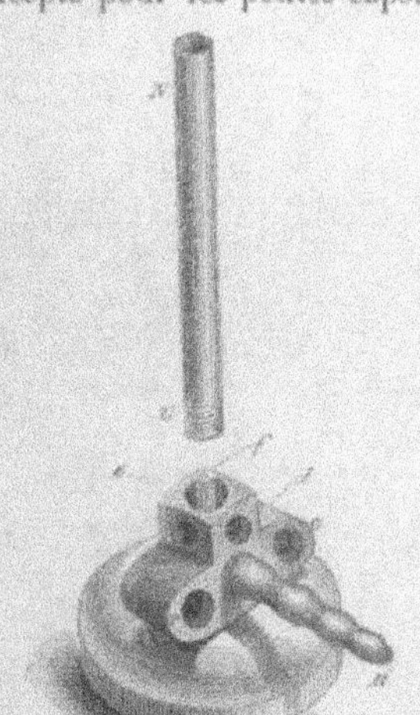

Fig. 58. Bec de Bunsen.

Chauffage. Il existe plusieurs moyens de chauffer les appareils en verre et en porcelaine.

1° Le chauffage au charbon de bois dans de petits fourneaux en terre, dont les figures 41 et 42 représentent des exemples.

2° Le chauffage sur des lampes de la forme fig. 36, les lampes étant à l'alcool et à double courant d'air.

3° Enfin le chauffage au gaz qui est adopté dans tous les laboratoires.

On n'emploie pas le gaz à l'éclairage ordinaire, parce qu'il salit tous les objets à chauffer, à cause du carbone qu'il dépose, mais on le mêle avec de l'air dans la lampe elle-même.

Pour plier des tubes, par exemple, et bien d'autres opérations, la lampe à gaz de M. Bunsen (dite, *bec de Bunsen* — fig. 58), est d'un emploi très-commode, aussi allons-nous en donner une explication détaillée.

Le gaz arrive en B par un tuyau de caoutchouc ; l'ouverture B communique avec le bec triangulaire *f*. Le gaz allumé en *f* brûlerait donc avec sa flamme ordinaire. Le bec *f* est entouré par un cube de cuivre c percé latéralement de trous *d* qui livrent passage à l'air, et le tuyau GN se visse sur ce cube, de manière à ne pas fermer ces trous *d*. Au-dessous de la pièce de cuivre se trouvent 2 trous cc pour porter l'appareil sur la lampe (fig. 56), et enfin, elle est terminée inférieurement par un pied de fonte pour le cas où elle se place sur une table.

Voici maintenant le jeu de l'appareil. Le gaz arrivant en *f* se mélange à l'air qui entre par les trous *d*, de sorte que ce mélange enflammé en N, brûle avec une flamme bleuâtre. Si le tube G est vissé trop loin sur le cube, s'il ferme les ouvertures *d*, le gaz brûle avec sa flamme blanche ordinaire.

Ce bec, outre l'économie considérable[1] qui résulte de la substitution du gaz à l'alcool, donne une chaleur beaucoup plus grande.

Quand il s'agit de chauffer des capsules en porcelaine, on se sert alors d'un bec à plusieurs ouvertures (fig. 60), mais le principe de la

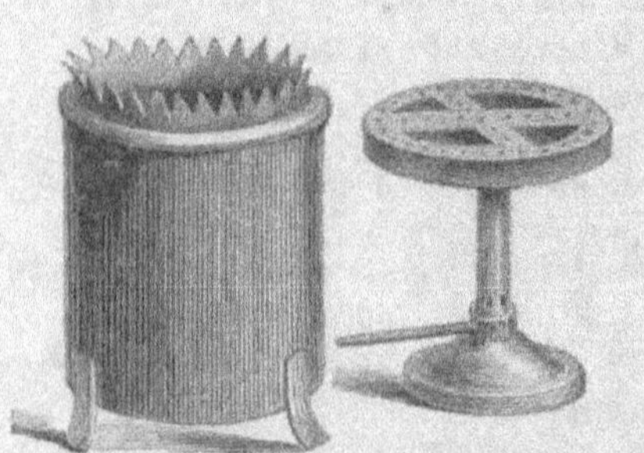

Fig. 59. Fourneau à gaz. Fig. 60 Lampe à gaz.

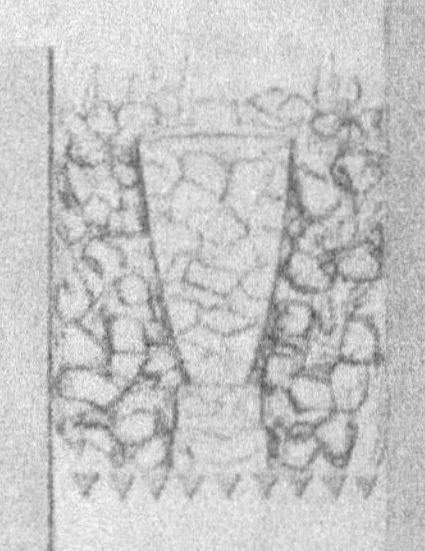

Fig. 61. Fourneau à creusets.

construction est le même. On trouve dans le commerce des lampes circulaires de la dernière forme, munies d'un cylindre de tôle (fig. 59). Ces lampes sont extrêmement commodes pour le chauffage des capsules en porcelaine, parce qu'elles répartissent la chaleur sur une grande surface.

Le *chauffage des creusets* se fait dans des fourneaux en maçonnerie, mais un fourneau ordinaire en fonte est parfaitement propre à cet usage pour les petites opérations.

(1) La lampe de Bunsen coûte seulement fr. 3 75 et ne consomme que 10 centimes de gaz à l'heure, tout en donnant trois fois autant de chaleur qu'une forte lampe à alcool.

Pour chauffer un creuset, on commence par placer sur la grille une ou deux petites briques qui supportent le creuset (fig. 61) que l'on entoure alors de charbon de bois allumé et de fragments de houille. Le feu étant bien en train, on y verse quelques pelles de coke en morceaux gros comme le poing que l'on arrange symétriquement autour du creuset jusqu'au-dessus du couvercle. Au bout d'une demi-heure, si le fourneau tire bien, le creuset est porté à une température d'un rouge vif.

Le creuset peut être enlevé à l'aide d'une pince, ou bien, refroidi en laissant éteindre complètement le feu. Dans le premier cas, on écarte les charbons qui le recouvrent et qui l'entourent à l'aide d'un tison, et on le saisit vers le milieu avec une pince, en recouvrant celle-ci et les mains d'un essuie-mains *bien sec* pour se préserver de l'action rayonnante du feu.

Quelques essais d'ailleurs, valent mieux que tous les détails que nous pourrions donner (voir page 59, *Chlorure d'argent*).

Creusets. Les creusets triangulaires ou ronds, dits *de Hesse,* se trouvent partout. Les creusets en terre de Paris, munis d'un couvercle, conviennent encore.

Il est bon de recouvrir le creuset d'un couvercle en terre, mais non d'un creuset plus petit, ce qui expose toujours le creuset inférieur à se crevasser, quand la température est élevée.

Les creusets en plombagine coûtent un peu plus cher que les creusets ordinaires, mais ils durent plus longtemps. Il est bon de les chauffer graduellement et avec ménagement, car ils se fendent assez facilement.

Décantation. Consiste à verser un liquide d'un vase dans un autre pour le débarrasser des précipités qui se trouvent au fond.

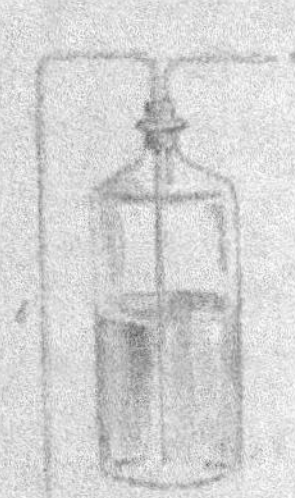

Fig. 62.

Le flacon à bouchon et à siphon est quelquefois pour cela d'un excellent usage. Il suffit de souffler en *a* pour que le liquide s'écoule en *b*. En enfonçant ce siphon *b* plus ou moins dans le liquide, on règle la quantité à transvaser.

Dessication. La dessication s'opère de plusieurs manières.

La plus simple consiste à placer la substance à dessécher sur plusieurs doubles de papier à filtrer, placés eux-mêmes sur une pierre dégourdie. L'excès de liquide imbibe le papier et la pierre, et la substance sèche alors à l'air. Ce moyen ne convient pas aux corps déliquescents, c'est-à-dire, qui attirent l'humidité de l'air.

Un second moyen consiste à placer la substance à dessécher sur une assiette en porcelaine que l'on enferme dans un four chauffé.

Enfin, le meilleur moyen, qui est surtout à préférer si l'on veut faire cristalliser lentement le corps ou dessécher des substances cristallisées ou d'un prix élevé, consiste à les enfermer sous une cloche A avec de l'acide sulfurique à 66° (fig. 63). L'acide est versé dans une capsule plate *c* ou une assiette profonde en porcelaine, supportant un triangle *b* en fil de fer recouvert de tuyaux de pipe, et sur ce triangle la petite capsule contenant le liquide à faire cristalliser ou le corps à dessécher.

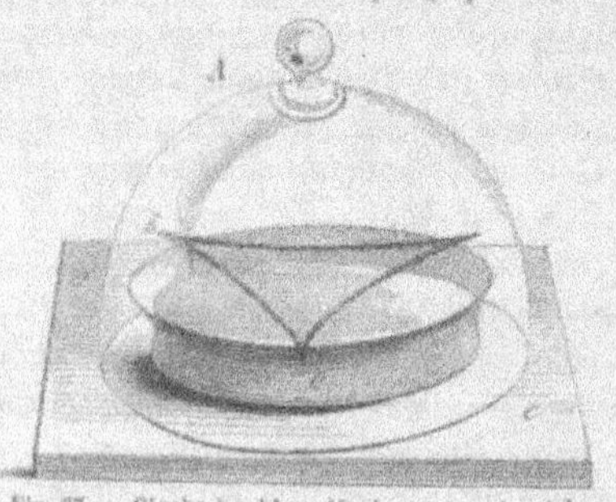

Fig. 63. — Cloche à acide sulfurique pour dessécher les substances.

L'acide sulfurique dessèche fortement l'air de la cloche, et la dessication s'opère très-vite. L'acide se dilue par l'eau absorbée, aussi ne peut-il pas servir indéfiniment ; on peut alors l'employer à d'autres usages.

Distillation. Nous avons déjà expliqué comment elle se fait, page 74 à propos de l'éther et page 56 à propos de l'acide azotique.

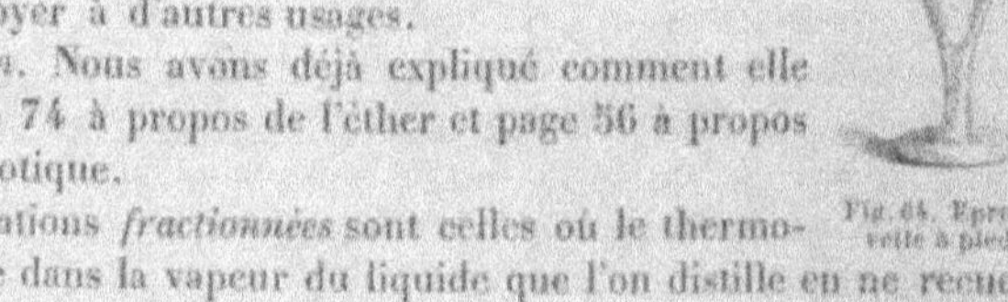

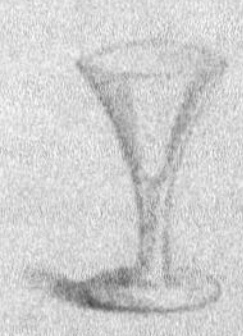

Fig. 64. Éprouvette à pied.

Les distillations *fractionnées* sont celles où le thermomètre plonge dans la vapeur du liquide que l'on distille en ne recueillant les produits qu'à des températures diverses. Le collodion, par exemple, entre en ébullition vers 36°. En recueillant ce qui passe entre 36 et 46° l'on a de l'éther ; de 46 à 75 un mélange d'éther fortement alcoolique; et de 76 à 82 de l'alcool presque pur.

Entonnoirs. L'entonnoir est si connu que nous pouvons le passer sous silence. Il sert surtout à filtrer et à transvaser les liquides d'un vase dans un autre.

Éprouvettes. La fig. 71 montre une éprouvette droite, la fig. 64 une éprouvette conique, et la fig. 65 un tube à essai.

Ce dernier modèle sert aux analyses quand il s'agit d'opérer à chaud.

Fig. 65. — Tube à essai.

Étiquettes. Les étiquettes des flacons doivent être écrites à l'encre de Chine et non à l'encre ordinaire qui s'efface trop facilement sous l'influence des vapeurs acides. (Voyez la note 2 de la page 97.)

Filtres. Les filtres se font en papier. En Angleterre et en Allemagne, on se sert généralement de papier blanc, dit *de Suède ;* mais en France, on fait pour cet usage des filtres ronds portant le nom de filtres de Prat et Dumas. Les dimensions les plus commodes sont de 15, 25 et 35 centimètres de diamètre.

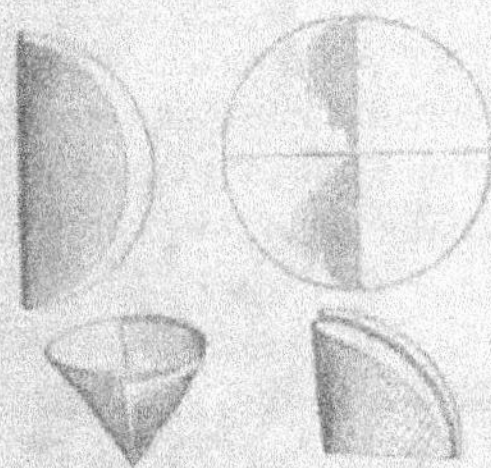

Fig. 66. — Comment se font les filtres.

Les filtres ordinaires se font (fig. 66) en pliant d'abord le papier en deux, puis en quatre, et finalement en l'ouvrant pour le placer dans l'entonnoir.

Les filtres à plis (fig. 67) se font aisément avec le *moule-filtres Carré*, composé de pièces de carton rentoilées (fig. 68), dans lequel on enferme le filtre (fig. 69). Le papier a pris une série de plis que l'on ouvre pour en faire deux aux extrémités. Le filtre se place alors aisément dans l'entonnoir, sans se déchirer.

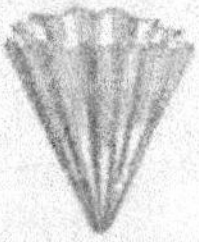

Fig. 67. Filtre à plis.

Les figures 36 et 44 montrent comment on mène l'opération de la filtration : tantôt on se sert d'un support, tantôt le flacon lui-même en tient lieu. Le filtre ne doit pas dépasser l'entonnoir.

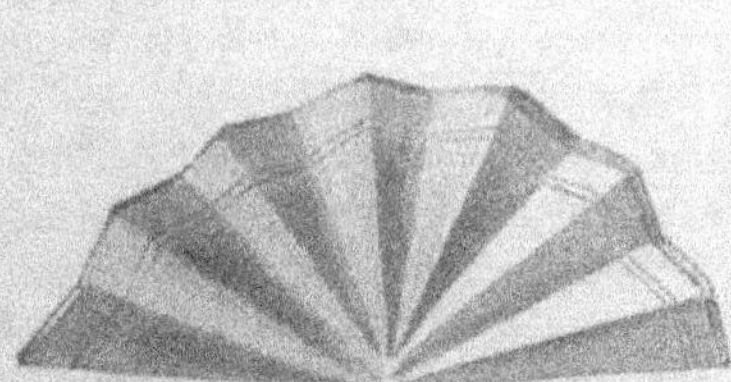

Fig. 68. — Moule-filtres.

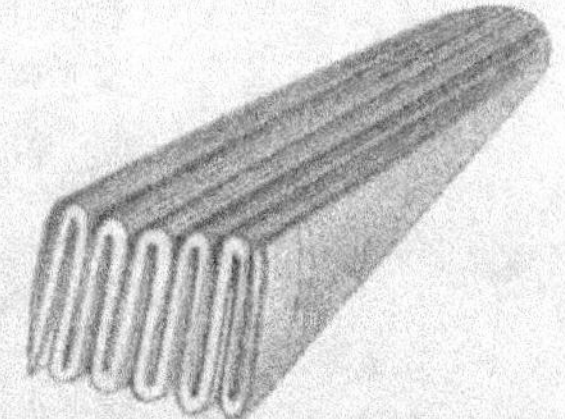

Fig. 69. — Moule-filtres plié.

Flacons. Les flacons munis de bons bouchons de liége sont suffisants pour la plupart des cas. La forme carrée est excellente pour le voyage, la forme demi-ronde (fig. 70) pour le laboratoire.

Quant aux flacons bouchés à l'émeri, les flacons français sont recherchés partout, parce qu'ils ferment bien.

Quand on ne sait pas ouvrir un flacon bouché à l'émeri, on en chauffe le goulot en le tournant lentement dans la flamme d'une lampe à alcool. On frappe avec une tige de bois quelques petits coups secs sur le bouchon, il s'enlève alors facilement. Cette opération ne réussit pas toujours,

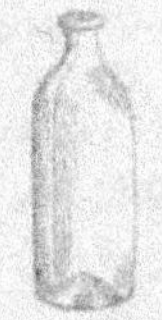

Fig. 70. Flacon rond.

surtout si le flacon contient des substances qui incrustent le goulot. Il faut alors casser le flacon par ce goulot.

Les flacons à large ouverture peuvent n'être bouchés qu'avec du liége. En France, les flacons à large ouverture ont cette ouverture si étroite qu'il est fort désagréable de s'en servir. Aussi est-il préférable de n'employer que des flacons dénommés *flacons à col droit* et bouchés au liége.

Flacons à deux et à trois tubulures. Ces flacons servent à préparer l'hydrogène, l'ammoniaque, l'acide chlorhydrique etc., mais leur emploi est très-restreint.

Mesures graduées. Tout photographe doit posséder les mesures graduées suivantes :

1° Une éprouvette (fig. 71), cylindrique, graduée de centimètre en centimètre, jusqu'à 30.

2° Une éprouvette de même forme, divisée de 10 en 10 centimètres et mesurant 200 cent. cubes.

3° Enfin une grande mesure divisée conique (fig. 72) de 25 en 25 cent. cubes de la contenance de 1 litre.

On se procure très-aisément dans le commerce des éprouvettes en verre de la forme indiquée dans la fig. 71. Il est facile de les graduer soi-même, si l'on possède un *diamant à écrire* sur le verre, que l'on se procure chez tous les opticiens à un prix très-minime.

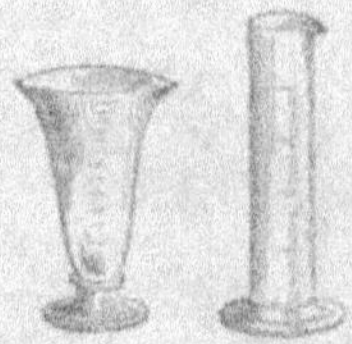
Fig. 72. Fig. 71.
Mesures divisées.

Sur l'un des plateaux d'une balance, le modèle fig. 52, par exemple, on place l'éprouvette en verre ; sur l'autre, un poids qui équilibre l'éprouvette, que nous supposerons toute petite et devant être divisée de 5 en 5 centimètres cubes jusqu'à 50.

On place du côté du poids successivement 5, 10, 15, 20, 25, 30, 35, 40, 45 et enfin 50 gr., et, chaque fois que l'on a introduit de l'eau goutte à goutte dans l'éprouvette jusqu'à parfait équilibre des poids susmentionnés, l'on marque un trait au diamant sur la surface extérieure de l'éprouvette et au niveau de l'eau.

On procède de la même façon pour de grandes éprouvettes.

Le principe de cette opération est bien facile à saisir : chaque gramme d'eau est un centimètre cube, or, un litre étant égal à 1 kilogramme, contiendra donc 1000 cent. cubes ou un décimètre cube.

Veut-on *peser* un liquide en le mesurant, il faudra connaître sa densité, c'est-à-dire son poids comparé à celui de l'eau à égalité de volume. L'acide nitrique, par exemple, d'une densité de 1,4 pèsera, par litre, 1000 fois 1,4 grammes ou 1400. L'alcool, dont la densité est de 0,8 pèsera mille fois 0,8 ou 800 grammes.

Mortiers et pilons. Il est bon de posséder deux mortiers, l'un en bronze, l'autre en porcelaine. Leur usage est d'ailleurs si connu que toute description de ces appareils est inutile.

Nettoyage des verreries. Ce nettoyage s'opère, soit à l'acide nitrique pour la plupart des cas, soit à la potasse caustique si les verreries sont salies par des corps gras. En tous cas, elles sont rincées trois ou quatre fois à l'eau, puis renversées sur des supports en bois afin que l'eau s'écoule et s'évapore.

Si les verreries sont munies de bouchons à l'émeri, l'on aura toujours soin de déposer le bouchon à côté de la pièce à laquelle il appartient.

Quand on est très-pressé pour nettoyer un flacon, le dernier rinçage peut se faire à l'alcool, puis à l'éther. Dirigeant alors un courant d'air dans le flacon, à l'aide d'un petit soufflet muni d'un tube de verre, on le dessèche en quelques instants.

Thermomètres. Pour la chimie, il est bon de posséder des thermomètres à mercure divisés sur la tige. La division centigrade est généralement adoptée, excepté en Angleterre, où l'on se sert de l'échelle de Fahrenheit.

Pour convertir les degrés centigrades en degrés Fahrenheit, multipliez-les par 1,8 et ajoutez 32.

Ainsi 60 degrés centigrades, en degrés Fahrenheit font $60 \times 1,8 + 32$ ou 140°.

Inversement, pour convertir les degrés Fahrenheit en degrés centigrades, soustrayez d'abord 32, puis divisez par 1,8.

Tubes. Le diamètre des tubes ne doit pas dépasser le numéro 1 de

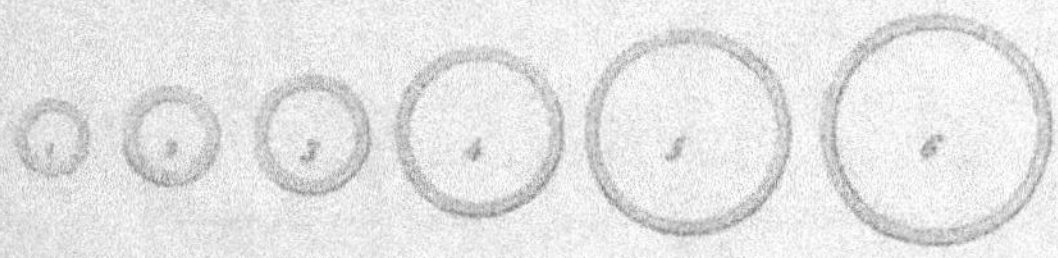

Fig. 73.

la fig. 73, ni être inférieur au numéro 5. On peut même pour la plupart des cas se contenter des numéros 3, 4 et 5. Les plus gros se relient au col des cornues à l'aide d'un petit tube de caoutchouc et les seconds servent à conduire les gaz.

Les tubes se coupent à l'aide d'une lime triangulaire très-fine en donnant un trait sec, puis en les cassant brusquement.

On les plie dans la flamme d'une forte lampe à alcool, ou mieux, dans la flamme d'un bec de Bunsen (fig. 58). Il faut avoir soin de chauffer le tube sur une certaine longueur et de plier les angles en leur donnant une certaine courbure, sinon ils casseraient facilement. Ainsi le tube fig. 74 est bien plié, tandis que le tube fig. 75 l'est mal.

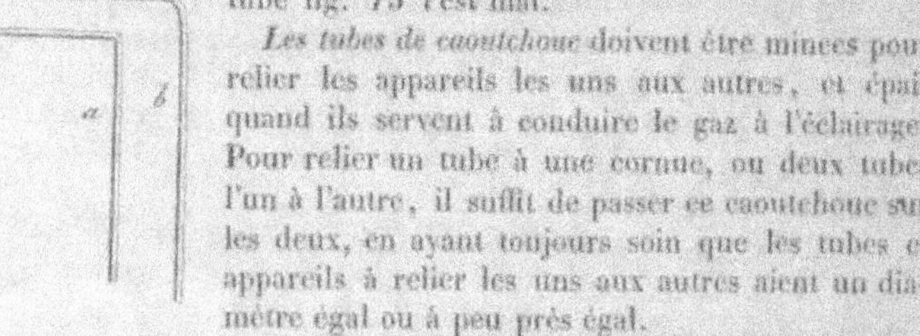

Fig. 74. Fig. 75.

Les tubes de caoutchouc doivent être minces pour relier les appareils les uns aux autres, et épais quand ils servent à conduire le gaz à l'éclairage. Pour relier un tube à une cornue, ou deux tubes l'un à l'autre, il suffit de passer ce caoutchouc sur les deux, en ayant toujours soin que les tubes et appareils à relier les uns aux autres aient un diamètre égal ou à peu près égal.

Il faut ramollir les extrémités des tubes à la flamme de la lampe à alcool, sinon ils déchireraient l'intérieur des tubes en caoutchouc, et occasionneraient des fuites.

Quand on sait bien plier des tubes, on peut faire soi-même une foule d'appareils utiles; nous en avons déjà cité plusieurs. Le siphon et le flacon à lavages sont particulièrement utiles dans le laboratoire d'un photographe. Ce dernier appareil surtout est, pour ainsi dire, indispensable.

Le siphon est un simple tube A B C (fig. 77) plié en deux branches dont l'une est plus longue que l'autre. Il sert à transvaser un liquide en aspirant par la branche la plus longue; mais, afin de ne pas recevoir ce liquide dans la bouche, il vaut mieux le munir d'une allonge D et d'un tube aspirateur *a*. Pour s'en servir alors, l'extrémité A étant plongée dans le liquide et l'extrémité *o* fermée à l'aide du doigt, l'on aspire en *a*; dès que le liquide est arrivé dans la seconde branche plus bas qu'au niveau du vase, le siphon est amorcé, et le liquide s'écoule en entier.

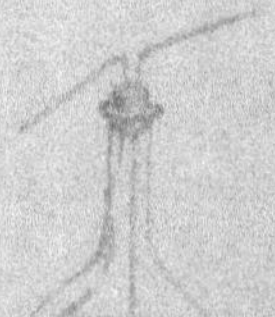

La fig. 78 montre un siphon que l'on trouve tout fait dans le commerce, mais on l'a brisé en haut, pour donner du jeu aux branches, ce qui est très-commode; les tubes sont reliés entr'eux par un petit tube de caoutchouc qui les recouvre. Cette figure montre le siphon amorcé. Les figures 49 et 62 montrent encore l'emploi des siphons.

Fig. 76. Pissette à lavages.

La fig. 79 est le flacon à lavage. Le ballon A est muni d'un bouchon *o*, percé de deux trous qui livrent passage à deux tubes, dont l'un *a* sert à souffler de l'air, le second *bb* à faire jaillir le liquide. Cet appareil est fort utile et il est bon d'en posséder deux ou trois de diverses dimensions.

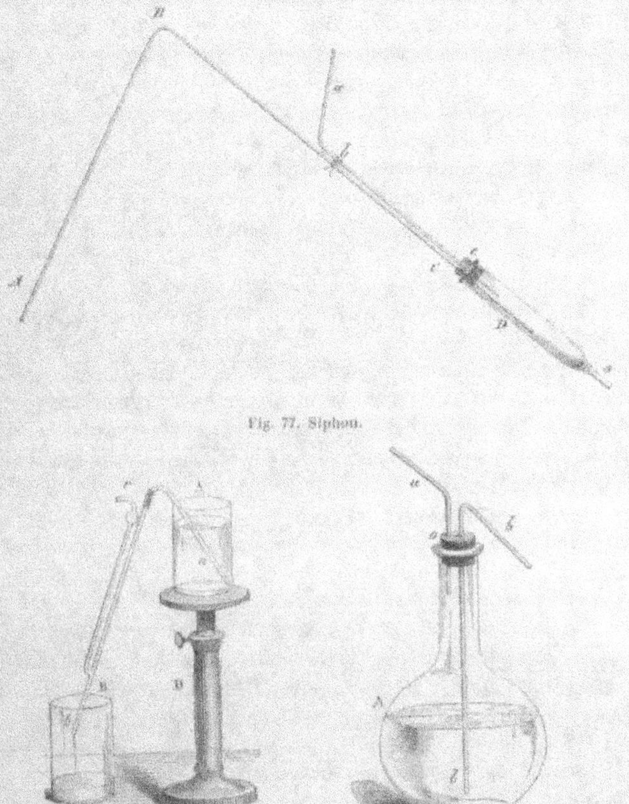

Fig. 77. Siphon.

Fig. 78. Siphon.

Fig. 79. Pissette à lavages.

La fig. 76 montre un ordre de branches inverse; on se sert d'un tel flacon sans y souffler de l'air, mais simplement en le retournant.

§ 2. DU CABINET OBSCUR, DESTINÉ AUX OPÉRATIONS QUI DOIVENT ÊTRE FAITES A L'ABRI DE LA LUMIÈRE.

Les opérations qui doivent être faites dans l'obscurité sont celles de la sensibilisation de la substance destinée à produire l'image, et le développement de cette dernière à l'état latent.

Quand nous disons obscurité, on ne doit pas prendre ce mot à la lettre, nous entendons par là une lumière tellement faible que la couche sensible d'iodure d'argent n'en soit pas affectée, mais suffisante cependant pour que l'œil puisse distinguer nettement les objets.

Beaucoup d'opérateurs travaillent à la lueur d'une bougie[1], mais cette méthode présente quelques inconvénients. D'abord, en se servant de collodion, si l'on n'a pas soin de tenir la glace à une distance convenable de la bougie, la couche est sujette à s'enflammer et le flacon de collodion à éclater.

L'usage des écrans colorés est donc préférable.

Voici comment nous disposons ces écrans : deux verres de même dimension, colorés en jaune foncé, sont placés dans le volet de la chambre noire. Leur grandeur doit être telle que, même par les temps pluvieux, toutes les parties de la chambre soient éclairées. Seulement, on dispose devant les verres colorés un obturateur en bois qui s'élève ou s'abaisse au moyen d'une corde, de manière à diminuer à volonté l'intensité de la lumière (fig. 80). Si le soleil donnait sur le volet, on placerait une feuille de papier blanc devant les verres colorés.

Qu'on ne croie pas toutefois que cette lumière n'affecte en aucune manière l'iodure et le bromure d'argent, ce serait là une grave erreur. Les recherches de divers savants prouvent, que le rayon jaune ou rouge a une action presque aussi puissante que le rayon bleu, *pourvu que le temps pendant lequel ce rayon agit soit suffisant*. Il n'en est pas ainsi quand on se sert de verres jaunes colorés avec des sels d'argent, l'iodure d'argent *pur* n'en est aucunement affecté. Cependant la lumière qui traverse cet écran impressionne faiblement l'iodure et le bromure d'argent *humides*. Ainsi donc, quand on sensibilisera des papiers ou des glaces, on évitera que la lumière qui éclaire le cabinet ne soit trop forte. Il en est de même quand on se sert de collodion; il est très-prudent d'abaisser l'obturateur dès que la glace se trouve dans le bain d'argent[2]. Ces recherches, développées dans la partie scientifique de cet ouvrage, montreront d'ailleurs qu'il est toujours dangereux d'exposer les plaques sensibles à l'action *directe* de la lumière, quand même cette lumière serait rouge ou jaune.

On a quelquefois besoin de suivre le développement de l'image par transparence. Ainsi, quand on opère sur albumine, quelques opérateurs placent une lampe au-dessous de la cuvette en verre dans laquelle on développe l'image; pour éviter l'emploi de cette lumière, nous

(1) Nous avons vu des lampes au naphte minéral avec un verre rouge et un globe jaune qui conviennent parfaitement à l'éclairage du cabinet obscur.

Un bec de gaz entouré d'une lanterne à carreaux jaunes convient également, mais en général, nous préférons l'usage du jour direct tamisé par des verres colorés.

(2) L'usage des cuvettes en verre jaune moulé, que nous décrivons dans le chapitre suivant, est excellent.

nous servons d'un petit miroir carré monté dans un cadre en bois et très-fortement verni à la gomme laque, de sorte que les liquides peuvent impunément couler sur cette glace sans atteindre l'étamage et même sans enlever le vernis. Nous plaçons ce miroir à plat sur la table de telle façon, que la lumière jaune du carreau étant réfléchie sur la glace, on puisse suivre le développement de l'image par transparence.

Quant à la disposition intérieure du cabinet noir, elle varie suivant le goût de l'opérateur. Nous dirons seulement que les bains d'argent doivent être contenus dans des flacons étiquettés[1]; que les tables à filtrer, supports, etc., doivent être établis au-dessus de ces flacons, etc., etc.

Nous ne saurions entrer dans tous ces détails pratiques, que l'opérateur modifie toujours suivant ses besoins. On maintiendra la chambre bien en ordre, en évitant l'encombrement qui est un obstacle réel à un travail régulier.

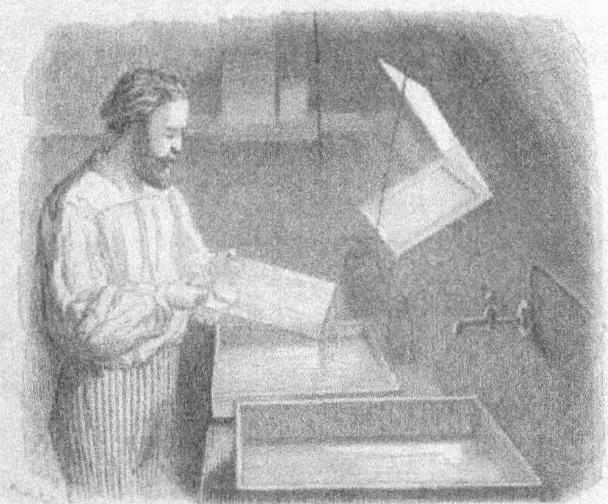

Fig. 80.

Les cuvettes qui renferment l'hyposulfite de soude ou le cyanure de potassium doivent être reléguées en dehors du laboratoire, car la moindre trace d'hyposulfite qui entre dans le bain d'argent suffit pour le décomposer.

On exclura de la chambre noire les substances qui pourraient dégager de l'hydrogène sulfuré; non-seulement ce gaz altère le bain

(1) Nous avons récemment vu, en Angleterre, des petits cahiers dont les feuillets portent imprimés les titres des diverses substances photographiques. A l'envers, ces feuillets sont fortement gommés. Il suffit donc de découper un de ces titres, de le mouiller à l'envers comme un timbre-poste, et de l'appliquer sur le flacon.

d'argent, mais il attaque fortement la couche sensible et cause ainsi des épreuves voilées.

D'après M. Hunt, les verres jaunes qui servent à intercepter la lumière pour les cabinets obscurs s'altèreraient lentement. Nous n'avons pas eu l'occasion d'observer ce phénomène.

Voici un moyen commode pour faire un fond jaune sur du verre. On dissout du bitume de Judée dans la benzine chaude, de manière à avoir une dissolution un peu épaisse. On verse cette dissolution sur les glaces et on laisse sécher. Il se produit ainsi une couche, noire par réflexion, jaune par transparence, qui peut remplacer les verres jaunes ordinaires. Seulement, on doit tacher d'obtenir une couche d'un jaune foncé et, pour cela, se servir d'une dissolution concentrée. Il est bon de chauffer légèrement le verre avant d'y verser le liquide, ce dernier s'étend alors plus facilement.

Ajoutons que ce n'est guère que dans le cas où l'on ne peut se procurer des verres jaunes que l'on aura recours à ce moyen, parce que le jaune obtenu par le bitume, n'absorbe pas autant les rayons chimiques que les verres colorés à l'aide des sels d'argent.

§ 3. L'ATELIER VITRÉ.

La construction de l'atelier vitré exige certaines connaissances que l'on n'acquiert, le plus souvent, qu'après des tâtonnements répétés et des dépenses assez considérables. L'installation de l'atelier, le choix de l'emplacement, ou bien, le système à suivre l'emplacement étant donné, doivent être parfaitement raisonnés avant de décider définitivement de la construction. Aussi, les détails dans lesquels nous allons entrer ici, seront-ils, nous l'espérons, favorablement reçus par beaucoup de nos lecteurs.

Choisissons d'abord l'emplacement. Pour bien comprendre comment ce choix doit se faire, il est bon de se pénétrer de cette idée que, pour faire un bon portrait, ce n'est pas autant l'*intensité* de la lumière que sa *qualité* qu'il faut. En effet, une forte lumière produit toujours des ombres portées d'un mauvais effet et la contraction des traits du modèle.

L'action directe des rayons solaires sera donc, dans la plupart des cas, soigneusement évitée. Sans nier qu'entre les mains d'artistes d'une rare habileté, un atelier en plein soleil ne puisse donner lieu à certains éclairages d'un grand effet, *nous conseillerons toujours d'éviter ces rayons solaires*, précisément parce que, une pratique consommée et un véritable sentiment artistique, sont deux qualités trop rares pour se trouver chez tout le monde.

Un atelier vitré se trouvera toujours à une certaine hauteur; les toits des maisons voisines ne devant pas arrêter la lumière venant des parties basses du ciel. Un atelier A (fig. 81), qui reçoit la lumière d'en haut, à cause du voisinage de deux maisons élevées *b*, *b'*, produit toujours des effets déplorables à cause des ombres portées. Au contraire, un atelier A (fig. 82), placé à la partie supérieure d'une maison dans le voisinage de laquelle aucun toit n'intercepte la lumière horizontale, permet toujours une pose beaucoup plus courte et un éclairage bien plus facile.

Dans les villes, ce n'est donc pas au rez-de-chaussée qu'il est bon d'établir les ateliers vitrés, à moins que les maisons n'y soient fort basses, mais plutôt à la partie supérieure.

Un second point, non moins important, consiste dans le choix *du*

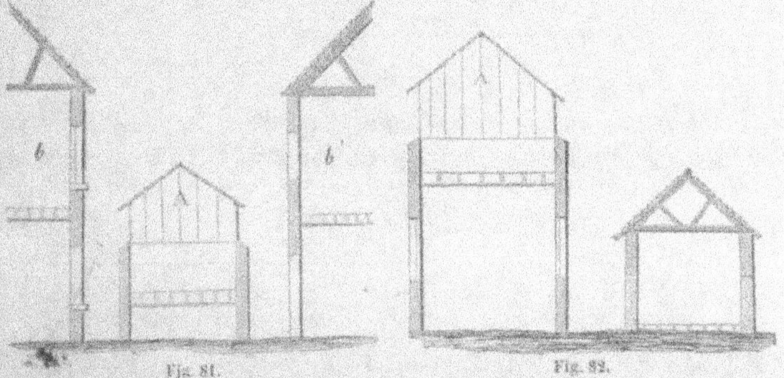

Fig. 81. Fig. 82.

côté que l'on tiendra fermé et du côté que l'on garnira de verres à vitre. Il se présente ici deux cas.

Le premier, de beaucoup le plus favorable, consiste dans l'exposition d'un des côtés au Nord. La fig. 83 nous montre une figure théorique, où la ligne du toit est parallèle à la ligne Est-Ouest. Dans ce cas, le côté Nord sera entièrement vitré, et, si l'on vise à des effets artistiques exceptionnels, on garnira encore la partie S, mais seulement vers le haut, d'une double rangée de verres *bleus*. Latéralement l'atelier est fermé. La figure 83 montre un tel atelier à l'intérieur, moins le vitrage S.

Le vitrage du côté S est superflu dans la plupart des cas, et nous le répétons, à moins d'une pratique consommée, il créera plutôt des embarras qu'il ne produira de bons effets.

Le second cas, très-défavorable, se présente lorsque la ligne Est-Ouest (fig. 84) est perpendiculaire à la ligne du toit. Dans ce cas, le côté Sud est laissé entièrement fermé *et c'est sous cet espace fermé que doit poser le modèle*, bien entendu, quand il fait du soleil. Le modèle doit regarder le côté Nord, afin de conserver le calme des traits qui se contractent toujours par l'effet d'une trop forte lumière.

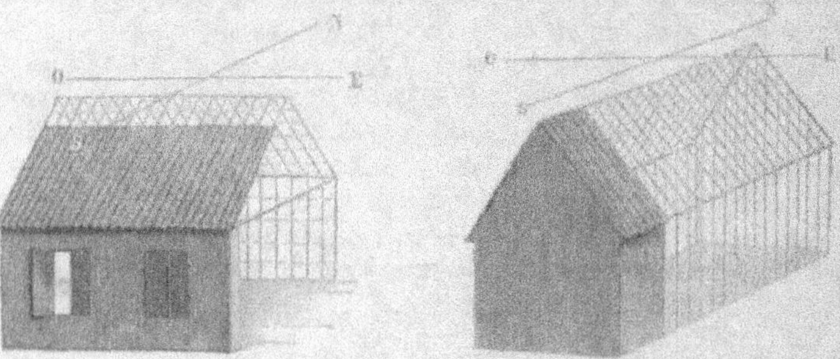

Fig. 83. Fig. 84.

Le matin, le soleil étant à l'Est, tout ce côté de l'atelier est fermé à l'aide des rideaux intérieurs. L'après-dîner c'est le contraire.

La figure 87, montre un tel atelier qui coûte nécessairement plus que l'autre puisqu'il faut plus de verre. Le point le plus important et qu'il est essentiel de ne pas perdre de vue, c'est que l'espace fermé doit

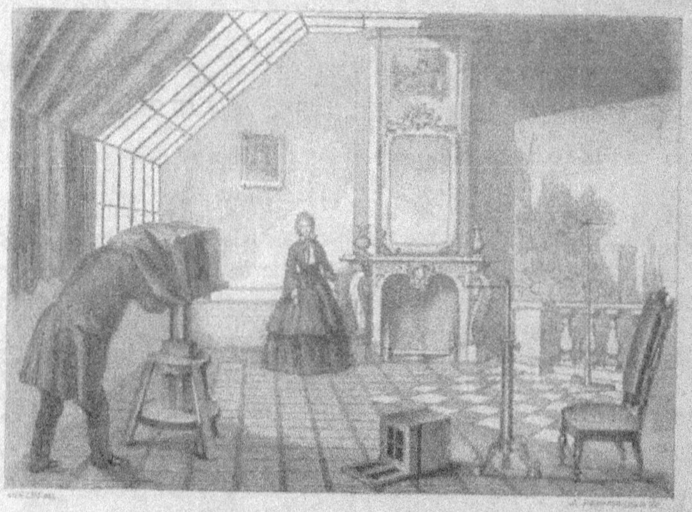

Fig. 85. — Intérieur d'un atelier vitré.

être dirigé du côté du Sud, quand même l'espace au Nord devrait, à cause des circonstances locales, être fermé.

Entre les deux positions de la ligne du toit, c'est celle qui se rapproche le plus des cas que nous venons de déterminer, qui décidera du côté à garnir de verres.

En règle générale, dans la plupart des villes, on trouve donc un excellent emplacement pour l'atelier vitré à la partie supérieure des maisons, c'est-à-dire au grenier.

Passons maintenant aux détails de construction. Ici nous devons successivement examiner : 1° la construction proprement dite; 2° la nature du verre; 3° l'ameublement intérieur.

1° Dans les villes du Sud, le toit est formé d'ardoises; dans celles du Nord, de tuiles. Dans les premières, l'inclinaison des toits est très-

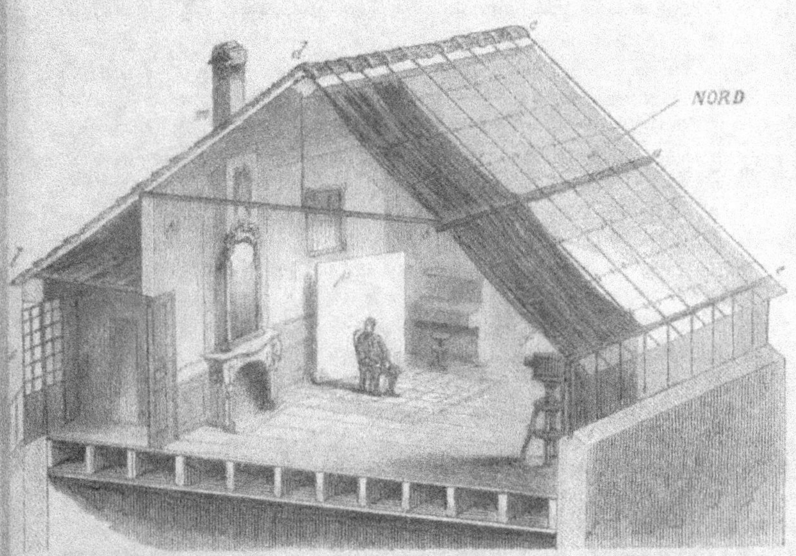

Fig. 86. — Coupe de l'atelier vitré.

faible; dans les secondes, beaucoup plus forte pour favoriser la chute des eaux et des neiges.

Dans les villes du Sud, la construction des ateliers vitrés est donc beaucoup plus difficile que dans celles du Nord. Non-seulement il s'agit d'enlever les ardoises et les planches qui les supportent, mais encore, de donner une plus grande inclinaison au toit vitré.

Dans nos pays du Nord, il suffit d'enlever les tuiles avec les légers supports transversaux qui les retiennent, et ensuite les poutrelles qui courent en longueur, pour placer les carreaux en fer étiré qui doivent porter le vitrage. La figure 86 montre la coupe d'un atelier dans l'hypothèse de la fig. 83.

Les grosses poutrelles *dc*, *ba*, *fe* qui supportent le faîte et les côtés doivent donc rester seules en place, mais celles qui courent parallèlement à la ligne *ce* des tuiles, et celles, très-petites, qui retiennent ces tuiles, seront totalement enlevées, après avoir été numérotées pour le cas où elles devraient être replacées.

Relativement aux autres détails d'installation (nous voulons parler des détails extérieurs à l'atelier), c'est-à-dire, le choix et l'épaisseur du fer, la pose des vitres et l'écoulement extérieur des eaux, ce sont les ouvriers chargés de ce travail qui doivent les connaître, et leur description sort entièrement de la spécialité qui nous occupe.

La construction de l'atelier, dans l'hypothèse de la fig. 84, est beaucoup plus difficile, parce qu'il faut plus de fer et de verre; dans ce cas, on ne conserve absolument que la grosse poutrelle du faîte, et tout le reste est en verre. Néanmoins, comme on le voit sur la figure 84, il ne faut couvrir le toit de verre que sur une partie de sa longueur, et huit mètres de verre suffisent déjà pour un atelier très-présentable.

La figure 87 montre l'intérieur d'un pareil atelier, en A est le Nord, en CC' l'Ouest, en B l'Est.

Les figures 85 et 86 nous représentent la construction d'ateliers de grande dimension, mais la figure 88 nous en montre un beaucoup plus petit, qui a seulement quatre mètres de large sur dix de long, et dont on peut encore couvrir une certaine partie de tuiles ordinaires. Ces ateliers peuvent se faire tout en bois et se placer contre un mur exposé au Nord.

La *ventilation* de l'atelier en été, et le *chauffage* en hiver, sont deux choses qu'il ne faut pas oublier, particulièrement la première, parce que c'est surtout en été que l'on se sert de l'atelier.

La figure 86 nous fait voir que le soleil donne en plein, et pendant une grande partie de la journée, sur le toit *dl* exposé au Sud; dans ce cas, si le revêtement intérieur touchait les tuiles, il en résulterait une chaleur insupportable. On laissera donc, entre la toile peinte qui masque le toit et ce toit lui-même, un espace vide d'un pied qui communique largement avec l'air extérieur, par exemple par la galerie *kl*. Près du faîte *dc*, on ménage des ouvertures, de sorte que l'air, échauffé par le contact d'un toit exposé en plein soleil, circule librement dans l'espace vide, et protége ainsi l'atelier vitré lui-même. Il est inutile de dire que dans ce dernier, il existe, à sa partie supérieure, des carreaux mobiles qui, en s'ouvrant, établissent un aérage rapide.

Néanmoins, il n'en est plus ainsi dans le cas de l'atelier représenté fig. 87 et surtout si l'on a employé des verres bleus. Dans ce cas, il est quelquefois impossible d'y séjourner à cause de la température tropicale qui y règne. Le seul moyen de diminuer cette chaleur consiste dans l'emploi de nattes *extérieures*, formées de petites lames de bois collées sur deux ou plusieurs rubans de fil et qui s'enroulent facilement. Il est même nécessaire que cet écran ne touche pas le verre, mais se trouve à quelques pouces de distance. L'air, circulant alors librement entre le verre et l'écran, protége l'atelier d'une température élevée. Il est clair que ces écrans doivent se placer du côté du soleil.

Le *chauffage* est plus facile. Dans les ateliers ordinaires, il suffit d'un calorifère, mais dans le cas de grands ateliers comme celui représenté dans les fig. 85 et 86, le chauffage à air chaud est plus commode. L'on voit, dans la dernière figure, les compartiments ménagés pour les tuyaux à eau chaude sous le plancher même de l'atelier.

2° La *couleur du verre* influe très-fortement sur le temps de pose. En Angleterre, où tous ces petits détails s'observent à cause d'un climat sombre, on choisit un verre bleu pâle coloré par les sels de cobalt qui laisse passer presque toute la partie active de la lumière. Ce verre bleu possède en outre l'immense avantage d'adoucir fortement la lumière, ce qui permet une pose du modèle beaucoup plus favorable.

Le bon verre blanc peut également servir, mais on le choisira bien blanc, un peu épais, et surtout exempt de la moindre apparence jaunâtre, ce dont on s'aperçoit facilement en superposant plusieurs de ces verres sur un papier blanc. A défaut de verre blanc, le verre verdâtre ordinaire est celui qui convient le mieux, *surtout si l'on se sert de collodion bromuré*.

Dans aucun cas on ne peindra les carreaux avec du blanc de céruse pour atténuer l'action des rayons solaires; on proscrira également les verres dépolis, *attendu que ces verres, tout en laissant passer une grande quantité de lumière éclairante, absorbent une grande partie des rayons chimiques, précisément ceux dont le photographe a besoin.*

Avant de construire l'atelier, il faut se procurer plusieurs espèces de verre et les enchâsser l'un à côté de l'autre dans un cadre que l'on place devant une fenêtre. L'on évitera sur ce châssis toute lumière latérale, en obscurcissant, à l'aide de rideaux noirs, toute la chambre où l'on opère. En un mot, les verres à essayer ne doivent être éclairés que par la lumière du ciel *qui les traverse*.

On reproduit alors le châssis au procédé ordinaire sur collodion, *en prenant une pose extrêmement courte*. Au développement, il est alors aisé de juger quel est le verre, parmi tous ceux que l'on essaie, qui laisse passer le plus de lumière active.

Cette expérience préliminaire doit être répétée plusieurs fois, et les petits carrés de verre à analyser doivent être, tout au plus, grands comme une carte à jouer, afin que le châssis n'atteigne qu'une faible dimension, ce qui facilite l'expérience.

Ce qui surprend souvent l'opérateur dans une pareille expérience, c'est que le verre le plus blanc est parfois beaucoup plus défavorable que tel autre verre coloré en bleu ou en violet.

Nous répéterons encore une fois qu'avec les verres bleus *colorés au cobalt*, c'est l'inverse. Une grande quantité de la partie éclairante est retenue, et tous les rayons chimiques passent. Ces verres donnent donc un éclairage plus doux que les verres blancs, tout en permettant une pose très-courte.

Comme le verre bleu est fort cher, qu'on ne le trouve du reste expressément fabriqué pour cet usage qu'en Angleterre, on emploiera, à défaut d'autres, le verre ordinaire, et, s'il a une teinte verdâtre, on introduira un bromure dans le collodion, le bromure d'argent étant impressionné par les rayons verts alors que l'iodure ne l'est pas.

Le verre, longtemps exposé à la lumière, semble ralentir l'action de la lumière comme si une action chimique l'avait modifié à l'intérieur. La Société photographique de Liverpool a fait à ce sujet des expériences qui ne laissent aucun doute, et, le verre qui semble le mieux résister à cette altération est le verre coloré uniquement aux sels de cobalt(1).

Il est de fait que le verre s'altère par une longue exposition à l'air et à la lumière, sa surface se dépolit. Nous savons déjà qu'un verre dépoli arrête une grande partie des rayons chimiques et que l'emploi doit en être proscrit pour la construction de l'atelier. Mais, pour produire un pareil effet, il faut un temps fort long, et le ralentissement dans l'action chimique est, le plus souvent, dû à de la matière organique *qui se dépose* sur la surface extérieure du verre.

Il est donc fort important de nettoyer de temps à autre, par exemple tous les mois, le vitrage extérieur de l'atelier; on se sert, à cet effet, de substances acides ou alcalines; le cyanure de potassium semble répondre parfaitement au but. Malheureusement, comme c'est à l'extérieur que ce nettoyage doit se faire, il est bien souvent impossible. On y parvient cependant en ménageant dans les châssis de fer des carreaux mobiles assez grands pour laisser passer tout le corps. En attachant alors une grande éponge à un long bâton, on en frotte vivement tout les carreaux de verre. C'est surtout à l'approche de la pluie qu'il est bon de procéder à cette opération, l'eau entraîne alors le cyanure.

(1) *The British Journal of Photography*, Déc. 1858.

Les matières organiques qui formaient un enduit à la surface du verre sont ainsi enlevées.

Le verre qui sert aux ateliers vitrés doit être de double épaisseur

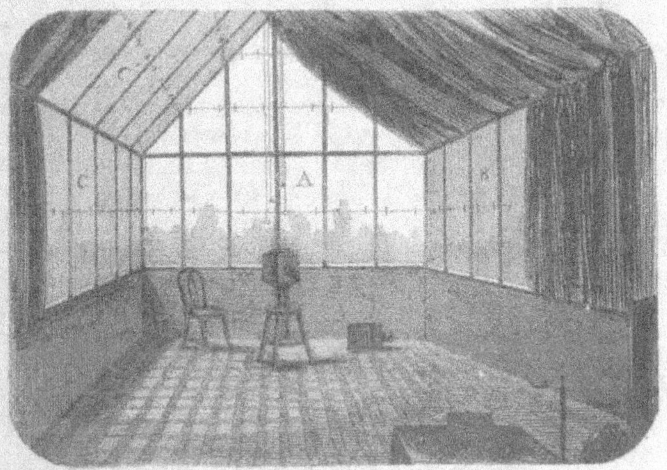

Fig. 87. — Atelier vitré dans l'hypothèse de la figure 84.

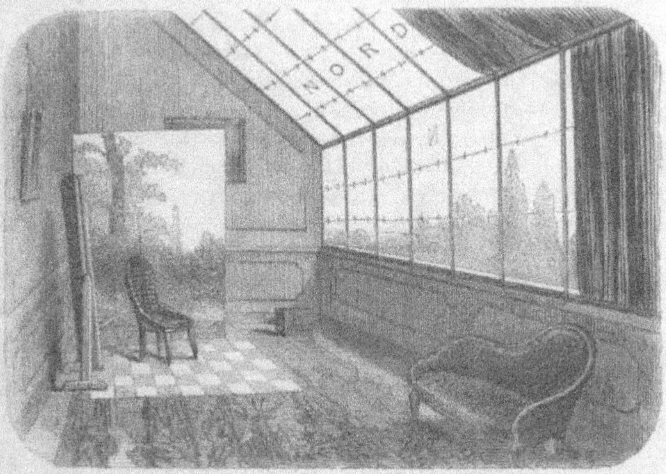

Fig. 88. — Atelier vitré de petite dimension.

et de grande dimension. Si le verre était mince, quelques minutes de grêle suffiraient pour causer des dommages énormes. L'augmentation qui résulte de l'emploi de verres épais n'est du reste pas appréciable sur la dépense totale. S'il était de petite dimension, il exigerait d'autant plus de fer, et ce serait autant de lumière d'interceptée.

Les figures 86 et 87 montrent de quelle façon ces verres s'emboitent, mais ces détails, et d'autres sur lesquels nous pourrions nous appesantir davantage, sont du domaine des ouvriers chargés de la construction de l'atelier.

3° *L'ameublement intérieur* et la disposition générale de l'atelier sont de la plus haute importance au point de vue industriel. Nous en dirons donc quelques mots. Pour faciliter au lecteur les explications dans lesquelles nous entrons, nous prendrons le cas de l'atelier représenté dans la figure 86.

La porte d'entrée *o* présente un corridor dans lequel donnent la petite porte *n* du cabinet obscur, et celle, plus grande, qui ouvre l'atelier. Toute la partie du toit non vitrée est garnie de toile peinte; les boiseries latérales sont également peintes ou recouvertes de papier.

L'atelier est peint en gris. La couleur à l'huile sera proscrite à cause de ses reflets. La couleur composée de craie, de tournesol et de noir de fumée, et rendue épaisse par la colle forte, est celle que l'on emploie avec le plus d'avantage. En variant les dosages on obtient des gris plus ou moins foncés, plus ou moins bleuâtres, mais il ne faut pas oublier qu'une couleur bleuâtre se traduit toujours plus blanche sur l'épreuve, à cause de son grand pouvoir photogénique.

L'atelier est meublé suivant le goût de l'opérateur. L'on y trouve le plus souvent un piano, des stéréoscopes, des albums photographiques, etc., tous objets que nous pouvons passer sous silence.

On fabrique aujourd'hui des boiseries imitant toutes sortes d'objets, tels que pianos, bibliothèques, colonnades, etc. Ces objets s'achètent à très-bas prix et comme ils sont sculptés en relief, ils font l'effet de meubles véritables. L'idée est excellente, comme on le voit, mais l'élégance et le bon goût de ces objets laissent souvent à désirer.

Nous devons dire un mot du fond que l'on place derrière le modèle, comme on le voit sur les figures 85 et 87. Ce fond doit être peint en grisailles, et tendu sur des châssis mobiles en bois.

La photographie a pris une telle extension que l'on fabrique aujourd'hui de pareils fonds sur une grande échelle. On se les procure donc à un faible prix et en quantité proportionnée à la clientèle que l'on doit desservir.

Quant aux fonds unis, blancs ou teintés, on les fera soi-même, en essayant d'abord différentes teintes et en les reproduisant par les procédés ordinaires pour voir le ton qu'ils donnent, car, rien ne trompe comme un fond uni, et tel fond qui paraît bien neutre à l'œil se reproduit en blanc ou en noir par la photographie.

N'oublions pas que la couleur à l'huile doit être proscrite à cause de ses reflets.

Il nous reste enfin à aborder le point capital de ce chapitre, nous voulons parler des dispositions des rideaux et des réflecteurs pour l'éclairage artistique des modèles.

Éclairage de l'atelier. Si l'atelier était complètement ouvert, l'éclairage du modèle serait uniforme; ce serait le cas des portraits faits en plein air qui manquent presque toujours de relief. Il n'en est plus ainsi lorsqu'on dispose des rideaux mobiles au-dessous du vitrage. On peut alors, en interceptant la lumière dans une direction déterminée, éclairer le modèle suivant l'effet que l'on désire atteindre.

Ces rideaux se font ordinairement en coton bleu ou en laine. Ils glissent, à l'aide d'anneaux, sur des fils de fer tendus parallèlement à la ligne du faîte. Dans certains ateliers, montés avec beaucoup de luxe, l'on dispose une double rangée de rideaux, mobiles dans deux sens perpendiculaires; ces rideaux sont choisis plus ou moins transparents, et produisent alors des ombres moins fortes que les rideaux simples.

Dans l'hypothèse de l'atelier exposé au Nord (fig. 88), il arrive, quand l'éclairage est puissant, que l'un côté du modèle est beaucoup plus fortement éclairé que l'autre. On obvie à cet inconvénient à l'aide d'une grande glace qui renvoie la lumière dans tel sens que l'on juge nécessaire. On obtient parfois ainsi des éclairages d'un effet artistique très-prononcé.

En règle générale, le modèle doit poser dans la partie de l'atelier où la lumière, pour nous servir d'un terme d'artiste, ne darde pas *perpendiculairement*. Pour en donner un exemple, citons la figure 85, dans laquelle le modèle est mal placé, parce que la lumière tombe d'en haut. Il n'en est pas ainsi dans la figure 86, le modèle est abrité, et l'éclairage y est mieux entendu, parce que les rayons éclairants y ont une certaine inclinaison. Dans le premier cas, les ombres portées se marquent avec trop d'intensité.

Le cas le plus général a été représenté dans la fig. 88. Nous y avons marqué la place de la chaise où le modèle doit s'asseoir. Il faudra commencer par tirer les rideaux supérieurs pour protéger le modèle d'une lumière verticale; quant aux rideaux latéraux, ils devront également être tirés, mais pas aussi loin que les premiers. Nous avons montré sur le coté le réflecteur, composé d'une glace mobile sur deux pivots.

Nous ne saurions trop engager l'opérateur à rendre la lumière de l'atelier bien douce; un éclairage puissant produit, non-seulement des ombres portées d'une grande intensité, mais amène encore la contraction des traits de la personne qui pose. Quand on veut travailler rapidement, il vaut donc mieux chercher la rapidité dans les procédés chimiques et optiques.

Il y a des artistes qui disposent l'atelier d'une façon tout-à-fait particulière. L'atelier vitré dont ils se servent est garni de verre de tous les côtés, mais seulement sur la moitié de sa longueur. Cette partie vitrée est séparée de l'autre moitié, parfaitement obscurcie, par un grand rideau noir muni d'une ouverture carrée. L'appareil est caché par ce rideau et reste toujours à la même place.

L'opérateur étudie alors le système d'ouverture des rideaux de la partie vitrée de l'atelier, de manière à produire un petit nombre d'éclairages auxquels il s'applique à donner toute la perfection possible.

Ce système a l'avantage d'exiger moins de connaissances artistiques de la part des opérateurs chargés du travail journalier, on les astreint à un travail mécanique pour ainsi dire; mais en revanche, tous les portraits ont un cachet très-monotone, et pour peu que l'on doive reproduire un groupe ou un sujet sortant des habitudes ordinaires, l'atelier offre alors des difficultés insurmontables.

Nous avons dit, au commencement de ce chapitre, que quelques opérateurs se servaient parfois des rayons solaires directs pour produire certains éclairages artistiques d'un très-grand effet. Dans ce cas, ce n'est pas la lumière solaire elle-même dont il faut faire usage, mais de cette lumière réfléchie par un écran bleu, disposé comme le réflecteur à glace de la figure 88.

Voilà en quelques lignes tout ce que nous pouvons dire relativement à l'éclairage de l'atelier vitré. Nous devons nous borner à certains préceptes généraux purement descriptifs, parce que le sentiment artistique ne peut pas s'enseigner.

L'on nie parfois la valeur artistique de la photographie sans réfléchir que la cause du grand nombre de mauvais portraits qui se livrent journellement par des photographes mécaniques, est uniquement due à la tolérance du public qui en multiplie tous les jours le nombre.

LE

MATÉRIEL PHOTOGRAPHIQUE.

Au point de vue de la pratique de l'art photographique, l'étude du matériel est fort importante, d'autant plus, que c'est en grande partie de la bonté des appareils que dépend la perfection des images. L'on aime, du reste, à trouver dans un ouvrage complet, l'opinion de l'auteur sur certains systèmes d'appareils trop souvent préconisés par leurs inventeurs comme atteignant une perfection absolue. Nous essaierons donc de satisfaire le lecteur dans la limite de nos moyens.

Nous avons abrégé beaucoup la description du matériel en nous aidant de la gravure. En effet, tous les soins que nous aurions pu mettre à notre texte, ne valent certainement pas un bon dessin. Nous avons ainsi gagné en clarté tout en nous évitant de longues et ennuyeuses descriptions.

Un avis préalable est cependant nécessaire. Il est facile de concevoir que nous devons nous borner aux appareils ayant déjà reçu une véritable consécration pratique; si nous nous écartions de ce système, un volume entier ne suffirait pas à passer en revue les appareils innombrables qui ont vu le jour.

D'un autre côté, certains procédés exigent des appareils spéciaux, et c'est alors au chapitre consacré à leur description qu'on les trouvera. Nous n'insistons, dans ces pages, que sur les appareils nécessités par les méthodes les plus employées.

Ceci posé, nous ajouterons que ce chapitre est divisé en deux parties distinctes : la première, destinée aux appareils employés dans les procédés négatifs, tels que les objectifs, les chambres noires, les glaces, etc.; et la seconde, aux appareils nécessaires au tirage des épreuves positives sur papier. Nous avons cru devoir adopter cet ordre pour la facilité du lecteur. La table des matières qui accompagne ce volume en donne du reste le détail complet.

§ 1. APPAREILS DES PROCÉDÉS NÉGATIFS.

1. — OBJECTIFS.

Il existe deux espèces d'objectifs :

1° Les objectifs destinés à opérer très-rapidement ;

2° Les objectifs dont on exige des épreuves très-nettes.

Les premiers, comprennent les objectifs à portraits proprement dits ; les seconds, les objectifs à vue.

Voyons d'abord la construction de l'objectif double, destiné aux portraits.

Le modèle le plus adopté est représenté dans la figure 91 et les verres séparément dans la fig. 92 (1).

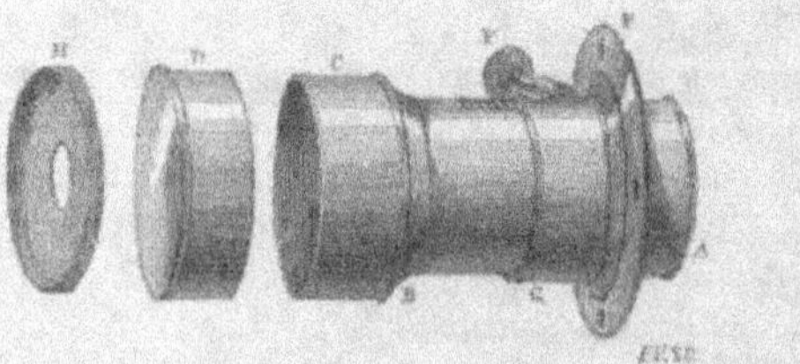

Fig. 91. — Objectif double.

Fig. 92. — Position des verres.

L'on voit, par une simple inspection de la figure, qu'en B et A se trouvent les deux verres achromatiques de la fig. 92 fixés dans un même tube qui se visse sur l'anneau E. Ce tube est mobile à l'aide d'une crémaillière F. L'obturateur est en D, et H représente séparément un diaphragme, que l'on introduit en C, lorsqu'on veut obtenir une plus grande netteté.

En Angleterre l'on a apporté une heureuse modification dans la position des diaphragmes. On ne les place pas au-devant de l'objectif, mais dans une rainure entre les deux lentilles. Ces diaphragmes (fig. 112) sont numérotés, et chaque chiffre exige une pose double de celui qui le précède. Nous recommandons beaucoup cette heureuse innovation aux opticiens français.

M. Maugey a construit un diaphragme dont l'ouverture est variable ; mais cette disposition ne nous semble pas aussi pratique que celle des opticiens anglais.

Si le lecteur se souvient de ce que nous avons dit dans l'optique photographique, il saura que le diaphragme rend l'image d'autant plus nette

(1) Quand un objectif est démonté, on apportera le plus grand soin à replacer les verres comme ils étaient primitivement. La figure 92 montre d'ailleurs l'ordre *exact* de ces verres dans leur monture.

qu'il est plus petit. L'objectif double comportant une ouverture très-grande, ne donne pas une netteté suffisante pour les groupes et certaines autres reproductions; c'est alors le cas de recourir au diaphragme.

Rationnellement, les deux verres qui constituent l'objectif ne doivent pas être égaux, aussi beaucoup d'opticiens donnent-ils au verre placé en arrière une dimension plus grande qu'à celui qui regarde le modèle.

L'objectif à portraits(1) a été combiné de façon à produire le plus de lumière possible tout en donnant une netteté moyenne. Plus les verres ont donc de diamètre, le foyer étant le même, plus ils opèrent rapidement. Il y a cependant certaines limites à cette loi, et, en règle générale, un bon objectif double ne doit pas avoir des verres d'un diamètre de plus du tiers de sa distance focale.

Les photographes recherchent les objectifs dits *à court foyer*, c'est-à-dire, ceux qui, à foyer égal, comportent le plus d'ouverture. Non-seulement ils opèrent ainsi plus vite, mais encore leur atelier vitré nécessite souvent ces courtes distances focales.

Les objectifs à court foyer possèdent généralement plus de *profondeur de foyer*, c'est-à-dire, que le verre dépoli doit faire moins de chemin pour donner des images nettes de deux plans très-rapprochés entre eux, par exemple, dans le cas d'un portrait, entre les mains et les épaules. Ceci est la raison pour laquelle les petits objectifs donnent de meilleures épreuves que les grands.

Voici, du reste, les dimensions adoptées par les plus célèbres

(1) Nous avons déjà dit dans l'optique photographique, que les règles qui servent à calculer les objectifs sont empiriques, c'est-à-dire, que ces objectifs semblent plutôt nés de l'expérience que de la théorie mathématique; la différence entre les objectifs doit donc surtout provenir du soin que le constructeur apporte à leur achèvement. On comprendra par ces lignes combien il importe de bien choisir l'objectif qui est l'âme de tout l'appareil photographique; malheureusement ce choix *est fort difficile* **et ce sont précisément les personnes qui s'y connaissent le moins qui sont le plus exigeantes.**

Il nous est impossible de définir exactement les défauts ou les qualités d'un objectif, parce que, pour les comprendre il faut de la part du lecteur une pratique consommée. Quant au foyer chimique, nous n'en ferons pas même mention, les objectifs de tous les opticiens en étant désormais exempts.

Tout ce que nous pouvons conseiller aux personnes qui font l'acquisition d'un objectif, c'est de ne jamais regarder à son prix, un bon instrument n'ayant, aux yeux de son possesseur, aucune valeur marchande, et de s'adresser à une maison de premier ordre et d'un nom bien connu pour avoir une sérieuse garantie sur sa qualité. Nous n'apprendrons rien de nouveau en disant que les noms les plus célèbres sont, par ordre alphabétique.

MM. Dallmeyer et Ross, à Londres (Angleterre).
Secretan, à Paris (France).
Voigtländer, à Vienne (Autriche).

constructeurs, celles que l'on choisira quand on voudra s'en procurer un.

Par les opticiens français :

		Dimension des lentilles.		Distance focale.
1/4 de plaque	. . . . .	56 millimètres	(2 pouces)	12 centimètres.
1/4 »	(très-rapide) .	81 »	(3 »)	14 »
1/2 »	. . . . .	81 »	(3 »)	24 »
1/2 »	(rapide) . .	95 »	(3 1/2 »)	25 »
1/1 »	. . . . .	95 »	(3 1/2 »)	30 »
1/1 »	(rapide) . .	108 »	(4 »)	30 »

Par les opticiens anglais(1)

		1er verre.	2e verre.		
1/4 de plaque.	. .	1 3/4 pouces.	1 7/8 pouces.	5 pouces	(12 1/2 cent.).
1/4 »	(rapide)	2 »	2 »	4 1/2 »	(11 »).
1/2 »	. . .	3 1/4 »	3 1/8 »	10 »	(25 »)
1/2 »	(rapide)	3 1/2 »	3 1/8 »	8 »	(20 »).
1/1 »	. .	3 3/4 »	4 »	12 »	(30 »)
1/1 »	(rapide)	4 1/2 »	4 1/2 »	12 »	(30 »).

Par les opticiens allemands (2).

		1er verre.	2e verre.	
1/4 de plaque	. . . .	1 1/2 pouces.	1 7/12 pouces.	5 1/2 pouces.
1/4 »	. . . . .	2 »	2 1/12 »	7 1/4 »
1/2 »	(rapide) .	3 »	3 1/12 »	8 1/2 »
1/2 »				
1/1 »	. . . . .	3 »	3 1/12 »	11 »
1/1 »	. . . . .	4 »	4 1/6 »	14 »

Le lecteur, en jetant un coup-d'œil attentif sur ces trois tableaux, pourra s'assurer que les dimensions des objectifs adoptées par les opticiens de divers pays, sont très-concordantes.

La distance focale d'un objectif se compte à partir du dernier verre, mais, lorsqu'on veut l'exprimer avec une certaine exactitude, on fera mieux de la mesurer aussi à partir du premier verre, d'ajouter les deux et d'en prendre la moitié. On aura ainsi le foyer de l'objectif en chiffres beaucoup plus exacts, et c'est surtout alors que les tableaux, dont nous avons parlé page 44, seront utiles.

Les *objectifs à vue* servent à la reproduction des objets inanimés. Ils se composent d'un verre unique, concave-convexe, dont le côté convexe regarde le verre dépoli. La figure 95 montre la monture de l'objectif simple : en A se trouve le verre, en E les diaphragmes, en D l'obturateur. L'opticien règle la distance des diaphragmes au verre, c'est-à-dire, la longueur du tuyau B ; cette distance n'est pas indifférente.

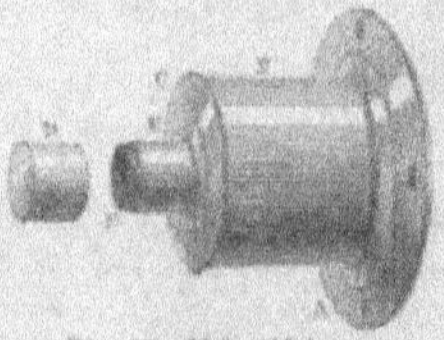

Fig. 95. Objectif à vue.

(1) Ces dimensions sont indiquées en mesures anglaises. Le pouce anglais est de 25 millimètres. La plaque anglaise est plus petite que la plaque française. (Voyez p. 139.)

(2) En pouces de Vienne, qui diffèrent peu des pouces français.

Le diaphragme n'a pas pour but, comme le croient quelques personnes, de diminuer la surface des lentilles de manière à n'en faire travailler que le centre. En d'autres termes : quand il s'agit de faire des vues de grande dimension, quoique les objectifs soient armés d'un petit diaphragme, une petite lentille à long foyer n'atteindrait pas le même résultat. Comme c'est une erreur généralement accréditée, voici l'explication de ce fait. Un objectif doit donner une image plane des objets éloignés, mais cependant embrasser *un grand champ*. Il en résulte que le *centre* et les *bords* de la lentille doivent travailler *séparément*, le premier sur les faisceaux lumineux qui entrent suivant l'axe, les seconds sur les faisceaux obliques; à cette condition on obtiendra une image plane. Or, cet effet s'atteint en plaçant au devant de la lentille simple, à un endroit assigné par le calcul et l'expérience, un diaphragme à petite ouverture.

En règle générale, pour avoir des images nettes avec un objectif simple, le plus grand côté de l'image doit être de la moitié seulement de la distance focale de l'objectif.

L'usage des lentilles simples s'abandonne de plus en plus, et voici les défauts qu'on leur trouve :

1° De ne définir nettement les images qu'à la condition de porter des diaphragmes très-petits. On conçoit qu'ils exigent des temps de pose extrêmement longs, et c'est précisément pour cela qu'on ne s'en sert que pour la reproduction des objets inanimés.

2° De courber, dans la reproduction des monuments, des cartes, etc., les lignes droites qu'offrent ces objets et de fausser la perspective. (Voyez page 248.)

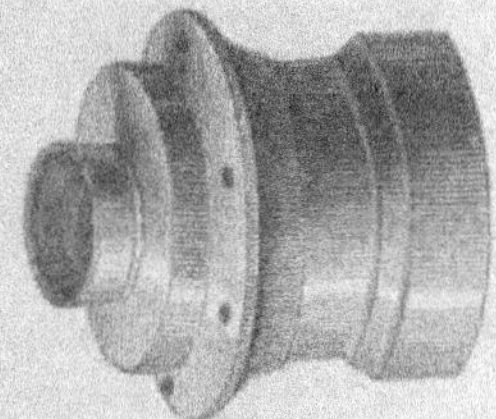

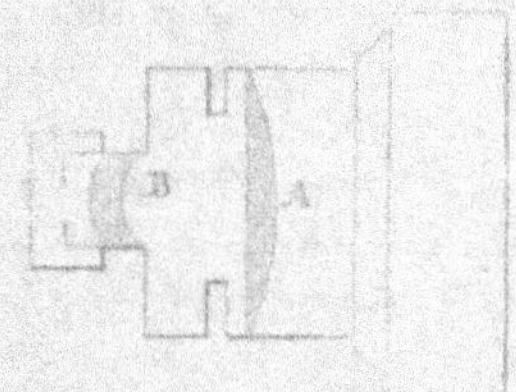

Fig. 89. Objectif orthoscopique. Fig. 90.

M. Voigtländer a exécuté, sur les calculs de M. le professeur Petzval, des objectifs qu'il a nommés *orthoscopiques* (fig. 89 et 90) formés de deux lentilles dont la plus grande regarde l'objet à reproduire et la plus petite le verre dépoli. Les diapraghmes s'introduisent derrière celle-ci. Ces objectifs permettent d'employer de plus grands diaphragmes que les objectifs à vue ordinaires et donnent des images où les lignes droites sont moins déformées.

M. Dallmeyer a récemment construit un objectif triple qui semble encore préférable[1]. La fig. 94 en montre une coupe. L'anneau qui se fixe sur la chambre noire est en A ; les lentilles achromatiques sont en B, C et D, et les diaphragmes s'introduisent en *a*. En dévissant la lentille C on obtient un objectif combiné d'un foyer très-court. L'objectif triple a donc deux foyers distincts.

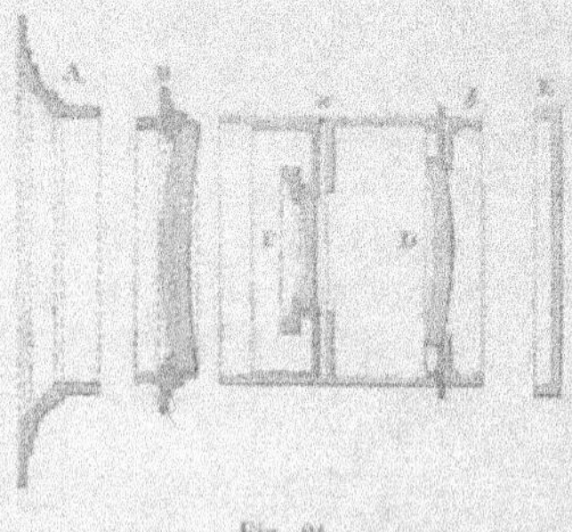

Fig. 94.

Ces objectifs possèdent une grande lumière et conviennent surtout pour les vues animées et les reproductions de cartes et plans. Ils ont aussi un foyer beaucoup plus court que les objectifs simples ordinaires.

Ils ne donnent pas une plus grande netteté que les objectifs simples, mais sont exempts de *distortion*, c'est-à-dire que les objets à lignes droites sont reproduits avec fidélité.

Nous croyons qu'en somme l'usage des lentilles simples se restreindra de plus en plus et qu'on ne les emploiera plus guère qu'à la reproduction des paysages.

Enfin, pour terminer l'énumération des diverses espèces d'objectifs, nous dirons que M. Sutton[2] vient d'en découvrir un aussi curieux par ses résultats que neuf dans sa construction. Il l'a appelé *objectif panoramique*.

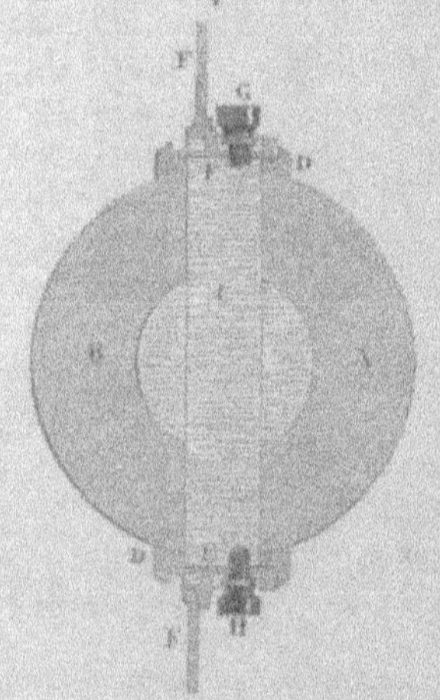

Fig. 95.

Deux lentilles A et B (fig. 95) à courbures concentriques, sont fixées dans un anneau D. La partie creuse C est remplie d'eau. Le tout se visse sur l'anneau F fixé sur la chambre noire. M. Ross, opticien anglais, a apporté le plus grand soin à l'exécution de cet objectif, et y a même introduit des perfectionnements pour le rendre encore plus pratique.

Cet objectif curieux est achromatique, mais ce qui est fort extraor-

(1) Le premier triplet, croyons-nous, a été produit par M. Sutton, mais sur des bases différentes de celui de M. Dallmeyer.

(2) Société photographique de Londres, 3 décembre 1861.

dinaire, c'est qu'il donne des images d'une netteté très-grande. Il est d'ailleurs muni de diaphragmes elliptiques.

Les glaces sur lesquelles l'image est projetée sont courbes (1).

(1) Voici en peu de mots la description de tout l'appareil.

La fig. 96 représente la chambre noire. Comme elle doit être horizontale elle est munie de deux niveaux. Voici la légende de la figure :

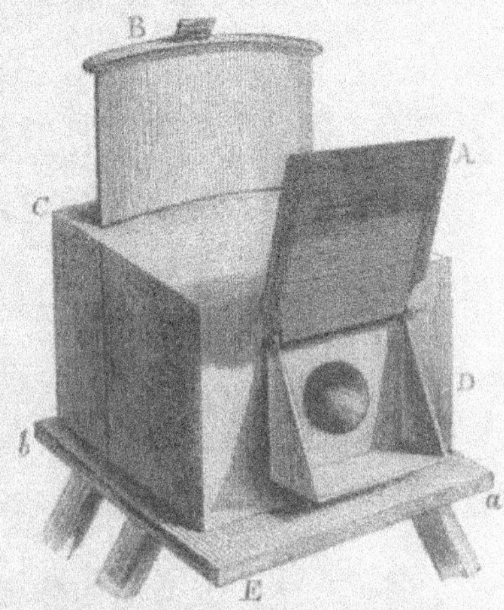

Fig. 96.

a E *b* planchette qui supporte la chambre noire; D partie antérieure de la chambre noire portant l'objectif; A obturateur; C partie postérieure de la chambre noire. La

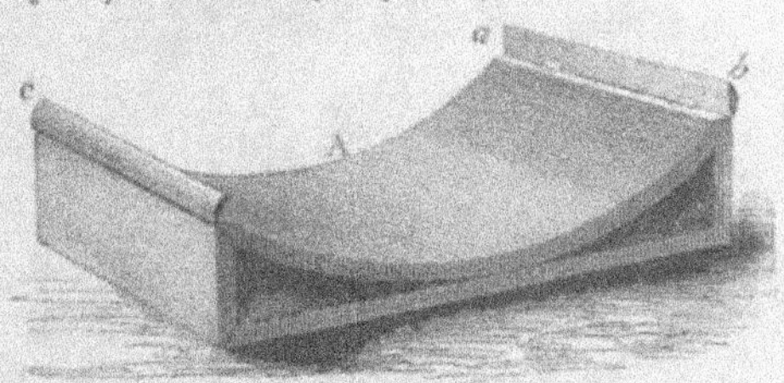

Fig. 97.

glace dépolie est courbe; les châssis également. L'on voit en B la planchette du châssis tirée, dans la position où elle se trouve quand l'appareil est en fonction.

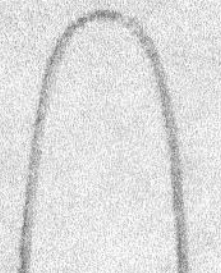

Fig. 98.

Le nettoyage des glaces courbes se fait sur une planchette représentée fig. 97. Il est certain que cette opération se fait aussi facilement que sur des glaces planes.

L'extension du collodion, qui semblerait devoir être impossible, est au contraire très-aisée, surtout si l'on en a un peu l'habitude. La sensibilisation des glaces se fait avec un crochet (fig. 98) dans une cuvette en gutta-percha faite exprès (fig. 99).

Quant au reste des opérations, elles sont analogues à celles des procédés ordinaires.

L'objet que M. Sutton se proposait et qu'il a atteint, était de construire un objectif qui donnât un champ énorme tout en conservant une netteté parfaite. Ce but a été entièrement atteint, et, nous le répétons, par des moyens aussi neufs qu'originaux.

Une grande part dans le succès obtenu revient aussi à M. Ross qui a su, par l'habileté qu'il a apportée dans l'exécution de l'idée de M. Sutton, rendre cet appareil tout-à-fait populaire.

Puisque nous parlons d'objectifs panoramiques, nous ajouterons qu'il y a plusieurs années, M. Martens a construit un appareil pour atteindre le même but, seulement, il opérait sur plaques métalliques et l'objectif recevait un mouvement de rotation. Le système de M. Martens, tout ingénieux qu'il était, cède cependant le pas à celui de M. Sutton.

Le châssis-presse (fig. 100) pour le tirage des positives, se prête également à une facile et prompte exécution.

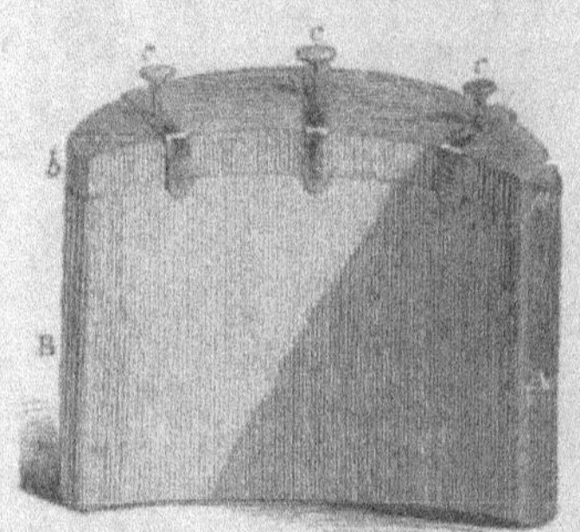

Fig. 99.

En un mot ce nouvel appareil, qui semble, au premier abord d'un emploi très-difficile,

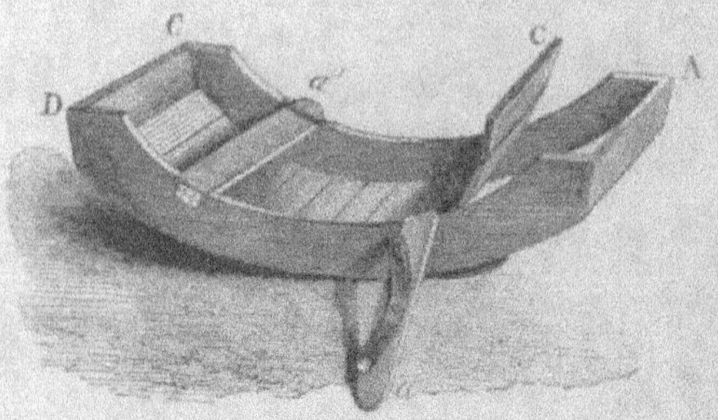

Fig. 100.

est, au contraire, d'un maniement très-simple, et réalise vraiment des effets étonnants, qu'il faut presque avoir vus pour s'en faire une idée.

2. — CHAMBRES NOIRES ET LEURS ACCESSOIRES.

L'on ne doit pas penser que la chambre noire, quoique appartenant, dans le matériel, aux appareils de second ordre, n'exige pas une construction soignée. L'on ne saurait croire combien ces pièces mal exécutées créent d'embarras à l'opérateur, aussi ne saurions-nous trop lui recommander de choisir toutes les pièces d'ébénisterie avec le plus grand soin.

En France, on se sert généralement du noyer pour les chambres noires. En Angleterre, on préfère l'acajou qui résiste mieux aux changements de température, et, quand les pièces sont destinées aux climats chauds et humides, on en renforce les angles à l'aide de coins en cuivre.

Il existe beaucoup de modèles différents de chambres noires. Celles qui sont en travail continuel dans l'atelier vitré doivent être carrées, sans soufflet, avec crémaillière pour la mise au point, et devant mobile pour abaisser ou élever l'objectif. C'est le meilleur modèle pour un usage journalier.

La forme la plus ordinaire (fig. 101) se compose d'une boite B dans laquelle en glisse une autre A; c'est celle-ci qui porte le châssis C à verre dépoli. Pour fixer la boite A, une planchette D est reliée à la première B, et porte une rainure que l'on aperçoit sur la figure. D'un autre côté, à la boite A est fixée une lame de cuivre avec une vis de pression s'engageant dans la rainure. Aussi peut-on, dans certaines limites, donner toutes sortes de longueurs à l'assemblage des deux boites A et B, et les fixer à l'aide de la vis de pression. Au devant se place l'objectif.

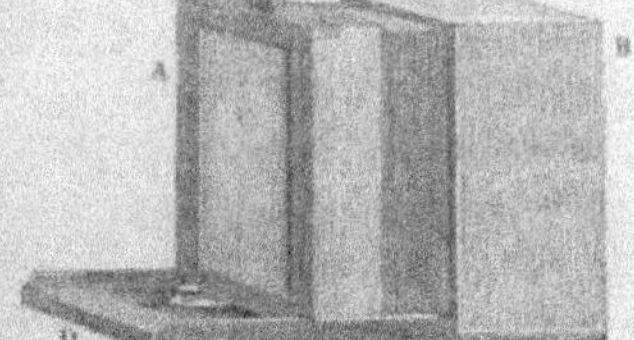

Fig. 101. — Chambre noire ordinaire.

Cette chambre noire porte d'ordinaire une seule boite A; si elle en a plusieurs, elle est dite *à plusieurs tirages*. Ces chambres noires s'achètent toutes faites, aussi comptons-nous bien que le lecteur en possède une qui lui facilitera la trop courte description que nous en faisons ici.

Ces chambres noires sont ordinairement supportées par un trépied, appareil tellement connu que nous nous contentons d'en donner la figure (fig. 102).

En passant, nous dirons qu'il existe bien des modèles de pieds différents, mais ils sont tous du genre de celui que nous venons de citer; seulement, on peut les faire très-légers, ou très-lourds suivant leur destination.

On peut couvrir le trépied ouvert d'une toile noire afin de faire, à l'abri de la lumière, les changements des glaces sensibles dans les châssis, etc.

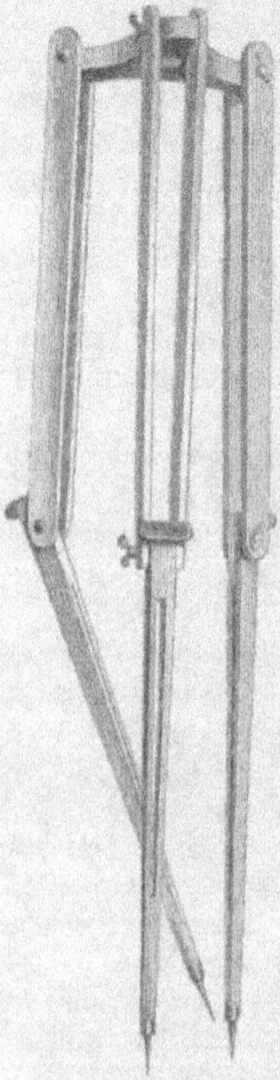

Le *pied d'atelier* est plus ferme. Il est représenté fig. 124. L'on voit tout d'abord, qu'au lieu d'un triangle, il porte à sa partie supérieure une grande planche destinée à supporter la chambre noire. Celle qui s'y trouve est connue sous le nom d'*appareil à cartes de visite*.

Pour mouvoir cette base de haut en bas, elle est assujettie à deux demi-cercles qui se fixent par une vis de pression à une forte pièce de bois. Cette dernière glisse elle-même dans une boite très-solide enchâssée dans la base du pied. En ouvrant donc les vis de pression inférieures on peut séparer le pied en deux : le support à trois pattes avec sa boite rectangulaire d'une part ; la planche, les demi-cercles et le support d'autre part.

On le conçoit aisément, ce trépied est fait ainsi de deux pièces, afin que l'on puisse hausser et baisser la chambre noire suivant les besoins. Quelquefois une crémaillière y est ajoutée pour faciliter cette action. Cette addition est nécessaire si la chambre noire est très-lourde.

Il existe des pieds d'atelier en fonte, excellents pour les très-grandes chambres noires, à cause de leur solidité et de la douceur de leurs mouvements.

Fig. 102. Trépied ordinaire.

On trouve encore d'autres modèles de pieds d'atelier, mais la description de tous ces appareils pourrait nous conduire trop loin, et sur cent pieds employés, l'on en trouvera quatre-vingt dix-neuf du modèle que nous venons de décrire.

Revenons maintenant aux chambres noires.

L'on ajoute très-souvent au modèle représenté fig. 101, différents accessoires qui le rendent beaucoup meilleur. Ainsi la base D porte une crémaillière pour mouvoir plus facilement le tiroir A ; le verre dépoli est remplacé par une glace dépolie ; l'objectif est mobile par une planchette ; mais, ce qui est vraiment une heureuse modification, c'est la substitution de la forme carrée à la forme rectangulaire. De cette manière, on peut faire, soit une épreuve en hauteur, soit une épreuve en largeur, en changeant simplement de position la planchette du châssis (fig. 109).

Le modèle (fig. 105), dit *sans base*, s'emploie surtout en campagne pour les chambres noires d'une très-grande dimension, mais alors on se sert d'un second pied (fig. 104) pour les supporter afin de rendre le tout plus stable.

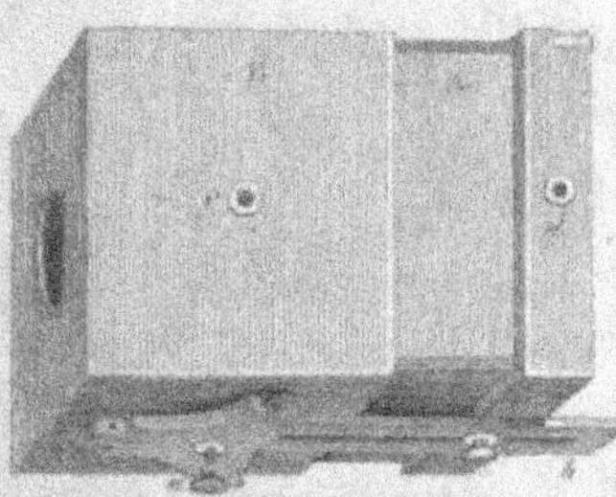

Fig. 105. — Chambre noire sans queue.

En B, l'on voit la boîte fixe percée par devant d'un trou circulaire qui donne passage à l'objectif. Elle porte au-dessous et sur le côté (*c*) deux pièces de cuivre tarraudées, et dans lesquelles s'engage une vis de pression que l'on voit en *a*. Le tiroir A porte également deux pièces identiques, l'une se voit en *d*, l'autre au-dessous retient une deuxième vis de pression. Le triangle du trépied, que l'on voit sur la figure, au lieu d'être plein comme à l'ordinaire, porte un creux dans lequel peut s'engager une pièce de bois allongée *b* munie au milieu d'une rainure qui donne passage aux deux vis de pression. De cette façon, en serrant la vis *a*, on donne à la partie B de la chambre noire, à la queue *b* et au triangle du trépied une très-grande fixité. Quant au tiroir A, il peut se tirer, se rentrer et se fixer à la volonté de l'opérateur. L'instrument peut, d'ailleurs, se mettre sur le côté : c'est à quoi servent les deux pièces de cuivre que l'on voit en *c* et en *d*, de sorte, que les objets élevés se font avec la même facilité que les objets allongés.

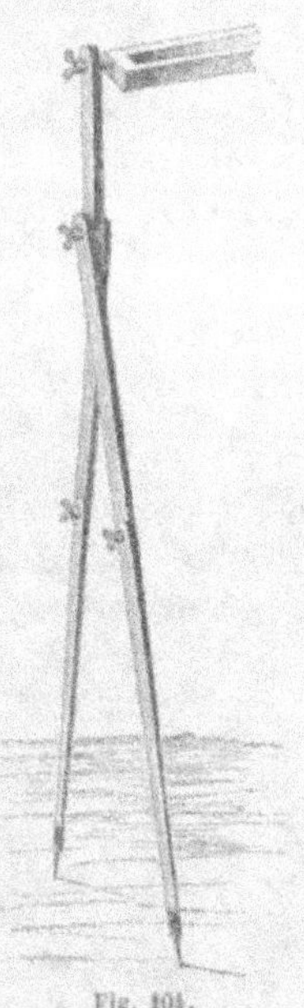

Fig. 104.
Pied additionnel.

Le troisième modèle de chambre noire est représenté fig. 106. Il sert aussi bien en voyage que dans l'atelier. Fermé, il prend fort peu de place, mais cependant en voyage son peu de solidité et la facilité de se ployer sous l'influence du vent, nous font préférer pour les grands modèles les chambres noires ordinaires. Au reste, nous connaissons des amateurs qui sont d'un avis contraire, et qui sont très-bons opérateurs.

Le lecteur saisit sans doute le jeu de l'appareil d'un simple coup-d'œil : A est la partie antérieure qui porte l'objectif, M un soufflet carré, en arrière le verre dépoli. La partie A est fixée très-solidement à une queue *n n*, mais cette queue peut s'allonger ou se raccourcir à volonté. La figure est d'ailleurs si bien faite qu'il suffit de l'étudier pour en reconnaître tous les détails.

Le modèle employé en Allemagne est beaucoup plus compliqué (fig. 108). L'objectif est mobile, il y a un double soufflet pour lui donner plus de longueur et le châssis peut être incliné pour la mise au point des mains ou des premiers plans.

Les châssis sont les mêmes pour les différents modèles que nous avons décrits. Ils sont composés d'un cadre (fig. 107), avec une planchette pliante *a* et une porte *b*. A l'intérieur, ils portent des ivoires en relief pour que la glace ne repose pas sur toute l'étendue du bois.

Les diminutifs (fig. 105) présentent aux angles intérieurs ces mêmes reliefs. Nous décrivons page 124 et fig. 115 une excellente disposition pour les châssis et diminutifs destinés au procédé sur collodion.

L'on a construit et préconisé des systèmes de chambres noires pliantes à charnières, excellentes, disait-on, pour le voyage. Sans contester le mérite de ces appareils, nous les passerons sous silence, leur utilité ne nous semblant pas bien établie, surtout quand les chambres noires à soufflet atteignent déjà si bien le but.

Fig 105. — Planchette à glace.

Il existe aussi des chambres noires dans lesquelles on peut faire toutes les opérations qui se font d'ordinaire dans le cabinet noir.

Comme on se l'imagine aisément, ce sont de simples boites garnies de carreaux jaunes, munies de deux ouvertures latérales recouvertes de manches en toile noire dans lesquelles on introduit les bras.

Certainement ces appareils peuvent rendre de bons services, mais nous préférons la tente ou le cabinet obscur transportable, pour la raison que nous y trouvons plus de facilité pour opérer.

CHAMBRES NOIRES BINOCULAIRES.

Les chambres noires binoculaires servent à faire deux vues accouplées sur une seule glace. Nous décrirons ici trois modèles. Le premier de M. Dallmeyer, à Londres, où le verre dépoli est fixe et les objectifs mobiles; le second, de M. Secretan, où les objectifs peuvent s'écarter entr'eux, et enfin le troisième, où l'on n'opère qu'avec un seul objectif.

Les figures 109 à 117 représentent les différentes parties de l'appareil, que la figure 109 montre dans son ensemble.

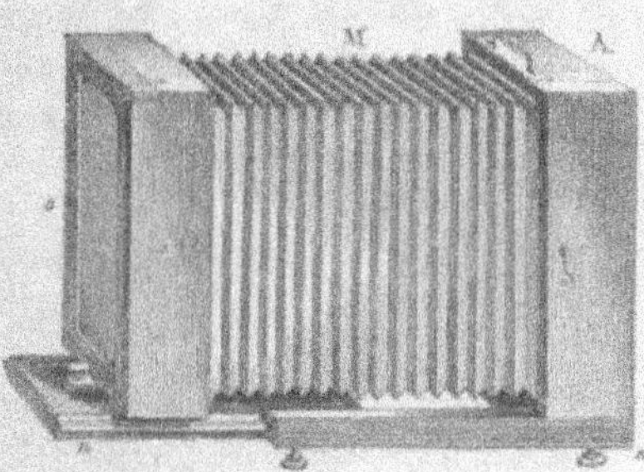

Fig. 106. — Chambre noire à soufflet.

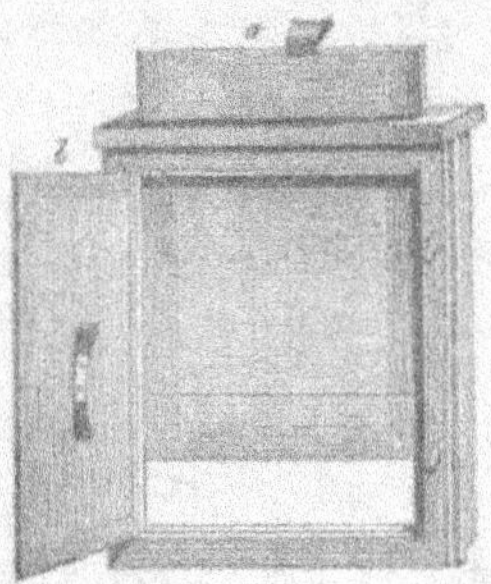

Fig. 107. — Châssis à glace.

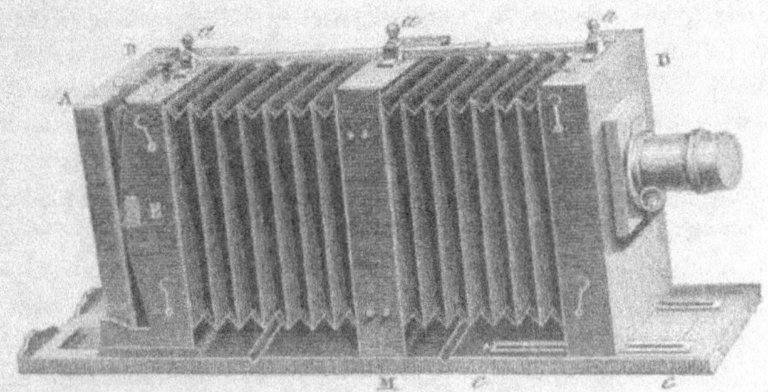

Fig. 108. — Chambre noire à double soufflet, base pliante, etc.

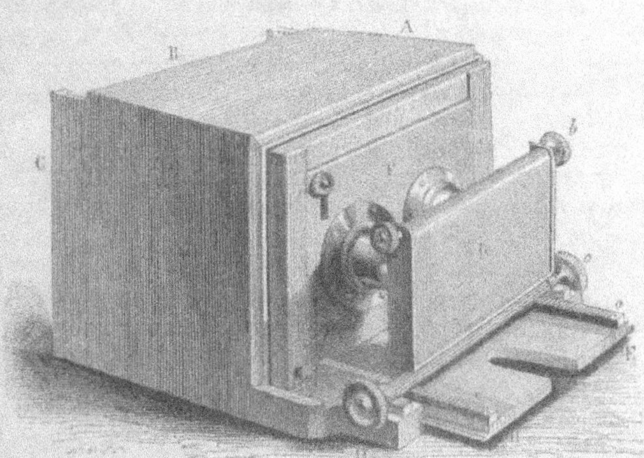

Fig. 109. — Chambre noire binoculaire avec obturateur instantané.

A B C D représente le corps de la chambre noire, en bois d'acajou poli. Les angles sont munis de coins en cuivre, afin d'opposer le plus de résistance possible à la déformation par l'effet des chaleurs. Cette chambre noire se fixe sur le trépied à l'aide d'une vis et d'un écrou.

La partie postérieure de l'instrument porte, en B, le verre dépoli que nous n'avons pas montré dans la figure. La partie antérieure F, portant les deux objectifs, est mise en mouvement à l'aide d'un pignon *c*, travaillant sur les deux crémaillières *o o*, fixées à une planchette E. Cette planchette fait corps avec la partie mouvante de la chambre noire, tandis que le pignon *c* fait corps avec le prolongement inférieur D de la chambre noire A C.

La mise au point est donc très-facile. Pendant que l'on examine l'image sur le verre dépoli, on fait tourner le pignon *c* à l'aide de la main. La planchette F, qui porte les objectifs, peut s'abaisser ou s'élever à volonté. On la fixe à l'aide de la vis *a*. Quand on veut enlever cette planchette, on tire les objectifs sans les dévisser, comme le montre la figure 110 sur l'objectif de droite. Cette planchette peut être remplacée par celle qui porte l'objectif triple (fig. 117).

L'intérieur de la chambre noire (fig. 111), offre une disposition très-ingénieuse. Quand on opère avec les deux objectifs, il est nécessaire qu'une cloison sépare les deux images; quand, au contraire, on veut se servir de la chambre noire pour faire des groupes ou des vues, cette cloison doit être enlevée. Pour atteindre ce but, le constructeur se sert d'une planchette pliante (fig. 113), que l'on fait entrer dans la rainure *a* (fig. 111), appartenant à la partie mobile B de la chambre noire. En fermant les arrêts *b* et *d* de la partie fixe, on conçoit aisément qu'en allongeant ou qu'en raccourcissant la chambre, la planchette pliante se prête à ces mouvements tout en divisant complétement l'intérieur en deux parties distinctes.

Le châssis (fig. 116), porte un diminutif (fig. 115), pour glaces stéréoscopiques. Les coins sont en fils d'argent. Le châssis lui-même peut porter des glaces de 7 1/4 pouces anglais sur 4 1/2 (184 millimètres sur 114). Nous engageons l'opérateur à se servir de glaces de cette dimension, même pour les épreuves stéréoscopiques. Elles sont bien trop grandes, mais l'on a moins souvent des taches qui s'accumulent, ainsi que tous les photographes le savent, de préférence sur les bords. Ces mêmes glaces servent pour les groupes et les vues de l'objectif triple, quand on enlève la cloison.

Le châssis (fig. 114), mérite une mention particulière par l'ingénieuse disposition que le constructeur a réalisée pour recueillir l'excès de nitrate d'argent.

La fig. 115 montre cette disposition. Le fil d'argent *a* sert à arrêter

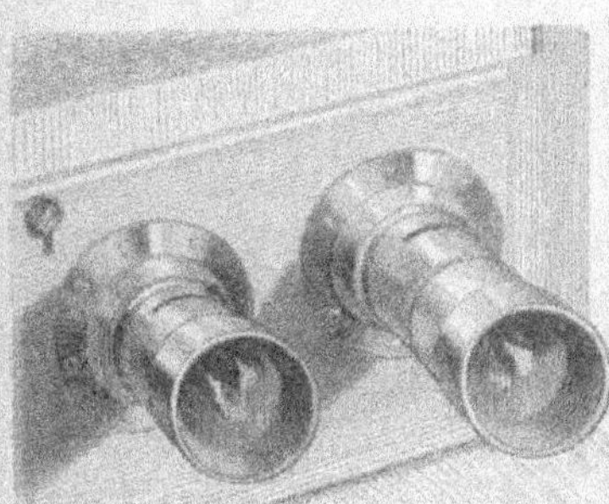

Fig. 110. — Objectifs.

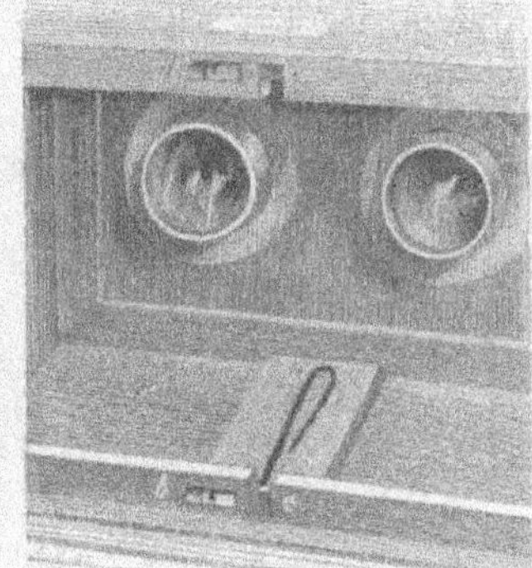

Fig. 111. — Intérieur.

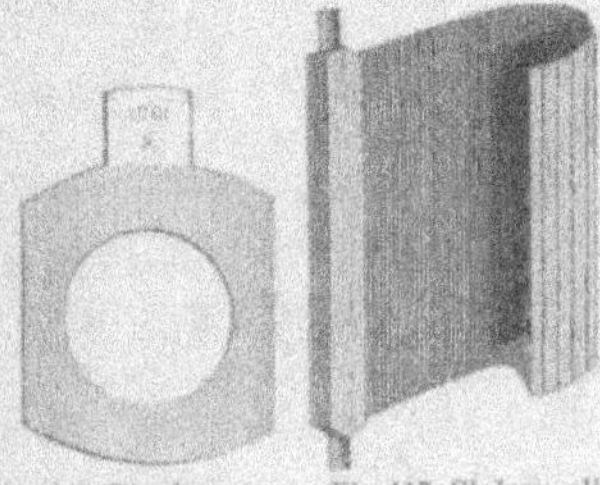

Fig. 112. Diaphragme.

Fig. 113. Cloison pliante.

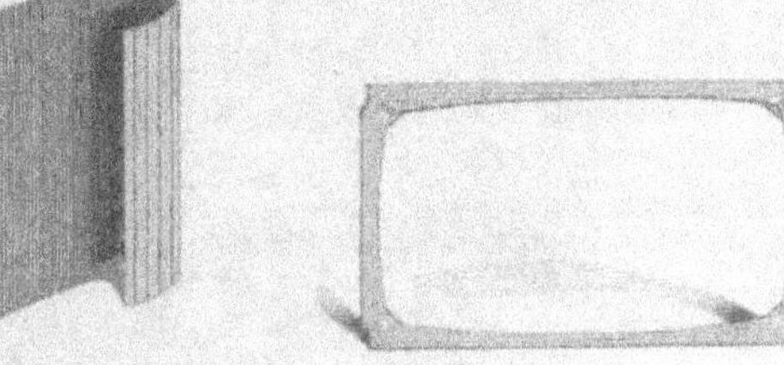

Fig. 114. Diminutif.

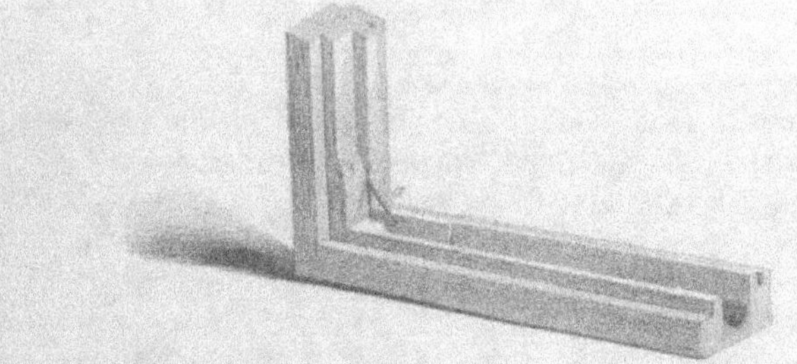

Fig. 115. — Coupe du châssis à glace.

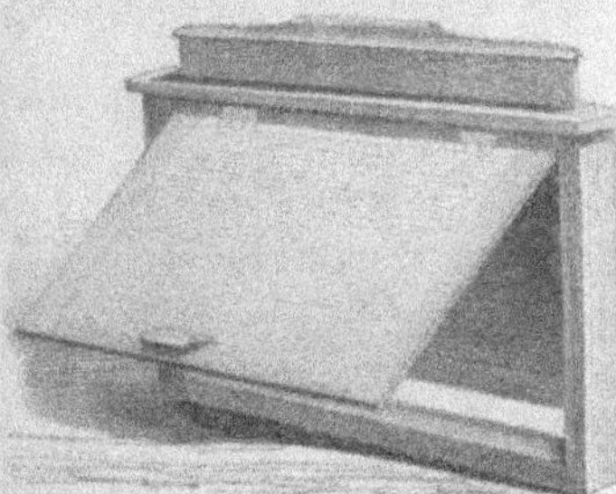

Fig. 116. — Châssis à glace.

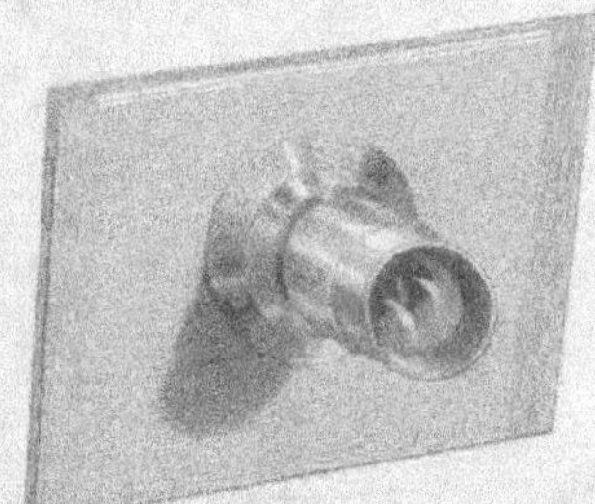

Fig. 117. — Objectif triple.

la glace, qui porte aussi en *c*. Elle repose donc sur ses extrémités seulement. Le nitrate qui coule de la glace s'accumule dans la rainure *b*, enduite de cire. Même en se servant du diminutif (fig. 114), le liquide ne peut couler que dans la rainure.

C'est là une disposition très-ingénieuse, que nous recommandons beaucoup aux ébénistes français.

Ajoutons, pour finir, que toute la chambre noire est polie et vernie. En Angleterre et en Allemagne, on préfère généralement ce système, parce que le bois est alors moins sujet à jouer. Elle peut s'étendre de 3 $^{1}/_{2}$ pouces jusqu'à 7 (9 centimètres jusqu'à 18).

Les objectifs portent sur leur anneau extérieur, l'obturateur instan-

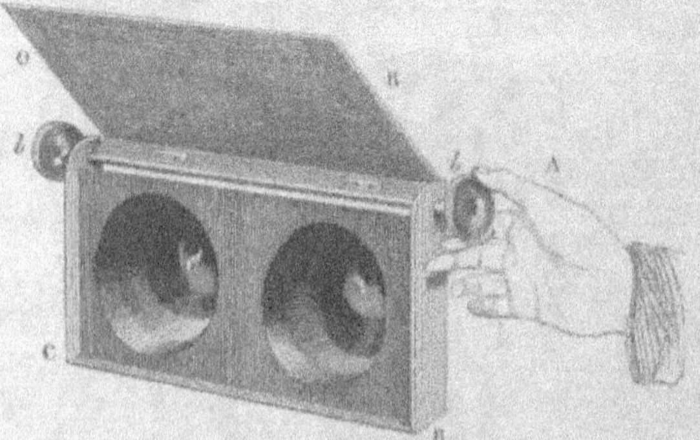

Fig. 118. — Obturateur instantané.

tané, appareil destiné à produire une ouverture rapide des objectifs. C'est une simple planchette que l'on voit abaissée dans la fig. 109 et ouverte dans la fig. 118.

La partie C B se fixe sur les objectifs. Elle est d'acajou poli. Une tige munie de deux têtes en cuivre *b b* porte la planchette O R. Un grand avantage de ce couvercle, c'est que le ciel est moins de temps exposé à la lumière que le dessous de l'image. Aussi, obtient-on aisément une vue instantanée où les nuages eux-mêmes se trouvent représentés.

Il faut une certaine adresse pour manier cet appareil. Nous pensons qu'il y a dans l'acte d'ouvrir et de fermer l'objectif un mouvement qui peut se communiquer à l'épreuve. Toujours est-il qu'il faut une grande adresse et beaucoup de sang-froid pour le manier[1].

(1) On a construit depuis cette époque des obturateurs instantanés à guillotine et à ressorts qui nous semblent préférables. A propos de l'appareil à cartes de visite, nous décrirons un autre obturateur, à notre avis, plus commode, mais celui-ci est applicable à tous les objectifs à vue, parce qu'il est apte à modérer la lumière trop vive venant du ciel, et à fournir très-facilement des vues avec nuages.

Les objectifs sont doubles, de 1 1/4 et 1 1/2 pouces anglais d'ouverture (32 et 38 millimètres) et 3 1/2 pouces (9 centimètres) de distance focale. La figure 110 montre la rainure où se placent les diaphragmes, dont un est représenté fig. 112.

En enlevant de la chambre noire la cloison (fig. 113), et remplaçant les deux objectifs par la planchette (fig. 117) munie de l'objectif triple, l'appareil se transforme en un second, destiné aux monuments.

L'appareil binoculaire ordinaire, représenté dans les fig. 119 et 120, diffère du précédent, en ce que le châssis fig. 120 porte deux planchettes, ce qui permet de ne découvrir qu'une seule glace à la fois ou toutes les deux en même temps. C'est le modèle le plus employé en France.

M. Secretan a construit depuis quelques années un petit appareil binoculaire qui offre, même sur celui de M. Dallmeyer, certains avantages. D'abord les deux objectifs peuvent s'éloigner ou se rapprocher entre eux, ce qui donne des épreuves avec plus ou moins de relief;

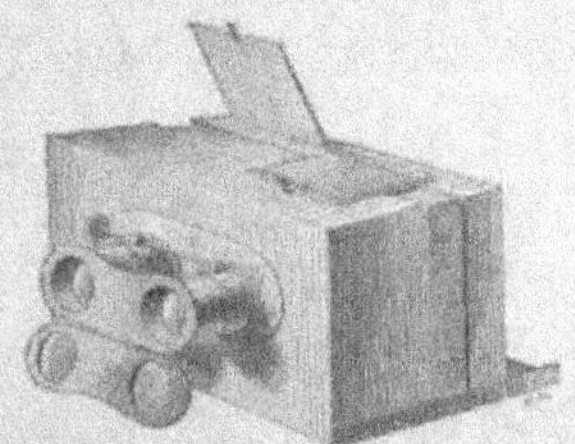

Fig 119 — Appareil binoculaire ordinaire.

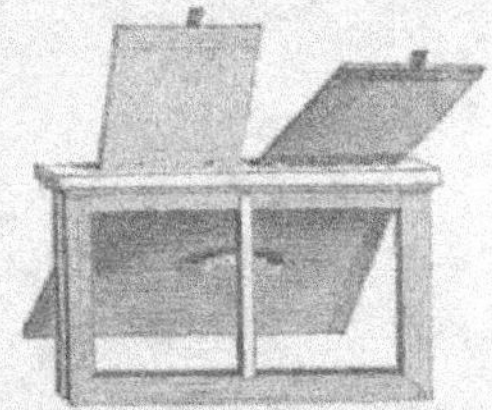

Fig 120.

secondement, quelque soit cet écartement, les deux objectifs se démasquent en même temps. Le seul défaut de l'appareil consiste dans l'emploi forcé de glaces d'une plus grande dimension qu'à l'ordinaire, mais, quant à nous, ce défaut nous paraît plutôt un avantage, parce que l'on obtient toujours des épreuves pures de toutes taches ou autres accidents, qui, ainsi qu'on le sait, se manifestent surtout sur les bords.

Dans le procédé au tannin l'on est obligé de vernir les bords du cliché, et si les glaces ne sont pas plus grandes qu'à l'ordinaire, les épreuves sont finalement trop petites.

Ajoutons encore qu'il est facile, lorsque l'épreuve positive est tirée, de la découper à la grandeur voulue, de sorte qu'en somme l'appareil est très-propre au but auquel le constructeur l'a destiné.

Enfin, le troisième et dernier système de chambre noire donnant deux épreuves est représenté dans les figures 121, 122 et 123. On voit que sur une chambre noire quart ordinaire, munie d'un seul objectif, il y a une

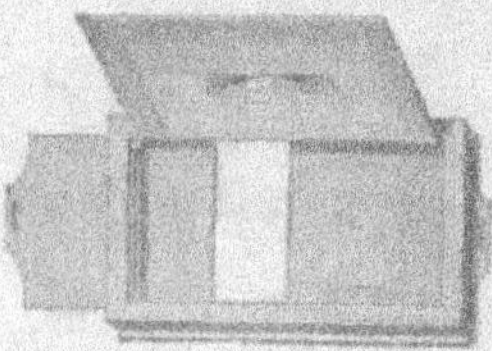
Fig. 121. — Châssis à épreuve.

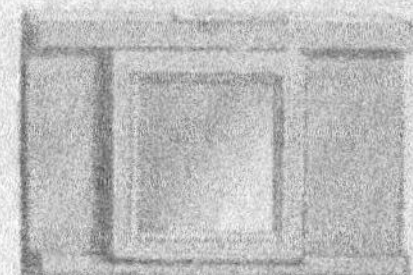
Fig. 122. — Glace dépolie mobile.

pièce en bois additionnelle (fig. 122) dans laquelle peut glisser, soit le châssis à glace dépolie, soit le châssis à épreuves (fig. 121). Dans la partie supérieure de cette pièce existe un ressort, et, quand après y avoir glissé le châssis à épreuve d'une moitié, et fait l'épreuve de droite, en appuyant sur le ressort le châssis peut être glissé de la seconde moitié pour faire la deuxième épreuve.

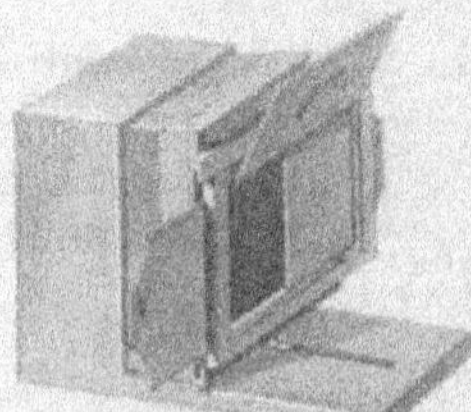
Fig. 123. Chambre stéréoscopique pour deux épreuves.

C'est là, du reste, le principe du *multiplicateur*, appareil muni d'un seul objectif, et qui permet de reproduire deux ou quatre épreuves d'un même objet sur une seule glace.

CHAMBRE NOIRE A CARTES DE VISITE.

L'appareil à cartes de visite se fait d'ordinaire avec quatre objectifs de foyer identique, ou à peu près identique, sur une glace plus large que haute, qui reçoit huit épreuves.

Nous décrirons d'abord l'appareil à quatre objectifs, puis celui à deux objectifs. Quant à celui qui n'usite qu'un seul objectif, nous n'en recommandons pas l'emploi, parce que l'économie d'un second objectif ne vaut pas les embarras d'un tirage de positifs multiplié.

La première condition pour faire de bonnes épreuves de la grandeur des cartes de visite, consiste à choisir des objectifs donnant des épreuves plus grandes qu'il est nécessaire, afin d'avoir une netteté parfaite dans toutes les parties de l'image. Les petits objectifs quart ordinaires sont insuffisants, et les objectifs demi-plaque ont un foyer trop long. Nous répéterons ici ce que nous avons fait à propos des objectifs, c'est-à-dire, que nous indiquerons les dimensions qu'il est bon de choisir dans les catalogues français, anglais ou allemands. Nous prendrons de nouveau les objectifs cités page 112, parce qu'ils servent de types :

		Diamètre des lentilles.	Foyer.
En France :	Objectif 1/2.	61mm (2 pouces).	18 centimètres.
	»	* 81mm (3 »).	14 »
En Angleterre :	Objectif 1/2.	* 2 3/4 pouces.	6 1/2 pouces (16 1/2 cent.).
En Allemagne :		2 pouces et 2 1/12.	7 1/3 pouces.
		3 » et 3 1/12.	8 1/4 »

Les diamètres marqués d'une astérisque sont les plus favorables.

Passons maintenant à la description de l'appareil, tel qu'il est construit par les meilleurs ébénistes.

La fig. 124 le montre dans son ensemble, la fig. 125 du côté du verre dépoli, et la fig. 126 du côté des objectifs.

Tout l'appareil se compose d'une chambre noire très-courte, dont la partie postérieure est mobile à l'aide d'une crémaillière, et dont la partie antérieure porte les quatre objectifs. Sur le côté de la chambre noire, on voit une planchette qui permet de l'ouvrir afin de régler séparément chaque objectif, car, il est rare que ces objectifs aient toujours exactement la même distance focale. Une fois réglés, la planchette est fermée.

L'obturateur, très-visible dans la fig. 126, se compose d'une série de planchettes collées sur deux rubans en toile. De cette façon, les quatre objectifs sont démasqués en même temps.

Nous devons signaler ici un défaut capital inhérent à ce système d'obturateur : c'est que les objectifs du dessous ont toujours une pose plus longue que ceux du dessus, ce qui provient du mouvement même de l'obturateur.

Ce dernier étant, en effet, complétement abaissé, il faut le relever doucement afin de ne pas communiquer de choc à la chambre noire, ce qui la ferait osciller et produirait ainsi des épreuves vagues ; puis, l'abaisser rapidement.

Les objectifs inférieurs ont donc été plus longtemps exposés que les supérieurs. Avec les petits objectifs quart, qui nécessitent 25 et 30 secondes de pose, la différence est peu sensible, mais il n'en est pas ainsi avec des objectifs rapides.

Il serait infiniment préférable d'employer le système que nous avons montré dans la fig. 118, mais, au lieu de le placer horizontalement, d'en placer deux *verticalement* réliés entr'eux par deux poulies et une corde sans fin. De cette façon, les deux objectifs de droite et les deux de gauche seraient découverts simultanément, et, cette construction serait d'autant plus avantageuse, que de jour en jour, l'on tend à employer des poses plus courtes. C'est surtout avec les objectifs marqués d'une astérisque que cette disposition serait avantageuse; aussi, avons-nous la conviction qu'avant peu de temps elle sera adoptée[1].

Il sera bon de disposer les obturateurs en arrière des objectifs et non au devant. Quand on fait des portraits d'enfants, ce manège d'ouvrir les obturateurs les effraie, et ils bougent au moment même où ils devraient se tenir tranquilles.

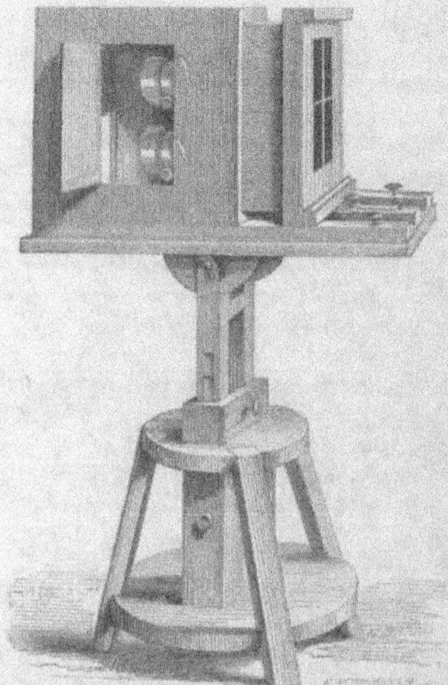

Fig. 124. — Appareil à cartes de visite.

Le verre dépoli de la chambre noire à cartes de visite (fig. 125), porte à sa partie supérieure un arrêt en cuivre qui règle sa position. Il peut être remplacé par un châssis ordinaire qui contient une glace juste assez grande pour quatre épreuves.

(1) Au moment où nous écrivons ces lignes, nous recevons d'un de nos amis de Paris la confirmation de ce que nous avançons. Déjà un opticien français, M. Darlot, applique, aux chambres noires à cartes de visite, un obturateur à ressort qui démasque instantanément les deux ou les quatre objectifs dont l'appareil est formé.

On peut encore se servir du châssis de grandeur double, dont on voit la représentation dans la fig. 127.

En R S on voit la porte à ressorts, en E et en F les deux planchettes mobiles. Les deux arrêts en cuivre de la partie supérieure sont cachés par la porte R S. Avec ce châssis on obtient huit épreuves sur une seule glace (fig. 128), ou bien, quatre épreuves avec une position du modèle, et quatre avec une autre position.

En voici du reste, l'usage.

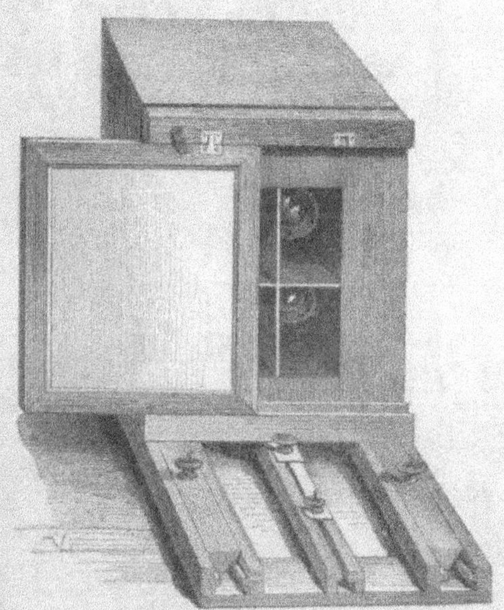

Fig. 125. — Appareil à cartes de visite : verre dépoli.

Après la mise au point, le châssis est introduit dans la coulisse de la chambre noire et la planchette de gauche E ouverte. Quand le temps de pose est écoulé, on fait la seconde épreuve en fermant la planchette E et en ouvrant l'autre, bien entendu, après avoir fait glisser le châssis jusqu'à ce que l'arrêt qu'il porte à sa partie supérieure s'arrête contre le second ressort de la chambre noire. On voit très-bien ces arrêts sur la fig. 125.

Quand on change la pose du modèle pour obtenir deux épreuves différentes, il faut avoir le plus grand soin d'opérer très-vite, sinon l'épreuve serait gâtée, le collodion n'étant pas susceptible de se conserver suffisamment sensible pendant plus de deux minutes en été, et plus de cinq, en hiver. Cela est surtout vrai pour les couches très-sensibles.

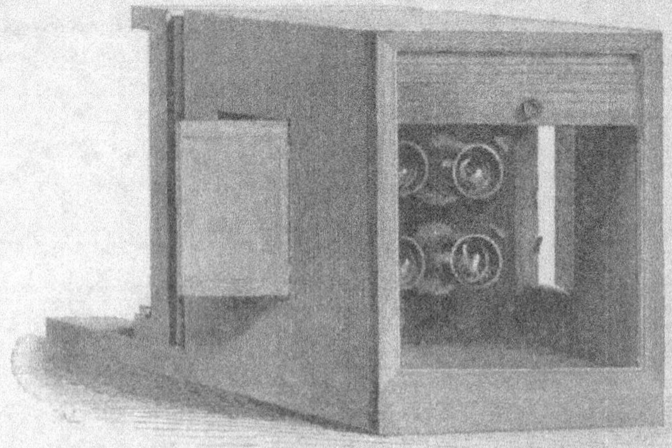

Fig. 126. — Appareil à cartes de visite : objectifs.

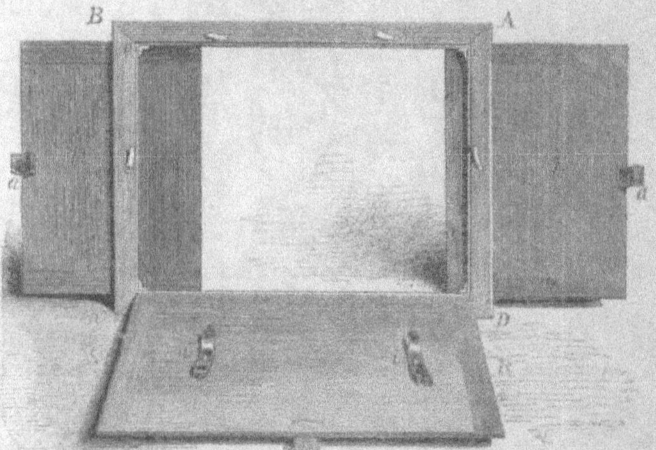

Fig. 127. — Appareil à cartes de visite : châssis à glace.

On peut fort bien, avec le châssis à quatre épreuves, en faire deux d'une pose et deux d'une autre, alors la planchette E ne doit être tirée qu'à moitié, ce dont on s'assure par un trait marqué sur cette planchette avec une pointe d'acier.

Avec la grandeur double du châssis, tel qu'on le voit dans la figure 127, on peut faire huit épreuves avec quatre positions différentes du modèle, mais une pareille opération réussit rarement.

En France, les dimensions des glaces de l'appareil à cartes de visite ne concordent pas avec la demi-plaque, ni avec la plaque entière. En Angleterre, au contraire, la glace pour quatre épreuves est de 6 $^1/_2$ pouces sur 8 $^1/_2$, ce qui est aussi la plaque entière de ce pays. Il en résulte qu'il ne faut ni boites ni glaces spéciales, ce qui est un avantage.

Généralement, en France, on se sert de l'appareil que nous venons de décrire, c'est-à-dire, de quatre objectifs et de châssis pour huit épreuves. Mais on commence à reconnaître qu'il faut des objectifs beaucoup plus rapides, et par suite, beaucoup plus coûteux que les petits quarts dont on faisait usage jusqu'alors. Aussi, beaucoup de photographes ne se servent plus que de deux objectifs, et même d'un seul qui permet de faire quatre épreuves. Ce dernier appareil a reçu le nom de *multiplicateur*, et nous en avons indiqué le principe page 126. C'est ici le lieu d'y revenir avec un peu plus de détails.

Que l'on s'imagine une chambre noire à soufflet construite avec la partie antérieure mobile comme nous l'avons décrit à propos de l'appareil stéréoscopique, fig. 109; et ensuite, le châssis remplacé par une grande pièce de bois supplémentaire portant un châssis à

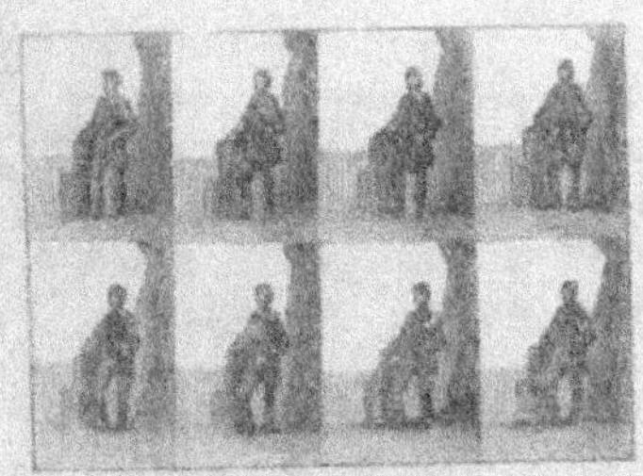

Fig. 128.

quatre épreuves qui peut glisser de droite à gauche, puis de haut en bas, puis de gauche à droite, et l'on aura fait quatre épreuves, qui, si l'on veut, présenteront même quatre poses différentes du modèle.

Cela séduit sans aucun doute l'imagination, mais ce qui détruit les avantages de cette méthode, c'est que la couche de collodion sensibilisé n'admet pas le temps suffisant à tout ce travail, et que la personne qui pose doit prendre vivement des positions étudiées à l'avance, et par conséquent forcées.

L'économie qui résulte de l'emploi d'un seul objectif n'est donc pas bien entendue, et il vaut infiniment mieux se servir de deux objectifs de foyer égal, et faire les quatre épreuves de même. Car, nous ne saurions trop le dire, il est déjà difficile de faire prendre à un modèle une pose convenable, et le faire changer de position à la hâte pendant l'intervalle du glissement du châssis ne produit que bien rarement des effets satisfaisants.

Passons donc à la description de l'appareil à cartes de visite, tel qu'il est construit en Angleterre, et tel que déjà quelques opticiens français le construisent à leur tour.

La figure 129 le montre dans son ensemble.

Comme toutes les pièces d'ébénisterie anglaise, elle est d'acajou poli et verni, et les angles sont munis de coins en cuivre, afin de s'opposer à la rapide détermination de ces objets par les climats chauds et humides.

Le bon noyer peut être employé au lieu d'acajou, mais lui est inférieur.

L'appareil se compose de plusieurs parties :

1° Des deux objectifs;

Ce sont des objectifs combinés de près de 3 pouces d'ouverture et à très-court foyer. Ils permettent donc d'opérer très-rapidement.

Ils sont fixés sur une planchette qui peut recevoir un double mouvement : le premier, de droite à gauche, le second, de haut en bas, et inversément. Mais ce double mouvement, destiné à faire coïncider les centres des lentilles avec le centre du rectangle des images, n'est pas indispensable. On peut fort bien se contenter du dernier, comme c'est le cas pour le modèle que nous avons ci-contre.

2° De la chambre noire proprement dite.

Elle est formée d'un double tiroir, et exactement sur le principe de l'appareil binoculaire représenté fig. 109.

L'avantage de ce système est de laisser le verre dépoli fixe, et de rendre la mise au point d'une facilité extrême.

La tête, en effet, reste immobile, et l'examen du verre dépoli peut se faire plus aisément. La main est placée sur le pignon qui commande le tiroir mobile, et les plus petits mouvements s'exécutent ainsi commodément.

3° Du châssis mobile.

C'est une grande pièce de bois A sur laquelle sont fixées des lames *d e*, *d f*, à l'aide desquelles elle s'assujettit sur la chambre noire.

La figure 130 montre cette pièce A par derrière. Elle porte vers le haut deux coulisses N I, O K, dans lesquelles glisse une seconde pièce de bois C P Q O. C'est cette dernière qui porte le verre dépoli et le châssis à glace.

Voici le jeu de l'appareil représenté fig. 130.

Après la mise au point, le verre dépoli est glissé en C, l'arrêt qu'il

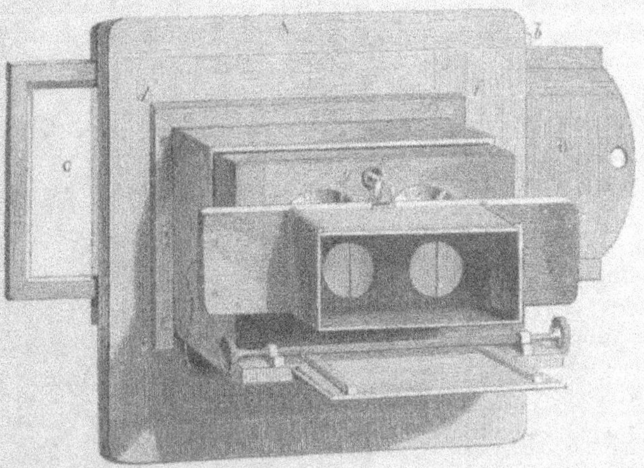

Fig. 129. — Appareil à cartes de visite anglais (1).

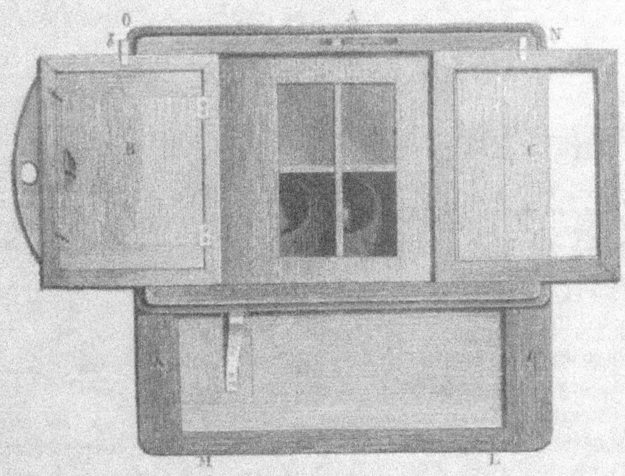

Fig. 130. — Châssis glissant de l'appareil à cartes de visite.

porte à sa partie supérieure empêche qu'il ne tombe hors des coulisses N O, *p e*. Le châssis B est alors avancé jusqu'à ce que l'arrêt *b*

(1) D'après un appareil construit par M. Dallmeyer.

touche au ressort *a*. Ce châssis est ouvert, les objectifs démasqués, puis fermés.

Le ressort *b*, qui empêche toute la partie supérieure de descendre, est alors poussé, de sorte que la partie inférieure de la glace sensible peut recevoir les deux autres images en démasquant les objectifs.

Le reste est analogue à ce que nous avons dit de l'appareil employé en France.

La figure 129 montre le nouvel obturateur de M. Mann en perspective, et la figure 131 ouvert, pour mieux en laisser saisir le principe.

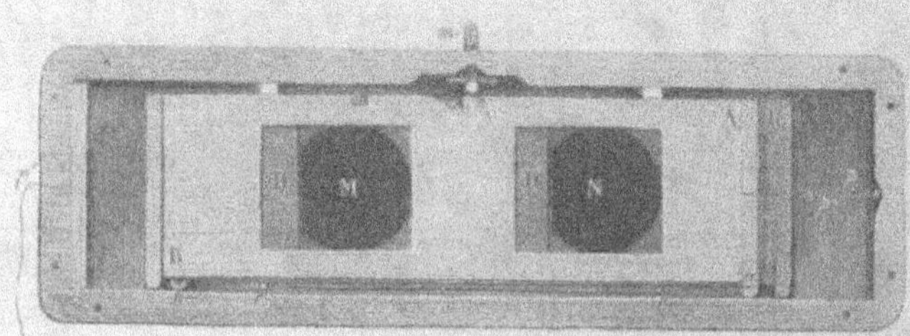

Fig. 131. — Obturateur instantané de M. Mann.

Dans un cadre en bois se trouvent les deux ouvertures circulaires M, N qui s'adaptent sur les objectifs. Deux planchettes AB, DC sont percées de trous carrés de dimension égale. Un fil *p*, *p'* relie ces deux planchettes entre elles. La planchette inférieure D porte un fil *p''* que l'on tire de l'extérieur de manière à amener la planchette AB contre la paroi *p''* et la planchette inférieure contre la paroi *p*. En cet état les ouvertures M et N sont fermées.

Pour amener les deux planchettes dans cette position il faut un certain effort, parce qu'un fil de caoutchouc *a c d b*, faisant fonction de ressort, tend à amener les planchettes précisément dans un ordre inverse. Ce fil est représenté isolément dans la figure 132.

Un arrêt à ressort *m* très-léger arrête la position des deux planchettes, lorsque, prêt à opérer, l'on a tiré le fil *p''*. Vient-on à appuyer légèrement sur l'arrêt *m*, les deux planchettes, sollicitées par le fil de caoutchouc, partent toutes les deux en sens inverse, et si rapidement, que nous n'estimons pas la durée de la pose à plus de $^1/_{7^e}$ de seconde de temps.

La figure 132 montre ce qui se passe en ne considérant qu'une seule ouverture. A montre l'appareil fermé; B les deux planchettes qui découvrent d'abord le centre de l'objectif, puis les bords; C l'appareil ouvert; D les planchettes qui ferment l'ouverture en commençant par les bords et en finissant par le centre; E l'appareil fermé et au repos.

Malgré ses désavantages, l'obturateur représenté figure 118 nous

Fig. 132.

semble plus simple, surtout s'il est placé à l'intérieur de l'appareil et renversé. L'obturateur de M. Mann est, au contraire, préférable pour les vues instantanées.

BOITE A ESCAMOTER.

La boite à escamoter représentée figures 133 et 134 s'emploie pour changer les glaces en pleine lumière.

En voici la description[1] :

La boite à glaces (fig. 133), dont nous recommandons l'usage, se

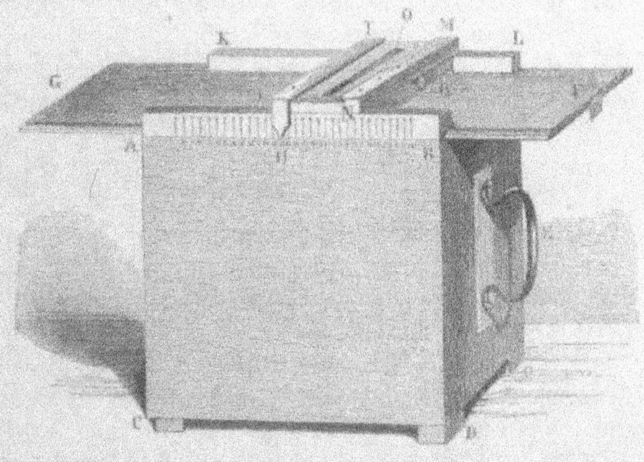

Fig. 133. — Boite à glaces.

compose d'une boite A B C D Q, montée sur taquets C D Q, pour pouvoir être posée sur la terre, même pierreuse, et y garder une

(1) Elle est empruntée à un excellent ouvrage de M. de la Blanchère, intitulé « *Monographie du stéréoscope.* »

assiette stable. Elle se porte par la poignée E; elle est de grandeur à contenir 24 à 25 glaces doubles 1/8 dont on se sert habituellement pour faire les épreuves stéréoscopiques, mais elle peut être construite pour toute autre grandeur. Les rainures intérieures sont arrondies et évidées, de manière que les glaces ne portent que sur les carrés du verre pour ne pas offenser la couche sensible. Le fond de la boite CDQ, où retombent les glaces, est garni en caoutchouc à l'intérieur.

GF est un couvercle mobile glissant dans les rainures KL, AB, à frottement doux; pour obtenir cet effet par tous les temps, les bords supérieurs de la boite, dans la coulisse, sont garnis en drap. Ce couvercle se plie par une charnière en IJ; la portion GIJ se rabat sur AKC, et s'accroche en-dessous avec un crochet; la partie FIJ reste entre les coulisses et ne peut les dépasser à cause d'un arrêt en cuivre F, placé exprès.

La partie IJMN est la plus intéressante de l'appareil. Elle se compose d'une planchette MN fixée sur le couvercle IJF, et glissant avec lui entre les coulisses. Cette planchette porte une ouverture O de la largeur des glaces stéréoscopiques. Un tiroir intérieur la ferme, constamment poussé par un ressort; mais en tirant sur le bouton R, on ramène le tiroir auquel il est attaché, il ouvre alors l'ouverture O, et retombe en vertu du ressort sitôt qu'on le lâche.

AB est une bande de cuivre percée de trous espacés juste comme les glaces à l'intérieur, H est une aiguille pointue portant un trou correspondant à ceux de la bande AB sur laquelle elle glisse en même temps que le couvercle entier. Au-dessous de chaque trou sont des numéros de 1 à 25.

Si, amenant l'aiguille H vis-à-vis d'un des trous, nous l'y arrêtons par une goupille attachée à une petite ficelle après la boite, nous serons sûrs qu'en ouvrant le ressort R, il passera par l'ouverture O, la glace placée en face du numéro sur lequel l'aiguille est fixée. Lorsque la lumière a agi, on fait rentrer la glace au même endroit, on avance l'aiguille, et par conséquent le châssis GF auquel elle tient, d'un numéro, et l'on sait toujours à un moment donné combien de glaces sont impressionnées et combien il en reste de disponibles.

Il s'agit maintenant de changer la glace en pleine lumière sans danger pour la couche sensible. On y parvient aisément au moyen du châssis à escamoter (fig. 134). Ce châssis se compose d'un bâtis analogue à ceux des châssis ordinaires ACNI, présentant du côté de l'intérieur de la chambre noire deux trappes verticales V, V', dont l'une dans la figure est ouverte et l'autre fermée. On les maintient dans cette dernière fonction au moyen de petits taquets de cuivre placés sur ABIM.

Sur la partie extérieure de ce châssis, est un cadre BCMN, qui permet au volet P de s'élever ou de s'abaisser dans son intérieur parallèlement à la surface AIJ. Ce mouvement est facilité par deux petits ressorts placés dans l'épaisseur du cadre, et qui repoussent le volet P vers le dehors. T est une bascule tournant autour d'un axe fixé sur le volet P. Elle a une épaisseur calculée de manière qu'en appuyant sur le volet P pour l'enfoncer, et faisant tourner la bascule parallèlement aux côtés M N et B C, cette bascule entre sous l'épaulement du cadre BCMN, et maintient le volet P immobile.

Dans la figure 134 on voit la bascule détournée, le volet P repoussé par les ressorts, et l'on aperçoit une fente au milieu de la face IJMN. C'est par cette fente qu'on introduit la glace stréréoscopique. Il faut pour cela que le volet P soit desserré comme dans la figure.

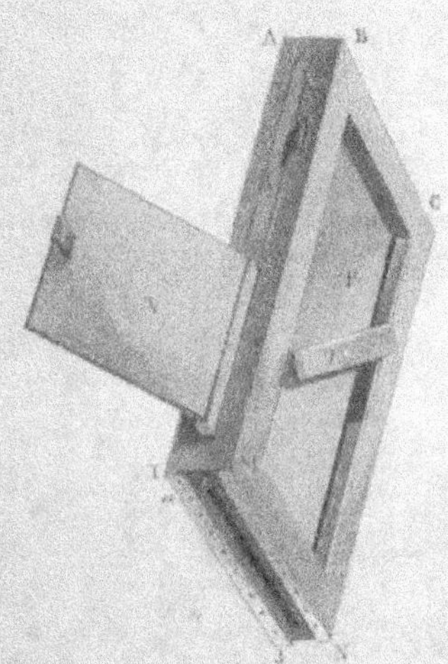

Fig. 134. — Châssis à escamoter.

La glace étant introduite dans le châssis, si nous tournons la traverse T en l'appuyant sur le volet P, l'ouverture de IJMN se trouvera fermée par un rebord intérieur que porte le volet P. Voyons maintenant l'usage simultané des deux appareils (fig. 133 et 134).

Les volets V et V' du châssis (fig. 134) étant fermés et maintenus par leurs taquets, et la boite à glace étant, comme dans la figure 133, on détourne la bascule T pour desserrer le volet P. On place la partie JN du châssis dans la partie JN du couvercle de la boite, on fait glisser dans cette coulisse la partie IJMN du châssis qui est garnie de deux petits coulisseaux de cuivre, jusqu'à ce que l'arrêt *a* vienne butter contre JN (fig. 133). Dans cette position, les deux fentes coïncident, et si, plaçant verticalement la boite au-dessus du châssis, pendant que ces appareils se tiennent, on ouvre le ressort R, une glace, par son propre poids, tombera de la boite dans le châssis. Vous laissez repartir le ressort R qui ferme le fente du couvercle, vous tournez la bascule T sous le cadre, elle appuie sur la glace intérieure le volet P, et en même temps, elle ferme la fente de IJMN. Vous séparez alors le châssis de la boite au moyen des coulisses en cuivre dont il est parlé plus haut en IJ et en MN, le châssis est emporté à la chambre noire, et la glace est prête à impressionner.

Cette opération terminée, pour rentrer la glace impressionnée dans la boite, il faut agir inversement, joindre les deux appareils ensemble, détourner la bascule, pour rendre la glace libre, tourner le châssis verticalement au-dessus de la boite, ouvrir le ressort R; la glace retombe à sa place, où elle est reçue sans choc par le caoutchouc disposé au fond de la boite. On fait avancer l'aiguille H et le couvercle GF d'un numéro, on retourne sens dessus-dessous la boite et son châssis, et on recommence la même série d'opérations.

3. — GLACES, CUVETTES, ET LEURS ACCESSOIRES.

On se sert généralement de glaces pour le procédé à l'albumine, et de verres ordinaires pour le procédé au collodion, excepté pour les grandes dimensions.

L'emploi des glaces est préférable à celui des verres, parce que ceux-ci se nettoient beaucoup plus difficilement et qu'ils sont sujets à

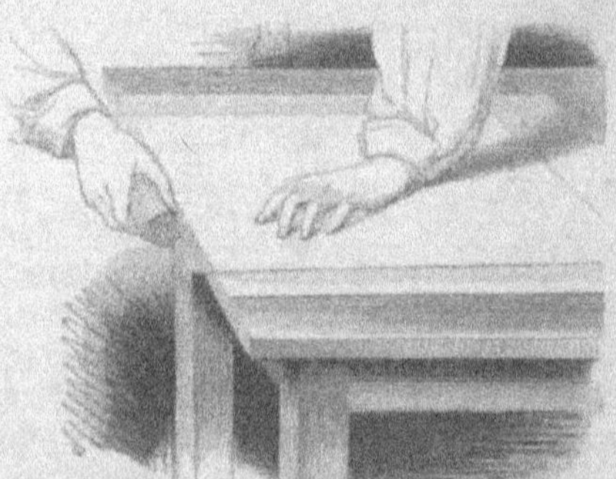

Fig. 133. — Roder les glaces.

se casser dans les châssis à reproduction. L'on ne devrait pas, au-dessus de la demi-plaque, se servir de verre ordinaire.

Le verre français de premier choix est très-beau, mais il est d'un prix fort élevé. Quant aux glaces que l'on trouve en France, non-seulement elles sont d'un prix très-élevé, suite du monopole de certaines manufactures, mais encore elles sont trop épaisses pour les dimensions ordinaires.

La glace anglaise connue sous le nom de « *patent-plate* » est bien polie et coûte moins que les glaces françaises (bien entendu dans les dimensions qui ne dépassent pas 25 cent. sur 32). Le verre en est très-doux et se prête à un facile nettoyage.

Le verre blanc sera donc recherché à cause de son prix peu élevé, et les glaces réservées aux grandes dimensions et aux négatifs précieux.

Voici les dimensions les plus usitées en France et en Angleterre :

France.		Angleterre.	
En centimètres.	En pouces anglais.	En centimètres.	En pouces anglais.
7,5 × 9,2	3 × 3 5/8	6,3 × 3	2 1/2 × 2
9,3 × 12,5 (dite 1/4)	3 3/4 × 5	8,2 × 6,9	3 1/4 × 2 3/4
12 × 16	4 3/4 × 6 1/4	10,8 × 8,2 (dite 1/4)	4 1/4 × 3 1/4
13,6 × 18 (dite 1/2)	5 3/8 × 7 1/8	12,7 × 10,2	5 × 4
18 × 24 (dite 1/1)	7 1/8 × 9 7/16	16,5 × 12, (dite 1/2)	6 1/2 × 4 3/4
21 × 27	8 1/4 × 10 5/8	21,6 × 16,5 (dite 1/1)	8 1/2 × 6 1/2
25 × 32	9 7/8 × 12 1/2	20,3 × 25,4	8 × 10
27 × 35	10 5/8 × 13 3/4	25,4 × 30,6	10 × 12
30 × 40	11 3/4 × 15 5/8	38,3 × 30,6	15 × 12
40 × 50	15 3/8 × 19 3/8	45,8 × 40,8	18 × 16
8,5 × 17 (stéréoscop.)	3 3/8 × 6 3/4	17 × 8,2	6 3/4 × 3 1/4

Les verres ou les glaces, après avoir été coupés, doivent avoir leurs

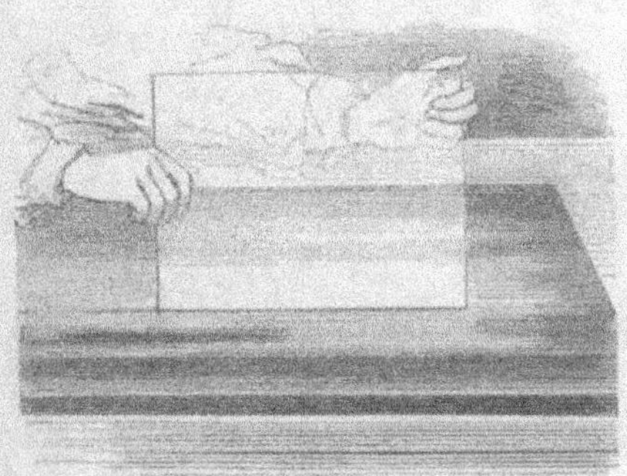

Fig. 136. — Roder les glaces.

arêtes enlevées à la pierre à aiguiser (fig. 135), puis usées sur une plaque de fonte avec de l'émeri (fig. 136).

Outre le verre blanc on se sert, en Angleterre et en Allemagne, de verre violet pour les épreuves positives directes sur collodion.

Le *verre opale* (fig. 139) est du verre ordinaire couvert d'une couche d'émail blanc, et sert à des positifs sur albumine ou sur collodion qui ressemblent beaucoup à des peintures sur porcelaine. Ce genre mérite l'attention des photographes de profession.

On a proposé le talc et le mica pour les petits portraits qui garnissent les broches, mais on a, paraît-il, définitivement renoncé à ces matières.

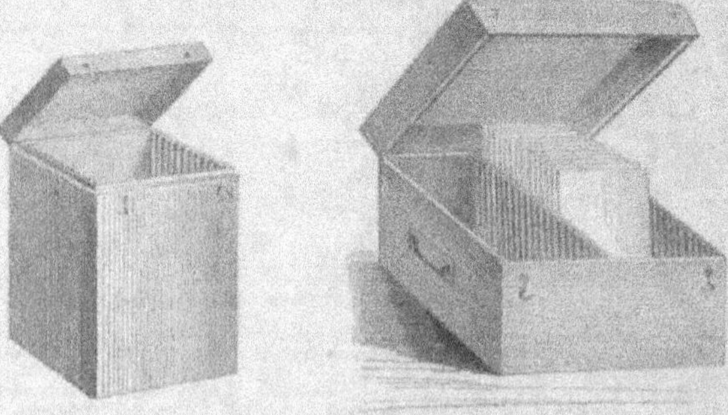

Fig. 157. — Boîtes à glaces. — Fig. 158.

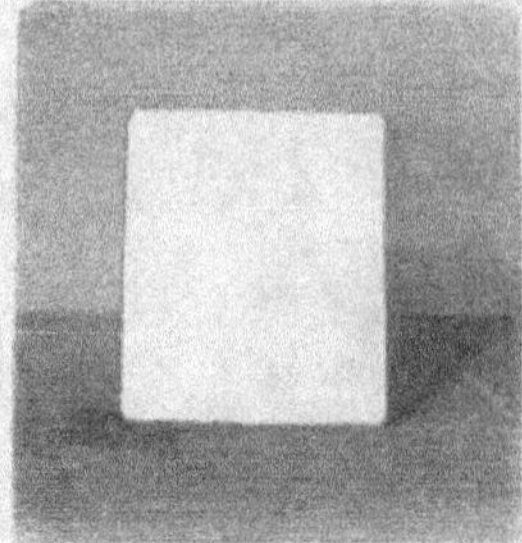

Fig. 159. Verre opale.

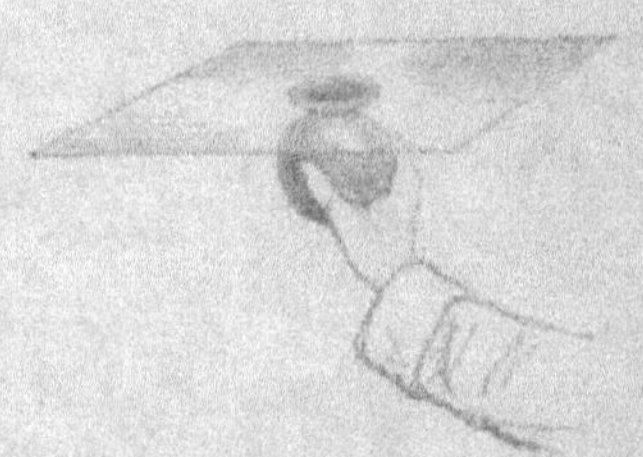

Fig. 140. Ventouse de caoutchouc de M. Davanne.

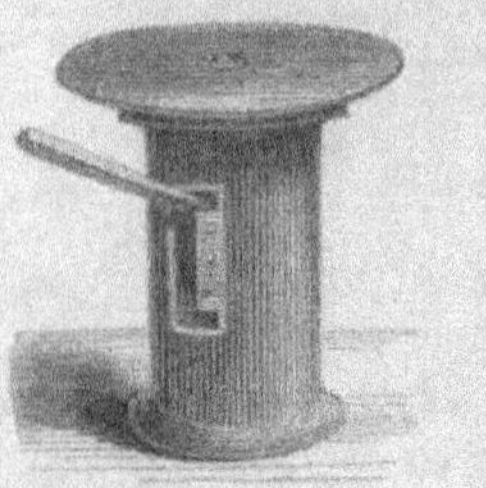

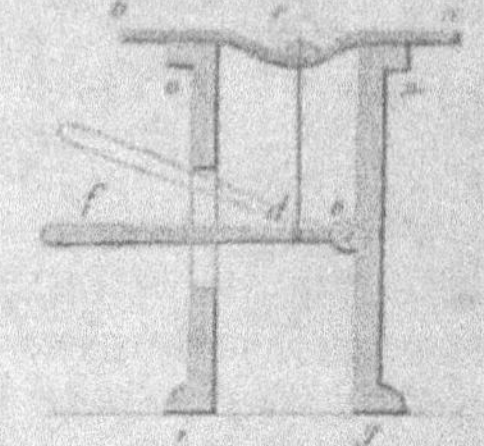

Fig. 141. — Ventouse de caoutchouc, modèle anglais. — Fig. 142.

Les glaces se conservent dans des boites à rainures. Pour les grandes dimensions, les boites n'ont qu'une rangée de rainures (fig. 137), pour les petites, une double rangée (fig. 138). Le meilleur bois pour ces boites est le sapin. Les rainures doivent être rapprochées entre elles, et ne pas avoir une profondeur de plus de 5 millimètres.

La boite qui sert à conserver plusieurs jours les glaces nettoyées doit être en fer-blanc, avec un couvercle bien ajusté, les boites en bois donnant de la poussière à l'intérieur sous l'influence du moindre choc.

Pour supporter les glaces, on emploie des ventouses de caoutchouc ou des cadres à manche. La ventouse, ou boule creuse à rebords en caoutchouc épais, s'applique sur la glace en la comprimant pour en chasser l'air. Il est bon de mouiller les points de contact. En desserrant la boule la glace y adhère (fig. 140). La ventouse anglaise (fig. 141 et 142) formée d'une lame *a b* de caoutchouc mobile par un levier *c d f*, et supportée par un cylindre de bois *o i g n* est encore plus solide.

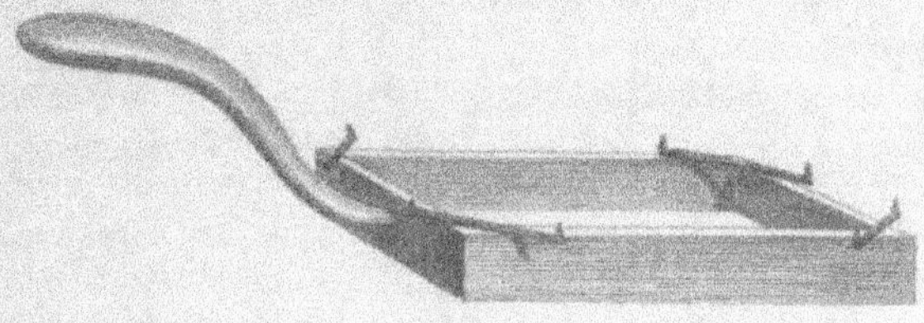

Fig. 143. — Cadre à manche.

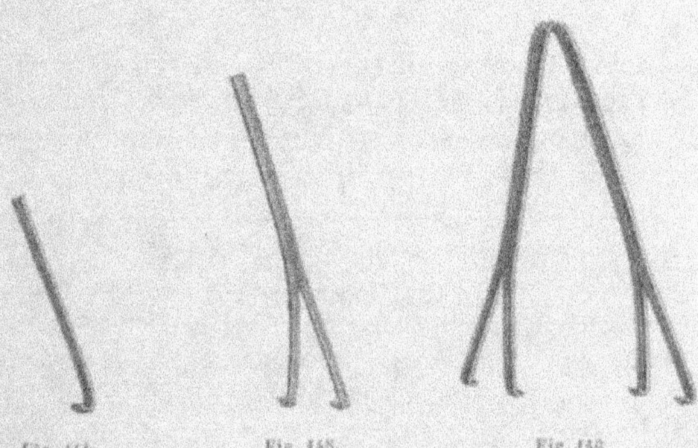

Fig. 144. Fig. 145. Fig. 146.

Le cadre à manche (fig. 143) s'emploie beaucoup et est très-commode. Un coup-d'œil sur la figure suffit pour en faire comprendre la construction. Il est bon que les arrêts des coins soient moins élevés que la glace.

Ces cadres peuvent se faire en gutta-percha, et les lames qui retiennent les glaces, en argent.

Nous avons vu des cadres à manche à arrêts mobiles, mais tous ces appareils, très-ingénieux à la première vue, ne tardent pas à être abandonnés après un certain usage. Les meilleurs opérateurs sont précisément ceux qui emploient le moins d'appareils.

On a décrit beaucoup d'autres supports dont nous ne contestons pas l'excellence, mais il nous suffit d'avoir cité les plus employés.

Quant aux crochets, les meilleurs sont en baleine ou en argent. On les fait tantôt simples, tantôt bifurqués (fig. 144, 145 et 146). Les derniers, à doubles crochets, sont excellents pour plonger les glaces dans les bains horizontaux.

On sait qu'il est facile de ployer la baleine dans la flamme d'une bougie; après le refroidissement, elle conserve la forme qu'on lui a donnée.

Les cuvettes en gutta-percha sont les plus employées; elles sont plates (fig. 147), ou à recouvrement (fig. 148); ces dernières sont surtout commodes pour plonger la glace dans le bain d'argent.

La cuvette en porcelaine (fig. 149) est meilleure, parce qu'elle n'est pas attaquée par les solutions argentifères.

On emploie en Angleterre des cuvettes en verre moulé encore préférables aux précédentes.

La cuvette à fond de verre (fig. 150) se fait en enchâssant une lame de verre dans du bois de chêne verni à la gomme-laque, et en coulant de la cire à cacheter fondue sur les joints. On en fait dont les bords intérieurs sont également garnis de verre. Ces cuvettes ne durent pas aussi longtemps que les autres, mais sont recherchées à cause de leur bas prix, surtout pour les grandes dimensions.

Une cuvette en terre de pipe, ou même en argile cuite ordinaire, mais non vernissée, trempée quelques instants dans la cire fondue, est aussi bonne que la cuvette en porcelaine, et résiste un temps indéfini, même à l'action des solutions argentifères.

Le caoutchouc mêlé de chaux, tel qu'on l'emploie pour la confection des peignes et autres ustensiles, a été également employé sous le nom d'*ébonite*, pour en faire des cuvettes, mais elles s'attaquent rapidement par les bains d'argent, qu'elles réduisent à l'état métallique.

Pour les lavages, on se sert avec avantage d'un bac (fig. 151) garni à l'intérieur de gutta-percha. Sur le côté, on peut ménager une boîte

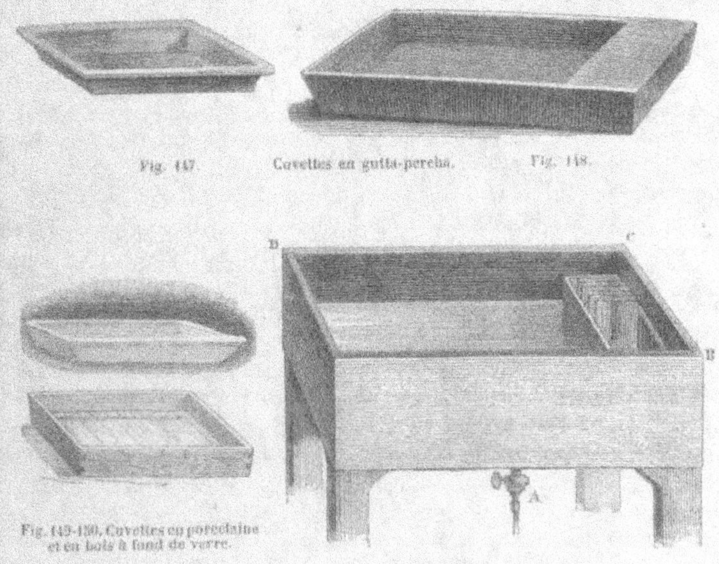

Fig. 147. Cuvettes en gutta-percha. Fig. 148.

Fig. 149-150. Cuvettes en porcelaine et en bois à fond de verre.

Fig. 151. — Cuve à lavage.

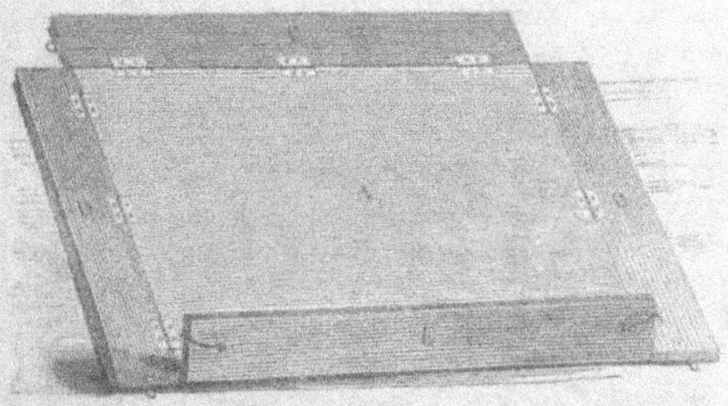

Fig. 152 — Cuvette pliante en bois.

à rainures en fer de fonte ou en gutta-percha, dans laquelle on peut enlever des glaces l'albumine, le collodion, etc.

Le tube à robinet A, que l'on voit sur la figure, doit dépasser un peu le fond de la cuvette, afin de ne laisser écouler que le liquide clair. Les résidus qui couvrent le fond peuvent alors être recueillis et brûlés pour en retirer l'argent qu'ils contiennent toujours en grande quantité.

Pour le voyage, on fait d'excellentes cuvettes en pliant une feuille de bristol en forme de cuvette, et en l'enduisant plusieurs fois de suite d'une couche de vernis épais formé d'alcool et de gomme laque.

Ce qui vaut mieux (fig. 152) c'est une planche A à bords B, C, D, E mobiles, qui peuvent se redresser et se fixer à l'aide de crochets. A l'intérieur se place cette étoffe revêtue de caoutchouc dont on fait les manteaux imperméables. Cette étoffe se vend au mètre, et n'est attaquée par aucun des liquides employés en photographie. Pour ces immenses cuvettes nécessitées par les nouveaux procédés de grandissement, nous ne croyons pas que l'on peut réaliser une cuvette plus économique.

Les *cuvettes verticales* méritent, pour le procédé au collodion, la préférence sur les cuvettes horizontales.

Le meilleur modèle que nous ayons vu jusqu'ici est fabriqué par M. Forrest, de la Société photographique de Liverpool(1). Il consiste (fig. 154) en une cuvette en verre moulé, à section elliptique, de manière à ne pas érailler la couche de collodion de la glace qui y est introduite. Deux bandes de caoutchouc *a a*, reliées à un T en zinc, composent le support.

Ces cuvettes sont excellentes à cause de leur solidité, du peu de liquide qu'elles tiennent, de la facilité avec laquelle elles se nettoient, et surtout, à cause de leur transparence qui permet d'examiner la glace.

Pour les bains d'argent, les mêmes cuvettes sont construites en verre jaune, ce qui préserve la glace de toute lumière étrangère. Ajoutons que ces cuvettes coûtent beaucoup moins que les cuvettes ordinaires en gutta-percha.

Pour le voyage, la cuvette D (fig. 155) s'enferme dans une enveloppe en gutta, *c c* B sert de support, et le couvercle E, en bois et caoutchouc, s'adapte sur la cuvette avec la vis F. Ces cuvettes sont alors beaucoup plus solides que celles en gutta, et se closent hermétiquement, de sorte qu'on peut se passer de flacon pour le bain d'argent, le cyanure ou tout autre bain.

On se sert, pour plonger la glace dans ces cuvettes, de crochets en verre cannelé et recuit (fig. 153). Une lame plate ferait adhérer la glace à son support.

Tout est donc verre dans cet excellent système, de sorte que les bains, surtout le bain d'argent, sont affranchis de tout contact étranger.

(1) *British Journal of Photography.*

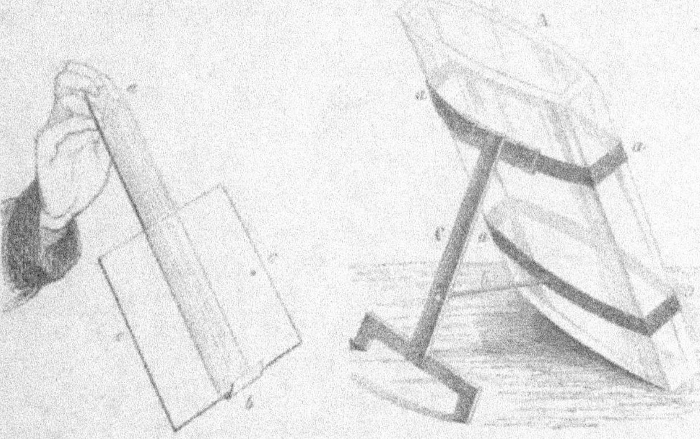

Fig. 153. — Crochet à glace.

Fig. 154. — Cuvette en verre moulé.

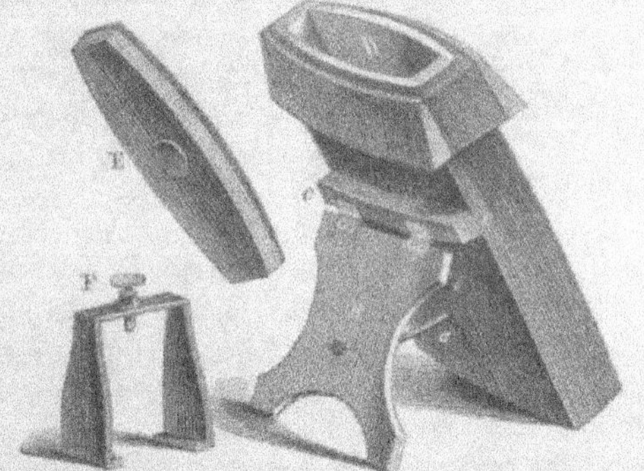

Fig. 155. — Cuvette en verre moulé et son couvercle.

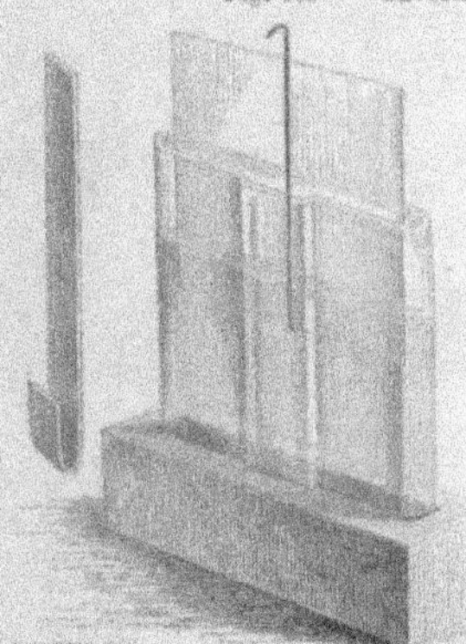

Fig. 156. — Cuvette en verre.

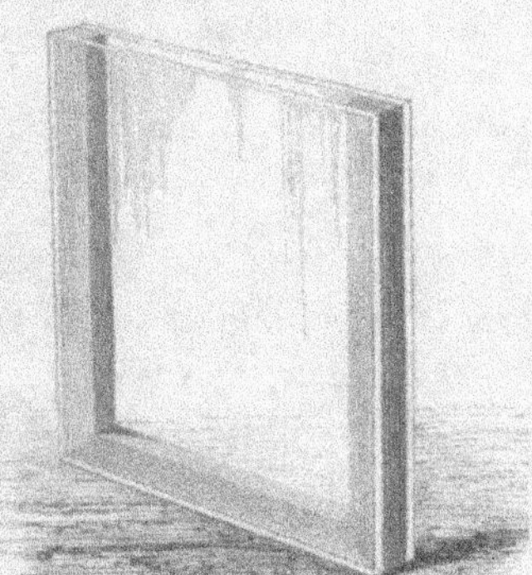

Fig. 157. — Cuvette en glaces collées.

La cuvette verticale allemande (fig. 156) est accompagnée d'un crochet en argent ou en gutta. Elle est complétement verticale, et nécessite des bains abondants. La couche est aussi sujette à s'érailler par le frottement contre l'une des surfaces.

La cuvette verticale en lames de glaces collées, à intermédiaire de bois verni ou de gutta (fig. 157), prend moins de liquide, mais possède les autres défauts que nous avons énumérés plus haut.

Les cuvettes à intermédiaire de bois verni se construisent aisément en collant, à chaud, à l'aide d'une solution épaisse de gomme-laque dans l'alcool, deux glaces sur un cadre en bois bien dressé et préalablement enduit du même vernis. En pressant fortement les deux glaces contre le cadre pendant que le vernis se refroidit, on produit une adhérence complète.

Quoique nous ne recommandions pas absolument l'usage de ces cuvettes, elles ne manquent pas d'être utiles pour les bains autres que les solutions argentifères; elles sont surtout avantageuses pour certaines expériences, parce qu'elles sont d'une transparence complète.

La cuvette en gutta est tellement connue que nous pouvons la passer sous silence. On lui donne un support en bois ou en gutta (fig. 158), mais ce dernier est seulement usité pour recueillir l'excès de liquide, si la cuvette était trop pleine.

Il existe en Amérique des cuvettes avec un tube qui sert à laisser écouler le liquide en excès. Quand on verse un excès de bain d'argent dans la cuvette, les impuretés lourdes restent au fond et ne gênent pas, mais celles qui sont à la surface s'écoulent, de sorte qu'il ne faut pas filtrer le bain. Avec un tube adapté sur le côté, cette opération se fait promptement; mais avec la cuvette ordinaire, le nitrate coule sur les parois extérieures, entraîne des poussières et se recouvre d'argent réduit.

Nous n'approuvons donc pas ce système, parce qu'il manque de propreté.

De tous les systèmes que nous venons de passer en revue, nous donnons la préférence à celui représenté fig. 154, et le lecteur sera sans doute de notre avis. Ajoutons que le dessinateur a exagéré la section A de la cuvette pour mieux en faire saisir la construction, mais une cuvette pour la demi-plaque ne prend que 300 cent. cubes de liquide.

Supports à glaces. Le support à glaces le plus simple est représenté fig. 159. Il se comprend à la simple inspection de la figure. Un modèle très-commode est représenté fig. 161 (1); enfin, un excellent

(1) D. Hosney. *British Journal of Photography*, August 15.

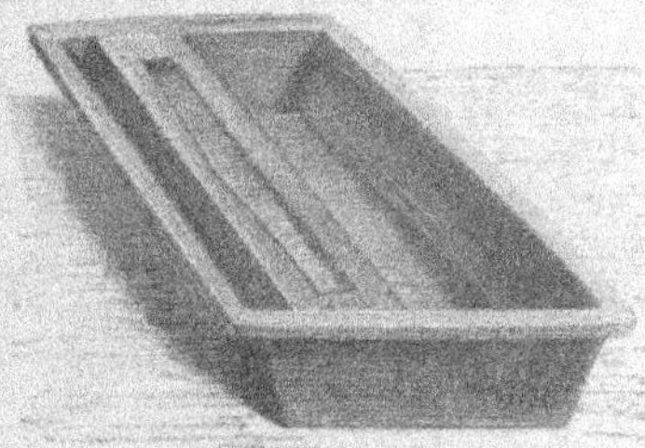

Fig. 158. — Déversoir en gutta.

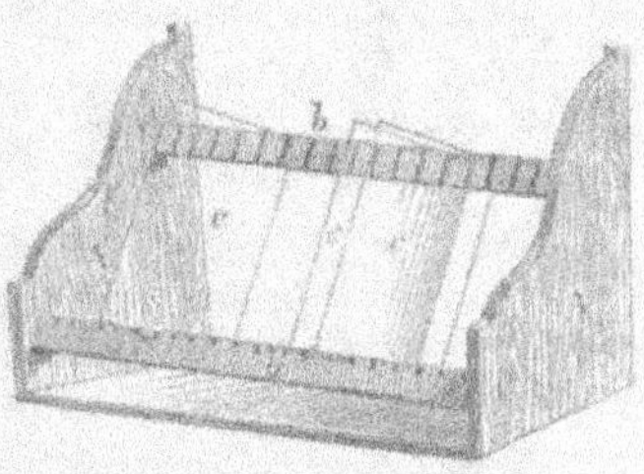

Fig. 159. — Support à glaces.

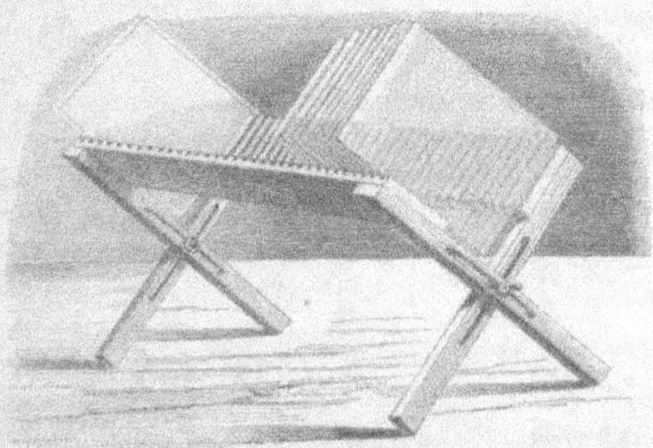

Fig. 160. — Support à glaces de M. Schlertz.

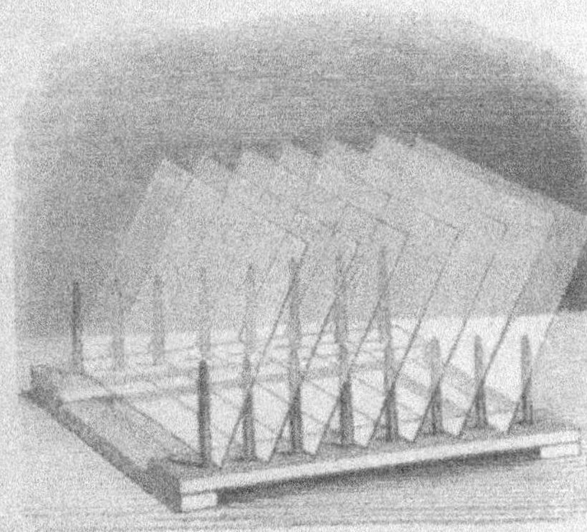

Fig. 161. — Support à glaces de M. Hornby.

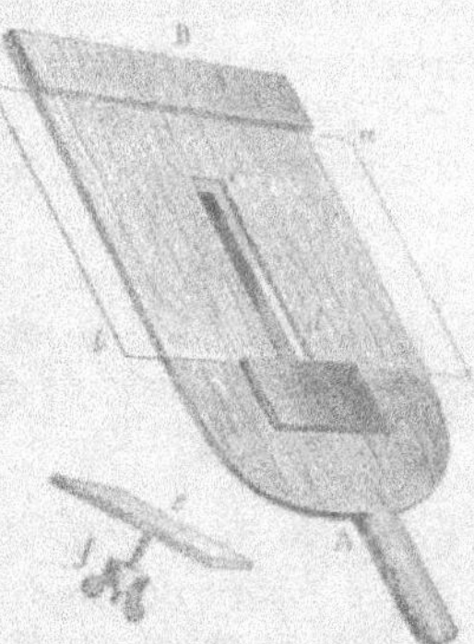

Fig. 162. — Planchette à nettoyer les glaces.

ébéniste, M. Schiertz; nous a fait voir un modèle pliant qui a l'avantage de se prêter à des dimensions de glaces diverses et qui est très-élégant (fig. 160).

La planchette à nettoyer les glaces est représentée fig. 162. Elle se compose d'une planchette A B à rainure et à arrêt B. La glace *a b* se fixe à l'aide d'une pièce mobile *e* et d'une vis *f*.

Il existe un autre modèle où l'arrêt *e* est mobile à l'aide d'une vis en bois, mais nous préférons le modèle précédent. Nous ferons cependant observer que le rebord B et l'arrêt *e*, doivent être moins épais que la glace; dans la figure on voit le contraire, c'est une erreur du dessinateur.

§ 2. APPAREILS RELATIFS AU TIRAGE DES POSITIFS SUR PAPIER.

Ces appareils, peu nombreux, sont généralement connus de tout le monde, aussi ne ferons-nous, pour ainsi dire, que les énumérer.

1° *Les pinces* à suspendre le papier, formées de deux lames de bois réunies par du caoutchouc (fig. 163) et fixées sur une corde. En remplaçant le caoutchouc par un ressort (fig. 165), elles deviennent beaucoup plus fortes et peuvent retenir des feuilles d'un poids plus grand.

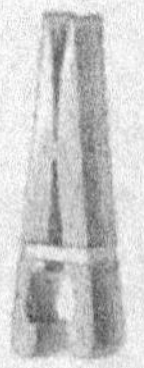

Fig. 163. Pince à papier.

2° Les *pinces* en buis (fig. 166), qui servent à manier les épreuves dans les bains et à éviter ainsi le contact des mains.

3° Les cuvettes profondes en gutta, ou en toute autre matière, dont nous avons déjà parlé.

4° L'appareil à conserver le papier sensibilisé (fig. 164).

C'est une simple boite en zinc munie d'un couvercle qui *ferme hermétiquement* à l'aide d'un large bord. Il faut *une fermeture parfaite*, c'est là une condition essentielle.

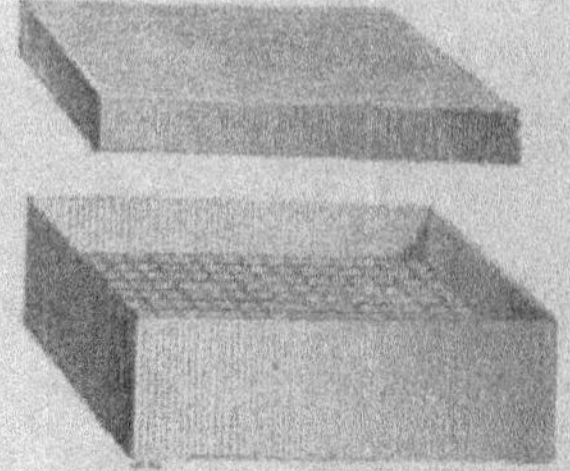

Fig. 164. — Appareil à conserver les papiers sensibilisés.

Au fond de la boite, se trouve une cuvette en fer battu ou mieux en porcelaine, dans laquelle on place le plus possible de fragments de *chlorure de calcium desséché*.

Le milieu de la boite de zinc présente un rebord sur lequel repose un cadre garni d'une toile métallique. Sur ce cadre se placent les feuilles sensibilisées et sèches. Le couvercle est ensuite fermé.

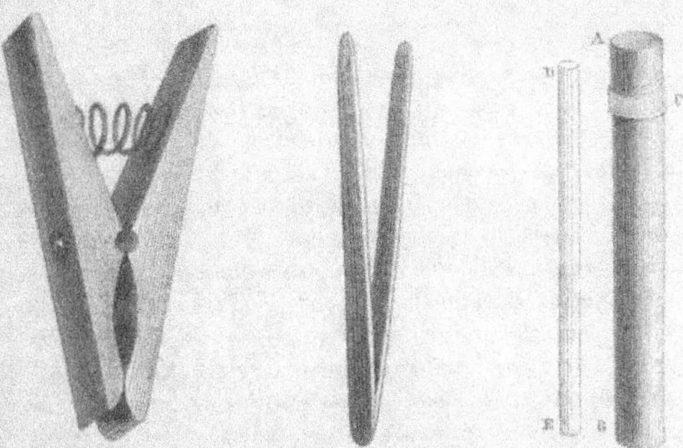

Fig. 165. Pince à ressort. Fig. 166. Pince en bois. Fig. 167. Cylindre Marion.

Le chlorure de calcium possède la propriété de tenir l'air de la boite dans un état de sécheresse presque absolue en condensant continuellement l'humidité, aussi ce chlorure se couvre-t-il insensiblement d'une couche liquide.

Chaque fois que l'on a besoin de quelques feuilles le couvercle est enlevé; on en prend un certain nombre et l'on se hâte de le refermer hermétiquement, sinon le chlorure de calcium ne tarderait pas à se liquéfier complètement.

Si l'on voit que le chlorure de calcium a pris beaucoup d'humidité, on enlève la toile métallique, puis la cuvette remplie de chlorure pâteux, que l'on place dans une étuve fortement chauffée, où, au bout d'une demi-heure, il a repris sa sécheresse primitive. On voit donc que cette substance peut servir indéfiniment.

En voyage, il vaut mieux se servir de l'étui cylindrique de M. Marion (fig. 167). C'est un cylindre en zinc à couvercle, dans lequel se trouve un second cylindre en toile contenant le chlorure de calcium. Le cylindre desséchant sert à enrouler, d'abord une feuille de buvard, puis des feuilles sensibilisées. Le couvercle est ensuite ajusté, et, afin de rendre la fermeture encore plus complète, on adapte sur le joint un anneau plat de caoutchouc.

Quand on a besoin d'une feuille on la prend rapidement, pour que le cylindre à chlorure ne prenne pas l'humidité. Si cela arrivait, on le dessécherait dans une étuve modérément chauffée; dans une étuve trop chaude la toile du cylindre roussirait.

Cet appareil étant clos par un anneau de caoutchouc, ferme bien mieux que la boîte carrée; aussi le papier sensibilisé s'y conserve-t-il un an et même davantage.

Le chlorure de calcium s'achète chez tous les marchands de produits chimiques, et, d'ailleurs, rien n'est aussi facile que de le faire.

Il suffit, pour cela, de dissoudre de la chaux dans de l'acide chlorhydrique, et de dessécher la masse dans un four ou une marmite de fonte, en la brassant de temps à autre avec une barre de fer.

La boîte à chlorure de calcium sert aussi bien à conserver les épreuves insolées que celles qui n'ont point subi l'action de la lumière. Comme il est préférable de fixer un grand nombre d'épreuves à la fois, qu'en faire tantôt quelques unes puis quelques autres; comme, d'ailleurs, en opérant ainsi on gagne beaucoup de temps, nous conseillons de se faire, au lieu d'une seule boîte à chlorure de calcium, plusieurs qui serviront, l'une à conserver les papiers chlorurés blancs, l'autre les papiers destinés à un usage immédiat, la troisième les papiers insolés. A la rigueur les deux dernières catégories pourraient se résumer en une seule, et, cette boîte devant être moins parfaite, on pourrait la faire en bois.

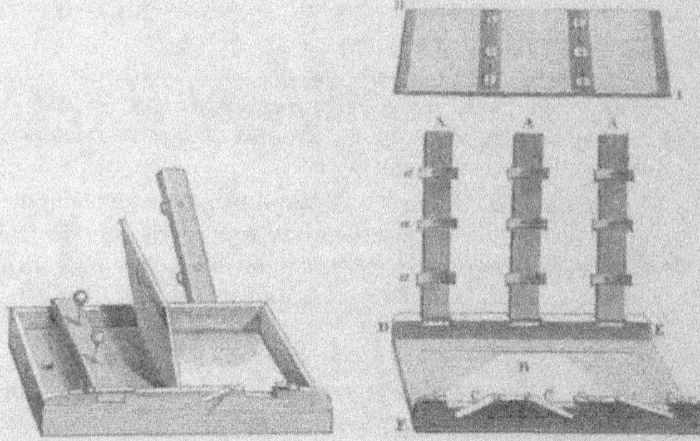

Fig. 168. — Châssis à reproduction. Fig. 169. — Châssis à reproduction.

5° Le *châssis à reproduction* sert au tirage des épreuves positives sur papier.

C'est (fig. 168) un simple cadre en bois au fond duquel se trouve une très-forte glace que l'on nettoie bien des deux côtés avant de s'en servir. Sur cette glace on met le négatif, la face non couverte de collodion touchant la glace, tandis que le côté sensibilisé du papier presse la couche de collodion.

Pour maintenir ce papier bien en contact avec la glace qui porte l'image, une planchette, susceptible de se plier en deux est maintenue par des barres transversales à vis ou à ressorts. Veut-on examiner l'effet de la lumière sur le papier? on ouvre l'une des barres transversales, et, en faisant plier la planchette, on détache l'une moitié du papier et on l'examine.

On se sert parfois de deux glaces épaisses mobiles sous la planchette pliante, surtout si le négatif est sur papier, ce qui produit une adhérence beaucoup plus forte.

Au lieu des vis de bois, on préfère souvent des ressorts *a* (fig. 169), attachés aux traverses A. Si ce châssis est de grande dimension, au lieu d'une planchette double, on se servira d'une planchette triple H I.

Le cadre n'a, non plus, pas besoin d'être complet, ce qui rend le châssis encore plus léger.

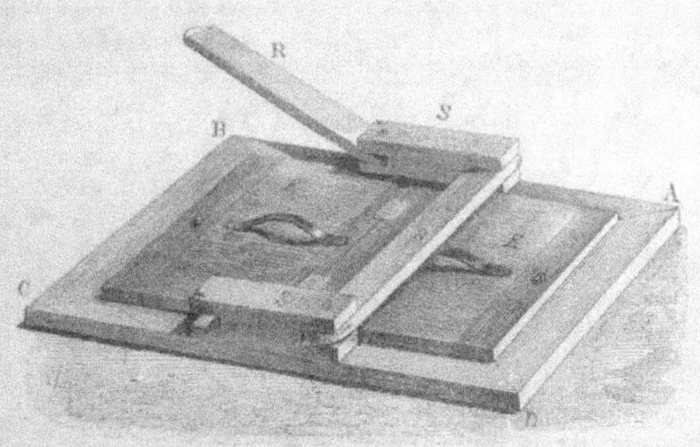

Fig. 170. — Châssis à reproduction anglais (1).

Un excellent modèle de châssis à reproduction est représenté fig. 170. C'est un simple cadre A B C D, sur la planchette E E duquel se trouvent les ressorts *o*. La planchette repose sur le négatif et celui-ci sur la glace épaisse enchâssée dans le cadre.

Sur ce cadre sont fixées deux pièces de bois S S qui servent d'attache aux fermoirs R R.

(1) D'après un modèle de MM. Horne et Thornthwaite.

C'est un modèle employé en Angleterre et réduit, comme on le voit, à sa plus simple expression.

Fig. 171. — Verre jaune à fond dégradé.

Le meilleur modèle que nous ayons eu entre les mains avait été construit par M. Marion. Le cadre était en bois et en zinc, et la planchette pliante en glace recouverte de toile. Il est impossible de réaliser un modèle qui résiste mieux aux déformations résultant de l'action des climats chauds et humides.

6° Les *verres jaunes à fond dégradé* servent à empêcher la lumière d'imprimer le négatif ailleurs qu'au centre. Il en résulte, autour du portrait, une auréole blanche qui fait souvent un fort bel effet. La fig. 171 montre un tel verre qu'il est assez difficile de représenter par la gravure, mais la fig. 175 montre mieux ce verre jaune, sauf que le bord ne fond pas du noir au blanc.

On trouve dans le commerce des verres jaunes à fond blanc de toutes les dimensions. On en trouve aussi dont le centre est jaune et les bords blancs; ils servent, dans ce cas, à produire le portrait sur un fond noir.

Possédant un seul verre jaune, on peut en faire des contre-épreuves à l'aide des procédés photographiques ordinaires, en les copiant à la chambre noire; c'est un moyen économique de s'en faire une grande quantité. Le procédé au collodion est très-favorable pour cet objet.

Pour se servir des verres jaunes à fond dégradé, on découpe dans un carton un peu plus épais que le verre jaune, un trou rectangulaire dans lequel il entre. On l'y colle avec du papier, et c'est alors sur le carton qu'on place le négatif. Si l'on opère au soleil, le verre jaune peut se fixer à l'extérieur du châssis à reproduction.

On peut se passer de verres jaunes et faire des verres à fond dégradé d'après un dessin à l'estampe que l'on copie par les procédés négatifs ordinaires.

7° Le *cylindre à satiner* est représenté fig. 172. Au lieu d'un cylindre roulant, une presse à lettres ou une presse en bois faite exprès, atteint le même but. Dans ce cas, les épreuves collées sur le bristol sont placées entre deux lames de zinc, ou, en d'autres termes, chaque bristol alterne avec une feuille de zinc. Il est indispensable d'employer du zinc en feuilles neuves, et de satiner plusieurs épreuves en même temps.

On se sert cependant presque exclusivement du cylindre à satiner, analogue à celui qu'emploient les lithographes.

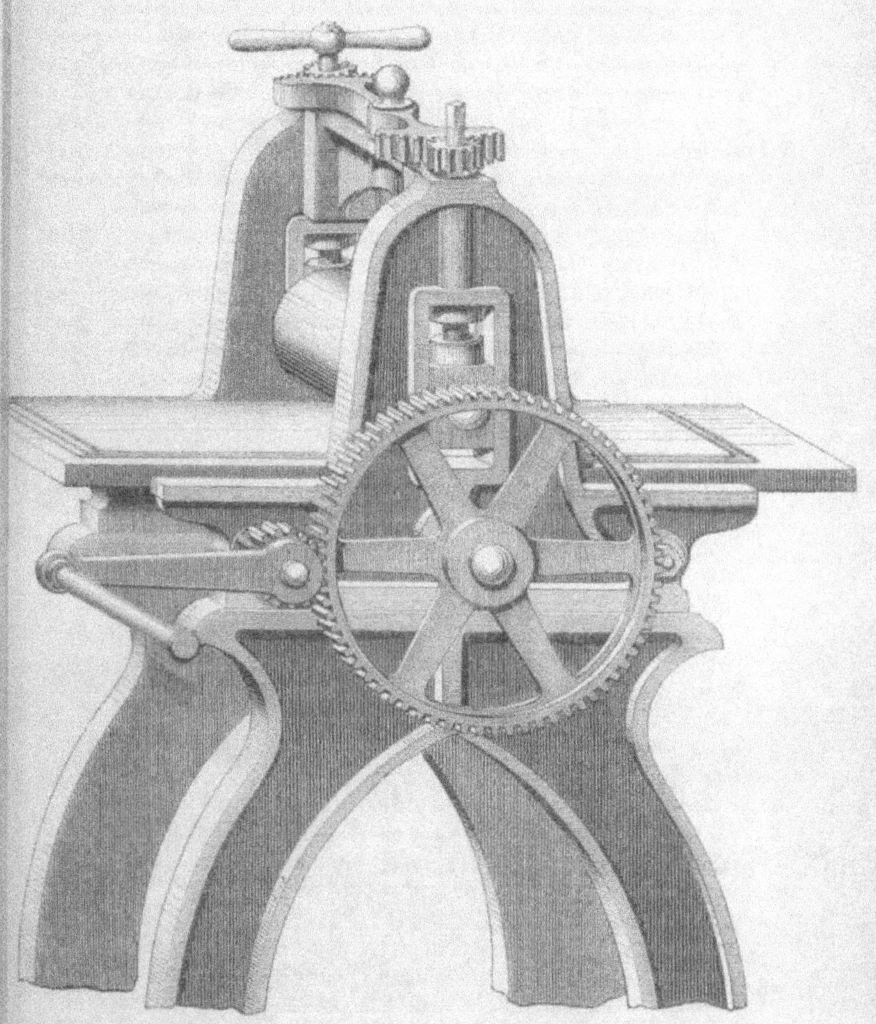

Fig. 172. — Cylindre à satiner, d'après une gravure de M. Poirier.

Cet appareil est composé d'un cylindre de fer aciéré dont les coussinets sont mobiles dans un sens vertical. Pour les faire mouvoir, on se sert d'un double levier qui s'applique sur les têtes. Il suffit de mouvoir une de ces têtes pour faire mouvoir l'autre, car le mouvement se transmet par une demi-roue à dents d'engrenages. Cependant, pour les très-petits mouvements, on agit directement sur chaque tête, les moments perdus des dents en empêchant la transmission. Ces têtes, en tournant, déplacent deux vis qui font mouvoir les coussinets, ces derniers glissant à frottement doux entre deux rebords de fer de fonte.

L'autre partie de l'appareil se compose d'une plaque de fonte ou d'acier raboté, ou d'une pierre lithographique bien plane, qui reçoit un mouvement de va et vient d'une roue à dents commandée par une roue plus petite mue à son tour par un levier très-long.

Sur cette plaque d'acier on dispose des cartons très-unis, faits exprès pour cet usage, entre lesquels se placent les épreuves à satiner. Serrant les vis, puis, communiquant le mouvement, la plaque d'acier se meut en faisant tourner le cylindre. Une pression considérable est exercée ainsi uniformément sur toute la surface du bristol, et, au bout de deux ou trois mouvements de va et vient, on serre un peu plus le cylindre contre la plaque d'acier et on recommence.

Ce manége se répète d'autant plus souvent qu'il y a plus d'épreuves à satiner à la fois; mais, pour opérer dans de bonnes conditions, il ne faut pas en mettre plus de 4 ou 5.

Le modèle que nous venons de décrire, a été construit par M. Poirier, à Paris. M. Lecoq en produit aussi d'excellents, mais en Angleterre on trouve ces presses à un prix beaucoup moindre.

Le modèle adopté dans ce dernier pays (fig. 173) est très-simple. La figure en explique le jeu, et le principe de la construction est le même que dans le modèle de M. Poirier, avec cette différence que les coussinets se réglent séparément.

La plaque d'acier poli sort des célèbres ateliers de Sheffield, elle est épaisse de 4 millimètres et supportée par une lame de bois roulant sur un cylindre de fonte que l'on ne voit pas dans la figure.

Les épreuves à satiner sont placées sur la plaque d'acier, le dos étant en contact avec le cylindre. Telle est la puissance développée qu'il suffit d'un seul passage dans ce laminoir pour glacer très-fortement une épreuve et lui donner l'apparence d'une épreuve albuminée.

Récemment on a construit de petits appareils pour glacer spécialement la dimension de la glace stéréoscopique. Ces presses servent encore pour la carte de visite.

Le meilleur modèle est formé de deux cylindres d'acier laminant la carte. C'est tout à fait le modèle du laminoir ordinaire.

Le modèle de MM. Horne et Thorntwhaite est composé d'une plaque mue par une vis, qui glisse sous un cylindre à coussinets mobiles. C'est une petite presse très-commode et qui produit, dit-on, d'excellents effets.

Comme aujourd'hui la presse à cylindrer constitue un des appareils les plus importants du matériel photographique, l'on nous permettra quelques recommandations qu'il sera bon de suivre pour leur entretien et leur usage.

Les cylindres auront au moins quatre pouces de diamètre, sinon les bristols tendent à s'enrouler. Si les cylindres ont un diamètre moindre, ils se relèvent au milieu, parce qu'ils n'offrent pas une résistance suffisante à la flexion, ce qui produit une pression inégale.

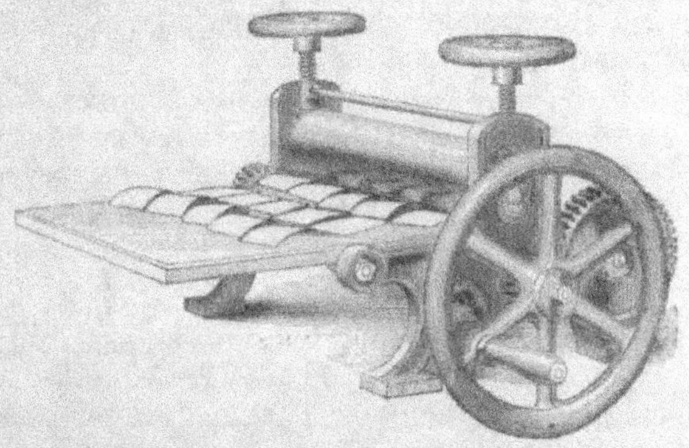

Fig. 175. — Modèle anglais de presse à satiner (1).

Les coussinets doivent se régler *séparément*, sinon le contact du cylindre avec la plaque d'acier est de nouveau inégal.

On doit conserver ces appareils dans des places bien sèches, en entretenant surtout le cylindre et la plaque d'acier qu'on nettoie de temps à autre avec un linge et quelques gouttes d'*huile de pied de bœuf*. Quand on ne doit pas se servir de longtemps d'une presse, il est bon d'enduire la plaque d'acier de cire fondue, ce qui la préserve de l'oxydation.

Quand on veut satiner très-fortement une épreuve, il est bon de commencer par une faible pression, en l'augmentant chaque fois d'un peu. On atteindra ainsi un glaçage beaucoup plus puissant qu'en serrant fortement les vis de prime abord.

(1) De Bury frères, Manchester.

Quand on satine des épreuves collées sur bristol en se servant de cartons glacés ou de feuilles de zinc entre lesquels on les place, il faut avoir soin de les arranger autant au milieu que sur les côtés, sinon ces épreuves laissent sur les cartons des traces qui se reproduisent dans des glaçages subséquents.

Quand on ne se sert pas constamment de la presse, il est bon de desserrer les têtes, afin de dégager le cylindre et d'annuler la forte pression exercée sur la plaque d'acier.

8° Le *ciseau d'acier* pour couper les bristols est formé de deux lames concaves d'acier trempé qui glissent l'une sur l'autre (fig. 176).

On coupe ainsi rapidement les bristols et les cartons, surtout si ce ciseau est d'une certaine dimension.

Quand on se sert de cet appareil, il faut maintenir le bristol contre la lame inférieure et abaisser *lentement* la lame supérieure tout en la pressant contre l'autre.

9° Les calibres, soit carrés, soit elliptiques, sont coupés dans des feuilles de zinc. Les fig. 174 et 175 représentent ces calibres *elliptiques*. Pour tracer l'ellipse, on attache (fig. 177) un cordon à deux épingles et on trace la figure à l'aide d'un crayon qui tient les fils toujours tendus.

Tout le monde sait que ces calibres servent à découper les épreuves pour les coller sur le bristol. On en aura donc de toutes les dimensions, depuis celle de la carte de visite, jusqu'à celle de la plaque normale.

10° Nous mentionnerons encore la règle, l'équerre d'acier (fig. 178), la presse à timbre sec, etc.; tous accessoires trop connus, pour que nous devions nous y arrêter.

11° Enfin, il nous reste à dire quelques mots des passe-partout et des cadres.

Disons d'abord que c'est la grandeur de la glace de l'appareil photographique qui détermine la mesure intérieure du passe-partout. Nous avons donné page 159, la grandeur des glaces françaises et anglaises pour la plaque entière, demi plaque, tiers, quart, etc.

Quand donc on dit, passe-partout quart, demi, etc., on n'en entend pas désigner la grandeur extérieure, mais bien celle de la glace qui comporte cette dimension.

Les cadres correspondent aux passe-partout, ainsi quand on voit sur un catalogue « passe-partout $^1/_1$, cadre $^1/_1$, » cela veut dire que le passe-partout sert à renfermer des épreuves $^1/_1$, et le cadre le passe-partout précité.

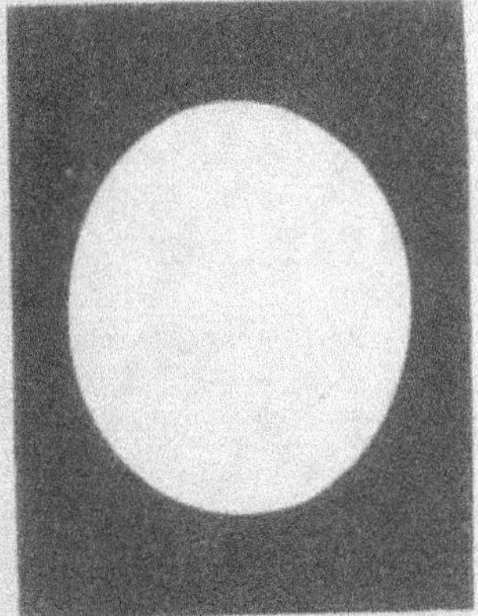

Fig. 174. — Calibres elliptiques. — Fig. 175.

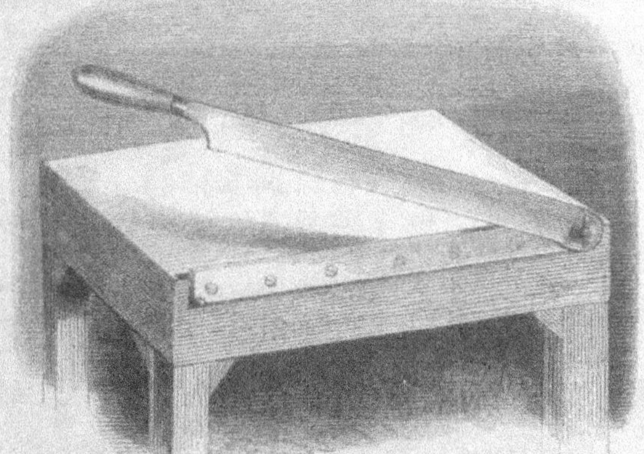

Fig. 176. — Couteau à couper le bristol.

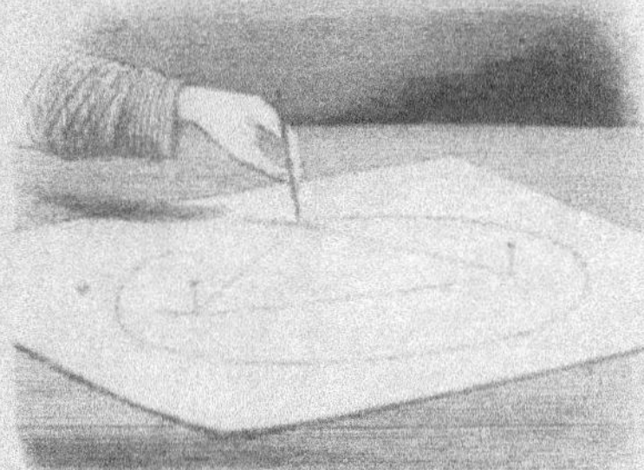

Fig. 177. — Tracer l'ellipse.

Fig. 178. — Équerre d'acier.

DAGUERRÉOTYPE.

Des plaques. Le choix des plaques destinées aux épreuves daguerriennes doit être fait avec beaucoup de soin. L'argent qui les recouvre doit être très-pur et d'une homogénéité parfaite. Il arrive souvent qu'elles présentent à leur surface une infinité de petits points noirs (taches de cuivre, raies, trous, etc.), qui nuisent au plus haut degré à la pureté des épreuves.

Les plaques ordinaires sont en cuivre rouge doublé d'argent. Elles s'obtiennent en passant au laminoir une forte lame de cuivre sur laquelle on a préalablement soudé une lame d'argent. Les deux métaux adhèrent fortement par la compression, et s'amincissent en égale proportion. On dit qu'une plaque est au 30e, au 40e, quand l'épaisseur de la couche d'argent est le 30e ou le 40e de celle du cuivre.

La feuille de cuivre argenté passée au laminoir n'est pas encore assez unie pour être employée directement. On commence donc par la recuire pour la rendre moins rigide, puis on la plane au moyen du marteau.

On trouve aussi dans le commerce des plaques galvanisées, préférables parait-il, aux anciennes plaques en doublé.

Courbage de la plaque. Pour que la plaque ne déchire pas les polissoirs, il est nécessaire d'en rabattre les bords. On la place donc, le cuivre en dessous, sur le bord d'une table, puis, avec un instrument à arêtes vives, on en rabat complétement les angles. On aplatit alors ces derniers avec une pince, de façon que la plaque ainsi modifiée puisse être maintenue entre les quatre vis de la planchette à polir. Il existe de petits recourboirs mécaniques d'un usage très-commode pour cette opération, qui du reste est très-facile.

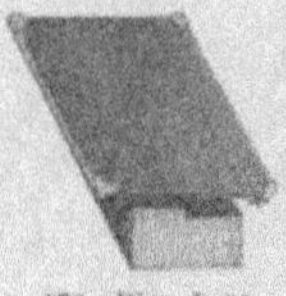

Fig. 179. Planchette à polir.

Planchette à polir (fig. 179). La planchette à polir se compose d'une petite planchette en bois recouverte de drap et présentant à ses extrémités quatre vis de pression pour maintenir la plaque dans une position fixe. Deux de ces vis étant mobiles, on peut polir des plaques de diverses grandeurs sur la même planchette. Cette dernière est d'ailleurs assujettie sur une table à l'aide d'une vis de pression en fer ; il est essentiel qu'elle soit fortement établie pour éviter un polissage inégal.

Il est bon que les agrafes qui servent à maintenir la plaque soient en argent pur, afin d'éviter qu'un métal étranger ne s'interpose entre les fibres de la peau du polissoir, et ne vienne ainsi salir la surface polie de la plaque d'argent.

Décapage de la plaque. La plaque étant placée sur la planchette à polir, est saupoudrée de tripoli porphyrisé, une pincée pour une plaque quart suffit. On y verse alors dix à vingt gouttes d'alcool à 38°, puis, réunissant la poudre et le liquide avec un morceau de coton cardé très-blanc et très-pur, on nettoie la plaque en tournant toujours et en appuyant un peu fort. On promène ainsi le coton d'un bout de la plaque à l'autre en ayant soin de ne pas l'échauffer et jusqu'à sec. Cette opération étant terminée, on prend un autre morceau de coton et on enlève tout le tripoli; le retournant alors en évitant que la sueur des doigts ne graisse la plaque, ou bien renouvelant le coton, on continue à frotter, de telle façon que, si l'on examine le tampon, on peut s'assurer qu'il est recouvert d'un corps métallique, l'argent, qui polit la plaque.

On achève avec un morceau de coton recouvert d'un peu de rouge d'Angleterre.

Il est essentiel qu'aucune humidité des doigts ne vienne souiller la plaque. On s'assure qu'elle est bien polie en hâlant sur la surface métallique, elle doit offrir une couche irisée très-unie et à grains fins.

Le polissage étant une opération très-importante, voici les principales conditions que l'on observera :

1° En frottant avec le coton, on ne l'échauffera pas, et la main appuiera plus légèrement à mesure que le nettoyage avance.

2° En hâlant sur la plaque, qu'il n'y tombe pas de salive, car il faudrait, pour l'enlever, recommencer l'opération avec le tripoli et l'alcool.

Pour donner une idée du soin qu'exige le nettoyage des plaques, voici l'expérience que l'on peut faire et qui est comprise dans l'observation de Moser, que lorsqu'une surface polie a été touchée par un corps, l'haleine peut dénoter l'endroit où le contact a eu lieu.

Si l'on trace une figure avec un pinceau très-doux et sec sur une plaque argentée polie, l'haleine condensée sur cette plaque rendra l'image visible. En soumettant la plaque aux vapeurs de l'iode puis l'exposant à la lumière diffuse et enfin développant l'image par le mercure, on trouve que la figure tracée à l'aide du pinceau est plus ou moins conservée.

Il suffit de citer cette expérience pour donner une idée de la difficulté qu'offre le nettoyage des plaques ; cependant avec un peu d'habitude, on nettoie parfaitement une demi-plaque en trois minutes.

Polissage. La plaque décapée comme nous venons de le dire, doit ensuite être polie, c'est-à-dire, que la couche mate doit devenir brillante.

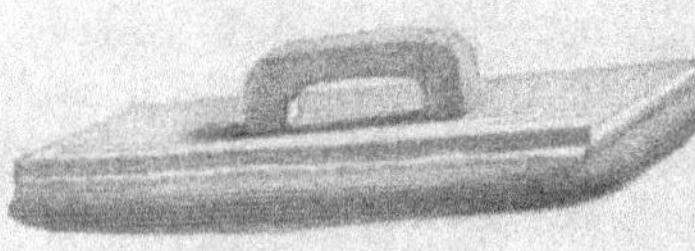
Fig. 180. — Polissoir.

On se sert pour cette opération de deux polissoirs (fig. 180), ou planches à poignées recouvertes de drap et d'une peau de daim, un peu plus larges que la plaque et de 60 centimètres de longueur.

Il est impossible de bien polir une plaque à l'aide d'un polissoir neuf. Pour le rendre propre à cette opération, on l'enduit d'un excès de rouge d'Angleterre très-fin, et on frotte sur une plaque pendant dix à vingt minutes. Quand on possède un polissoir qui a déjà servi, on frotte vivement sur la plaque jusqu'à ce qu'elle ait atteint un beau bruni noir. Il faut frotter dans le sens de la longueur de la plaque, puis dans l'autre, en finissant par le premier. On avive la surface avec le second polissoir en peau de daim sans rouge. La plaque ainsi brunie est mise dans une boite à rainures pour s'en servir le jour même.

Iodage de la plaque. La boite destinée à renfermer les substances volatiles qui servent à sensibiliser la plaque, consiste en une cuvette de porcelaine à bords rodés, munie d'un couvercle mobile en verre dépoli, le tout renfermé dans une boite en bois qui reçoit la plaque. En tirant le couvercle en verre, la plaque peut être soumise à l'action des vapeurs iodées et bromées. La fig. 181 représente une boite jumelle, où il y a deux cuvettes : l'une contenant le bromure de chaux, l'autre l'iode. La plaque est placée sur un cadre en bois qui glisse dans une rainure, et peut ainsi être soumise avec facilité à l'action successive de l'iode et du brôme.

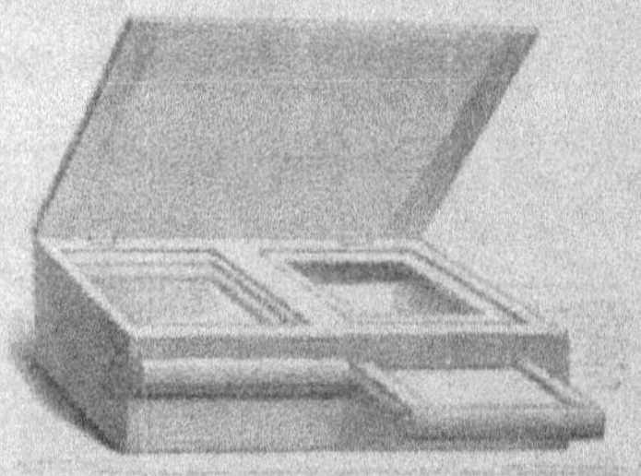
Fig. 181. Boite jumelle à ioder et à bromer.

Il est bon que la cuvette soit profonde pour éviter une action sensibilisatrice inégale. On étale au fond de la cuvette une couche d'iode (25 gr. pour une surface quart), et on recouvre cette couche d'une feuille de papier buvard épais et uni, qui, en s'imprégnant d'iode, rend l'action plus égale.

La plaque est donc mise sur le cadre de bois, au-dessus de la couche d'iode, et exposée de 30 à 50 secondes à l'action de cette vapeur. On la regarde de temps en temps et on la retire quand elle a atteint une nuance *jaune d'or*. D'ailleurs, en été il faut moins de temps et en hiver beaucoup plus, surtout si la température est très-basse.

La plaque est alors placée sur le bromure de chaux dont nous avons indiqué la préparation page 57. Elle est soumise à l'action de cette substance jusqu'au virage violet (environ 10 secondes). D'ailleurs la pratique apprendra de quelle durée doit être l'action du brôme ; disons seulement qu'il faut éviter de l'y laisser trop longtemps, le mercure ne développerait l'image que lentement.

Dans les deux opérations précédentes, un faible rayon de la lumière du jour ne peut pas causer d'accident, mais dans l'opération qui suit, il est de rigueur que l'obscurité soit absolue, car la plaque reçoit alors le maximum de sensibilité. Cette opération consiste à placer de nouveau la plaque sur l'iode, environ 30 secondes. Elle prend une teinte bleu d'acier dans ce second iodage. Enfin, la plaque ainsi sensibilisée est mise dans le châssis, pour recevoir l'impression lumineuse, elle se conserve du reste sensible pendant plus d'une demi-heure(1).

Développement de l'image. La surface métallique, au sortir de la chambre noire, ne présente aucune trace d'image. Au premier abord, il paraîtrait impossible qu'une substance quelconque puisse développer une image là où l'œil ne distingue rien, mais qu'on se rappelle ce que nous avons dit en parlant du polissage de la plaque, qu'il suffit de frotter avec un pinceau sur une glace, pour que l'haleine rende l'image visible. Il en est de même de la plaque enduite d'iodure et de bromure d'argent ; non pas que l'haleine fasse ressortir l'image, mais d'autres vapeurs, comme celles du mercure, possèdent cette propriété, et c'est en se servant de ces vapeurs Daguerre a réalisé son immortelle invention.

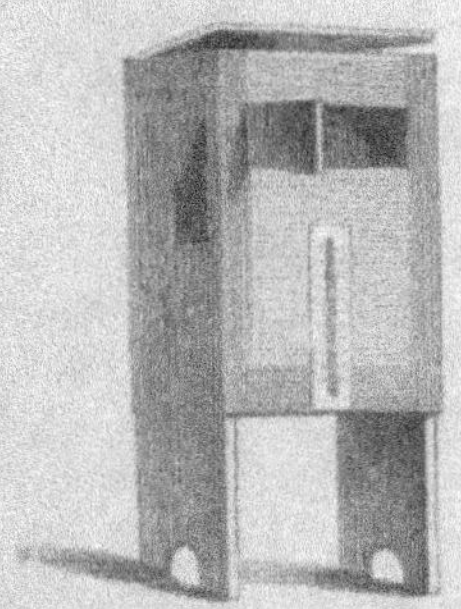

Fig. 182. — Boite à mercure.

Voici l'appareil dont Daguerre s'est servi, et qui depuis n'a reçu qu'une légère modification dans la forme (fig. 182).

Une boite rectangulaire en noyer, porte à sa partie supérieure une rainure inclinée de 45° dans laquelle s'engage le châssis de la chambre noire. Vers le milieu de la boite, et à 15 centimètres de la plaque, se

(1) On prétend même que la plaque, pour atteindre son maximum de sensibilité, doit être conservée près d'une demi-heure avant de s'en servir, et qu'elle conserve cette sensibilité plusieurs jours.

trouve une cuvette en fer, qui la partage en deux parties. Cette cuvette renferme le mercure, dont la quantité varie de 4 à 600 grammes. Au-dessous se trouve une lampe à alcool, dont la flamme peut être réglée de façon à maintenir constante la température du mercure. Enfin, un thermomètre à mercure coudé, dont la boule plonge dans le métal échauffé et dont la tige sort de la boite, indique la température du bain métallique. Un carreau jaune se trouve sur le côté et sert à suivre, à la lueur d'une bougie, la marche de l'opération.

On commence par échauffer le mercure jusqu'à ce que le thermomètre indique une température de 50 à 60°. Le châssis qui porte la plaque est introduit dans la boite, de telle façon que le mercure et la surface sensible se trouvent en regard. L'image se développe ordinairement en 2 ou 3 minutes, suivant la dimension de la plaque (un quart exige 2 minutes, une plaque entière, 6). Il est prudent de n'examiner la venue de l'image qu'après avoir attendu une minute ou une minute et demie, car la surface bromée est d'une sensibilité telle, que la moindre lumière suffit pour produire un voile. Quand enfin elle a atteint la perfection voulue, on la retire et on la soumet au fixage.

On reconnait que le temps de pose a été trop long, si l'image est voilée; et trop court, si les parties fortement éclairées du modèle se dessinent seules, tandis que les ombres n'atteignent pas la vigueur nécessaire (voyez p. 180).

Fixage. L'image, complétement visible au sortir de la boite à mercure, ne tarderait pas à s'effacer si elle était exposée pendant quelques minutes à la lumière diffuse, parce qu'il reste dans la couche violette un corps sensible, l'iodure d'argent, qui noircirait en peu d'heures. On enlève donc cette substance à l'aide d'un dissolvant quelconque, l'hyposulfite de soude, par exemple.

La solution fixatrice est versée dans une cuvette en porcelaine dans laquelle on introduit la plaque sans temps d'arrêt; ordinairement l'iodure d'argent est dissous en moins de cinq minutes, il est, du reste, prudent d'agiter la plaque dans le liquide. Enfin, on la rince en dernier lieu à grande eau.

L'image est donc fixée, mais non rehaussée de ton : il faut pour cela la soumettre à chaud à l'action du sel d'or. Voici de quelle manière on opère :

Au sortir du dernier bain de lavage, la plaque encore humide est mise de niveau sur un support à chlorurer (fig. 183), puis recouverte d'une solution de *sel d'or* dans la proportion de 1 gr. de sel d'or sur 1000 d'eau, et enfin fortement chauffée à l'aide d'une lampe à alcool. Les clairs de l'épreuve, qui présentaient au sortir de l'hyposulfite une teinte bleuâtre, deviennent, sous l'action de ce liquide, d'un beau blanc.

Enfin, rejetant le chlorure d'or qui couvre la plaque, on immerge celle-ci dans l'eau distillée ou dans l'eau de pluie bien filtrée, de manière à enlever les dernières traces de sel d'or. L'épreuve sèche peut être encadrée ou coloriée.

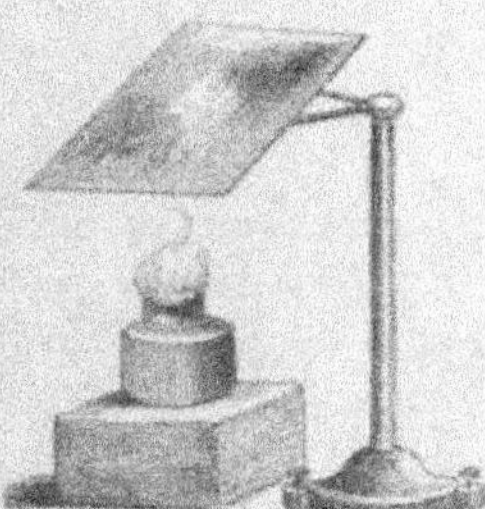

Fig. 185. — Pied à chlorurer.

Quant à la solution d'or, on se sert généralement de l'hyposulfite d'or et de soude connu sous le nom de *sel d'or de Fordos et Gélis*.

Nous faisons peu de cas d'une épreuve daguerrienne retouchée, cependant, comme beaucoup de personnes ne partagent pas cette opinion, nous exposerons en peu de mots la méthode que l'on suit ordinairement.

Disons d'abord qu'il faut que le fixage au chlorure d'or soit fait avec plus de soin, afin que les couleurs adhèrent bien à la plaque; si ce fixage était imparfait, le pinceau effacerait une foule de détails et l'épreuve serait complétement gâtée.

Les couleurs s'emploient en poudre et sont préparées pour cet usage : on les délaie dans un peu d'eau, et, à l'aide d'un pinceau très-fin, on enduit la plaque des couleurs que l'on juge convenables. L'or et l'argent s'appliquent de la même manière.

Disons quelques mots du ravivage des images effacées par le temps. Il arrive souvent qu'une épreuve mal encadrée se recouvre d'un voile gris qui paraît être un oxyde d'argent. Pour débarrasser l'image de ce voile, on la plonge dans une solution d'un gramme de cyanure de potassium dans 100 grammes d'eau; si le voile ne disparaît pas, on frotte légèrement sur la plaque avec un tampon de coton bien doux, puis on la soumet de nouveau à l'action du bain de cyanure, pour la laver finalement à grande eau. L'épreuve a repris de cette manière plus ou moins son éclat primitif.

PHOTOGRAPHIE SUR ALBUMINE.

De tous les procédés de photographie connus jusqu'à ce jour, celui sur albumine, découvert par M. Niépce de St-Victor, quoiqu'en théorie d'une simplicité extrême, est, dans la pratique, le plus difficile. On ne saurait croire de quelles précautions il faut s'entourer pour obtenir une couche d'albumine exempte de poussière. Une foule d'appareils ont été proposés dans ce but, mais nous n'en décrirons que deux, qui nous paraissent réunir toutes les conditions exigées. En voyage, il sera donc impossible d'albuminer les glaces, à moins de trouver un local favorable dans chaque ville où l'on s'arrête, et de s'être armé d'une patience à toute épreuve.

D'un autre côté, le procédé sur albumine présente des avantages incontestables sur tous les autres procédés, dès qu'il s'agit de sujets où la finesse est une condition indispensable. Il en sera ainsi quand on voudra reproduire des épreuves accouplées à l'usage du stéréoscope, et de certaines applications scientifiques de la photographie. Les glaces albuminées possèdent, en outre, l'avantage de pouvoir s'employer à sec, mais elles sont très-lentes à s'impressionner, quoique moins cependant que le papier ciré.

Le parfait *nettoyage de la glace* est extrêmement important, car on conçoit aisément que la première condition pour obtenir une épreuve pure est de débarrasser la glace de tous les corps étrangers qui se trouvent à sa surface. Nous renvoyons le lecteur au chapitre correspondant du collodion où nous décrivons cette opération avec tous les détails nécessaires.

Nous ferons seulement une observation qui est relative aux glaces albuminées qui ont déjà servi; comme on le sait, il est fort difficile d'enlever l'albumine, et ce n'est qu'à l'aide de dissolvants énergiques que l'on peut y parvenir. Parmi ces liquides, nous préférons la solution suivante :

Eau.	100	grammes.
Potasse caustique.	20	id.

L'on aura soin de tenir ce liquide dans un flacon clos à l'aide d'un *bouchon de liége* et non à l'émeri ; il se transforme à l'air en carbonate de potasse.

Pour se servir de cette solution, on la verse dans une cuvette verticale en verre dans laquelle on immerge la glace en l'y laissant 5 minutes : il est alors facile d'enlever complétement l'albumine. On finit par un lavage à grande eau.

Préparation de l'albumine. Nous avons indiqué la préparation de l'albumine. La formule qui semble la plus favorable est la suivante :

Albumine	1 litre.
Iodure de potassium. . .	10 grammes.
Iode	1/2 id.

L'iodure de potassium est dissous dans quelques gouttes d'eau, puis l'iode y est ajouté. Le tout est alors jeté dans l'albumine que l'on prépare comme nous l'avons indiqué page 50.

L'extension de l'albumine sur la glace est fort difficile. Voici, paraît-il, le moyen le meilleur. On passe d'abord l'haleine sur la glace, puis, on y verse l'albumine en laissant écouler l'excès dans un autre flacon. En hâlant sur les parties de la glace non recouvertes d'albumine on en favorise l'extension.

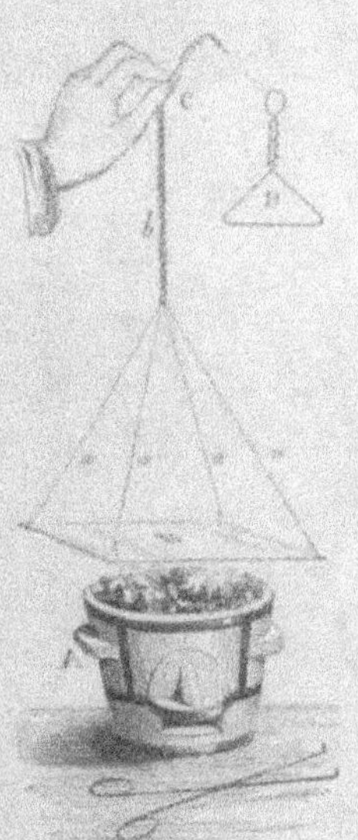

Fig. 184. — Albuminage par la force centrifuge.

La couche ainsi obtenue ne serait pas assez égale. La glace B est donc enchassée dans quatre fils de soie *a* (fig. 184) à crochets D et tordus. Elle reçoit ainsi un mouvement de rotation très-rapide. On la sèche finalement au-dessus d'une plaque de fonte chauffée par un fourneau. Cette plaque n'est pas représentée dans notre figure.

La force centrifuge égalise la couche, et, en la séchant pendant qu'elle tourne, on évite le temps nécessaire à un séchage ordinaire à l'air. Ce qui est, en effet, à craindre, c'est la poussière qui s'attache à la glace *avant que la couche ne soit sèche*.

Au lieu de fils de soie on peut se servir de la tournette représentée dans la fig. 185. Elle présente l'avantage d'une plus grande facilité dans l'exécution, mais d'un autre côté, elle exige que l'on enlève la glace du tour pour la sécher.

Le moyen qui nous semble le plus rationel consiste à adapter la glace sur un tour ordinaire ; dans ce cas, au lieu d'être horizontale, elle est verticale, et la couche est plus égale d'épaisseur et bien plus facile à sécher à la lampe. Il ne faut pas perdre de vue, en effet, qu'au centre de la glace, avec les systèmes des fig. 184 et 185 la force centrifuge n'exerce aucun effet.

Pour bien réussir, les murs de la place où l'on opère doivent être

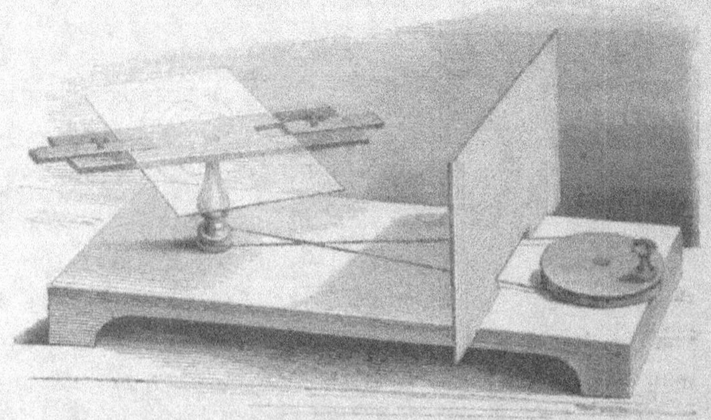

Fig. 185. — Tournette à albuminer les glaces.

peints à l'huile et mouillés quelques heures à l'avance afin de prévenir la poussière. Il est bon de réserver une chambre spéciale à l'albuminage des glaces.

Les glaces albuminées ainsi préparées sont placées dans des boites à rainures, dans lesquelles on peut les conserver indéfiniment.

Sensibilisation de la glace. La veille du jour où l'on compte exposer la glace dans la chambre noire, on la rend sensible à la lumière, en transformant l'iodure alcalin qui se trouve dissous dans l'albumine, en iodure d'argent. On se sert, pour cette opération, d'une solution de nitrate d'argent dont voici la formule :

Eau	**100**	**grammes.**
Azotate d'argent cristallisé	**6**	**»**
Acide acétique cristallisable	**12**	**»**

On sature cette solution d'iodure d'argent, comme nous l'indiquerons pour le bain négatif du *collodion*.

La solution d'azotate d'argent filtrée est versée dans une cuvette verticale en verre dans laquelle la glace est plongée sans temps d'arrêt, à l'aide d'un crochet également en verre.

La couche d'albumine, qui était primitivement transparente, devient d'un blanc opalin, conséquence de la transformation de l'iodure alcalin en iodure d'argent blanc. Généralement on ne la laisse séjourner dans le bain d'argent que de 10 secondes à 1 minute; la relevant alors, on la lave avec beaucoup de soin, puis on la laisse sécher à l'abri de la lumière, en la posant verticalement contre le mur (fig. 186), ou bien sur un support à rainures (fig. 159).

Beaucoup d'amateurs obtiennent un pointillé général sur toute l'étendue de l'image et ce défaut se reproduit presque chaque fois. Pour l'éviter, le lavage de la glace doit être fait avec beaucoup de soin, afin d'enlever les dernières traces d'azotate d'argent, qui, dans le cas contraire, formeraient avec l'iodure d'argent ce dépôt cristallin constituant le grenu dans les épreuves sur papier, le pointillé dans les négatifs sur albumine et les taches cristallines transparentes dans la couche de collodion.

Le meilleur moyen consiste à laver d'abord la glace avec la pissette

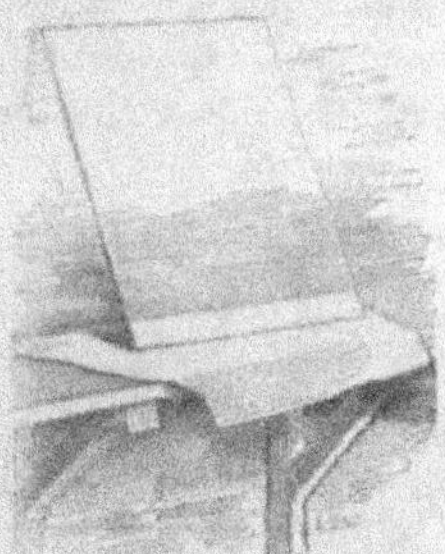

Fig. 186. — Séchage de la glace.

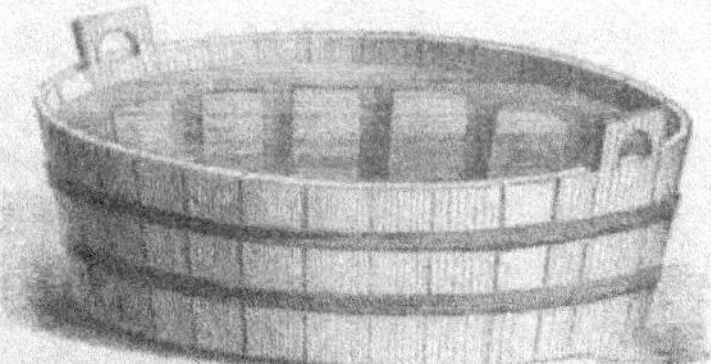

Fig. 187. — Lavage des glaces albuminées.

à lavages fig. 79, page 95; puis, à l'abandonner plusieurs heures dans une cuve (fig. 187).

Le bain d'argent se colore lentement en jaune lorsqu'il a servi pendant quelque temps. On peut lui enlever cette couleur à l'aide du kaolin, indiqué par M. Bayard, ou du chlorure d'argent indiqué par M. Davanne, mais, puisqu'on enlève l'excès de nitrate d'argent par un lavage à l'eau de pluie, cette coloration n'exerce aucun effet nuisible.

Les glaces sensibilisées et lavées comme nous venons de l'indiquer se conservent plusieurs jours; cependant il vaut mieux les sensibiliser la veille ou le matin même du jour où l'on compte s'en servir, et développer l'image le soir.

Ainsi préparée, la glace est placée dans le châssis et exposée à la chambre noire. La pose est fort longue et ne peut être précisée. On reconnait qu'elle est suffisante si les ombres sont bien venues; trop longue si le négatif manque de vigueur; trop courte, si les noirs seuls se dessinent. Au reste, ces préceptes sont communs aux autres procédés, et nous nous étendons plus sur cet objet dans le chapitre consacré au procédé sur collodion.

Le *développement* de l'image latente peut se faire immédiatement après la pose à la chambre noire, ou plusieurs jours après.

Voici le moyen qui réussit le mieux. Dans une cuvette verticale en verre, on verse une dissolution, *faite à chaud et filtrée*, de 1 gr. d'acide gallique dans un demi litre d'eau, dans laquelle on immerge la glace.

La cuvette est alors placée dans un bain de sable chauffé à 50° de température, ce qui est très-aisé en chauffant fortement du sable bien sec dans une étuve, et en le mélangeant de sable froid, jusqu'à ce que la main en supporte aisément la chaleur. Ce bain de sable doit être abondant, afin qu'il se refroidisse très-lentement. Il suffit d'y plonger la cuvette verticale à moitié, l'autre moitié permet de suivre facilement le développement.

Quand la glace y a séjourné un temps suffisant, la couche d'albumine est ramollie, ce dont on s'assure en la grattant sur les bords avec un canif. Cet effet est atteint dans un temps variable, mais compris entre deux et trois heures.

La glace est alors retirée de ce bain et exposée à l'air 2 ou 3 minutes. C'est à peine si elle présente une image. Elle est alors placée dans une autre cuvette en verre, non chauffée, mais préalablement nettoyée avec un soin extrême, dans laquelle on verse la solution d'acide gallique *froide* additionnée de *cinq à six gouttes* d'une portion du bain d'argent négatif n'ayant jamais servi et mis de côté exprès pour cet usage.

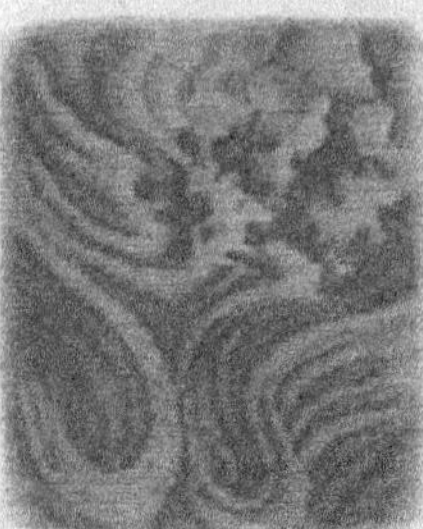
Fig. 188. Réductions moirées.

Dans ce bain, l'image ne tarde pas à se développer rapidement. Lorsqu'elle a presque entièrement paru, on peut l'amener à sa dernière vigueur, en versant dans d'acide gallique 7 à 8 centimètres cubes d'acéto-nitrate d'argent, mais il faut élever et abaisser très-rapidement la glace avec son crochet, et plusieurs fois de suite, afin d'opérer un mélange rapide, sinon des réductions moirées d'argent réduit se déposeraient sur la couche.

Ces réductions moirées (fig. 188) s'enlèvent assez facilement avec un tampon de coton, et sont du reste très-fréquentes.

Le développement ne tarde pas à atteindre sa dernière vigueur, et, finalement, la glace est lavée, fixée à l'hyposulfite de soude, et lavée à grande eau.

L'apparence d'un négatif sur albumine diffère complètement de celle d'un négatif sur papier ciré ou sur collodion. On croit toujours qu'un cliché sur albumine ne sera pas assez puissant pour donner de bons positifs, l'opposition des blancs aux noirs étant toujours très-faible, mais on revient de cette erreur en tirant les positifs sur papier. Le ciel doit être, en général, renforcé par la couleur jaune au miel et à la gomme-gutte.

L'image sur albumine ne semble pas être constituée par l'argent pur. La lumière agit non-seulement sur l'iodure d'argent, mais aussi sur l'albuminate d'argent. Aussi est-elle *visible au sortir de la chambre noire.* L'albuminate noirci seul peut, de même que l'iodure d'argent, donner lieu au développement par l'acide gallique.

Il en résulte qu'au point de vue théorique le procédé sur albumine diffère complétement du procédé au collodion.

Le *tirage des épreuves stéréoscopiques sur verre* se fait comme nous venons de le décrire; mais, afin de donner une couleur agréable à l'épreuve terminée, on la plonge d'abord dans une solution très-étendue de bichlorure de mercure, puis, après lavage, dans une solution de sel d'or de Fordos et Gélis, où elle prend une couleur sépia très-agréable.

Le chlorure d'or, appliqué en solution étendue après le fixage, donne des tons pourprés.

On conçoit que pour tirer un positif sur albumine d'un négatif quelconque, la surface albuminée doit être appliquée contre la couche du négatif. Il est bon, afin de ne pas érailler ces surfaces, d'interposer entr'elles une feuille de papier mica.

L'exposition au soleil est préférable à celle du jour diffus; il suffit de 1 à 10 secondes pour obtenir une intensité très-grande.

On se sert, pour monter ces épreuves, de verres dépolis qui donnent un fond blanc, ou bien, on les vernit *à froid* avec le vernis à la gomme laque dont nous avons indiqué la préparation à l'article *vernis.*

Ce vernis, qui donne à chaud une couche brillante et transparente, donne à froid une couche dépolie et mate.

PHOTOGRAPHIE SUR PAPIER.

Depuis l'extension qu'a prise le procédé sur collodion sec, les procédés sur papier ont perdu tous leurs avantages, excepté peut être pour les voyages, où la difficulté d'emporter un matériel considérable fera souvent préférer l'emploi du papier négatif.

C'est ce motif qui nous a engagé à nous borner à la description de deux procédés. Le premier, dû à M. Legray, très-lent, mais d'une rare facilité d'exécution ; le second, dû à M. Humbert de Molard, plus rapide et susceptible, par conséquent, de reproduire des êtres vivants.

La photographie sur papier a été découverte, ainsi que nous l'avons dit dans l'historique de cet ouvrage, par M. Talbot, aussi ce procédé porte-t-il le nom de *Talbotype*.

En 1839, M. Talbot, six mois avant la découverte du Daguerréotype, publia son procédé au chlorure d'argent. Ce ne fut que l'année suivante qu'il fit connaitre le procédé négatif qui sert de base aux procédés actuels.

M. Talbot enduisait d'abord le papier de nitrate d'argent, puis d'iodure de potassium et de nouveau de nitrate d'argent additionné d'acide gallique et d'acide acétique. Après l'exposition à la chambre noire, l'image était développée à l'acide gallique mêlé d'acéto-nitrate d'argent, lavée quand l'image avait paru, et enfin, fixée au bromure de potassium.

Le talbotype fut successivement perfectionné par MM. Blanquart-Evrard, Legray, Baldus et Tillard, tous noms qui rappellent des modifications profondes du procédé primitif de M. Talbot.

M. Blanquart-Evrard, de Lille, introduisit plusieurs changements importants dans la manière d'opérer de M. Talbot et remplaça le fixage au bromure par celui à l'hyposulfite de soude indiqué par Sir John Herschell; aussi, est-ce surtout à partir des travaux de M. Blanquart-Evrard que ce procédé est devenu populaire.

On reconnut bientôt que le double bain de nitrate d'argent n'était pas nécessaire, et qu'en appliquant des encollages sur le papier, tels que l'albumine, le sérum du lait, etc., les images gagnaient en finesse.

La méthode de M. Baldus, qui se servait de gélatine iodurée, eut surtout un grand succès à cause des magnifiques épreuves obtenues par cet expérimentateur.

M. Legray songea alors à se servir de papier ciré et c'est certainement une découverte curieuse que les propriétés conservantes du papier ainsi préparé. Cette méthode est aujourd'hui presque exclusivement employée à cause de sa simplicité.

M. Stéphane Geoffray se sert de céroleine iodurée, mais sa méthode ne donne pas des résultats aussi bons que celle de M. Legray.

M. Tillard a publié un procédé de photographie sur papier qui serait destiné à un très-grand succès si le collodion n'accaparait tout. Il consiste à cirer et à iodurer le papier en une fois, en se servant d'un bain d'essence de térébenthine saturée de cire et contenant de l'iode. La sensibilisation et le reste des opérations sont analogues à ce que nous décrirons en détail du procédé de M. Legray, mais la rapidité et la finesse de ce papier n'ont été surpassées par aucun autre procédé.

Il y a quelques années les procédés sur papier négatif étaient nombreux et cultivés par beaucoup d'amateurs : mais depuis le perfectionnement du collodion sec, ils ont perdu beaucoup de leur intérêt, aussi nous contenterons-nous ici de n'indiquer que les seules méthodes qui pourraient être réellement utiles au photographe-voyageur.

PROCÉDÉ DE M. LEGRAY.

Choix du papier. L'une des qualités d'une image négative réside dans le contraste du blanc au noir, mais, comme c'est par transparence que cette condition est nécessaire, le papier photographique négatif ne doit pas réunir les mêmes qualités que le papier positif, qui, étant examiné comme une gravure (et non par transparence), en exige d'autres sur lesquelles nous reviendrons plus tard.

Pour que le lecteur saisisse bien la nature des défectuosités que les papiers du commerce présentent ordinairement, nous dirons que la beauté du négatif dépend en partie de la finesse des détails, de l'homogénéité des teintes et de la pureté des images ; or, si le papier lui-même est grenu, si sa texture est inégale, si enfin il est impur, il est évident que, quelle que soit l'habileté de l'opérateur, il ne pourra jamais obtenir un beau négatif. Ce court exposé suffira pour montrer toute l'importance de cette question.

Il est assez difficile de donner des indications précises sur les défauts et les qualités des papiers, il est nécessaire que l'opérateur se familiarise lui-même avec le procédé, pour qu'il puisse bien les distinguer dans les papiers qu'on lui présente. Néanmoins, voici quelques indications qui pourront le guider.

Le papier négatif ne peut être ni trop épais, ni trop mince; dans le premier cas, il exige un temps très-long dans le tirage des positifs, puisqu'il est moins transparent; dans le second, il est presque toujours criblé d'une infinité de petits trous qui se traduisent en grenu dans l'acide gallique. Le papier aura une texture très-unie comme une glace finement dépolie, et sera exempt de taches grises, qui se reproduiraient dans le négatif.

Cirage du papier. On se procure une cuvette *en plaqué d'argent très-uni* dont les bords aient à peine un centimètre d'élévation. Elle est

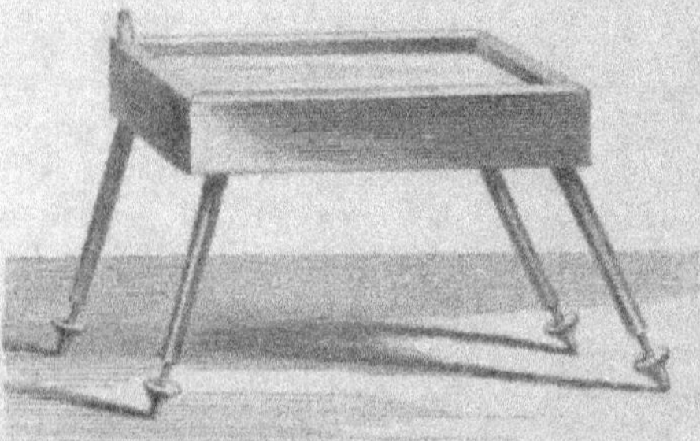

Fig. 189. — Cuvette à cirer le papier.

placée dans une autre en zinc remplie d'eau bouillante, sur un pied à caler. Ce pied est formé d'un cadre en métal supporté par trois tiges qui, en s'allongeant ou en se raccourcissant à l'aide de vis, permettent de placer la cuvette dans une position bien horizontale. Ceci étant fait, on place sous la cuvette une ou deux lampes à alcool pour la tenir chaude. On prend alors une rondelle de cire blanche, on la casse en deux et on la promène sur la cuvette de manière à la recouvrir d'une couche très-mince de cire fondue. On étend sur la cire une feuille de papier qui prend aussitôt un aspect translucide par l'imbibition de la cire. Si l'on s'apercevait qu'en un ou plusieurs endroits le papier conservait sa blancheur, on aiderait la feuille à toucher le fond de la cuvette en appuyant en ces endroits avec une carte. Dès que la feuille est revêtue de cire, (et avec un peu d'habitude cela se fait en 15 ou 20 secondes), on la relève et on la place sur la table. Puis on recommence en cirant ainsi autant de feuilles que l'on désire.

Les feuilles contiennent un grand excès de cire dont il faut les débarrasser. Voici comment on s'y prend.

On se procure de bon papier buvard, blanc ou rose, mais très-épais et très-uni, fortement satiné, et une paire de bons fers à repasser.

On place plusieurs feuilles de papier buvard sur une table bien unie, et on chauffe les fers sur un feu préparé à cet effet. Il est de la plus haute importance que ces fers ne soient pas trop chauds. M. Legray recommande l'essai suivant. On prend un des fers, on le retourne, et on y projette une gouttelette de salive. Il faut que la salive s'attache au fer et s'y volatilise rapidement; si elle se promenait sans s'y attacher c'est qu'il serait trop chaud.

Le fer étant donc à une température convenable, on prend une feuille de papier ciré que l'on place sur le cahier de buvard, on la recouvre d'une autre feuille de ce buvard sur laquelle on promène le fer chaud. L'excès de cire est ainsi absorbé. On enlève le papier ciré pour en mettre un autre et on continue ainsi jusqu'à ce que le papier buvard n'enlève plus de cire. On le renouvelle alors et l'on continue ainsi l'opération jusqu'à ce que toutes les feuilles soient bien débarrassées de leur grand excès de cire, en changeant d'ailleurs le fer chaud quand on en voit le besoin.

Si, en examinant les feuilles cirées à un jour frisant, on remarque encore des taches luisantes dues à un léger excès de cire qui reste dans leur pâte, on enlève ces taches luisantes avec le plus grand soin en renfermant le papier entre deux feuilles de papier buvard neuf, et en le soumettant de nouveau à l'action du fer chaud. On change d'ailleurs de temps à autre le papier ciré de place, afin de bien enlever les dernières traces de ces taches.

Les feuilles de buvard qui ont servi à cette dernière opération peuvent servir à enlever, dans la première, le grand excès de cire.

Enfin, la pratique fera encore mieux connaître les petits détails que nous signalons ici, il nous suffira de recommander au lecteur deux points importants. Le premier, est de manier le papier ciré délicatement, chaque pli formant une tache que plus rien n'enlève. Le second, est d'employer des fers aussi peu chauds que possible; la raison en est que si le fer est trop chaud, la cire du papier se volatilise et le papier prend un aspect grenu. Il faut aussi éviter de laisser le fer chaud immobile quand on enlève l'excès de cire, car en cet endroit le papier serait ciré inégalement.

Pour faire comprendre toute l'importance de l'opération du cirage du papier, nous dirons qu'un même papier donne, entre les mains d'opérateurs inégalement expérimentés, des résultats tellement différents qu'on se refuserait presque à croire qu'ils se sont servi des mêmes procédés.

Ioduration du papier. Le papier ciré se conserve plusieurs années, puisqu'il n'y a aucune raison pour qu'il s'altère. Pour rendre un tel papier photogénique, il faut l'imprégner d'un iodure alcalin; le meilleur pour cet usage est l'*iodure de potassium*.

Voici l'ancienne formule de M. Legray légèrement modifiée.

Dans trois litres d'eau de pluie filtrée contenue dans un vase en porcelaine ou en terre, on jette 200 grammes de riz et on porte le liquide pendant quelques minutes à l'ébullition. Il faut que le riz ne soit que légèrement crevé afin que le liquide ne s'empâte pas. Toute la masse est jetée sur une toile, et, pendant qu'elle est encore chaude, on y dissout, par litre, 45 grammes de sucre de lait en poudre très-fine. Le sucre de lait est très-peu soluble dans l'eau froide mais il se dissout parfaitement dans l'eau chaude surtout quand il est réduit en poudre. Le liquide refroidi est filtré sur du papier jusqu'à limpidité parfaite. On y dissout alors, par litre, 15 grammes d'iodure de potassium, la liqueur est ainsi prête à servir. Voici donc la récapitulation de la formule :

Eau de pluie	3 litres.
Riz	200 grammes.

Eau de riz	1 litre.
Sucre de lait	45 grammes.
Iodure de potassium	15 »

Il est bon de faire un bain abondant, le papier ciré, par sa nature grasse, ayant une certaine difficulté à s'immerger. Ce bain se conserve d'ailleurs pendant des mois entiers si l'on a soin de le garder dans des flacons complètement remplis et bouchés à l'émeri.

Pour se servir de ce bain iodurant, on le verse dans une cuvette en porcelaine ou en fer-blanc, de manière que le liquide occupe de 3 à 5 cent. d'épaisseur. Il est préférable que le bain soit abondant, on peut alors y immerger un grand nombre de feuilles.

On introduit donc une série de feuilles dans ce bain, *en ayant soin d'éviter les bulles ;* voici la meilleure manière de les prévenir : saisissant la feuille par deux angles que l'on relève, on fait adhérer le papier à la surface du liquide, puis on abaisse régulièrement les angles. On force alors la feuille à s'immerger à l'aide de tubes de verre (fig. 190 et 191).

Ordinairement le papier est complètement ioduré après un séjour de deux heures dans le liquide; comme celui-ci a dû le pénétrer mécaniquement, puisque la cire est un corps gras, il en résulte, quand la feuille est sèche, un aspect grenu qui ne doit pas effrayer l'opérateur, car ce défaut disparaitra plus tard.

La feuille supérieure est toujours inégalement iodurée, parce qu'elle

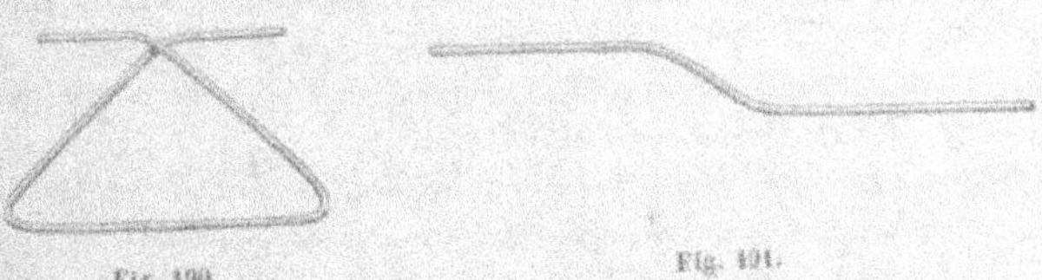

Fig. 190. Fig. 191.

tend constamment à s'élever hors du liquide, il faut la rejeter, de même que la feuille inférieure. On suspend les feuilles après les avoir ôtées du bain avec prudence, car le papier ciré se casse d'une manière irréparable et se déchire très-facilement.

Quelques opérateurs se servent pour cet usage d'épingles courbées en S (fig. 192), et suspendent le papier par un angle, mais ce papier est d'une telle fragilité que le moindre ébranlement du fil ou de l'air suffit pour le déchirer et le faire tomber. Inutile d'ajouter que dans ce cas il ne peut plus servir. D'un autre côté, les angles latéraux se réunissent et adhèrent si fortement, qu'il est impossible de les détacher sans déchirer le papier; enfin, cette méthode est surtout difficile si les feuilles sont de grande dimension. Comme on le voit, ce sont là des inconvénients qu'il importe de prévenir.

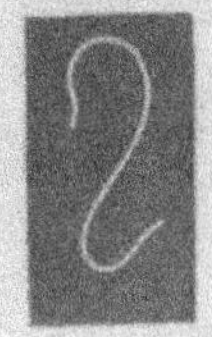

Fig. 192.

Nous y arrivons avec la plus grande facilité en nous servant des petites pinces en bois que nous avons décrites page 148.

Il est bon d'en appliquer à deux angles placés sur la même ligne (fig. 193), de manière à empêcher la feuille de s'enrouler. Enfin, on fait adhérer à la partie inférieure de la feuille une bande de papier buvard qui favorise la chute des gouttes.

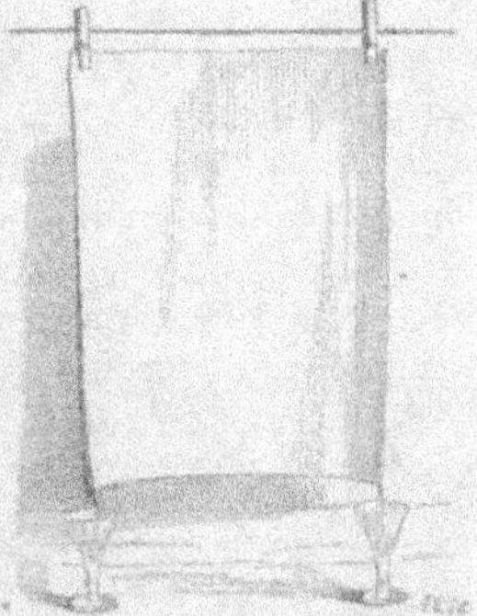

Fig. 193. Suspension du papier ciré.

L'ioduration du papier peut être faite en pleine lumière, car cet agent n'exerce aucune action sur l'iodure de potassium. Au reste, les papiers iodurés se conservent parfaitement bien, si on a soin de les enfermer dans un portefeuille bien clos.

Il arrive parfois que les papiers prennent une teinte violette très-prononcée. Cette teinte provient de l'iode qui existe souvent en liberté dans les solutions iodurantes, et qui forme avec l'amidon du papier un iodure bleu insoluble.

Nous ajouterons que la couleur violette que prennent les papiers n'exerce aucun effet fâcheux; l'argent ayant pour l'iode une affinité bien plus grande que l'amidon. Il en résulte que le papier immergé dans une solution de nitrate d'argent perd immédiatement cette couleur, parce que l'iodure d'amidon est transformé en iodure d'argent.

Nous fixerons l'attention de l'opérateur sur divers petits détails opératoires, qu'il importe de bien observer.

1° Chaque fois que l'on immerge le papier dans la solution iodurée, il faut avoir soin d'examiner si des bulles ne se trouvent pas sous la feuille, ce qui occasionnerait des taches, le liquide ne pénétrant pas à ces endroits : on les évite facilement de la manière que nous avons indiquée à la page 175; mais si, par hasard, il s'en formait, l'on appuierait le tube en cet endroit en forçant la bulle à s'échapper.

2° Enfin, l'on aura bien soin de ne jamais toucher au papier, même quand il n'est pas ciré, si ce n'est aux bords. Quand le papier ciré est ioduré, le moindre contact des doigts ou de tout autre corps humide suffit pour le tacher.

Sensibilisation du papier ioduré. Sensibiliser le papier ioduré, c'est transformer l'iodure contenu dans sa texture, en iodure d'argent sensible à la lumière. Par cela même, on conçoit que cette opération se fait dans l'obscurité.

Quand nous disons *obscurité*, ce mot ne doit pas être pris à la lettre; nous entendons par là une lumière tellement faible, que la couche sensible d'iodure d'argent n'en soit pas affectée, mais suffisante cependant pour que l'œil puisse distinguer nettement les objets. Du reste, nous avons expliqué page 95 et suivantes, comment on éclaire le cabinet obscur.

Nous savons que l'un des avantages du papier ciré consiste dans la propriété de se conserver sensible à la lumière pendant plusieurs jours. Néanmoins, il est préférable de sensibiliser le papier le matin, de l'employer dans le courant de la journée et de le développer le soir; de cette manière on peut être certain de réussir neuf fois sur dix, surtout si l'on a acquis une certaine habitude dans la pratique des diverses manipulations que ce procédé comporte. En été surtout, l'iodure d'argent est sujet à perdre sa sensibilité, et cet effet se manifeste par un voile très-prononcé qui enveloppe complétement l'image. En hiver, l'on peut garder le papier sensible pendant trois ou quatre jours, mais que l'opérateur se pénètre bien de ce principe, qu'une épreuve sera toujours plus belle quand il ne s'écoulera qu'un petit nombre d'heures entre la sensibilisation et le développement [1].

[1] En conservant le papier dans des boîtes à chlorure de calcium, comme le papier positif, il garde sa sensibilité pendant plusieurs semaines.

Pour transformer l'iodure de potassium, qui se trouve contenu dans la pâte du papier, en iodure d'argent, on se sert d'une solution de nitrate d'argent.

Voici de quelle manière on prépare le bain d'argent sensibilisateur.

Dans un litre d'eau de pluie filtrée, on dissout

60 grammes d'azotate d'argent cristallisé,
60 » d'acide acétique cristallisable.

Quand cette liqueur est préparée, on la filtre sur du papier buvard et on la conserve dans un flacon bouché à l'émeri. La solution est versée, au moment de s'en servir, dans une cuvette en porcelaine de manière à ce que le liquide occupe une hauteur d'environ trois centimètres, car, nous le répéterons encore une fois, il est nécessaire d'employer pour le papier ciré des bains abondants.

Pour sensibiliser le papier ioduré, on le saisit par deux angles opposés, et, faisant adhérer le milieu au liquide, on abaisse régulièrement les angles; enfin, à l'aide d'un tube, on force la feuille à s'immerger complètement. Si le papier présente une coloration violette, on la voit insensiblement disparaître, et devenir complètement blanche.

Nous laissons ordinairement nager le papier dans ce liquide pendant cinq minutes au moins, et, si la feuille remonte à sa surface, nous la forçons immédiatement à s'immerger à l'aide du tube en verre.

Il est assez dangereux de sensibiliser deux feuilles en même temps dans le même bain d'argent, parce qu'après le développement, l'image du papier supérieur se marque sur la feuille inférieure, ce qui s'explique par le contact des papiers qui a empêché le nitrate d'agir également sur toute la surface.

Au sortir du bain d'argent la feuille sensibilisée et bien égouttée est placée dans une grande cuvette en verre ou en porcelaine remplie d'eau de pluie. Elle y est laissée au moins pendant dix minutes, afin que l'excès de nitrate d'argent soit bien enlevé. Disons en passant que ce lavage doit être fait avec soin, il est même bon de le renouveler.

La feuille lavée est placée dans un cahier de buvard[1], à l'aide duquel on enlève l'excès d'eau, puis, plaçant une feuille de bristol blanc sur la feuille *encore humide mais non mouillée*, on en rabat les bords que l'on colle sur le bristol à l'aide d'une solution de gomme arabique. De cette façon, quand le papier est sec il est tendu sur le carton et présente une surface très-unie. Chaque feuille sensibilisée ainsi collée est séparée par une feuille de buvard du carton suivant, dans le portefeuille qui sert à la conserver.

(1) On ne doit jamais se servir deux fois de la même feuille de papier buvard pour enlever l'excès d'eau du papier négatif.

Quant au carton dont nous parlons, nous employons pour cet usage du bristol d'un demi-millimètre d'épaisseur, et d'une dimension égale à la grandeur intérieure du châssis.

Il est bien entendu qu'en opérant ainsi, on peut employer les mêmes châssis qui servent au collodion, tandis qu'en comprimant le papier entre deux glaces comme on le fait d'ordinaire il faut des châssis faits exprès.

Nous décrivons plus loin les *châssis préservateurs* en bristol. C'est sur la carte intérieure que nous collons notre papier sensibilisé.

Voici quelques indications sur la sensibilisation, qui pourront être utiles à nos lecteurs :

Le papier ioduré enlevant une certaine quantité d'argent à chaque immersion dans le bain, il est bon de posséder un flacon d'une solution concentrée de nitrate d'argent (eau 5, nitrate d'argent 1), dont on ajoute vingt centimètres cubes chaque fois que l'on a sensibilisé 20 feuilles de 25 centimètres sur 32.

Si le bain d'argent se colore, on peut, suivant M. Legray, y ajouter 1 °/ₒ de son poids de noir animal en poudre qui peut séjourner sans inconvénient dans le flacon même qui contient le bain d'argent.

Exposition à la chambre noire. Quand on a préparé le papier comme nous l'avons indiqué, on place le carton sur lequel la feuille est tendue dans le châssis de la chambre noire. A partir de ce moment, il faut avoir grand soin de ne pas laisser voir le jour au papier sensible, sinon, l'image serait irrévocablement perdue. L'on aura autant de châssis que de négatifs à faire; il existe cependant des appareils à l'aide desquels il ne faut qu'un seul châssis, comme ceux de MM. Clément, Lenoir, Relandin, Marion, etc. Nous ne décrirons spécialement aucun de ces systèmes parce qu'ils diffèrent toujours par les détails de la construction.

Mais en voici le principe :

L'on a un châssis dont le fond est occupé par une glace, et dont la porte est munie d'une seconde planchette qui peut serrer la glace à l'aide de vis extérieures. Le bristol sur lequel on a collé le papier négatif est enfermé dans une enveloppe en papier noir, et porte, à sa partie inférieure un arrêt.

Ce portefeuille est placé dans le châssis, dont la disposition est telle qu'on peut enlever le papier sensible de son enveloppe et le comprimer contre la glace du châssis.

On possède donc un seul châssis et autant de petits portefeuilles préservateurs que de papiers à exposer à la lumière.

Quant au temps de pose, il est, comme toujours, très-difficile à préciser. Voici cependant une indication : une vue éclairée au soleil exige, avec un objectif simple de 30 cent. de foyer et un diaphragme de 1 cent., environ 5 minutes.

Développement de l'image. Quand on retourne chez soi, après avoir pris les vues, on se rend immédiatement dans le cabinet obscur où l'on ouvre les châssis pour enlever les feuilles de papier du carton sur lequel elles sont tendues; cela se fait en passant un canif entre le papier et le carton, la feuille s'enlève ainsi parfaitement. Si on ne développe pas immédiatement l'image, on la met de côté dans un cahier de buvard, pour la faire paraître en moment opportun. Répétons seulement que moins on met de temps entre la sensibilisation et le développement mieux l'image vient. Il nous est cependant arrivé d'attendre huit jours et d'obtenir encore une belle épreuve, mais le cas n'est pas constant.

La première condition pour bien développer l'image est de chauffer la place où l'on opère, de manière à ce que les cuvettes soient bien chaudes (de 20 à 30° de température). Il est donc de rigueur, en hiver, de chauffer le cabinet obscur plusieurs heures à l'avance, il est évident qu'en été cela est inutile.

Nous savons que l'image apparaît sous l'influence de l'acide gallique : seulement, cette solution ne se conserve pas. M. Crookes a donné une méthode qui donne des résultats très-constants. On pèse exactement 250 grammes d'acide gallique, et on mesure d'autre part, dans un vase gradué, un litre d'alcool bien rectifié que l'on verse dans un vase de cuivre étamé ou mieux dans un ballon en verre que l'on chauffe sur un bain de sable. Quand l'alcool est chaud sans être bouillant, on y projette l'acide gallique, et on le filtre alors dans un flacon dans lequel on a préalablement versé dix grammes d'acide acétique cristallisable; si tout l'acide gallique ne s'était pas dissout, c'est qu'il contenait des impuretés. Finalement on obtient un liquide brunâtre, mais clair, qui est une solution concentrée d'acide gallique et qui peut fort bien se conserver pendant plusieurs mois.

Quand on veut développer l'épreuve, on verse dans un grand flacon un litre d'eau de pluie bien filtrée, 4 centimètres d'alcool à l'acide gallique et 1 centimètre cube de la solution argentifère page 178. On agite bien le mélange et on le verse dans une cuvette en porcelaine bien propre. Nous dirons en passant qu'un litre de liquide suffit pour développer une épreuve de 25 centimètres sur 32.

Le papier est immergé et maintenu dans la liqueur à l'aide du tube en verre (fig. 190). Au bout d'une demi-heure, l'image est ordinairement développée. Voici du reste les détails de cette opération :

Au sortir de la chambre noire, quand on examine le papier, on n'aperçoit que le ciel légèrement marqué. Quand le papier a séjourné quelques minutes dans le bain d'acide gallique, si on le relève et si on l'examine *par transparence*, on s'aperçoit que le ciel est fortement marqué et que les fortes lumières du modèle se reproduisent déjà. En suivant ainsi la marche de l'opération, il arrive un moment où les lumières et les ombres sont complètement venues, et alors on met immédiatement le papier dans l'eau pour arrêter l'action de l'acide gallique.

Il est important, nous le répétons, de maintenir la cuvette à une température de 20 à 25°; nous dirons encore que l'acide gallique ne sert jamais deux fois. On conserve dans un grand bocal les solutions ayant servi, et on recueille dans le même vase le fond noir qui garnit la cuvette; on en retire de l'argent métallique par les procédés indiqués page 78.

Pendant que l'épreuve est encore dans le bain d'acide gallique, on la voit insensiblement se couvrir d'un dépôt boueux, se salir enfin; on ne doit y faire aucune attention; ce défaut n'est qu'apparent.

Voici quels sont les caractères d'une pose trop courte ou trop longue :

Quand la pose est trop courte, l'image ne se développe pas dans le bain d'acide gallique, à moins d'ajouter une forte proportion d'acéto-nitrate d'argent. Cependant les ombres manquent de vigueur et le cliché est heurté, c'est-à-dire, que le positif d'un tel cliché présente des oppositions du noir au blanc beaucoup trop fortes. Si le temps de pose a été beaucoup trop court, le ciel seul apparait faiblement et l'addition de la solution d'argent renforce à peine les parties fortement éclairées du modèle.

Quand la pose a été trop longue, le ciel reste transparent et tout le cliché manque de vigueur; ordinairement l'épreuve présente une teinte rouge. D'un autre côté, l'addition de l'acéto-nitrate d'argent renforce à peine le cliché : dans tous les cas, il vaut donc mieux se servir d'une courte exposition à la lumière que d'une pose trop longue.

Mais, quand la pose à la chambre noire a été suffisante sans être trop longue, l'épreuve se développe en moins d'un quart-d'heure, et l'addition d'une faible quantité de nitrate d'argent à l'acide gallique lui donne une vigueur extraordinaire : le ciel et les parties fortement éclairées du modèle se traduisent en noir tellement opaque que les rayons du soleil ne peuvent traverser ces parties de l'épreuve, et les détails dans les ombres sont complets.

Cependant, disons que dans quelques cas il est nécessaire de se servir d'une pose trop longue. Supposons, par exemple, que l'on doive reproduire une vue éclairée au soleil et présentant des maisons blanches tranchant sur un ciel bleu, de fortes ombres, etc. Si le temps de pose n'est que suffisant pour donner aux grands noirs toute leur valeur, les détails dans les ombres ne seront pas encore venus : mais si l'on dépasse la durée ordinaire de la pose, les grands noirs tendront à s'affaiblir, et en définitive les fortes ombres présentant moins d'opposition avec les clairs, l'épreuve sera d'une harmonie parfaite (voir page 29).

Ces cas se présentent très-souvent. Une pose trop longue est donc nécessaire chaque fois qu'on reproduit une vue éclairée par un soleil ardent.

On ne doit pas s'étonner du grenu que présente le cliché après le développement à l'acide gallique, la dernière opération le faisant en grande partie disparaître.

Fixation de l'épreuve. Il suffit, après avoir lavé l'épreuve développée, de la laisser séjourner une demi-heure dans une solution d'hyposulfite de soude, et de la laver en l'abandonnant deux ou trois heures dans une cuve remplie d'eau.

Finalement l'épreuve est séchée dans un cahier de papier buvard.

L'épreuve sèche présente un pointillé général, analogue, quoique plus puissant, au pointillé qu'elle offrait au sortir du bain iodurant. Il importe de le faire disparaître. Pour cela, on enferme le papier entre deux feuilles de buvard et on y passe un fer chaud. Moins ce fer est chaud et plus l'épreuve sera bonne. Le meilleur moyen de chauffer le fer est de le plonger pendant 1 ou 2 minutes dans l'eau bouillante, de l'essuyer, puis de le passer sur le négatif couvert d'une très-mince feuille de papier.

Ce pointillé provenant de la pénétration mécanique du papier ciré par le bain iodurant, disparait alors, parce que la cire fondue se répand uniformément dans la texture du papier.

Il arrive souvent, lorsque l'épreuve est terminée, que le ciel est beaucoup trop faible; on peut alors, avec de la couleur noire, le recouvrir d'une couche opaque; on peut aussi se servir de papier noir et mince découpé. Mais l'on n'aura recours à aucun de ces moyens, si l'on est un peu familiarisé avec la pratique des procédés sur papier.

PROCÉDÉ RAPIDE.

La méthode de M. Humbert de Molard est beaucoup plus simple que celle de M. Legray, avec laquelle elle présente cependant beaucoup de points communs.

Le papier étant choisi, on en marque l'envers au crayon; l'autre côté reçoit l'action des liquides.

Il est d'abord étendu pendant cinq minutes sur une solution de :

Eau	100 grammes.
Iodure d'ammonium	4 »

On le sèche par suspension. On ne fera pas cette opération trop longtemps à l'avance, le papier à l'iodure d'ammonium ne se conservant que peu de temps. On ne doit faire aucune attention à la couleur violette qu'il prend sur ce bain, cette couleur provenant de l'iode qui existe toujours en liberté dans l'iodure d'ammonium et qui forme avec l'amidon du papier un composé bleu.

Au moment de s'en servir, le papier ioduré est sensibilisé sur un bain de :

Eau	1000 grammes.
Azotate d'argent	75 »
Azotate de zinc.	30 »
Acide acétique	30 »

puis exposé tout humide à la lumière. Pour cela on le place par son côté humide sur une glace préalablement nettoyée, elle y adhère facilement. Dans la mise au point, on tiendra compte de l'épaisseur de cette glace.

Le temps de pose est compris entre trois et trente secondes. Ce procédé est donc d'une extrême rapidité. Enfin, on développe l'image en faisant flotter le papier à la surface du révélateur, dont voici la composition :

Eau saturée d'acide gallique	200 cent. cubes.
Eau saturée d'acétate d'ammoniaque	48 à 60 gouttes.

L'image se développe instantanément, et cette opération doit, pour cette raison, être surveillée avec le plus grand soin. Le reste des opérations est le même que pour les autres procédés.

L'épreuve sèche est cirée afin de lui donner une transparence suffisante pour le tirage des épreuves subséquentes sur papier positif.

PHOTOGRAPHIE SUR COLLODION.

Ce procédé est aujourd'hui universellement employé, tant à cause de la rapidité [1] que de la finesse de ses épreuves. Ce chapitre est donc le plus important de ce livre, aussi, croyons-nous devoir exposer préalablement l'ensemble des manipulations que le procédé comporte et la marche que nous adopterons dans sa description.

Nous savons déjà que le *collodion* est une dissolution de coton-poudre dans l'éther alcoolisé. En photographie, cette dissolution porte le plus souvent le nom de *collodion simple*, par opposition aux termes de *collodion ioduré*, *collodion sensibilisé*, ou même tout simplement *collodion*, qui indiquent qu'un iodure y a été introduit.

(1) Tout le monde a dit son opinion sur la cause de la rapidité du collodion, mais on est généralement d'accord pour l'attribuer à la porosité et à la perméabilité de la couche de pyroxyle.

Nous doutons de cette explication. Nous pensons que tous les procédés seraient aussi rapides que le collodion, si les véhicules qui leur servent de base n'avaient aucune action ni sur l'iodure d'argent, ni surtout sur le nitrate d'argent.

En effet, quels sont les procédés rapides ?

1° Le collodion, à base de coton-poudre.

2° La cellulose, à base de coton ordinaire.

3° Le papier *non collé*, à base de cellulose.

Le pyroxyle, la cellulose, le papier, trempés dans le nitrate d'argent et lavés, ne retiennent que des traces de nitrate d'argent.

Voyons les procédés lents :

1° Le papier anglais (encollé à la gélatine).

2° La gélatine.

3° L'albumine.

4° Le papier ciré.

Or, qu'on le remarque bien, ces substances trempées dans le nitrate d'argent et lavées, en retiennent une partie en combinaison. Elles agissent donc indépendamment de l'iodure d'argent, et *ne donnent pas des images formées d'argent pur*, contrairement à l'opinion généralement reçue.

L'image, dans ces procédés, est visible au sortir de la chambre noire, coloration qui n'est pas due à l'iodure d'argent mais à la combinaison argentico-organique.

Quant à la plaque d'argent, elle constitue un procédé si complètement différent, à cause du développement au mercure, que sa rapidité ne peut pas être invoquée en faveur de notre *hypothèse*.

Le collodion, versé sur une glace parfaitement nettoyée, s'y étend facilement, à cause de la faculté *mouillante* de l'alcool et de l'éther qui le constituent. Après une dessication complète, la couche devient opaline et emprisonne dans ses fibres l'iodure destiné à la rendre sensible à la lumière. Cette couche doit posséder une grande ténacité et une certaine dureté, qualités qui proviennent surtout de la nature du pyroxyle.

Si, après avoir versé le collodion à la surface de la glace, en avoir laissé écouler l'excès, et attendu quelques instants pour permettre à l'éther et à l'alcool de se vaporiser en grande partie mais non en totalité[1], nous l'immergeons, à l'abri de la lumière, dans une solution aqueuse de nitrate d'argent, nous la voyons *blanchir lentement*. Ce fait provient de la transformation de l'iodure dissous dans le collodion, en iodure d'argent blanc, substance d'une extrême sensibilité à la lumière.

L'opacité de la couche d'iodure d'argent varie nécessairement avec la fluidité et le degré d'ioduration du collodion. On conçoit, en effet, qu'un collodion très-fluide, mais fortement ioduré, puisse donner une couche d'iodure d'argent tout aussi puissante qu'un collodion épais, mais faiblement ioduré.

La pratique a déterminé avec précision les proportions relatives des substances qui constituent un bon collodion photographique.

Nous avons donc une surface d'iodure d'argent sensible à la lumière. Exposons-la un temps très-court dans la chambre noire et reportons-la dans l'obscurité. Aucune image n'est visible, et, il ne semble pas y avoir eu action de la lumière. Cependant, plongée dans une dissolution de sulfate de fer, la surface laisse tout-à-coup apercevoir une image *inverse* de celle du modèle.

La lumière a donc agi, *mais l'image était latente*. Le mode d'action de la lumière est loin d'être connu d'une manière satisfaisante, mais pour le moment, il nous suffit de le constater.

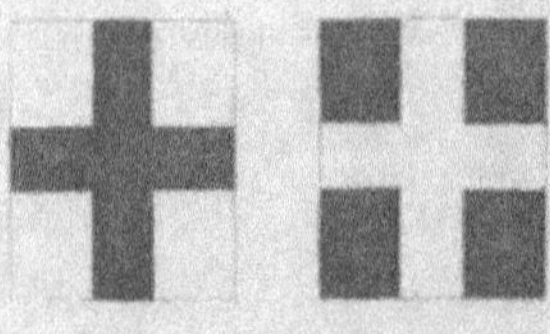

Fig. 194. Fig. 195.

Après l'action du sulfate de fer, les grands clairs du modèle se sont reproduits en noir, et les ombres en blanc. Les figures 194 et 195 représentent donc, la première, un modèle supposé; la seconde, le *négatif* qui y correspond.

L'examen chimique prouve que ce n'est pas l'iodure d'argent qui a

(1) Si la couche de collodion était complètement sèche, l'immersion dans le bain d'argent la blanchirait encore, mais elle n'offrirait aucune adhérence avec la glace.

été décomposé par le sulfate de fer, mais bien le nitrate en excès qui l'imbibait. L'image est constituée en entier par de l'argent métallique disséminé dans les fibres du coton-poudre.

Pour *fixer* l'image, c'est-à-dire, pour empêcher que désormais elle ne s'altère plus à la lumière, il faut enlever l'iodure d'argent. On y parvient en plongeant la glace dans une dissolution d'hyposulfite de soude, jusqu'à ce que la couche perde son aspect opalin.

L'hyposulfite étant enlevé à son tour par un lavage à l'eau, l'image est définitivement achevée.

Nous savons qu'un négatif doit donner une série d'autres épreuves, soit de nouveau sur verre, soit sur papier. Or, si les teintes de ce négatif n'étaient pas bien en harmonie avec celles du modèle, si par exemple il était trop faible, il est de toute évidence que la contre-épreuve serait trop noire; et inversement, si le négatif était trop puissant, la contre-épreuve serait trop faible.

Pour bien concevoir cet effet, il faut se pénétrer de ce principe, que malgré le renversement des teintes qu'offre le négatif par rapport au positif, dans chacun d'eux, *la même échelle entre les tons* doit exister.

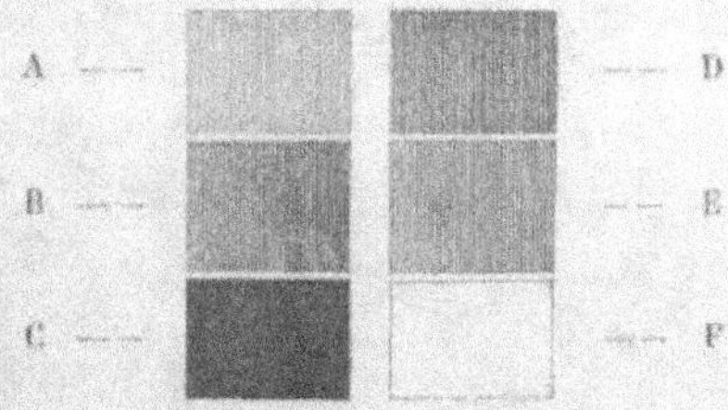

Fig. 196.

Étant donnés, en effet, une série de carrés de papier variant du noir au blanc, C, B, A, etc. (fig. 196), l'image inverse sera telle, F, E, D, qu'elle donne à son tour les images primitives. Or, nous savons déjà que l'iodure d'argent *possède la curieuse propriété d'atteindre un maximum d'intensité en un temps donné*, ce temps de pose exagéré ou insuffisant produit alors un négatif dans lequel les tons ne correspondent plus à ceux du modèle.

C'est ainsi que le carré B, d'une teinte moyenne, donne, par une exposition trop courte, une contre-épreuve D; et par une exposition trop longue, une contre-épreuve F, toutes deux inexactes.

Ce point est d'une extrême importance pour le photographe, et constitue à lui seul une des plus grandes difficultés du procédé opératoire. C'est ce motif qui nous engage à y appeler l'attention dès maintenant.

Voilà donc en quelques mots la marche générale que l'on suit pour faire des négatifs sur collodion, mais ce procédé peut fournir, comme le daguerréotype, des épreuves directes; seulement, au lieu de les examiner par transparence, on les regarde par *réflexion*. Ces épreuves constituent un procédé à part, aussi le décrirons-nous dans un chapitre particulier.

Nous savons maintenant que pour obtenir un négatif sur collodion toutes les opérations se suivent; mais on peut les interrompre après la sensibilisation en recouvrant le cliché, soit d'une couche de glycérine, soit de certaines autres matières dont nous aurons soin de parler plus tard. Ce mode d'opérer permet de mettre un certain temps entre la pose et le développement, de telle façon qu'on n'est pas obligé d'emporter sur les lieux où l'on veut opérer tout son matériel. Ce procédé est connu sous le nom de *collodion sec*.

En résumé, le procédé sur collodion comprend :

1° Le procédé négatif; 2° le procédé positif; 3° le collodion sec.

Ces procédés détermineraient forcément l'ordre dans lesquels nous devrions les décrire, si la longueur démesurée de ce chapitre ne nous obligeait, pour y apporter plus d'ordre, à séparer la méthode opératoire de la préparation des produits qui servent à ce procédé, et des insuccès principaux auxquels il est sujet. Quant au collodion sec, nous le décrirons seulement à la fin. Voici donc l'ordre que nous suivrons :

I. Le collodion négatif.
II. Le collodion positif.
III. Procédés opératoires.
IV. Insuccès et difficultés.
V. Le collodion sec.

Chacun de ces paragraphes est divisé à son tour suivant l'importance des matières qu'il contient.

I. LE COLLODION NÉGATIF.

Nous avons vu, page 68, qu'il existe deux variétés de pyroxyle que nous avons désignées sous les noms de *pyroxyle alcoolique* et de *pyroxyle éthérique*, suivant qu'ils exigent, pour se dissoudre, un excès d'alcool ou d'éther.

On conçoit que les collodions préparés à l'aide de ces variétés de coton-poudre possèdent des propriétés différentes. Nous distinguerons donc :

1° Le collodion éthérique.
2° Le collodion alcoolique et l'alcolène.

Le collodion éthérique est généralement employé dans nos climats. C'est ce qui nous engage à le désigner par son terme vulgaire « *Collodion* » en désignant plus spécialement le dernier par la qualification « *alcoolique.* »

LE COLLODION.

Le collodion est formé, comme nous l'avons déjà dit, de coton-poudre, d'alcool, d'éther, et d'un iodure métallique. Ce liquide peut être préparé en une seule opération; mais il est préférable, dans un grand atelier, de préparer séparément le collodion simple non ioduré.

En effet, quelque parfait que soit le coton-poudre, il en échappe toujours une légère partie à la dissolution, sans compter les impuretés mécaniques qui le souillent presque toujours. Pour avoir des liquides immédiatement clairs, on préfère généralement préparer à part le collodion épais, que l'on amène, après dépôt des impuretés mécaniques, à une densité convenable par l'addition d'éther alcoolisé.

Voici la formule du **collodion simple épais,** également connu sous le nom de **collodion pharmaceutique** (1).

Coton-poudre	25 grammes.
Alcool à 95°	500 centimètres cubes.
Ether à 58°	500 »

Soit 1 gramme de coton-poudre par 40 centimètres cubes de collodion épais.

(1) Pour reconnaître la qualité d'un collodion pharmaceutique, on l'étend d'abord d'éther et d'alcool en proportions convenables, puis on le verse sur une glace; la couche sèche doit présenter les caractères suivants :

1° Une transparence complète. Si elle a une teinte opaline, c'est que le coton-poudre est défectueux.

2° Un aspect brillant comme la glace même, sans aucune strie. L'apparence contraire résulte d'un collodion trop épais ou trop vieux.

3° Il ne faut pas que la couche s'écaille si on essaie de la détacher, car ce serait l'indice certain d'un fendillé général lors d'un changement brusque de température. Ce défaut provient du pyroxyle ou d'un excès d'éther.

Le collodion pharmaceutique ne peut pas rougir le papier de tournesol.

Le coton-poudre est introduit dans le flacon, puis l'alcool. Le flacon est vivement agité, afin de diviser autant que possible les fibres du coton-poudre. L'éther est ajouté par fractions en agitant chaque fois avec force.

La solution s'opère ainsi facilement. En mélangeant les deux liquides en une fois, le coton-poudre s'agglutine et se dissout moins facilement.

Le collodion est alors abandonné dans un lieu frais et à l'abri de la lumière pendant plusieurs jours, afin que les fibres non dissoutes et les poussières se déposent complétement. Le liquide décanté à l'aide de l'appareil (fig. 197) est parfaitement clair.

Comme il est aisé de le prévoir par l'inspection de notre formule, ce collodion est très-épais. Cependant sa fluidité est relative à la nature du coton-poudre employé. Si le coton a été préparé avec des acides à haute température, comme nous l'avons indiqué page 69, il sera beaucoup plus fluide qu'avec le pyroxyle préparé à l'ordinaire. Dans notre opinion, le pyroxyle est l'élément principal du collodion, et c'est de sa qualité que dépendent, non seulement la ténacité et l'adhérence de la couche, mais encore la rapidité et l'inaltérabilité du collodion, bien entendu dans certaines limites.

La solution bromo-iodurée suivante sert à iodurer le collodion.

Alcool à 90°	100	cent. cubes.
Iodure de cadmium	5	grammes.
Iodure d'ammonium	5	»
Bromure d'ammonium	2,5	»

Cette solution doit être filtrée et conservée dans un flacon à l'émeri.

Voici alors la formule du **collodion ioduré.**

Collodion simple épais	40	cent. cubes.
Solution bromo-iodurée	10	»
Alcool à 94°	10	»
Ether à 58°	40	»

Si l'on préfère préparer le collodion ioduré en une seule fois, voici la formule qui correspond exactement à la précédente.

Ether	60	cent. cubes.
Alcool	40	»
Coton-poudre	1	gramme.
Iodure de cadmium	0,5	»
» d'ammonium	0,5	»
Bromure d'ammonium	0,25	»

Ce collodion contient 1 gramme de coton-poudre par 100 centimètres cubes de liquide et la même quantité d'iodures.

Nous avons adopté la proportion de 3 d'éther sur 2 d'alcool pour notre formule, mais en été, par les fortes chaleurs, on prendra un peu plus d'alcool; et en hiver, par les grands froids, un peu plus d'éther.

En Angleterre et en Allemagne on prend, en général, parties égales d'éther et d'alcool, mais ces proportions ne conviennent pas toujours au coton-poudre des fabriques françaises.

Nous employons deux iodures au lieu d'un seul, parce que le collodion à l'iodure de cadmium seul (que nous avions toujours exclusivement employé jusqu'ici), exige plusieurs semaines avant d'acquérir toute sa rapidité, et rend le collodion plus ou moins glutineux.

L'iodure d'ammonium seul est trop instable, aussi l'avons-nous associé à l'iodure de cadmium.

Quant à l'emploi du bromure, sans pouvoir affirmer qu'il donne plus de rapidité, il est certain qu'il ne retarde pas l'action lumineuse comme on l'a prétendu [1]. Nous en conseillons uniquement l'emploi parce qu'il s'impressionne par les couleurs verdâtres (voir page 29), et qu'ainsi son échelle de sensibilité s'étend plus loin que celle de l'iodure. Ceci est surtout précieux si l'atelier vitré est garni de verre verdâtre (voir page 103).

Le collodion simple ne se conserve pas indéfiniment [2]. Cependant si l'on a soin de le tenir dans un endroit frais, en flacons complètement remplis et à l'abri de la lumière, on peut sans crainte le préparer trois mois à l'avance.

Il n'en est pas de même du collodion ioduré. Il rougit au bout de quelques jours et cela dans des conditions entourées de beaucoup d'obscurité, aussi ce chapitre a-t-il été l'objet de bien des suppositions, sans que rien de précis n'ait été avancé. Tout ce que nous pouvons affirmer, c'est qu'en se servant de produits bien neutres au papier de tournesol, l'on prévient plus ou moins cette décomposition.

Le coton-poudre paraît être la cause principale de la décomposition lente du collodion, non pas qu'il fût primitivement acide, ou qu'il contînt du sulfate de potasse (ce qui le supposerait dans ce cas mal préparé), mais parce qu'il semble se décomposer spontanément en présence de l'iode libre.

(1) Le bromure d'argent seul est plus lent que l'iodure. Réunis, ils semblent se comporter autrement que chacun d'eux individuellement. On connaît, en physique, des faits analogues. L'on sait, par exemple, qu'il existe des alliages plus lourds que la moyenne de chacun des métaux qui les constituent.

Peut-être se forme-t-il un sel double, composé d'iode, de brôme et d'argent, (comme il existe une combinaison de brôme et d'iode), et ce sel double est-il plus sensible que l'iodure ou le bromure seul.

(2) Le collodion simple conservé pendant longtemps devient plus fluide (*Hardwich*) et libère plus facilement l'iode des iodures alcalins (*Barreswill et Davanne*).

25

Le coton-poudre se décompose d'ailleurs aussi bien lorsqu'il est dissous que conservé dans des flacons bouchés. Il commence d'abord par rougir la teinture de tournesol, puis par dégager des vapeurs rutilantes. On ne connait pas la cause de cette décomposition lente(1).

Le collodion ioduré rougit au bout de quelques semaines ce qui est évidemment dû à de l'iode en liberté. Il devient aussi plus fluide et donne une couche plus perméable à l'action chimique.

Les personnes qui désirent approfondir ce chapitre, trouveront en note(2) quelques détails qui ne sont pas sans intérêt; nous

(1) D'après M. Hoffmann le pyroxyle exposé au soleil se transformerait en acide oxalique et en une matière gommeuse dont la nature est inconnue.

(2) DE L'INFLUENCE MUTUELLE DES SUBSTANCES QUI CONSTITUENT LE COLLODION.

Effets des diverses variétés de pyroxyle. Si l'on prépare une série d'échantillons de pyroxyle à l'aide de différentes méthodes, on reconnait que, si on en fait une série de collodions tous dans les mêmes proportions, l'un non-seulement sera plus fluide que l'autre, mais encore s'enlèvera moins facilement sous un courant d'eau. Le commerce fournit aujourd'hui de très-bon pyroxyle presque complétement soluble dans l'éther alcoolisé; cependant, si l'on ne s'adresse pas à un bon fabricant de produits chimiques, on s'expose à ne pas réussir avec les formules que nous donnons. Avant de se servir du coton-poudre, on le mouillera en le pressant contre du papier bleu de tournesol, puis contre du papier rouge. Les colorations doivent se maintenir. S'il en était autrement, on devrait laver ce coton à grande eau jusqu'à complète neutralisation.

Non-seulement la nature du pyroxyle, mais encore les proportions relatives d'éther et d'alcool qui le constituent, exercent un effet sur les propriétés du collodion.

Effets de l'alcool et de l'éther. L'alcool ajouté en excès au collodion lui donne la propriété de produire des couches moutonnées et de s'enlever facilement dans le bain d'argent. On observe aussi que, si on augmente hors mesure la dose de l'alcool, la couche semble toute parsemée d'un réseau très-fin qui atténue les détails de l'image.

L'action chimique semble s'exercer mieux quand il y a un excès d'alcool, mais ce fait varie avec les divers pyroxyles.

Effets de l'éther. L'éther prédominant en proportion exagérée, l'évaporation à la surface de la glace est extrêmement rapide, et par suite, le collodion s'étend mal quelque fluide qu'il soit. La couche sèche présente des stries très-rapprochées qui nuisent beaucoup à la finesse de l'épreuve. Elle est aussi très-contractile et peut s'enlever complétement de la glace, *même spontanément.*

Néanmoins un tel collodion est d'une adhérence excessive, et fournit des épreuves positives d'une grande beauté.

Effets de l'eau. Quelquefois, lorsque l'épreuve est sèche, la couche de collodion se fendille de la manière la plus fâcheuse, et présente une espèce de filet à jour qui enveloppe toute l'image, de manière à en détruire la finesse.

Cet effet est dû à l'eau que l'éther, et surtout l'alcool, contiennent souvent. On en a la preuve en déshydratant le collodion avec le fluorure de potassium ou le chlorure de calcium.

Pour y remédier, l'on ne se servira que d'alcool à 90° et d'éther à 58°. En hiver ce défaut se produit plus facilement qu'en été.

Effet des iodures. Tous les iodures donnant en définitive de l'iodure d'argent, il s'en suivrait, selon quelques chimistes, que la sensibilité devrait être la même, quelle que fût la base. Cela n'est pas, pour plusieurs raisons. D'abord, il est à présumer que les iodures à base différente, doivent présenter, lors de la formation de l'iodure d'argent, une disposition moléculaire particulière, première cause par laquelle la sensibilité *peut* varier.

finirons par quelques recommandations qu'il est important de ne pas perdre de vue dans la pratique.

1° Il faut toujours se servir d'un collodion bien clair, bien déposé. Voici, pour transvaser le collodion, un petit appareil excellent.

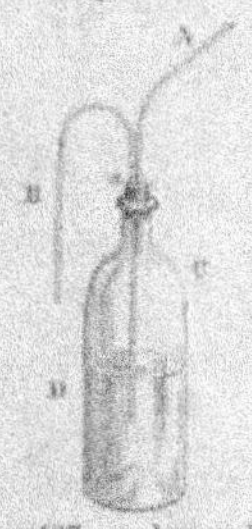

Fig. 197. — Appareil à transvaser le collodion.

On se procure un flacon très-haut et peu large, de la forme indiquée fig. 197 : on le remplit de collodion. Le bouchon de liége *a* est percé de deux trous faits à l'aide d'un perce-bouchons (fig. 57); l'on y adapte deux tubes minces en verre, dont l'un A dépasse à peine le bouchon et dont l'autre est recourbé en U, mais l'une branche plus courte que l'autre. La branche la plus longue plonge dans le collodion à une certaine distance du fond. Chaque fois que l'on a travaillé pendant quelques heures, on verse le collodion dans ce flacon en enlevant le bouchon *a*. Le lendemain le collodion s'est déposé, et, en soufflant par le tube A, le liquide clair passe par le tube D*a*B, à l'extrémité duquel on le reçoit dans un flacon propre.

En second lieu, par suite de la transformation de l'iodure métallique en iodure d'argent, l'azotate formé étant toujours en présence de la couche sensible, peut exercer un effet quelconque. Tel est le cas, par exemple, de l'iodure de fer. Une troisième cause de variation dans la sensibilité, c'est l'eau exigée par quelques iodures et bromures pour se dissoudre dans le collodion; c'est pour ce motif, par exemple, que l'iodure de potassium ne doit pas être employé pour iodurer le collodion.

Les divers iodures semblent exercer une certaine action sur le pyroxile. Ainsi M. Hardwich a fait voir que l'iodure de cadmium rendait le collodion glutineux, et l'iodure d'ammonium, très-fluide.

Les divers iodures font aussi rougir le collodion en des temps différents. L'iodure de cadmium est le seul iodure qui permette au collodion de se conserver plusieurs mois incolore. L'iodure d'ammonium est au contraire très-instable. L'iodure de lithium ne semble guère à préférer aux autres iodures.

Le collodion rougi peut bien se rendre incolore par le séjour avec l'argent divisé ou une lame de cadmium, mais ces moyens, en décolorant le collodion rougi jusqu'à un certain degré, ne semblent pas lui rendre sa première sensibilité.

Effet de substances étrangères ajoutées au collodion. Certaines substances, quoique d'une parfaite *neutralité* enlèvent toute la sensibilité au collodion, tel est l'iodure d'éthyle, les iodates, etc.

D'autres devraient, dit-on, donner une sensibilité plus grande. D'après Ernest Conduché, par exemple, il y aurait accélération par l'addition de l'aldéhyde; suivant le professeur Van Babo, retard; et suivant nos expériences personnelles, aucun effet appréciable.

On a trouvé que l'addition du chloroforme donnait plus de finesse (M. Schadboldt); que la résine permettait de travailler à sec sans liquide préservateur (l'abbé Desprats); que la glycirrhizine donnait plus d'intensité aux images (Hardwich); que l'acétate de morphine (M. Bartholomew[1]) et l'arsenite de morphine (M. Diamond) donnaient plus de rapidité. Nous pourrions indiquer plusieurs autres substances dont on a préconisé l'addition au collodion, mais elles ne nous semblent pas avoir été l'objet d'expériences suffisantes.

(1) *Photographic news.*

Il faut avoir soin que le niveau du collodion soit plus bas que l'extrémité B du tube, et, dans le cas contraire, élever le tube en le faisant glisser dans le bouchon.

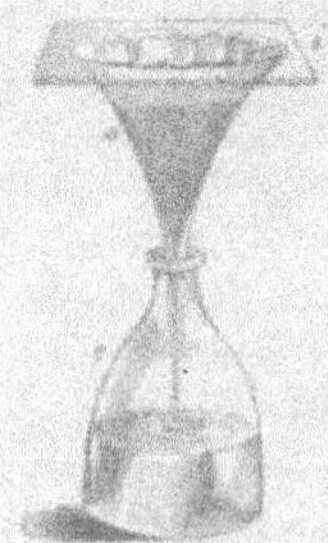
Fig. 198.

Quelquefois une goutte se sèche en B, on peut l'enlever avec une épingle.

On a recommandé l'appareil à filtrer le collodion (fig. 198), composé d'un entonnoir rodé, muni d'une glace dépolie et d'un flacon à fond plat. Tout l'appareil étant hermétiquement fermé, l'éther et l'alcool ne s'évaporent pas, et le collodion doit filtrer facilement. Cependant la filtration est lente et s'arrête même assez vite. En substituant un tampon de coton au filtre en papier, le collodion passe plus vite, mais il est moins clair.

2° Quand le collodion s'étend sur la glace, l'excès de liquide est reçu dans un flacon, et, à la fin d'une journée de travail on en possède une certaine quantité. Mais on le conçoit, l'évaporation a changé la formule de ce collodion, aussi faut-il y ajouter de l'éther et de l'alcool, mais beaucoup plus d'éther que d'alcool, parce que l'éther s'évapore plus que l'alcool.

3° Si l'on juge que le collodion donne une couche trop mince, on y ajoutera un peu de collodion épais; au contraire, si on le trouve trop épais, on y ajoutera de l'éther et de l'alcool, dans la proportion de 3 volumes d'éther sur 2 d'alcool.

4° Si la couche se détache dans le bain d'argent ou plus tard, c'est, ou bien qu'il n'y a pas assez d'éther dans le collodion, ou bien que le coton-poudre est mauvais. En ce cas, il faut avoir recours à un coton-poudre préparé suivant la formule indiquée page 79, qui donne une couche très-adhérente. C'est surtout lorsqu'on emploie des glaces de grande dimension que le fulmi-coton doit être de bonne qualité.

5° Le collodion doit être conservé dans des flacons bouchés, mais il est indifférent d'employer des flacons bouchés à l'émeri ou bien munis de bons bouchons de liége. On doit tant que possible maintenir les flacons complétement remplis.

6° Le collodion n'est jamais excellent le premier jour de sa préparation; il faut attendre au moins 8 jours pour qu'il acquierre toutes ses propriétés.

LE COLLODION ALCOOLIQUE ET L'ALCOLÈNE.

Dans nos climats la température moyenne de l'été ne dépasse guère 20 ou 25 degrés, et les plus fortes chaleurs 30 à 33°. Il n'en est plus ainsi dans les climats chauds où la température est parfois telle, que *l'éther y bout à la température ordinaire de l'air ;* que l'on juge par ce fait des difficultés que doit offrir l'extension sur les glaces de collodion avec excès d'éther.

Déjà, au midi de la France, en Italie, en Espagne et même en Angleterre dans les journées chaudes de Juillet et d'Août, la température est parfois si élevée que les bouchons qui ferment les flacons d'éther et de collodion sont projetés brusquement ; l'extension du collodion offre alors les plus grandes difficultés.

L'emploi du *collodion alcoolique* s'indique donc de lui-même comme un remède efficace contre ces températures élevées. Voici la formule d'un tel collodion :

Alcool	100	cent. cubes.
Éther	25	»
Pyroxyle	1	gramme.
Iodure de cadmium.	0,5	»
Iodure d'ammonium.	0,5	»
Bromure de cadmium	0,25	»

Après dépôt, le collodion est prêt à servir.

Il rougit moins vite que le collodion ordinaire et peut, d'ailleurs, être employé aussi bien en été qu'en hiver.

Il s'étend sur la glace avec la plus grande facilité, on peut même attendre plusieurs minutes avant de la plonger dans le bain d'argent, tandis qu'avec le collodion ordinaire l'on sait combien il est important de saisir exactement le moment où cette opération doit se faire.

Quand on plonge la glace dans le bain d'argent et que, par inadvertance, il y a un moment d'arrêt, l'on ne voit pas la ligne qui l'accuse, comme avec les procédés ordinaires.

Ce qui étonne le plus quand on se sert de ce collodion, c'est qu'il coule lentement sur la glace et qu'il paraît devoir donner une couche fort épaisse. Cependant, après que l'on a recueilli l'excès de collodion et que la couche est sèche, on peut s'assurer qu'elle ne diffère en rien de celle que donne le collodion ordinaire.

La couche est fort adhérente et très-tenace. En un mot, tout ce que nous avons dit dans le chapitre précédent peut s'appliquer au collodion alcoolique, sauf les différences que nous venons de signaler.

Il ne faut pas oublier que ce n'est qu'avec un coton-poudre spécial que ces effets s'obtiennent, et l'on ne doit pas essayer de les produire, comme nous l'avions fait nous-même il y a trois ans, avec du coton-poudre ordinaire.

M. Sutton a décrit, sous le nom d'alcolène, un procédé de photographie dans lequel il emploie uniquement l'alcool pour dissoudre le coton-poudre. Nous n'avons aucune expérience personnelle de son procédé, aussi le laisserons-nous parler lui-même dans la note ci-dessous, que nous avons extraite des *Photographic Notes*.

Pour faire l'alcolène, on procède de la manière suivante :

Prenez un bol à thé, assez grand pour contenir 1 pinte (0 lit.,567). Nettoyez-le et séchez-le parfaitement, puis versez-y d'abord 4 onces (124 gr., 06) d'huile de vitriol d'une densité = 1,85, et environ 3 $\frac{1}{4}$ onces (101 gr., 07) d'acide nitrique d'une densité = 1,40. Agitez les acides avec une baguette de verre, et lorsque leur mélange a atteint sa température la plus élevée, placez le bol dans une terrine, et versez dans celle-ci de l'eau bouillante en ayant soin d'en mettre une quantité telle, que le bol soit tout prêt à flotter sur le liquide, mais sans cependant atteindre ce point. La température des acides mélangés est alors d'environ 175° Fahrenheit (80° centigrades). Placez le tout dans une cheminée par laquelle les vapeurs acides puissent s'échapper, et commencez à y plonger le coton, qui doit préalablement avoir été séparé en touffes légères. La meilleure marche à suivre consiste à avoir un aide qui projette une à une les touffes de coton, tandis que l'opérateur lui-même les immerge dans le liquide, et les agite avec une paire de baguettes de verre. Le coton doit être le mieux cardé et le mieux blanchi possible, tel en un mot que le vendent les marchands d'appareils chirurgicaux, au prix de 3 shellings la livre. Ajoutez du coton et immergez-le tant que la manipulation de la matière reste facile, puis laissez-le cinq minutes, en comptant le temps à partir du moment où vous avez ajouté la dernière touffe. Ce temps écoulé, enlevez le bol pour le soustraire au contact de l'eau chaude qui le baigne, versez rapidement les acides dans un vase à résidus, enlevez la pyroxyline, plongez-la dans un vase rempli d'eau où vous l'agitez pendant quelques secondes, au moyen de baguettes, puis changez l'eau et renouvelez ce lavage plusieurs fois. Enfin laissez-la toute une nuit au sein de l'eau ; et le lendemain matin, répétez les lavages, puis placez-la soit sur une table, soit sur l'appui d'une croisée, pour la laisser sécher spontanément. Une fois sèche, elle est prête à être dissoute dans l'alcool.

Le succès de l'opération dépend principalement de l'emploi d'acides possédant la densité indiquée ci-dessus ; car si les acides sont trop faibles, la pyroxyline est susceptible de se dissoudre dans leur mélange, et s'ils sont trop concentrés au contraire, elle devient incapable de se dissoudre dans l'alcool. La pyroxyline est alors en fibres très-courtes, presque pulvérulente, et si l'on ne prend pas de grandes précautions, on court le risque d'en perdre une quantité considérable dans les eaux de lavage.

Lorsque la pyroxyline est sèche, on la dissout en la mélangeant avec de l'alcool absolu (D = 0,804) en quantité telle, que celui-ci la recouvre. On agite la bouteille et, au bout d'un petit nombre de minutes, la pyroxyline s'est dissoute et forme une solution assez épaisse. On procède à l'ioduration en ajoutant, dans la proportion ordinaire, l'un quelconque des iodures ou des bromures habituellement employés, après les avoir dissous dans de l'alcool d'une densité = 0,820. Pour 3 parties d'alcolène normal, il faut employer 1 partie de solution iodurante, et celle-ci doit être faite de telle sorte qu'elle contienne par once (31 gr. 09) 4 grains (0 gr. 256) d'iodure. Le lendemain de l'ioduration, la liqueur est prête à être employée, et sans aucun doute elle peut se conserver longtemps sans détérioration.

L'alcolène est un liquide épais ressemblant à une solution chaude d'amidon. Il est parfaitement incolore, lorsqu'il est additionné de la liqueur iodurante ordinaire à l'iodure de potassium, et probablement il se conserve longtemps incolore. Mais en nous exprimant ainsi, il est bien entendu que nous parlons de l'iodure de potassium ordinaire qui donne une solution alcoolique incolore. L'iodure pur, sans carbonate, est jaune, et communique une teinte jaune à sa solution alcoolique et par suite à l'alcolène ioduré.

Lorsqu'on couvre une glace avec de l'alcolène, celui-ci coule exactement comme de l'huile bouillie et, comme la couche ne s'arrête que lentement, on peut la faire mouvoir soit en avant, soit en arrière, sans qu'il laisse ces stries si communes lorsqu'on emploie un collodion renfermant trop d'éther. La meilleure marche à suivre pour recouvrir une glace paraît consister à laisser tout l'excès de liquide, une fois la glace recouverte, s'y étendre de nouveau pour s'écouler par le coin sur lequel il a été versé d'abord. Si l'on n'opère pas de cette façon, et si, par exemple, on recouvre la glace à la manière ordinaire, on y trouvera un grand nombre de petites lignes parallèles dirigées en diagonale, produites par l'égouttage qui a eu lieu par le coin inférieur et que l'on ne peut faire disparaître en faisant osciller la glace comme dans le procédé ordinaire.

La couche, en cette saison (avril), exige environ trois minutes pour être reposée ; elle peut alors être immergée dans le bain de nitrate. Chose étrange, elle présente, au moment où on la plonge dans ce bain, les mêmes lignes grasses qu'une couche préparée au collodion ordinaire, mais ces lignes disparaissent comme d'habitude lorsque l'iodure d'argent est complètement formé.

L'alcolène ioduré est incolore, mais il devient jaunâtre aussitôt qu'on lui ajoute de l'éther.

L'iodurațion au cadmium ne transforme pas l'alcolène en gelée, et pourvu que la solution iodurante ait été faite avec de l'alcool de densité convenable ($D = 0,820$), ce composé marche bien.

Quant à la force et à l'adhérence de la couche, on pourrait croire qu'une substance de la nature de l'alcolène est susceptible d'adhérer énergiquement à la glace, comme de l'amidon ou de la gomme arabique, mais c'est en réalité le contraire qui a lieu. La couche est molle et semblable à de la peau ; aussi dans le lavage final faut-il prendre certaines précautions, sans quoi le cliché pourrait être détruit. A cet inconvénient il est un remède bien simple : il consiste à supprimer la dessication et le polissage habituel des glaces, à recouvrir celles-ci d'albumine alors qu'elles sont humides, et à verser l'alcolène sur l'albumine lorsqu'elle est sèche.

La couche sensibilisée possède une apparence belle, unie et délicate ; elle n'est, en aucune façon, laiteuse ; sa qualité caractéristique est d'être exempte de toute espèce de stries, de marques et d'irrégularités. En somme, il n'existe pas de collodion qui fournisse de couche aussi parfaite que l'alcolène. Celui qui donne les résultats qui s'en approchent le plus, est celui dans lequel l'alcool se trouve en grand excès par rapport à l'éther.

L'exposition à la chambre noire est la même qu'avec les meilleurs échantillons de collodion ordinaire. L'alcolène présente, en outre, cette remarquable propriété que le négatif n'est ni rougi ni solarisé dans les parties qui ont été trop exposées.

Lorsque la liqueur iodurante renferme la proportion d'eau usuelle, le révélateur coule librement sur la couche ; mais lorsque cette proportion d'eau a manqué, par exemple lorsqu'on emploie de l'iodure de cadmium dissous dans l'alcool absolu, le révélateur ne coule pas du tout, mais glisse à la surface comme de l'eau sur une matière grasse.

Le caractère des clichés obtenus avec l'alcolène consiste en une douceur et une finesse remarquables ; ils atteignent difficilement l'intensité désirable, si l'on n'ajoute au révélateur une goutte ou deux de solution de nitrate d'argent. C'est là une sorte de cliché que l'on doit largement préférer à ceux pour lesquels on obtient trop aisément l'intensité.

Sans aucun doute un grand nombre d'emplois pour le collodion sans éther se présenteront à l'esprit de nos lecteurs. Par exemple, dans les climats chauds où le collodion bout sur la glace ou bien se dessèche tellement vite qu'il n'est pas maniable, l'alcolène sera d'un emploi utile. Il en sera de même là où il sera impossible de se procurer de l'éther de bonne qualité, ou bien lorsque le transport de cette substance sera trop dangereux. Nous ne pouvons quant à présent, et sur la foi d'un petit nombre d'expériences, conseiller l'alcolène comme capable de remplacer absolument le collodion ; mais il nous semble certain que, pour plusieurs emplois, la suppression totale de l'éther dans le collodion présentera de grands avantages.

LE BAIN D'ARGENT.

Voici la formule du bain d'argent :

Eau distillée exempte de matières organiques[1]	**1 litre.**
Nitrate d'argent fondu ou recristallisé	**60 grammes.**

Si l'on emploie le nitrate fondu, on ajoutera une petite goutte d'acide nitrique[2].

Le nitrate d'argent dissout l'iodure d'argent. Avant de s'en servir la première fois, on y abandonnera donc une glace recouverte de collodion ioduré[3].

Les personnes qui ne sont pas familiarisées avec les procédés photographiques, ne croiront peut-être pas que la rapidité plus ou moins grande du collodion tient en grande partie à l'état du bain d'argent; cependant ce fait est hors de doute, et malheureusement les conditions dans lesquelles un bain donne les résultats les meilleurs, sont impossibles à préciser.

Un bain récemment préparé parait meilleur qu'un bain qui a servi

(1) L'eau distillée contient parfois des matières organiques, l'eau de pluie toujours. Dans ce cas, le bain se réduit et prend une teinte violette en déposant de l'argent métallique sur les parois du flacon qui sert à le conserver. Cet état du bain produit des épreuves voilées.

Pour le débarrasser des matières organiques, il suffit de l'exposer quelques heures au soleil et de le filtrer.

(2) On trempe l'extrémité d'un tube de verre dans l'acide nitrique, on le secoue pour détacher la plus grande partie de l'acide, puis on attend quelques instants en tenant le tube verticalement. Dès que le reste de l'acide se réunit à la partie inférieure du tube sous forme d'une gouttelette infiniment petite, on plonge l'extrémité du tube dans le bain d'argent. *Cette trace d'acide est suffisante.*

On parvient au même but par l'addition au bain d'argent d'une goutte d'une solution alcoolique d'iode, mais alors il faut le filtrer.

M. Laborde a recommandé d'ajouter 1 gramme d'iode par 300 cent. cubes de bain d'argent environ, en soutenant que le bain ne devenait pas acide par cette addition. Nous le croyons volontiers, l'iode se recouvrant à l'instant d'une couche insoluble d'iodure. Mais il n'en est pas ainsi en dissolvant d'abord cet iode dans l'alcool. Dans ce cas, le bain *rougit le papier de tournesol*, à moins qu'il ne fût alcalin avant l'addition de l'iode.

(3) Plus le nitrate est concentré plus il dissout d'iodure d'argent, avec lequel il forme un sel double. Les vieux bains, perdant constamment une partie de leur nitrate, abandonnent ce sel sous forme de cristaux, surtout quand la température vient à baisser brusquement. Ces cristaux se déposent parfois sur les glaces et y occasionnent des taches cristallines blanches.

Ceci explique pourquoi une glace collodionnée et sensibilisée, ne peut pas se conserver longtemps. La solution argentifère se concentre par l'évaporation, dissout l'iodure d'argent de la couche, et forme de petits cristaux d'iodo-nitrate qui sont autant de petites taches blanches lors du développement.

quelque temps. Nous disons « *parait* » parce que ce fait offre de nombreuses anomalies.

Quand un bain communique à la couche son maximum de sensibilité, il perd bientôt cette propriété, pour ne plus donner qu'une sensibilité moyenne. Pourquoi? Nous ne pouvons le dire, car nous n'aurions que des hypothèses à faire valoir et nous préférons présenter le fait tel que nous l'avons souvent observé.

L'état du nitrate d'argent semble influer beaucoup sur les propriétés d'un bain. Le nitrate fondu exige une trace d'acide; le nitrate cristallisé ordinaire veut au contraire être neutralisé par l'ammoniaque. Le meilleur nitrate s'obtient en dissolvant le nitrate fondu dans l'eau *chaude* acidulée par une ou deux gouttes d'acide nitrique, et à laisser cristalliser une seconde fois. Séché à la température ordinaire sur une assiette en porcelaine, ce sel est à préférer au nitrate fondu.

Néanmoins on se sert le plus souvent de nitrate fondu, le nitrate *recristallisé* étant difficile à se procurer (1).

Un papier bleu de tournesol, placé dans le bain d'argent, ne peut pas rougir, *au moins rapidement*. S'il rougit, ce doit être avec lenteur, car alors il n'indique que des *traces* d'acide. Le plus souvent il restera bleu.

Mais un papier rouge de tournesol ne peut pas bleuir, car alors le bain serait alcalin et produirait, lors du développement, une réduction noire qui couvrirait toute l'image, ou tout au moins, un voile épais qui en détruirait la vigueur (2).

Quand on n'a que du nitrate d'argent très-acide, il faut bien avoir recours, pour le neutraliser, à un alcali, l'ammoniaque par exemple, qu'on ajoute goutte à goutte, en agitant chaque fois le bain pour opérer un mélange parfait et en s'arrêtant lorsque le papier rouge de tournesol *passe lentement au bleu*. Une goutte d'acide nitrique très-dilué est alors ajoutée, puis deux, trois, etc., en faisant chaque fois

(1) En France, que nous sachions du moins, l'on ne trouve pas ce nitrate *recristallisé*. En Angleterre, au contraire, on le trouve facilement.

Nous ne saurions trop recommander de n'acheter que des produits chimiques préparés spécialement pour la photographie, les réactions photographiques étant si délicates, que les impuretés les plus légères occasionnent parfois des insuccès répétés.

Parfois le nitrate du commerce est fondu avec du salpêtre. Pour reconnaître cette falsification, on en dissout 5 grammes dans 100 grammes d'eau, puis, après avoir ajouté 5 cent. cubes d'acide chlorhydrique et agité, on filtre la liqueur et on l'évapore dans une capsule en porcelaine. Il n'y a aucun résidu, si le nitrate est pur. S'il y a un résidu, on le pèse, et son poids défalqué de celui du nitrate dissous donne le titre de la falsification.

L'analyse se fait plus promptement par la voie humide, comme nous l'indiquons page 199.

(2) M. Hardwich, dont il faut toujours citer le nom quand il s'agit de recherches délicates, a prouvé que cet effet était dû à la présence de l'oxide d'argent pendant la réduction.

l'essai au papier de tournesol *qu'on y laisse plongé une minute entière*. Au moment où le papier rougit lentement, le bain est définitivement amené à un état convenable.

L'addition en petite quantité d'un acétate alcalin(1), est parfois utilisée pour amener un bain acide à travailler comme un bain neutre. Car, l'acide nitrique déplace l'acide acétique de l'acétate, et quelques gouttes d'acide acétique ne causent pas des effets à beaucoup près aussi préjudiciables que la même quantité d'acide nitrique. En été, par les fortes chaleurs, il arrive même qu'une goutte ou deux d'acide acétique donne beaucoup de vigueur aux images et prévient les images voilées(2).

M. Laborde a recommandé l'addition d'un *nitrite* au bain, dans le but d'obtenir une plus grande vigueur des images. En Angleterre, des expérimentateurs sérieux ont recommandé, au contraire, de ne pas maintenir le nitrate d'argent trop longtemps en fusion, parce qu'alors il se forme du nitrite d'argent, insoluble dans l'eau pure mais soluble en présence du nitrate d'argent.

Nous-même avons observé qu'un nitrate d'argent fondu et légèrement réduit, (dans lequel il y avait donc présence de traces de nitrite), produisait des images voilées et sans vigueur. Ceci prouve une fois de plus la difficulté de ce genre d'observations.

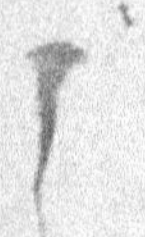

Est-il nécessaire de renforcer le bain d'argent quand il sert continuellement? Des expérimentateurs sérieux prétendent que non quand le bain est à 8 pour cent, au lieu de 6 que nous indiquons. Ils disent avec raison que le bain s'appauvrit bien en argent, mais qu'il s'épuise aussi mécaniquement, chaque glace enlevant une certaine partie de liquide, de sorte qu'étant épuisé totalement, il contient encore suffisamment d'argent(3).

D'autres auteurs assurent qu'il faut renforcer de temps à autre le bain avec de nouveaux cristaux de nitrate, ou mieux, avec une solution à 10 ou 12 pour cent, préalablement saturée d'iodure d'argent. (Filtrez, après chaque addition.) Nous préférons également ce der-

(1) L'acétate d'argent étant moins soluble dans le nitrate d'argent en solution concentrée qu'en solution étendue, quand on vient à renforcer le bain par de nouveau nitrate, l'acétate cristallise dans le bain. (M. Davanne.)

(2) Un chimiste, sous les yeux duquel ces lignes tomberaient, s'étonnerait certainement que nous parlions de gouttes à ajouter à *un litre* d'un liquide. Mais rien ne peut donner une idée de la délicatesse des réactions photographiques, et ces lignes seront confirmées par toutes les personnes qui ont quelque pratique de cet art capricieux.

(3) En effet, un litre de collodion épuise *mécaniquement* 1 litre de bain d'argent et chimiquement 10 à 12 grammes d'argent. Donc, le bain est encore *suffisamment* concentré, puisque son titre est supérieur à 6 pour 100, quantité que nous prescrivons dans notre formule.

nier moyen, mais, nous ne voyons aucune objection contre l'emploi d'un bain à 8 pour cent que l'on ne renforce pas[1].

LE DÉVELOPPATEUR ET LE FIXATEUR.

Nous avons vu page 184 qu'après l'exposition à la chambre noire, l'on faisait apparaître l'image latente à l'aide d'un développateur.

Deux substances sont employées pour cet objet : l'acide pyrogallique et le sulfate de fer[2]. L'une, indiquée par M. Regnault, est à préférer pour les vues et les paysages ; la seconde, indiquée par M. Legray, pour le travail de l'atelier.

Voici les formules qui donnent les meilleurs résultats :

Eau	1000
Sulfate de fer	30 à 50
Alcool.	30
Acide acétique cristallisable (3).	25

(1) Dans le but d'amener toujours le bain au même degré de concentration, on a proposé un aréomètre fait exprès pour cet usage et qui indique directement la quantité de nitrate contenu dans un bain.

Cet aréomètre nous paraît un peu difficile à construire, car il nous semble qu'il indique uniquement la densité, et nullement la quantité de nitrate. Mais la densité ne varie-t-elle pas constamment par l'introduction d'éther et d'alcool, et le nitrate alcalin provenant de l'iodure du collodion ne pèse-t-il rien?

Voici un instrument qui nous semble plus propre à indiquer la richesse du bain en argent. C'est un tube divisé dans lequel on verse une quantité déterminée (par un trait gravé sur le tube) de la solution argentifère à analyser. D'autre part, on a une liqueur titrée formée d'eau, de chlorure d'ammonium, et d'une petite quantité de *chromate de potasse.*

Cette liqueur est versée dans le tube par petites fractions en agitant chaque fois. Au moment où le précipité blanchit, on lit le titre de la solution.

La réaction est facile à comprendre. Le précipité de chlorure d'argent est coloré en rouge par le chromate d'argent qui se forme en même temps, mais, un léger excès du liquide chloruré décompose à son tour le chromate en chlorure. *On n'a donc à apprécier qu'un changement de couleur et à faire une lecture des divisions du tube, pour connaître immédiatement la richesse du bain en argent.*

L'essai ne dure pas une minute et l'exactitude de l'expérience est telle, qu'elle permet de préciser l'état du bain à un quart pour cent près.

(2) Outre ces deux développateurs, nous avons fait usage des suivants :

L'acide gallique, l'acide oxyphénique ; le premier développe les images avec assez de vigueur, surtout après avoir été traité par le sous-acétate de plomb, mais il nécessite une pose très-longue. Le second agit plus vite, mais moins cependant que son congénère, l'acide pyrogallique.

Le protosulfate d'urane peut être rangé à côté du sulfate de fer ; *l'hydrure de salicyle* est encore plus lent que l'acide gallique.

Les réducteurs les plus énergiques que l'on connaisse, à savoir : *l'acide hypophosphoreux et l'acide phosphoreux*, quoique réduisant énergiquement les sels d'argent, ne font pas apparaître l'image. Ce fait est resté inexplicable pour nous jusqu'à ce jour.

(3) Voir acide acétique (page 49).

Avec le sulfate de fer très-pur, il suffit de 30 grammes, mais avec le sulfate ordinaire du commerce, on en prendra 50.

Il y a des opérateurs qui emploient une proportion plus forte de sulfate de fer, mais l'image paraît alors plus vite, et atteint moins de vigueur.

Ce bain peut être préparé longtemps à l'avance, *pourvu qu'on le conserve à l'abri de l'air*, sinon tout le sufate de fer passerait à l'état de sulfate de peroxide qui ne développe pas les images.

Le sulfate de fer qui a servi, ne doit pas être employé une seconde fois.

La solution pyrogallique, employée en place du sulfate de fer, ou bien destinée à renforcer l'image primitivement développée par le sulfate de fer, est formée comme suit :

Acide pyrogallique.	1	gramme.
Eau distillée	300	»
Acide acétique cristallisable (1)	30	»

L'eau est d'abord additionnée d'acide acétique, puis jetée sur un filtre en papier sur lequel se trouve l'acide pyrogallique. La solution est alors limpide et incolore, bien entendu si l'eau est pure.

Ce liquide se décompose lentement en s'assimilant l'oxygène de l'air. Il brunit au bout de quelques semaines et parfois en quelques heures. Il peut encore servir dans cet état, pourvu qu'il ne se soit pas décomposé trop loin, ce dont on juge par sa transparence. Une fois opaque et boueux, la solution doit être jetée.

L'acide pyrogallique qui a servi à développer une épreuve, ne peut dans aucun cas être employé une seconde fois.

C'est une question qui n'est pas encore bien élucidée de savoir si l'acide pyrogallique n'est pas à préférer dans tous les cas au sulfate de fer, surtout avec certains collodions. La généralité des photographes se sert bien du sulfate de fer, mais ce n'est pas tout-à-fait une raison. Voyons donc les arguments que l'on fait valoir pour en justifier l'emploi.

Tout d'abord, un fait hors de doute, c'est que le sulfate de fer, en solution convenablement étendue, fait apparaître l'image lentement de manière qu'on est maître d'en arrêter l'action à un moment donné. L'expérience prouve que la pose à la chambre noire est plus courte qu'avec l'acide pyrogallique, et de près d'un tiers, ce qui est à prendre en sérieuse considération. De plus, les épreuves ont plus de douceur.

(1) On peut remplacer les 30 grammes d'acide acétique de cette formule par 1 gramme d'acide citrique et 10 d'alcool (M. Gaillard), mais les clichés ont généralement une coloration bleue perméable à la lumière (MM. Bareswill et Davanne).

Cependant il arrive assez souvent que l'image n'a pas une vigueur suffisante et alors on est obligé de la renforcer. Ce renforçage peut se faire immédiatement, soit après le fixage, comme nous le verrons au chapitre *« procédés opératoires. »*

L'acide pyrogallique nécessite une pose plus longue, mais le négatif est plus brillant, il a plus de fouillé, et du premier jet atteint toute sa vigueur.

En se servant d'un bain d'argent très-légèrement acide, et d'acide formique dans le réducteur pyrogallique, M. H. Claudet (1) travaille en moins de temps qu'avec le sulfate de fer. Cette assertion est conforme aux expériences antérieures de MM. Maxwell-Lyte, Ferrier et Soulié, et même des nôtres.

Reviendra-t-on à l'acide pyrogallique? Nous le croyons, mais ne pouvons l'affirmer.

Toujours est-il que pour les paysages et les vues, nous préférons faire usage de l'acide pyrogallique, comme donnant des ombres plus fouillées.

Quant au fixateur, l'on se sert d'une dissolution d'hyposulfite de soude, à raison de 40 grammes par 100 grammes d'eau, ou d'une solution de cyanure de potassium, à raison de 10 grammes par litre d'eau.

La première est généralement à préférer parce qu'elle n'attaque pas les demi-teintes, mais elle exige un lavage subséquent fait avec le plus grand soin.

L'hyposulfite de soude doit être placé dans une cuvette profonde, dans un coin de l'atelier, car la moindre goutte qui viendrait à en tomber dans le bain d'argent, enlèverait une grande partie des qualités de ce bain.

Le cyanure de potassium est un poison violent, cependant il est certain qu'on *s'acclimate* à ses effets (2). Il ne faut pas cependant se servir

(1)

Acide pyrogallique.	20	grains	(1 gr. 30).
Eau distillée.	7 1/2	onces	(250 gr).
Acide formique	1	once	(31 gr.).
Alcool.	6	drachmes	(21 gr. 30).

(2) Il est de fait qu'une personne non habituée au cyanure, est sujette à des maux de tête lorsqu'elle se trouve un certain temps à côté d'une cuvette contenant une solution de cyanure de potassium, alors qu'un photographe ne se ressent de rien.

Il faut cependant être prudent dans le maniement du cyanure, surtout si on a de légères blessures aux doigts. Il y a des exemples terribles de l'effet de ce poison, et nous ne saurions trop recommander à nos lecteurs d'en restreindre l'usage dans les limites les plus étroites.

de solutions concentrées, car elles agissent beaucoup plus activement sur l'économie animale que les solutions étendues.

Les photographes de profession se servent du cyanure de potassium pour fixer les images négatives. Il agit plus vite, s'enlève plus facilement sous un filet d'eau et occasionne moins de taches que l'hyposulfite.

La solution de cyanure s'altère à l'air en se transformant en carbonate de potasse. Cette transformation s'opère même dans des flacons bouchés.

Nous savons que l'épreuve lavée est recouverte de vernis pour protéger la couche. Nous avons vu page 81 de quels vernis on se servait à cet effet, et nous verrons plus loin comment on les applique.

II. COLLODION POSITIF.

Le collodion négatif, devant donner des images vigoureuses par transparence, sera nécessairement plus épais et plus ioduré que le collodion positif dont les images, vues par réflexion, sont tout à fait superficielles.

Les bromures semblent donner lieu à des images moins brillantes, moins métallisées, aussi ne les emploiera-t-on pas dans le collodion positif.

La formule qui nous a le mieux réussi pour le collodion positif est la suivante :

Alcool.	**20**	**cent. cubes.**
Ether	**60**	**»**
Collodion épais (voir page 187)	**40**	**»**
Iodure d'ammonium . . .	**1**	**gramme.**

ou bien, si l'on préfère préparer le collodion en une seule fois :

Alcool	**40**	**cent cubes**
Ether	**80**	**»**
Coton-poudre	**1**	**gramme.**
Iodure d'ammonium . . .	**1**	**»**

Toutes les observations que nous avons faites sur le collodion ioduré négatif, s'appliquent également au collodion positif.

Le collodion dont nous venons de donner la formule contenant un excès d'éther, laisse une couche très-mince sur la glace, mais striée dans le sens de l'égouttement. Ces stries disparaissent lorsque la couche se sèche.

Le bain d'argent sera rendu légèrement acide; quelques gouttes d'acide acétique dans un bain négatif atteignent le résultat désiré.

Il est cependant préférable de se servir d'un bain préparé exprès pour cet usage, à la dose de 5 parties de nitrate d'argent *cristallisé* pour 100 d'eau pure.

De même que pour le bain négatif, il est bon de saturer ce liquide d'iodure d'argent, en y laissant séjourner, avant de s'en servir pour la première fois, une glace recouverte de collodion ioduré.

La couche blanche d'iodure d'argent est ici beaucoup plus transparente qu'avec le collodion négatif. Cela doit être, afin que les détails des objets fortement éclairés ne soient pas empâtés.

La pose à la chambre noire est excessivement courte et le quart seulement de celle que nécessite le collodion négatif.

La solution de sulfate de fer peut être plus concentrée que celle que l'on emploie pour les négatifs.

Eau	un litre.
Sulfate de fer	100 grammes.
Acide acétique ordinaire	100 cent. cubes.
Alcool	50 »
Acide sulfurique	10 »

L'addition de l'acide sulfurique donne des blancs plus métallisés.

Nous verrons que les épreuves négatives se développent en versant le sulfate de fer sur la glace. Dans le procédé qui nous occupe, il est préférable de *plonger* la glace dans le révélateur contenu dans une cuvette verticale en verre. L'image apparait instantanément.

Le sulfate de fer parait donner de meilleurs résultats après qu'il a servi à développer quelques épreuves que lorsqu'il est neuf.

Le sulfate de fer étant enlevé par l'eau, l'image est fixée au cyanure de potassium, puis lavée de nouveau.

L'hyposulfite ne doit pas être employé pour cet usage, car il donne des blancs grisâtres (1).

L'image, qui était à peine visible au sortir du bain de fer, empatée comme elle l'était par l'iodure d'argent en excès, se découvre complétement dans le cyanure.

Les épreuves positives sur verre sont d'une merveilleuse finesse, et, bien réussies, possèdent un aspect fort agréable.

Au lieu de verres blancs, on fabrique exprès pour ce procédé des

(1) Quand on désire une couleur blanche bleuâtre, après le fixage et le lavage on immerge la glace dans une solution aqueuse de bichlorure de mercure à la dose de 2 pour cent. L'image y noircit d'abord, puis blanchit. On enlève le sel de mercure par l'eau.
Les épreuves ainsi modifiées ont un ton froid fort peu agréable.

verres violets d'une couleur très-agréable. Ces verres colorés évitent l'usage du vernis noir; mais, si l'on n'a que du verre blanc, il faut bien y avoir recours. Ce vernis, formé de bitume de Judée et de naphte, se verse, soit sur la couche, soit sur le côté opposé.

Dans le premier cas, après le lavage au cyanure, la couche sera recouverte d'une solution de gomme, et, après dessication, du vernis au bitume, que l'on y étend comme du collodion. — Sans la gomme, le vernis pénètre la couche, et donne à l'image une couleur grise.

Les épreuves positives peuvent se faire, non-seulement sur verre, mais encore sur des plaques de fer mince et léger, enduit d'un côté de gomme-laque; de l'autre, d'un vernis noir et brillant. Ce procédé, très-employé en Amérique, y a reçu le nom de **Melainotype**. La plaque se nettoie comme le verre ordinaire et la méthode opératoire ne diffère en rien de la précédente; l'image est aussi moins sujette à s'effacer. Ces épreuves sont fort jolies et peuvent s'envoyer dans une lettre comme une carte de visite ordinaire.

Une épreuve sur verre peut être transportée sur toile cirée, mais il est bon de se servir d'un collodion un peu plus épais qu'à l'ordinaire, afin que la couche se détache plus facilement.

L'épreuve, au sortir du bain de lavage qui suit l'hyposulfite, est immergée dans une cuvette horizontale, contenant de l'acide sulfurique étendu de dix fois son poids d'eau. Au bout d'un certain temps, la couche se soulève. A cet instant, la glace est enlevée prudemment et mise à plat sur une table, après avoir été bien égouttée.

La toile cirée légèrement chauffée est appliquée sur la glace en frottant vivement avec la main sur le côté opposé afin d'en faciliter l'adhérence. La toile cirée peut alors être enlevée, car la couche de collodion portant l'image est fixée à sa surface.

Le collodion peut aussi donner des *images positives par transparence* et directement à la chambre noire. Déjà en 1839 et en 1840, MM. Lassaigne et Vérignon avaient donné des méthodes (assez obscures) pour obtenir des images positives sur papier à la chambre noire. M. Poitevin[1] a suivi une marche analogue avec le collodion, mais ses indications nettes et claires donnent beaucoup plus de mérite à son procédé.

Un collodion préparé et sensibilisé à l'ordinaire est exposé quelques secondes à l'action directe du jour, puis le nitrate d'argent est enlevé par l'eau pure. La glace bien égouttée est recouverte d'une solution étendue (à 3 °/₀) d'iodure de potassium. En cet état, elle est exposée à la chambre noire, en prenant au moins trois fois plus de pose qu'à

(1) *Bulletin de la Société française de Photographie*, 1859.

l'ordinaire. La glace lavée à l'eau est développée à l'acide pyrogallique mélangé de nitrate d'argent.

L'image, au lieu d'être inverse, est positive.

Jusqu'ici, au point de vue théorique, aucune explication n'a été avancée sur ce procédé curieux.

M. De la Blanchère a remarqué que si, pendant le développement, on donnait accès au jour dans le cabinet obscur, l'image négative devenait subitement positive. Ce fait a été souvent observé, mais aucune explication plausible n'en a été donnée.

M. Sabatier a fait voir de son côté que si l'on arrête le développement d'un négatif ordinaire au moment où tous les détails ont paru, pour laver la glace à l'eau pure et la replonger dans le bain d'argent(1), l'acide pyrogallique appliqué de nouveau, développait une image positive, c'est-à-dire, précisément inverse à l'image développée en premier lieu (2).

III. PROCÉDÉS OPÉRATOIRES.

NETTOYAGE DES GLACES.

Nous avons vu pages 138 et suivantes, que l'emploi des glaces était à préférer à celui des verres, et que, en tout cas il fallait en user les arêtes afin de ne point s'y blesser(3).

Si les glaces ou les verres sont neufs, leur surface est toujours grasse et couverte de substances étrangères qui y adhèrent avec une persistance étonnante. Dans ce cas, il est nécessaire de les traiter par une solution concentrée de carbonate de potasse. Cet alcali attaque fortement l'épiderme des mains, aussi est-il bon de procéder comme suit :

(1) Un bain alcalin parait nécessaire pour produire cet effet.

(2) Cette expérience est fort curieuse, seulement M. Sabatier a eu le tort, suivant nous, de vouloir l'expliquer par l'intervention d'un courant électrique qui se produirait en sens inverse d'un courant qui présiderait au premier développement. M. l'abbé Despratz a bien prouvé que le nitrate d'argent versé sur l'iodure de potassium développait un courant électrique, (ce qui était à prévoir, puisque dans toute action chimique un pareil phénomène se produit), mais quelle connexion y a-t-il entre ce fait signalé et la formation des images à la chambre noire? Ces courants se développent tout aussi bien sans l'intervention de la lumière sur les glaces à l'iodure d'argent, et ce n'est pas *l'effet* qu'il faut prendre pour *la cause*.

(3) Rappelons ici qu'on *arrête* l'hémorragie à l'aide d'une solution aqueuse de perchlorure de fer.

Versez la solution dans une cuvette verticale en gutta-percha ou mieux en verre. Placez les verres sur un pied à rainures (fig. 159), et, à l'aide d'un crochet en verre ou en gutta-percha, plongez le verre à nettoyer dans le bain vertical, dans lequel vous le laisserez *quelques secondes*. Enlevez-le doucement, en tenant le crochet de telle façon qu'il ne tombe point et placez-le sur un second support à rainures pour laisser agir l'alcali un temps suffisant.

Quand vous aurez ainsi passé un grand nombre de verres dans le bain, avec votre crochet, reprenez le premier et rincez-le dans une grande cuve remplie d'eau, et, avec un morceau de coton, enlevez les impuretés mécaniques qui le recouvrent, puis placez-le sur le premier support à rainures, pour le laisser sécher.

Si les verres ou les glaces ont déjà servi, l'emploi de l'acide nitrique est préférable et le procédé est exactement le même que celui que nous venons de donner. Mais il est toujours bon d'enlever d'abord les couches de collodion dans un bac spécial, par exemple celui représenté fig. 151, dans lequel on conserve tous ces résidus pour en retirer plus tard l'argent qu'ils contiennent.

Les glaces étant nettoyées, doivent être polies la veille du jour où l'on compte s'en servir, ou mieux le matin même.

Bien polir une glace n'est pas chose facile et il faut une certaine habitude de cette manipulation avant d'y réussir à coup sûr. Voici la méthode la meilleure.

Serrez la glace entre les deux arrêts de la planchette comme le représente la fig. 162, mais n'oubliez pas que les arrêts B et *c* ne peuvent pas être plus hauts que l'épaisseur de la glace, afin que sa surface soit bien libre de toutes parts.

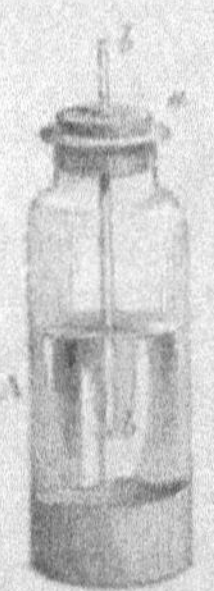

Fig. 199.

A côté de vous placez un flacon (fig. 199) à large ouverture, dont le bouchon soit muni d'un tube ouvert aux deux extrémités et dans lequel se trouve un mélange de *terre pourrie*, d'alcool et d'un peu d'ammoniaque, de manière à en faire une bouillie peu épaisse.

Projetez sur la glace quelques gouttes de ce mélange, et, à l'aide d'un tampon de papier de soie, nettoyez-la en y traçant toujours une série de cercles que vous commencerez à l'un de ses angles pour finir à l'autre.

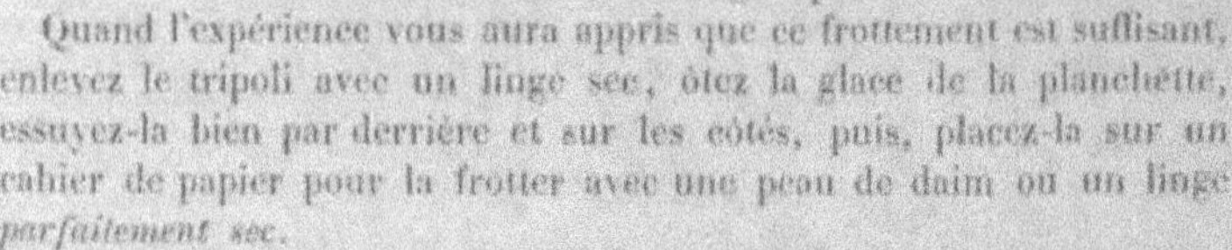

Quand l'expérience vous aura appris que ce frottement est suffisant, enlevez le tripoli avec un linge sec, ôtez la glace de la planchette, essuyez-la bien par derrière et sur les côtés, puis, placez-la sur un cahier de papier pour la frotter avec une peau de daim ou un linge *parfaitement sec*.

Vous placerez alors cette glace nettoyée dans une boite à rainures *en zinc* (et non en bois) en n'oubliant pas de faire à l'extérieur de cette boite un signe de reconnaissance et de placer de ce côté, le côté nettoyé de la glace.

La boite en zinc sera bien époussetée avant d'y mettre les glaces nettoyées; on la tiendra fermée, afin d'éviter la poussière.

Une glace est bien nettoyée lorsque, condensant l'haleine à sa surface, il n'y apparait ni lignes ni points. D'ailleurs, un peu de pratique en apprendra plus à ce sujet que tous les préceptes que nous pourrions donner.

Une glace ne peut pas être employée immédiatement après le nettoyage, parce qu'elle est électrisée et qu'elle est toujours couverte de poussières qui ne s'enlèvent pas, même en y passant un blaireau.

EXTENSION DU COLLODION.

L'extension du collodion se fait dans le cabinet obscur, parce que la sensibilisation de la glace suit immédiatement. Cependant, ce n'est qu'au moment de la sensibilisation qu'il est nécessaire de fermer complètement le volet.

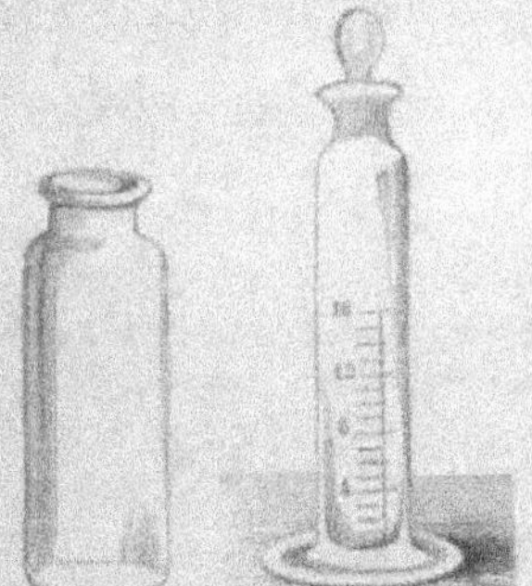

Fig. 200. Fig. 201.

Le collodion est transvasé avec soin de l'appareil fig. 197, dans un flacon à large ouverture sans bec (fig. 200), ou bien avec bec[1] (fig. 201). Avant de prendre la glace hors de la boite à rainures, on ouvre ce flacon, *dont on essuie parfaitement le goulot.*

L'usage des verres usés sur les bords est excellent, parce que la couche y contracte des points d'appui qui l'empêchent de se soulever.

La glace étant enlevée de la boite à rainures, est essuyée légèrement à l'aide d'un blaireau à longues soies[2] pour chasser les poussières. C'est ici le moment de se servir des supports dont nous avons parlé dans le chapitre traitant du matériel; mais nous préférons ne pas compliquer inutilement cette description, et nous en tenir à la méthode usuelle, qui se fait de la manière suivante :

(1) Ce flacon est quelquefois gradué pour connaître la quantité de collodion répandu sur la glace.

(2) Conservez ce blaireau dans une boite à couvercle, afin qu'il ne prenne pas la poussière.

La glace est tenue par un coin, entre le pouce et l'index (fig. 202) et de façon à ce que les deux angles libres soient tournés du côté de l'opérateur. Tenant alors la glace horizontalement, on verse en B une certaine quantité de collodion que l'on fait couler en inclinant légèrement la glace vers le côté AD, puis vers l'angle C opposé à celui que l'on tient en main. Dès que le collodion couvre ainsi la glace, (et il

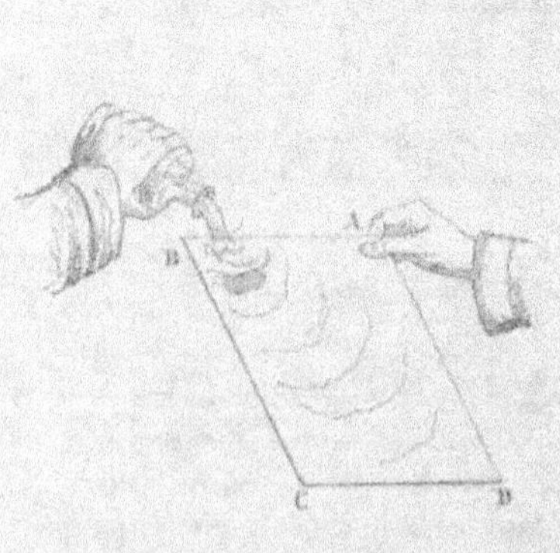

Fig. 202. — Comment le collodion est versé sur la glace.

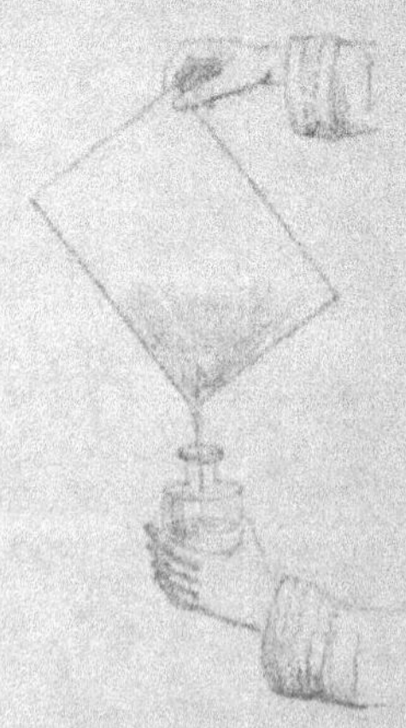

Fig. 203. — Comment l'excès de collodion est reçu dans un flacon séparé.

faut que cela ait lieu en quelques secondes), on relève la glace verticalement (fig. 203), en laissant écouler l'excès de liquide dans un flacon destiné à cet usage[1]. Il se fait alors une série de stries dans le sens AC mais en inclinant la glace alternativement vers les angles B et D, ces stries disparaissent et la couche est unie[2].

La pratique seule peut enseigner le tour de main pour obtenir une bonne couche; pour l'apprendre il faut commencer par de petites glaces pour recourir ensuite à de plus grandes. Pour les glaces de 30 sur 40, 40 sur 55 et au-delà, on appuie le milieu de la glace sur un objet quelconque, et on la dirige en la tenant par un angle[3].

(1) On ne doit pas recueillir le collodion qui a couvert la glace dans le flacon d'où on vient de le verser. Il peut se trouver sur la glace des impuretés qui se mêleraient au collodion et empêcheraient d'obtenir plus tard de bonnes épreuves. Le collodion provenant des excédants versés sur les glaces est, au bout de la journée, versé dans le flacon fig. 197.

(2) Si le collodion est un peu épais, ces rides ne disparaissent pas complètement. Avec certains collodions ces rides sont même très-prononcées, mais elles disparaissent lorsque la couche est sèche, et ne font d'ailleurs aucun tort à l'image.

(3) Quelques opérateurs recouvrent de collodion les glaces de grande dimension en ouvrant la main et en laissant reposer la glace sur les extrémités des doigts. Ce moyen est mauvais, parce que des taches apparaissent après le développement précisément aux endroits où le contact a eu lieu.

Si cette opération est bien faite il ne peut pas se perdre une goutte de liquide. Il faut aussi éviter que le collodion ne coule derrière la glace; mais si cela arrive, il ne faut l'essuyer qu'après la sensibilisation.

Le moment précis où la glace doit être plongée dans le bain d'argent, se juge à son aspect, bien entendu quand on se sert de collodion avec excès d'éther. *La couche prend un aspect mat*, (l'éther s'étant presque entièrement vaporisé) et condense de l'humidité à sa surface, à cause du froid produit par la rapide évaporation de l'éther.

Il n'en est pas de même avec un collodion alcoolique, mais dans ce cas, comme nous l'avons déjà dit, il est beaucoup moins important de saisir exactement le moment où la glace doit être plongée dans le bain d'argent. Avec un collodion alcoolique, la couche ne prend pas cet aspect mat; mais, l'expérience apprend bien vite le temps exact qui doit s'écouler entre l'extension du collodion et la sensibilisation.

SENSIBILISATION DE LA COUCHE DE COLLODION.

La cuvette verticale en verre (fig. 154) ou en gutta-percha, est généralement employée pour cet usage. La cuvette en verre jaune dont nous avons parlé page 144, est encore préférable.

La glace étant placée sur son support (fig. 155) est plongée *sans temps d'arrêt* dans le bain d'argent où on la laisse un temps suffisant[1]. Elle y blanchit lentement, l'iodure alcalin du collodion se transformant en iodure d'argent.

La couche doit blanchir *lentement*. Si elle blanchit trop vite, (ce qui provient de ce que l'on a attendu trop longtemps pour la plonger dans le bain d'argent), elle manquera de sensibilité. Avec le collodion alcoolique, ce défaut est moins à craindre. Au contraire, la glace étant plongée *trop tôt* dans le bain d'argent, la couche se divise par lambeaux.

Si, après une immersion de quelques secondes, on relève la glace, on remarque qu'elle présente un aspect huileux, et qu'elle n'est pas mouillée d'une manière uniforme par l'azotate d'argent. Il se forme dans ce cas des veines liquides qu'il importe de faire disparaître, en la relevant et en l'abaissant dans le bain. Quand ces veines ont disparu et que le liquide coule uniformément à la surface de la glace, on la laisse égoutter pendant quelques secondes, puis, la plaçant dans le châssis, on l'expose immédiatement à la lumière.

(1) Il importe peu qu'elle y séjourne plusieurs minutes au-delà du temps nécessaire. Il n'en est pas de même de l'inverse.

L'usage de la cuvette verticale est excellent tant qu'il ne s'agit que de glaces de dimension moyenne, par exemple de 21 cent. sur 27 ; au-delà, il est préférable de faire usage de la cuvette à recouvrement (fig. 148). Le bain est versé dans cette cuvette que l'on tient inclinée en plaçant une pièce de bois sous l'un de ses côtés. Tout le liquide

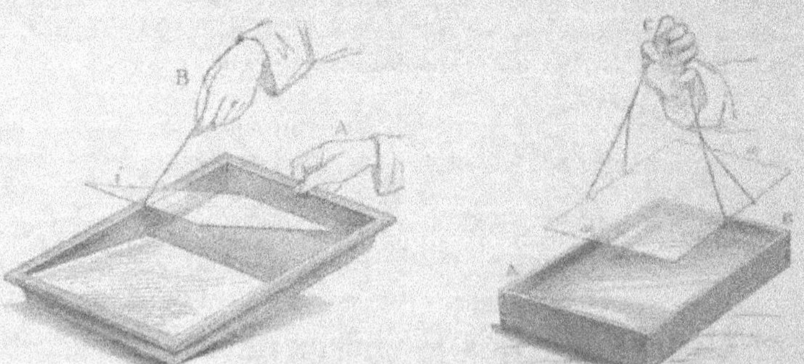

Fig. 204. Plonger la glace dans le bain d'argent. Fig. 205.

s'amasse alors d'un côté et pour ce motif il est bon que les bords de la cuvette soient très-élevés ou mieux avec un recouvrement. La glace est posée, la couche de collodion au-dessus, sur la partie du fond que n'atteint pas le liquide. On la saisit d'une main avec le crochet en baleine, de l'autre on élève la cuvette (fig. 204). Abaissant alors la glace, on la lâche dès qu'elle arrive en contact avec le liquide et on rend d'un coup la cuvette horizontale. Le liquide argentifère couvre ainsi d'un trait toute la glace.

Il est bon de toujours maintenir le crochet sous la glace ; car il peut arriver que, par quelque mouvement involontaire, le crochet éraille la couche, qui est très-fragile.

Enfin, une troisième méthode consiste dans l'emploi du double crochet en baleine, entre les extrémités duquel (fig. 205) se place la glace, la couche au-dessus. On la plonge alors en une fois dans le liquide.

Quelle que soit la méthode employée, le plus important est de plonger la couche dans le bain *sans temps d'arrêt*, sinon il s'y forme des lignes qui gâtent l'épreuve. Ces lignes sont irrémédiables.

Enfin, pour finir, voici quelques recommandations que l'on ne perdra jamais de vue dans la pratique.

1° Les cuvettes qui servent aux bains d'argent doivent toujours être d'une propreté parfaite.

2° En se servant de cuvettes verticales, (et c'est là le système universellement adopté), il ne faut jamais oublier de les tenir fermées quand on ne s'en sert pas, afin de les préserver de la poussière.

(Avec les cuvettes ordinaires, il est nécessaire, à la fin de la journée, de reverser le liquide dans le flacon qui sert à le conserver.)

3° Il est urgent de passer à la surface des bains un morceau de papier afin d'en enlever les impuretés.

4° Avant de placer la glace dans le châssis de la chambre noire, il faut ouvrir et refermer *avec force* la planchette pliante, afin d'en dégager la poussière.

5° On placera la glace dans le châssis, précisément dans le sens où elle s'est égouttée, et on aura soin de porter le châssis fermé dans l'atelier, en le tenant dans sa position primitive, afin que le nitrate s'accumule à la partie inférieure de la glace, où il est absorbé par une lame de carton gris dont on a soin de recouvrir la glace à cette partie inférieure.

6° La sensibilisation doit précéder immédiatement la pose à la chambre noire. Si l'on attendait trop longtemps, la glace se criblerait de trous microscopiques, provenant de la formation de l'iodo-nitrate d'argent par suite de la concentration du nitrate d'argent.

EXPOSITION A LA CHAMBRE NOIRE.

Ce chapitre comprend :

1° La mise au point.

2° La disposition du modèle et la pose à la chambre noire proprement dite.

Mise au point. La mise au point consiste à rendre l'image nette sur le verre dépoli. Il est donc nécessaire de vérifier tout d'abord si le châssis est bien construit. Pour cela, on mesure avec une règle la distance entre le verre dépoli et la partie antérieure de l'anneau qui porte l'objectif. En remplaçant le verre dépoli par le châssis dans lequel on a préalablement mis une glace, on s'assure si cette distance est la même. En cas contraire, il faut déplacer le verre dépoli dans sa monture.

On s'assure si l'objectif a un foyer chimique (voir page 47) de la manière suivante :

Mettez au point sur une glace collodionnée et sensibilisée en ouvrant la planchette, puis, remplacez cette glace par une autre qui n'a pas vu le jour, et tirez l'épreuve. En comparant les détails de l'épreuve que l'on s'était attaché à mettre bien au point, on s'assure si l'objectif a un foyer chimique. S'il en a un, on procèdera comme nous l'avons indiqué page 48.

L'objectif ne donnant pas d'image parfaite, l'une partie de la vue ou du portrait sera toujours beaucoup plus nette que l'autre. On s'attache à mettre au point les plans principaux dans les vues, et la tête dans les portraits.

Quant à la manière dont on met au point, elle est très-simple.

La chambre noire étant placée sur le trépied, l'objectif est dirigé vers le sujet à reproduire. Après avoir ôté le couvercle, on couvre le verre dépoli d'un drap noir et on examine si l'image est nette, et, pour arriver à cet effet, on avance ou on recule le tiroir. Quand on juge la netteté parfaite, on ferme la vis qui se trouve en arrière du verre dépoli et on ferme l'objectif en le couvrant doucement de son couvercle.

L'objectif portant une crémaillière, les gros mouvements se font à l'aide du tiroir de la chambre noire et l'on achève la mise au point avec cette crémaillière.

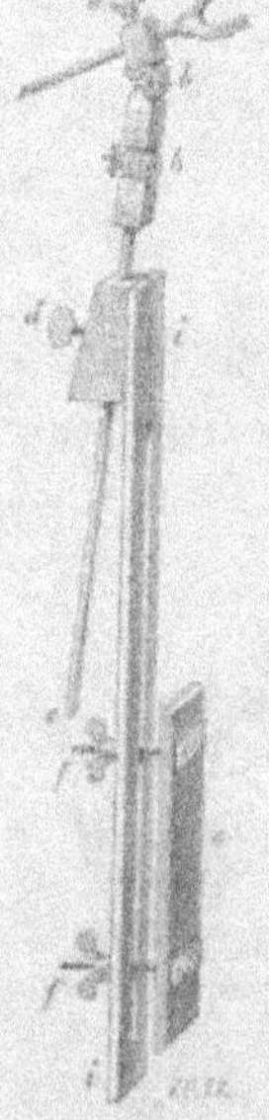

Fig. 206. Appuie-tête.

La nature du verre dépoli exerce une grande influence sur cet objet; le dépolissage à gros grains est fort désavantageux. Avec un dépoli trop transparent, il est impossible de mettre au point.

Quand l'objectif a un foyer très-court, l'on se servira d'une loupe pour la mise au point. Cela est surtout nécessaire si les clichés sont destinés à être agrandis.

2° *Disposition du modèle et exposition à la chambre noire*. La disposition du modèle dépend entièrement du bon goût de l'opérateur et ce n'est pas dans cet ouvrage que nous pouvons nous étendre sur ce sujet. Pour satisfaire aux lois de l'optique, la personne qui pose doit avoir le corps et la tête dans une position *perpendiculaire à l'axe de l'objectif*.

On se sert, pour assurer la position du modèle d'un instrument très-connu sous le nom d'appuie-tête (fig. 206). Il se compose d'une tige en bois *i*, *i* qui se fixe sur la chaise au moyen d'une pièce plate *o*, qu'on serre avec des vis *f*, *f*. A la partie supérieure se trouve une pièce pliante munie d'un demi-cercle qui sert à maintenir la tête. Elle est mobile, et se fixe à l'aide d'une vis de pression *a*.

Il existe des appuie-tête pour poser debout, et tout en fer. On en voit sur la figure 85.

L'appuie-tête ne peut être fixé que lorsque la personne qui pose a pris une position naturelle. Beaucoup d'artistes ne veulent pas employer cet instrument parce que, disent-ils, il amène toujours une pose forcée.

La couleur des habits influe beaucoup sur la beauté d'un portrait. Une personne qui a le teint foncé doit avoir des habits sombres ; une autre qui a le teint clair vient mieux avec des habits clairs, excepté quand ces derniers sont jaunes ou orangés, ces couleurs n'ayant qu'une action chimique faible sur la couche sensible.

On doit tendre devant le modèle, et en arrière de la chambre noire, un drap bleu foncé sur lequel il puisse fixer les yeux sans les fatiguer. Il regardera un point de cette toile pendant toute la durée de la pose, sans s'efforcer de ne pas cligner, sinon la figure aurait un air de contraction peu agréable.

On commence par donner au modèle la pose qu'il préfère, en recherchant, par une conversation enjouée, son maintien ordinaire. On lui explique, qu'en retenant la respiration et en tenant les yeux fixément ouverts sans cligner, le portrait serait peu ressemblant. Quand on le juge bien placé, on procède à l'éclairage, (ce que l'expérience seule peut apprendre), et, après lui avoir recommandé de tenir sa position, sans cependant se condamner à une complète immobilité, l'on met au point et l'on va préparer la glace.

En revenant, on remplace d'abord le verre dépoli par le châssis à épreuve, et l'on tire la planchette. On s'assure que le modèle se trouve bien dans la position qu'on lui avait primitivement donnée, et l'on ouvre l'objectif, en comptant le nombre de secondes que l'on juge nécessaire(1).

(1) *Causes de variation dans la pose à la chambre noire.* L'exposition à la chambre noire est extrêmement difficile à préciser. Tant de causes exercent une influence sur ce temps de pose, que nous ne pouvons guère en donner de chiffre exact. Voici les causes principales :

1° Le temps de pose est proportionnel au carré de la distance focale de l'objectif, abstraction faite de son diamètre. Il en résulte qu'un objectif ayant 2, 3, 4 fois la distance focale d'un autre de même ouverture, la pose sera 4, 9, 16 fois plus considérable.

2° La rapidité de l'impression est proportionnelle à *la surface* du diaphragme de la lentille. C'est-à-dire, que, si une épreuve vient en 10 minutes avec une lentille armée d'un diaphragme d'un centimètre de diamètre, il ne faudra que le quart de ce temps, soit donc 2 minutes 30 secondes, si le diaphragme a un diamètre double, le neuvième s'il a un diaphragme triple, etc. Cependant cette loi n'est qu'approximative.

3° Le temps de pose varie avec la couleur des verres de l'objectif, leur composition et leur poli. C'est pour cette raison que les verres allemands et anglais sont quelquefois plus rapides que les verres français dont le crown a presque toujours une teinte rougeâtre.

La *nature* des verres influe aussi sur la rapidité de l'impression. Les recherches de divers savants prouvent que le pouvoir chimique de la lumière varie avec le milieu qu'elle traverse.

4° Il vaut mieux que les deux lentilles formant l'objectif soient collées au moyen du

Une corde d'un mètre de longueur munie d'une boule de plomb, indique les secondes en la faisant osciller. Mais généralement ces secondes se comptent mentalement et par habitude.

L'objectif est alors fermé, de même que la planchette du châssis. On enlève alors ce dernier en le portant dans la chambre noire pour procéder au développement.

DÉVELOPPEMENT ET FIXAGE DE L'IMAGE.

La glace étant enlevée hors du châssis (en n'oubliant pas de la tenir dans la position qu'on lui avait primitivement donnée), est essuyée à sa partie inférieure avec un papier buvard, afin d'enlever l'excès de nitrate qui causerait infailliblement des taches.

La couche ne présente aucune apparence d'image, mais on peut la faire apparaître en couvrant la surface impressionnée d'une solution de sulfate de fer (voir page 184).

Pour cela, la glace est prise entre l'index et le pouce[1], par le même angle que lorsqu'on y versait le collodion, et, le sulfate de fer étant préalablement placé dans une éprouvette à bec bien propre (fig. 64) est versé en une fois à sa surface en l'inclinant de telle façon qu'elle soit complètement couverte et *sans temps d'arrêt*. La redressant alors brusquement, en tenant l'angle par où le liquide s'écoule dans l'éprouvette (fig. 207), on verse une seconde fois la même solution et tou-

baume de Canada, parce que la lumière éprouve moins de perte en traversant ce vernis qu'en se réfléchissant sur la surface de la lentille non collée.

5° Le temps de pose varie avec l'éclairage et l'étendue du sujet à reproduire. Ainsi, une grande vue, bien éclairée, peut s'impressionner cent fois plus vite qu'un objet éclairé par la lumière diffuse qu'on voudrait obtenir en grandeur naturelle.

6° Le temps de pose varie encore suivant l'heure à laquelle on opère. Déjà Niépce et Daguerre avaient observé ce phénomène singulier : que la lumière a une action beaucoup plus rapide avant midi qu'après.

Il y a des instruments, nommés *photographomètres*, qui mesurent le pouvoir chimique de la lumière ; ces instruments ne donnent donc pas *l'intensité* de la lumière, mais bien le pouvoir actif de cet agent, puisqu'ils ont pour principe l'action de la lumière sur l'iodure d'argent.

7° La durée de la pose varie considérablement avec la saison (MM. Bunsen et Roscoe).

8° La latitude ne semble pas avoir une influence bien prononcée sur le temps de pose. Sous l'équateur il ne paraît pas que l'on opère plus vite que sous les zones tempérées.

(1) Le mélange-réducteur noircissant fortement les doigts, il est préférable de se servir du support représenté fig. 145, dont l'emploi ne change rien à la méthode opératoire que nous décrivons.

Nous n'avons pas besoin de dire que les taches de nitrate d'argent s'enlèvent à l'aide du cyanure de potassium, cela est connu de toute personne qui a quelque peu pratiqué la photographie.

jours en inclinant la glace à droite et à gauche, afin que le liquide réducteur éprouve un mouvement continuel.

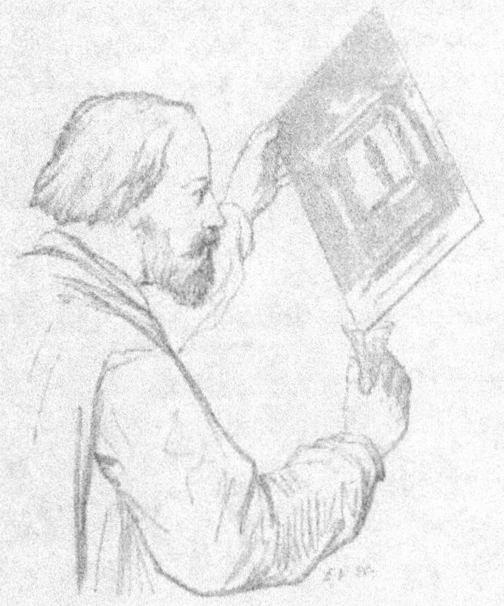

Fig. 207. — Développer l'épreuve négative.

L'image apparait graduellement, et, quand on la juge suffisamment venue, on la lave, en trempant d'abord la glace avec précaution dans un baquet rempli d'eau, puis en la plaçant sous un filet d'eau froide, après quoi on la fixe.

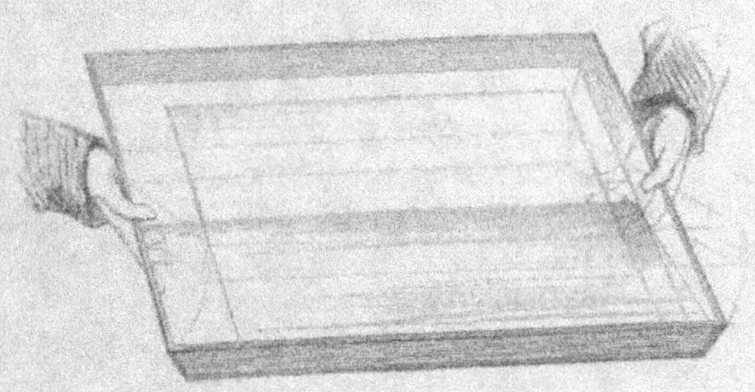

Fig. 208. — Développement des glaces de grande dimension.

Le développement se fait plus difficilement sur les glaces de grande dimension. Dans ce cas, la glace est placée (fig. 208) dans une cuvette un peu plus grande à fond de verre, que l'on tient inclinée. Le sulfate de fer est versé dans la cuvette, mais de manière *à ne pas toucher la glace*. On incline alors brusquement la cuvette en sens inverse; et, dès que le sulfate a couvert la glace, on imprime un mouvement d'inclinaison latéral, *afin d'opérer un mélange rapide entre le réducteur et le liquide argentifère*, ce qui est essentiel pour éviter les taches.

Comme c'est du développement de l'image que dépend en grande partie la réussite de l'épreuve, nous devons en décrire minutieusement les détails.

C'est le sulfate de fer mélangé au nitrate d'argent dont la couche de collodion est imprégnée, qui fait apparaître l'image latente formée par l'action de la lumière sur l'iodure d'argent. Or, si l'on mettait trop peu de ce réducteur dans l'éprouvette, le mélange avec le nitrate se ferait inégalement et des taches nombreuses en seraient la conséquence.

Pour bien réussir, il faut verser rapidement sur la glace une quantité de réducteur plus que suffisante pour la couvrir facilement et le reverser immédiatement après l'avoir recueilli dans l'éprouvette.

Si le sulfate de fer ne contient pas assez d'alcool, il ne mouille pas la couche, et se divise en veines qui causent des marbrures noires irréparables. Le remède est simple : il suffit de lui ajouter de l'alcool.

La quantité d'acide acétique que l'on ajoute au sulfate de fer influe sur les résultats, et plus on ajoute d'acide acétique, plus l'image vient lentement et plus on obtient une image vigoureuse. Quand, par exemple, on développe l'image d'un groupe de personnes parmi lesquelles il y en a qui ont des vêtements blancs, il faut beaucoup d'acide acétique; tandis que, au contraire, un monument gris et sombre se développe mieux en employant peu d'acide. Ce point est délicat et exige beaucoup d'expérience de la part de l'opérateur[1].

Si l'on versait le réducteur sur la glace en commençant par sa partie inférieure, comme le nitrate s'y trouve en excès, il se produirait infailliblement des taches et c'est pour cette raison qu'il ne faut jamais oublier de tenir la glace, une fois la sensibilisation faite, précisément dans le sens suivant lequel l'égouttement s'est fait.

En opérant de cette manière, le développement marche uniformément, et on peut le suivre en redressant de temps à autre la glace, comme la figure 207 le fait voir. Si on juge le développement suffisant, la glace est lavée; sinon, le liquide recueilli dans l'éprouvette est reversé sur la glace et le développement continue.

D'ordinaire, par une température moyenne, en 1 minute l'image

(1) Avec l'acide pyrogallique cet effet est encore plus marqué.

est suffisamment venue, si l'on doit forcer son apparition, jamais elle ne sera parfaite. D'autres fois, en une demi-minute on doit déjà arrêter l'opération, sinon l'image serait trop noire. L'expérience seule peut ici guider l'opérateur.

Dès que la dissolution de sulfate de fer couvre la glace, le ciel et les parties fortement éclairées du modèle apparaissent sur le fond blanc d'iodure d'argent; quelques secondes après, les autres détails apparaissent à leur tour, et toute l'image prend de plus en plus de vigueur. Quand on n'a pas une longue expérience de cette opération, il est fort difficile de savoir à quel moment le réducteur doit être enlevé par l'eau.

Quand enfin l'on juge l'image suffisamment venue, on laisse égout-

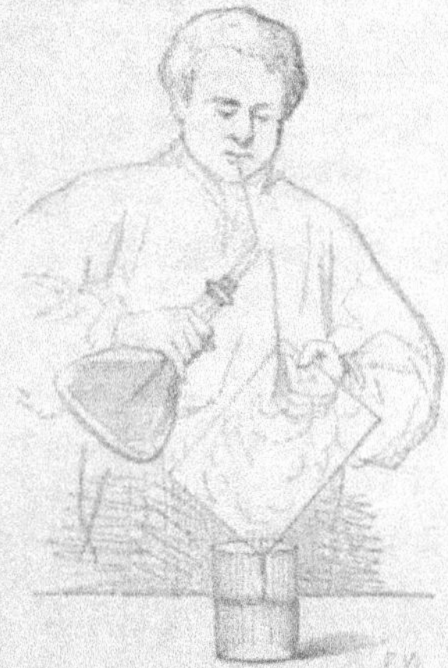

Fig. 209. — Laver la couche.

ter la glace et on la lave à l'aide de la pissette représentée fig. 79, soit en soufflant, soit en la retournant. La fig. 209 nous montre comment on conduit cette opération.

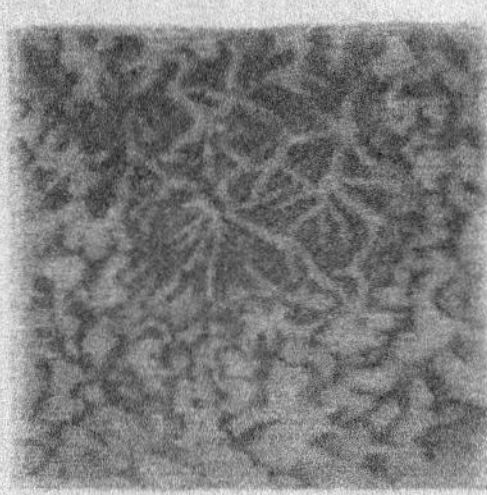

Fig. 210. — Taches produites par l'hyposulfite de soude.

La glace est alors plongée dans une dissolution de cyanure de potassium jusqu'à ce que tout l'iodure d'argent soit enlevé, ce dont on juge par la disparition de la teinte jaune[1], en examinant la glace par derrière.

(1) On peut employer aussi l'hyposulfite de soude, mais il s'enlève très-difficilement par l'eau et pour peu qu'il en reste des traces dans la couche, celle-ci, après quelque temps, se couvre de taches étoilées (fig. 210) qui la détruisent complètement, même quand elle est vernie.

Le cyanure de potassium est enlevé à son tour, soit à l'aide de la pissette à lavages, soit sous le robinet d'une fontaine.

L'appréciation de la pose avons nous dit, constitue une des principales difficultés de la photographie. Quand un sujet est fortement éclairé ou qu'il présente des couleurs actives à côté de couleurs inactives, par exemple du rouge et du bleu, il faudra nécessairement augmenter le temps de pose, en vertu du principe que nous avons posé page 29.

Néanmoins, il y a une limite *à l'excès* de la pose, comme à l'insuffisance de cette pose, et c'est après le fixage que l'on en juge.

Si la pose est trop courte, c'est à peine si les parties noires du cliché se développent et jamais dans les ombres on n'obtient de détails distincts. *On a beau prolonger l'action du réducteur, l'image ne vient pas*. Dans ce cas on doit, ou recommencer une nouvelle épreuve, ou la *renforcer* (1).

Si, au contraire, il y a trop de pose, le cliché est rouge et uniforme (*solarisé*); les noirs n'ont aucune vigueur et un voile gris couvre toutes les parties de l'image. Le développement s'opère aussi en fort peu de temps, et dans ce cas l'épreuve est à recommencer.

Nous ne saurions trop engager le lecteur à approfondir ce point de la photographie, car c'est de sa connaissance plus ou moins parfaite que dépend en grande partie la valeur artistique d'une reproduction.

Le développement à l'acide pyrogallique se fait exactement de la même façon qu'avec le sulfate de fer, seulement l'image atteint plus d'intensité encore.

RENFORÇAGE DE L'IMAGE.

Il arrive souvent, surtout avec le sulfate de fer, que l'image manque d'opacité, on doit alors la renforcer. C'est d'ailleurs ainsi qu'opèrent la plupart des photographes de profession. Ils prennent une pose très-courte à la chambre noire, développent au sulfate de fer, fixent au cyanure de potassium, et lavent avec soin. Ils ouvrent alors le volet du cabinet obscur, et *renforcent le cliché en pleine lumière*, ce qui permet d'arrêter l'action du renforçage avec plus de certitude.

(1) On conçoit que le renforçage ne peut être appliqué aux images qui manquent totalement de vigueur dans les ombres, mais seulement à celles où l'insuffisance de la pose n'a pas été trop considérable.

Voici comment on procède :

Dans une éprouvette on verse quelques centimètres cubes de la solution pyrogallique (dont nous avons donné la formule page 200), à laquelle on ajoute un quart de son volume du bain d'argent négatif. Le mélange est versé immédiatement sur la glace, en opérant exactement comme nous l'avons indiqué pour le développement.

L'image se fonce rapidement, et il faut la surveiller avec soin, en arrêtant l'action du réducteur quand on juge l'intensité suffisante. Il suffit de bien laver la glace à l'eau pour la fixer.

L'on ne doit pas s'imaginer qu'une image beaucoup trop faible puisse ainsi être amenée à présenter une grande vigueur, non, car les ombres manqueraient toujours de détails et l'image serait heurtée, c'est-à-dire, que le positif sur papier n'aurait pas de demi-teintes.

Nous ne sommes d'ailleurs pas beaucoup partisan de ce double développement au sulfate de fer et à l'acide pyrogallique, parce que des taches se manifestent souvent dans cette seconde opération et que nous avons la conviction que l'on peut obtenir des clichés d'une vigueur très-grande avec le sulfate de fer seul, pourvu qu'on l'emploie en solution convenablement étendue, qui ne dépasse pas 4 de sulfate pour 100 d'eau.

Il existe beaucoup d'autres méthodes de renforçage qui s'appliquent, soit avant le fixage, soit après. On trouvera dans le *British Journal of Photography*, 1862, un article où nous les avons exposées avec soin. En voici le résumé :

1° On peut renforcer les images en recouvrant le négatif, après le fixage, d'une solution alcoolique d'iode, lavant, retrempant dans le bain d'argent et développant à la manière ordinaire, le tout en pleine lumière. Il est inutile de fixer.

Ce procédé est curieux au point de vue scientifique, mais il est beaucoup trop long dans la pratique.

2° Si le renforçage ne doit pas être très-vigoureux, on recouvre le cliché d'une solution étendue de chlorure d'or, de palladium, ou de platine.

L'emploi du chlorure d'or sera préféré, parce que cette substance se trouve entre les mains de tous les photographes. La solution sera donc formée de

Chlorure d'or.	1 gramme.
Eau	1 litre.

Le chlorure d'or change immédiatement la teinte du négatif, parce que l'argent constituant l'image est transformé en chlorure violet, en même temps que l'or se précipite.

3° Enfin, le bichlorure de mercure, soit seul, soit combiné avec quelques autres substances, peut servir à renforcer les épreuves, mais les méthodes précédentes sont plus que suffisantes, aussi n'examinerons-nous les procédés au bi-chlorure de mercure que sous le rapport scientifique[1].

VERNISSAGE DE L'ÉPREUVE.

Quand l'épreuve collodionnée ne doit pas fournir un grand nombre d'épreuves, il suffit, après le lavage qui suit le fixage, de la recouvrir d'une solution de gomme arabique dans l'eau. Cependant ce vernis est très-altérable, parce que l'humidité se condensant souvent sur la glace pendant l'exposition aux rayons solaires, le papier positif colle sur la couche et la tache, à cause du nitrate d'argent qu'il contient.

Les vernis ordinaires remplissent donc mieux le but de protéger la couche. Le vernis formé d'ambre fondu et de benzine, s'appliquant à froid; ou le vernis formé de gomme-laque et d'alcool, s'appliquant à chaud (voyez *vernis*), sont ceux qui conviennent le mieux.

Ils s'appliquent tous deux lorsque la couche est sèche. Le premier s'étend à la surface de la glace comme du collodion ordinaire; mais, quant au second, son application est plus difficile, parce que le cliché doit être chauffé.

Pour cela on l'expose avec prudence à la flamme d'une lampe à alcool, en ayant soin de chauffer la glace très-également, en la promenant au-dessus de la flamme. La température de la glace doit être telle qu'en y appliquant le revers de la main, celle-ci en supporte aisément

(1) La première action d'une solution de bi-chlorure de mercure sur l'argent de la couche est la suivante :

$$2Ag + HgCl = Ag_2Cl + Hg_2Cl.$$

Elle noircit donc par la production du chlorure violet, tandis que le protochlorure de mercure reste en dissolution.

Si l'image y séjourne un temps suffisant :

$$Ag_2Cl + 2HgCl = 2AgCl + Hg_2Cl.$$

Elle blanchit donc, et le protochlorure se précipite sur le chlorure d'argent.

L'image formée de chlorures d'argent et de mercure, est d'un blanc mat, et peu sensible à la lumière. Toutefois au bout d'un temps un peu long, le proto-chlorure de mercure s'élimine lentement.

La couche blanche peut être noircie par l'hydrogène sulfuré (M. Donny), les sulfhydrates alcalins, l'hyposulfite de soude, le chlorure d'or, l'ammoniaque, etc.

Mais ce qui est plus curieux, c'est que sous l'influence d'une solution d'iodure de potassium, la couche *jaunit*, par suite de la transformation du chlorure de mercure en iodure. C'est, pensons-nous, le seul exemple connu en chimie, où l'iode déplace le chlore.

Les renforçages aux sels de mercure sont peu stables, par suite de l'altérabilité à la lumière des produits formés.

la chaleur. Trop chaude, le vernis coule difficilement sur la couche; trop froide, il ne sèche pas assez vite. Le vernis y est étendu comme le collodion, en recueillant l'excès dans le flacon. Quand il est sec, on continue à chauffer la glace pour bien faire adhérer la couche de vernis.

Cette opération est assez délicate, car si la glace est trop froide, la couche de vernis, au lieu d'être transparente, se *gèle;* toutefois le cliché n'est pas gâté pour cela, mais il est moins résistant au frottement. C'est surtout pour les glaces de grande dimension que le vernis à la gomme-laque est difficile à étendre.

Il arrive que l'on doive retoucher un cliché, car bien souvent il s'y trouve des taches rondes et blanches qui se traduisent par conséquent en noir sur l'épreuve positive sur papier. Si, au contraire, ces taches étaient noires, comme elles constitueraient des taches blanches sur le positif, c'est ce dernier qu'il faudrait alors retoucher.

La retouche d'un cliché est d'ailleurs une chose extrêmement délicate et difficile. Voici l'appareil dont les photographes se servent pour cet objet (fig. 211).

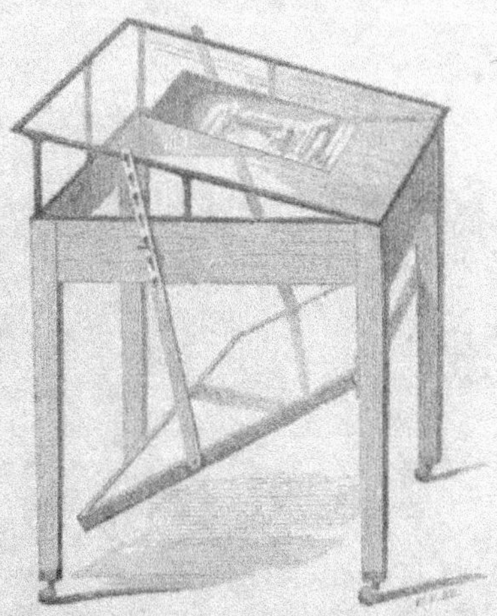

Fig. 211. — Table pour la retouche des clichés.

On enlève le bois supérieur d'une petite table, en assujettissant une glace épaisse supportée par des tiges en fer. Au-dessous, l'on dispose une grande feuille de papier blanc tendue sur un châssis, ou une glace étamée, dont on peut varier l'inclinaison par un mécanisme que montre la figure ci-jointe.

Le jour, se réfléchissant sur la glace étamée ou sur le papier, l'on peut examiner le cliché par transparence lorsqu'il est placé à plat sur la glace qui sert de table.

Les taches sont alors retouchées avec un très-petit pinceau et de la couleur noire au miel[1], ou même de la couleur à l'huile. Il y a des personnes qui retouchent le cliché avant de le vernir, avec de l'encre de Chine mêlée d'une très-faible quantité de bleu de Prusse; mais alors le vernis change quelquefois la couleur de la retouche. La plupart des photographes retouchent le cliché après le vernissage.

Quoi qu'il en soit, nous le répétons, rien n'est difficile comme la retouche d'un cliché. Cette opération est bien plus facile à exécuter sur le papier positif, aussi doit-on toujours tâcher de choisir entre les deux la retouche du dernier. Quand par exemple, il y a sur le cliché une tache blanche, comme elle se traduit en noir sur le positif et qu'on ne peut alors la corriger, remplacez cette tache blanche par une tache noire. De cette façon il y aura une tache blanche sur l'épreuve sur papier que l'on pourra aisément corriger avec le pinceau.

IV. COLLODION SEC.

Il est un phénomène assez étrange que nous offre l'iodure d'argent sec disséminé dans les fibres du coton-poudre, c'est de perdre complètement sa sensibilité à la lumière ou, du moins, d'être alors si peu sensible qu'il faut des heures de pose là où le collodion humide n'exige que des secondes. Ainsi, lorsqu'on lave la glace collodionnée au sortir du bain d'argent, elle est devenue presque insensible à la lumière. Ce fait avait longtemps empêché qu'on se servît de glaces collodionnées sèches; mais, diverses découvertes ont prouvé qu'il suffisait de recouvrir la couche d'un sel déliquescent comme le nitrate de magnésie ou de zinc, d'un corps gras comme la glycérine, ou à texture non cristallisée comme la gélatine, la métagélatine, l'oxymel, l'albumine, l'ambre, la résine, etc., pour qu'elle conservât plusieurs jours sa sensibilité.

Les premiers procédés pour opérer à sec sur collodion ont été pro-

(1) M. de la Blanchère donne la formule suivante :

Peroxide de fer, ou **rouge d'Angleterre,** ou **chromate de plomb,** ou **noir d'ivoire,** au choix . . . . 10 parties.
Miel blanc . . . . 2 »
Gomme arabique, dissoute à saturation . . . . 2 »
Sucre candi . . . . 1 »

posés par MM. Spiller et Crookes. Ils consistaient, soit à introduire un sel déliquescent dans le bain d'argent, de manière que la glace restât humide au sortir de ce bain; soit à laver la glace après le bain d'argent et à la couvrir d'une dissolution d'azotate de magnésie. Ce sel, très-déliquescent, pénétrait les pores de la couche de collodion, l'empêchait de se sécher et lui conservait ainsi sa sensibilité. Après l'exposition à la lumière, la couche d'azotate de magnésie était enlevée avec de l'eau distillée et l'image était développée avec un mélange d'acide pyrogallique et de nitrate d'argent. La fixation avait lieu de la manière ordinaire.

M. Schadboldt fit plus tard usage d'une dissolution d'une partie de bon miel dans trois parties d'eau; il étendait ce mélange sur la glace, en opérant en tous points comme précédemment; quelque temps après, ce procédé fut modifié dans la partie opératoire par M. Mansell.

M. Ziegler employa un mucilage de graines de lin; MM. John Spiller et Crookes la glycérine étendue de trois fois son volume d'eau; le docteur Norris la gélatine; M. Maxwell-Lyte la gomme arabique et la méta-gélatine; M. Llewelyn l'oxymel; M. Dupuis la dextrine; en un mot, une grande quantité de substances, qui ne sont pas susceptibles de sécher ni de cristalliser, furent proposées successivement.

M. Despratz, à qui l'on doit d'excellents procédés, en voulant remédier à certains défauts de la couche de pyroxyle par l'emploi dans le collodion d'un demi pour cent de résine, s'aperçut qu'un tel collodion possédait la curieuse propriété de pouvoir servir à sec par un simple lavage au sortir du bain d'argent(1). Voici le procédé tel que le pratique cet amateur. Il dissout, dans 200 grammes de collodion, 1 gramme de résine commune en poudre, il étend ce collodion sur la glace et le sensibilise à la manière ordinaire, mais, au sortir du bain d'argent, il lave la glace à l'eau distillée, la pose contre le mur pour sécher et s'en sert avec avantage à l'état sec, même plusieurs jours après sa préparation.

Au lieu de résine, M. Dubosq a employé l'ambre; M. Hardwich, la glycirrhizine, etc.

La découverte, en 1855, par M. Taupenot du procédé au collodion albuminé, fut un grand pas vers la solution complète de cette question du collodion sec, et sa méthode fut bientôt universellement employée, tant à cause de son originalité que de la supériorité de ses résultats.

M. Taupenot, après avoir couvert la glace de collodion ordinaire, la sensibilisait dans un bain d'azotate d'argent et la lavait avec le plus grand soin, pour la laisser ensuite s'égoutter. Il recouvrait alors la

(1) Cette observation est d'une haute importance au point de vue théorique.

couche d'albumine iodurée ordinaire ou d'albumine fermentée, quoique la plupart des opérateurs préférassent l'albumine ordinaire.

Une fois sèches, ces glaces ainsi préparées sont insensibles à la lumière et se conservent indéfiniment.

Quelques jours avant de s'en servir, M. Taupenot les passait dans un bain d'acétonitrate d'argent, et enlevait l'excès de nitrate par un lavage à l'eau. Ainsi préparées, elles conservent leur sensibilité pendant un temps fort long.

L'exposition à la lumière est de trois ou quatre fois le temps de pose du collodion humide. Les glaces, rapportées dans le cabinet obscur, étaient développées à l'acide gallique comme le papier ciré et fixées à l'hyposulfite de soude.

Quant aux formules qui réussissent le mieux, une grande diversité existe parmi les auteurs qui ont publié leurs recherches sur le procédé de M. Taupenot. Celles du collodion ordinaire et de l'albumine, que nous avons données précédemment, conviennent parfaitement.

Le développement est analogue à celui du papier ciré, auquel nous renvoyons le lecteur.

M. Fothergill a modifié ce procédé en substituant à l'albumine iodurée de M. Taupenot le liquide suivant.

Blanc d'œuf	100	grammes.
Eau distillée	100	»
Ammoniaque	4 à 5	»

Il paraît qu'ainsi modifié le procédé Taupenot est plus rapide.

MM. Pestchler et Mann ont également modifié le procédé Taupenot d'une façon très-curieuse. Au lieu d'albumine iodurée, ils se servent d'albumine chlorurée ($0^{gr},128$ de sel marin par 31 gr. d'albumine) et sèchent la glace devant le feu.

Pour la sensibiliser, *ils la lavent simplement sous un filet d'eau* en la laissant sécher à l'air.

D'après ces auteurs, la théorie de ce fait singulier serait assez simple. Avec un excès de sel marin, la couche est insensible à la lumière, mais l'eau enlevant ce sel, il ne reste dans la glace que de l'iodure et des traces de chlorure d'argent *purs*, et sensibles dès lors à la lumière.

Enfin, dans ces derniers temps, M. Russell a publié une méthode de collodion sec si originale, si parfaite dans ses résultats, que c'est la seule que nous décrirons en détail.

M. Russell couvre d'abord la glace de gélatine, puis de collodion que l'on sensibilise et qu'on lave comme dans tous les procédés secs. Il recouvre alors la glace de tannin, pour la laisser sécher. Quant aux opérations subséquentes, elles sont en tout semblables aux procédés secs ordinaires.

La gélatine sert à donner à la couche de collodion une grande adhérence, mais elle n'est pas indispensable.

M. England a additionné le tannin de miel, qui paraît avoir pour effet de retenir une certaine quantité d'humidité à la surface de la couche; mais la modification la plus heureuse apportée à ce procédé, consiste dans le développement à chaud, tel que l'a décrit M. Draper, dont les recherches scientifiques sur la photographie ont rendu le nom populaire. M. Anthony, de New-York, trouve de l'avantage, sous le rapport de la rapidité, à exposer les glaces au tannin aux vapeurs de l'ammoniaque faible. Pour cela, la glace est placée, la veille du jour où l'on compte s'en servir, pendant quelques secondes sur une cuvette contenant de l'ammoniaque étendue de quatre fois son volume d'eau.

Au moment où nous écrivons ces pages, l'expérience n'a pas encore suffisamment prononcé sur les modifications de MM. England et Anthony. Il n'en est pas de même de celle de M. Draper, aussi est-ce la seule sur laquelle nous reviendrons dans la description détaillée du procédé au tannin, tel que ce procédé a été publié par M. Russell.

PROCÉDÉ AU TANNIN DU MAJOR RUSSELL(1).

I. *Nettoyage des glaces.* Le nettoyage des glaces, dans le procédé au tannin, doit se faire comme à l'ordinaire, seulement il est bon, *si l'on ne veut pas recouvrir la glace de sa couche préalable de gélatine,* d'en dépolir les bords.

Cette opération se fait facilement en plaçant la glace à plat sur une table, et une règle en bois sur un de ses côtés, de manière à laisser libre une bande de 1 centimètre de large, sur laquelle on passe un grès dur, ou à défaut, un morceau de brique mouillée.

On produit ainsi autour de la glace un cadre dépoli dans les inégalités duquel la couche de collodion contracte une forte adhérence, ce qui empêche la couche de se soulever dans les opérations subséquentes.

Les glaces qui ont déjà servi, surtout lorsqu'elles ont été recouvertes de gélatine, se nettoient difficilement. On emploiera dans ce cas, soit la potasse caustique, soit le carbonate de potasse, en suivant le procédé opératoire que nous avons décrit page 206.

II. *Préparation des glaces par la gélatine.* Nous savons déjà que cette opération n'est pas indispensable, aussi peut-on la supprimer en

(1) M. Russell a publié sa méthode dans une petite brochure qui a été traduite en français par M. Aimé Girard.

observant alors les recommandations que nous ferons pour ce cas particulier.

Pour préparer une dissolution de gélatine bien claire, voici comment on doit opérer : dans un vase en porcelaine mettez un demi litre d'eau froide, et immergez-y pendant deux ou trois heures, 5 grammes de gélatine qui se gonflera lentement, (à moins que la température ne soit trop basse et dans ce cas vous opéreriez dans une place chauffée). Ajoutez-y alors 1 cent. cube d'acide acétique cristallisable, et placez le vase sur le feu, afin que la gélatine se dissolve. Il ne faut pas que l'eau entre en ébullition, mais il suffit qu'elle atteigne une température de 70°. Ajoutez alors 30 centimètres cubes d'alcool, 1 gramme d'iodure de cadmium, 0^{gr},25 de bromure et quelques paillettes d'iode, puis filtrez deux ou trois fois à travers le papier et dans un endroit chaud.

Voici donc la récapitulation de la formule :

1° Eau pure	**500**	**cent. cubes.**
Acide acétique	**1**	**» »**
Gélatine	**5**	**grammes.**
2° Alcool.	**30**	**cent. cubes.**
Iodure de cadmium	**1**	**gramme.**
Bromure de cadmium. . . .	**0,25**	**»**
Iode		**quelques paillettes.**

Ainsi préparée, la solution de gélatine est limpide et se conserve assez bien.

Les glaces sont placées sur un support, près du feu, afin qu'elles atteignent une température *un peu supérieure* à celle de la main. Trop chaudes, elles offrent beaucoup de difficultés pour l'extension de la gélatine qui devient alors trop fluide.

La gélatine étant placée dans un ballon à fond plat est également chauffée, afin de la rendre suffisamment fluide. On en verse alors une certaine quantité sur la glace (que l'on tient sur un cadre à manche fig. 145) et on la force à s'étendre uniformément.

Cette opération est délicate. Si la glace et la gélatine sont trop chaudes, le liquide s'étend mal, parce qu'il est trop fluide; trop froide, la même difficulté se présente, parce qu'alors la gélatine est trop épaisse. La température doit être telle, que la gélatine ait la consistance du collodion ioduré; en hâlant alors fortement sur la glace après que l'on y a versé la gélatine, celle-ci s'étend facilement. L'excès de liquide est recueilli dans un flacon séparé, et la glace placée contre le mur, loin du feu, et appuyée à sa partie inférieure sur du papier buvard, afin qu'elle sèche.

Les glaces gélatinées sèches sont placées dans des boîtes à rainures où elles se conservent indéfiniment.

III. *Extension du collodion, sensibilisation de la couche et lavage.* — *Le but de la couche de gélatine est, non seulement de faciliter l'adhérence de la couche de collodion, mais encore de pouvoir réussir avec toute espèce de collodion.* Quand donc on la supprime, il faut, 1° avoir recours à des glaces dont les bords sont dépolis ; 2° choisir le collodion négatif avec le même soin que s'il s'agissait du procédé humide ; 3° recouvrir avec du vernis à tableaux les bords de la glace afin d'en fortifier l'adhérence avec la couche de collodion. Ce vernis s'applique après le tannin.

Le collodion(1), que l'on se serve ou non d'une couche préalable de gélatine, est étendu sur la glace et sensibilisé dans le bain d'argent à la manière ordinaire. Il est cependant nécessaire que le bain d'argent soit légèrement acide, car un bain neutre ou alcalin produit un voile et empêche les demi-teintes de se développer. Il est donc bon de préparer un bain d'argent exprès pour cet usage, et de l'additionner d'un demi pour cent d'acide acétique ordinaire.

Au sortir du bain d'argent, la glace est lavée à l'eau distillée à l'aide de la pissette à lavages, puis placée *debout* pendant un quart d'heure dans un baquet d'eau de pluie filtrée (voir page 167) afin de bien enlever les dernières traces de nitrate d'argent.

IV. *Application de la couche de tannin.* Préparez la solution suivante :

Eau distillée	100 grammes.
Tannin	2 à 6 »

Agitez fortement et filtrez. La filtration est parfois difficile, et dans ce cas, laissez d'abord reposer plusieurs heures.

A la solution filtrée vous ajouterez 5 cent. cubes d'alcool. N'oubliez pas que l'alcool doit être ajouté après la filtration et non avant, parce que le tannin contient toujours une matière résineuse insoluble dans l'eau, mais soluble dans l'eau alcoolisée.

L'alcool empêche la dissolution de tannin de se décomposer et lui permet de pénétrer plus aisément la couche de collodion.

La glace étant ôtée du baquet d'eau de pluie avec un crochet en verre, est d'abord lavée avec la pissette, pour enlever mécaniquement les impuretés, puis abandonnée quelques instants sur un support pour la laisser égoutter.

Le tannin étant contenu dans une éprouvette, et la glace fixée sur

(1) Suivant M. Russell, il est important d'adjoindre un bromure à l'iodure dans le collodion. La formule que nous avons donnée page 188, convient donc parfaitement à ce procédé.

un cadre à manche (fig. 145) est versé sur la couche, puis recueilli dans l'éprouvette pour être reversé une seconde fois, en opérant exactement comme dans le développement de l'image que nous avons décrit page 215.

Elle est alors placée sur un support à rainures, pour la laisser sécher. Il est évident que les glaces doivent être conservées dans un endroit sec et parfaitement à l'abri de la lumière.

Quand on n'a pas recouvert les glaces d'une couche préalable de gélatine, c'est lorsque le tannin est sec qu'il faut recouvrir les bords de la couche (qui correspondent à la bande dépolie dont nous avons parlé) d'un vernis épais et tenace(1). Cela se fait au pinceau.

Avant d'enfermer les glaces dans leur boite, il ne faut jamais oublier de laisser bien sécher ce vernis, sinon il salirait les rainures de la boite d'une façon irréparable.

V. *Exposition de la glace à la lumière, développement et fixage.* Les glaces préparées au tannin semblent se conserver fort longtemps; mais, le major Russell n'a jamais poussé l'expérience au-delà d'un mois. Ce temps est déjà fort long et il est rare que l'on doive les conserver aussi longtemps.

L'exposition à la chambre noire parait être de deux et trois fois celle du procédé humide, mais on peut raccourcir considérablement cette pose, en adoptant le développement à chaud, proposé par M. Draper.

Le développement de l'image est la partie la plus difficile et la plus délicate de tout ce procédé et en général de tous les procédés à sec(2).

Nous avons prescrit page 200, une formule pour l'acide pyrogallique qui peut servir également pour le développement des glaces au tannin; mais il vaut mieux diminuer fortement la proportion d'acide acétique, et ne l'augmenter que lorsqu'on juge que la pose a été trop longue.

La glace exposée à la chambre noire est d'abord immergée dans une cuvette verticale contenant de l'eau distillée, il suffit de quelques secondes d'immersion. Après l'égouttement, on la place sur un cadre à manche et on la développe comme à l'ordinaire. Si cependant l'image parait très-vite et uniformément, caractère d'une pose trop longue, on l'enlève rapidement de son support pour l'immerger de suite dans l'eau. L'on ajoute alors quelques gouttes d'acide acétique

(1) Le vernis à l'ambre, dont nous avons parlé à l'article *vernis*, est excellent pour cet usage, à la condition d'augmenter quatre fois la proportion de l'ambre.

(2) Dans le cas où l'on n'a pas recouvert les glaces de gélatine, il est bon de chauffer légèrement la couche devant un poêle en fonte, afin d'augmenter l'adhérence de la couche à la glace. Après le refroidissement de la glace on la lave à l'eau comme à l'ordinaire, pour procéder au développement.

à l'acide pyrogallique, et on recommence. On obvie ainsi à l'uniformité de teinte produite par une pose trop longue.

Nous croyons presque inutile de dire que l'acide pyrogallique doit être additionné du tiers de son volume de solution de nitrate d'argent; mais ce mélange ne doit être préparé qu'au moment même où on l'emploie. Quant au procédé opératoire, nous l'avons décrit longuement page 214 et suivantes.

Dès que l'image a atteint une vigueur suffisante, on la lave et on la fixe comme à l'ordinaire.

La modification apportée au développement par M. Draper est fort curieuse. La glace, après l'exposition à la chambre noire[1], est plongée dans une cuvette verticale en zinc contenant de l'eau bouillante, et immédiatement après en être retirée, couverte de la solution froide d'acide pyrogallique mélangée de nitrate d'argent. L'image se développe rapidement, et quand on la juge d'une intensité suffisante, on la lave et on la fixe. Cette modification permet de réduire la pose à l'instantanéité, bien entendu, si le sujet à reproduire est fortement éclairé, et les objectifs d'un grand diamètre et d'un court foyer.

Le fixage doit se faire à l'hyposulfite de soude et non au cyanure de potassium qui, étant le plus souvent alcalin, tend à soulever la couche. Le lavage final exige des précautions afin d'éviter le même accident.

La glace sèche est vernie comme à l'ordinaire.

V. DIFFICULTÉS DU PROCÉDÉ AU COLLODION.

Sans répéter ici ce que nous avons dit dans les chapitres précédents, nous croyons devoir, pour l'utilité de nos lecteurs, indiquer brièvement les points principaux sur lesquels ils porteront le plus particulièrement leur attention dans les procédés photographiques en général, et dans le procédé au collodion en particulier.

(1) Ce procédé a ceci de commun avec tous les procédés secs, que non-seulement un temps fort long peut s'écouler entre la sensibilisation et l'exposition à la chambre noire, mais encore entre celle-ci et le développement. Cependant il paraît qu'il ne faut pas exagérer cette latitude, et qu'en général il est préférable de mettre le moins de temps possible entre ces opérations.

1° **Les appareils.** Se procurer tout d'abord d'excellents appareils sans se préoccuper de leur prix élevé, et surtout, commencer par de petites dimensions afin de pouvoir alors aborder des difficultés plus grandes.

Ne pas accorder tous ses soins au choix de l'objectif, sous prétexte qu'il contribue directement à la formation des images, et négliger la chambre noire, les glaces et autres accessoires, sans faire attention que c'est de la régularité et de la facilité des manipulations que dépend bien plus une réussite constante.

2° **Les produits chimiques.** Ne préparer soi-même les produits que lorsqu'il y a économie réelle de le faire, et surtout, que lorsqu'on en est capable. Sinon, acheter de préférence ses produits dans des maisons *spéciales*.

3° **Les procédés.** Ne pas changer tous les jours de formules et de méthode.

En général, employez toujours les mêmes formules et ne les changez, après essai, que lorsque vous aurez acquis la complète connaissance des procédés photographiques; mais vous tomberez peut-être alors dans le défaut inverse, inhérent par exemple à tous les photographes de profession, c'est-à-dire, que vous vous refuserez à toute formule nouvelle, à moins qu'elle ne soit réellement en vogue.

Voici les principales difficultés de la photographie ; ajoutons qu'elles *ne s'enseignent pas*, et que ce n'est qu'à force de travail qu'on parvient à les surmonter.

1° L'éclairage et la disposition du modèle.

2° Le choix d'un site, et l'heure à choisir pour en retirer tout l'effet possible. (Voyez l'*appendice*.)

3° L'appréciation exacte de la pose.

4° La réunion des produits les plus favorables à la production d'épreuves instantannées, c'est-à-dire, que collodion, bain d'argent, éclairage, puissance des objectifs, etc., possèdent leurs qualités essentielles.

5° La connaissance exacte de la durée du développement et du moment où il faut en arrêter l'effet.

Relativement aux difficultés que l'on peut vaincre assez facilement, elles sont tellement nombreuses, que nous préférons les classer sous le nom « *d'insuccès* » dans les pages suivantes.

INSUCCÈS DU PROCÉDÉ AU COLLODION[1].

Nous diviserons ce chapitre en trois paragraphes :
§ 1. Insuccès communs au procédé positif et au procédé négatif.
§ 2. Insuccès du procédé positif.
§ 3. Insuccès du procédé négatif.

§ 1. INSUCCÈS COMMUNS AU PROCÉDÉ POSITIF ET AU PROCÉDÉ NÉGATIF.

Les principaux sont : les épreuves voilées, les taches et les marques de diverse nature.

Épreuves voilées.

Les causes qui produisent les épreuves voilées sont de trois espèces :
1° Action irrégulière de la lumière.
2° Impureté des produits employés.
3° Manque de relation entre les dosages des diverses préparations.

1° Action irrégulière de la lumière.

A. *Pose exagérée.* Quand la pose est exagérée *outre mesure*, l'épreuve est rouge et complètement voilée. Quand cette pose n'est que légèrement dépassée, ce défaut est peu prononcé.

B. *Trop de lumière dans le cabinet noir*, ce qui peut provenir de verres jaunes trop clairs ou de la lumière artificielle que beaucoup de photographes emploient dans leur cabinet noir et qu'il faut toujours avoir soin d'enfermer dans une lanterne à carreaux jaunes.

C. *Lumière qui entre dans la chambre noire ou dans le châssis.*

D. *Lumière solaire qui tombe sur l'objectif.*

E. *Parois intérieures de la chambre noire insuffisamment noircies.* Ces parois réfléchissent alors de la lumière sur la glace sensible.

F. *Lumière diffuse du ciel tombant sur la lentille.* Ceci est souvent le cas en prenant des vues. On l'évite en couvrant l'objectif d'un tube de carton noirci à l'intérieur et d'une longueur suffisante.

(1) Nous avons conçu le projet de ce chapitre en lisant les publications de M. Hardwich. Nous avions, dans nos éditions de 1856 et 1859, adopté un ordre très-compliqué, que nous avons beaucoup simplifié dans le présent ouvrage, en suivant complètement la classification de M. Hardwich qui est beaucoup plus rationnelle que la nôtre.

2° Impureté des produits employés.

A. *Emploi d'un nitrate d'argent trop alcalin* (voyez page 197, ligne 23).

B. *Usage d'un collodion alcalin*, comme c'est souvent le cas avec un collodion à l'iodure de potassium. Un collodion alcalin bleuit le papier rouge de tournesol.

C. *Emploi d'un nitrate d'argent trop longtemps maintenu en fusion* (voyez page 198, ligne 20).

D. *Bain d'argent contenant des matières organiques* (voyez p. 196, note 1).

E. *Introduction accidentelle de quelques gouttes d'hyposulfite de soude, de sulfate de fer, d'acide pyrogallique, etc., dans le bain d'argent.* Dans ce cas, il faut préparer un nouveau bain.

F. *Vapeurs d'ammoniaque, de sulfhydrate d'ammoniaque, de cyanure de potassium, dans le cabinet noir.*

G. *Nettoyage des glaces avec l'ammoniaque;* cet alcali, insuffisamment enlevé, s'introduit alors dans le bain et le rend alcalin.

3° Manque de relation entre les dosages.

A. *Le collodion est trop ioduré.* Trois cas se présentent : 1° ou le collodion est beaucoup trop ioduré, et une partie de l'iodure, que la couche n'est pas assez puissante pour retenir entre ses fibres, se détache dans le bain d'argent ; 2° ou le collodion n'est pas ioduré aussi fortement, mais l'image est tout à fait à la surface ; 3° ou enfin, la proportion d'iodure est seulement un peu trop forte et l'image est en partie dans la couche, en partie à la surface. L'eau enlève alors cette image en laissant celle au-dessous terne et voilée.

B. *Le développateur contient trop d'acide acétique*, ce qui est surtout le cas avec le développement à l'acide pyrogallique.

Taches.

Les taches sont opaques ou transparentes (à la lumière transmise), noires ou blanches, (à la lumière réfléchie).

Taches opaques.

Ces taches sont produites par

A. *Du collodion non déposé* (voyez page 191, ligne 3).

B. *Défaut de nettoyage du goulot du flacon contenant le collodion* (voyez page 207, ligne 24).

D. *La poussière du châssis ou de la chambre noire.*

E. *De l'argent réduit qui nage dans le réducteur*, aussi faut-il imprimer un mouvement continuel à la glace pendant cette opération, afin que ces particules métalliques ne se fixent point sur la couche.

Taches transparentes.

Elles sont produites par

A. *Un bain d'argent trouble*, (voyez page 196, note 3).

B. *La concentration du nitrate d'argent*, (voyez page 211, ligne 17).

C. *Des traces d'iodure ou de bromure non entièrement dissous dans le collodion*; ce défaut est rare, surtout quand le collodion est bien déposé.

D. *Des particules organiques en suspension dans le développateur*; on y remédie en employant des solutions filtrées.

Marques de diverse nature.

A. *Filet transparent sur l'image sèche, réseau, filet à jour*, (voyez page 190, ligne 38, *effets de l'eau*).

B. *Lignes sur la couche* (voyez page 210, ligne 22).

C. *Lignes dans le sens suivant lequel la glace a été nettoyée avec le blaireau*. Elles proviennent d'un blaireau humide, ce dont on peut s'assurer en hâlant sur la glace avant l'extension du collodion : ces lignes deviennent alors visibles et se conservent dans l'image achevée.

D. *Lignes huileuses*; proviennent de deux causes : (voyez page 209, ligne 32, et page 216, ligne 19).

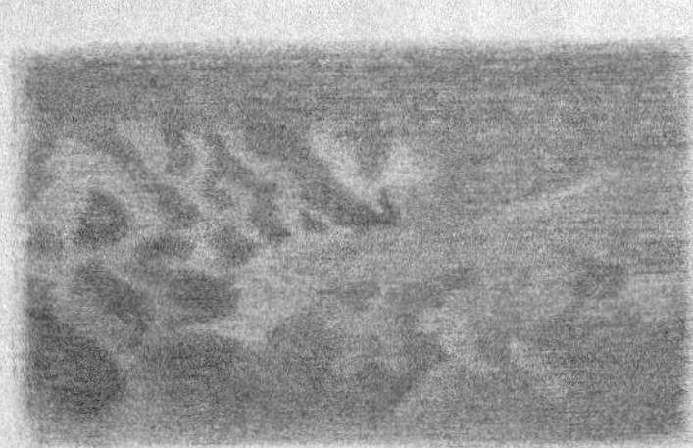

Fig. 212.

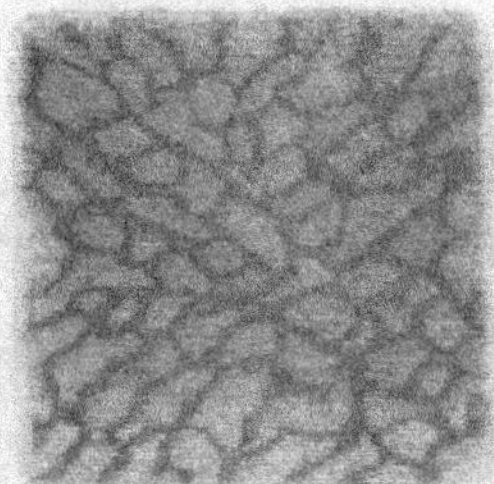

Fig. 213.

E. *Traces grasses sur la glace*. Elles causent des traînées d'argent réduit (fig. 212).

F. *Collodion trop épais* sur lequel une image n'a pas eu le temps de pose nécessaire pour venir sans renforcement. Il se produit ainsi des rides vermicellées (1) (fig. 213).

G. *Lignes moirées d'argent réduit* (voyez page 168, ligne 39, et fig. 188).

(1) Les fig. 188, 210, 212, 213, sont dessinées d'après M. de la Blanchère.

H. *Taches qui envahissent toute l'épreuve pendant le développement,* résultent de l'application inégale du réducteur, (voyez page 216, ligne 11).

I. *Épreuves moutonnées.* Le collodion a été préparé trop récemment (voyez page 192, ligne 35).

J. *L'épreuve bleue au sortir de l'hyposulfite de soude devient rouge au bout de quelques jours et se couvre de taches étoilées* (voyez page 217, ligne 24 et fig. 210).

§ 2. INSUCCÈS PROPRES AU PROCÉDÉ POSITIF.

A. *L'image manque de contraste entre les lumières et les ombres.* Cela provient d'une pose trop longue, d'un collodion bromuré, ou d'un bain d'argent trop neutre.

B. *Les ombres sont ternes.* Ajoutez de l'acide acétique au bain d'argent.

C. *Les blancs sont gris.* Le développement est poussé trop loin; ou le fixage s'est fait à l'hyposulfite; ou le réducteur ne contient pas assez d'acide sulfurique.

D. *Un voile couvre l'image.* La couche étant sèche, ce voile est plus prononcé, et peut être enlevé avec un tampon de coton. On l'enlève mieux en couvrant d'abord la glace d'une solution alcoolique d'iode faible, puis de cyanure de potassium. Le voile, formé d'argent réduit, se transforme par l'iode en iodure d'argent qui se dissout alors dans le cyanure. Ce traitement est énergique et doit être appliqué avec précaution.

§ 3. INSUCCÈS PROPRES AU PROCÉDÉ NÉGATIF.

A. *Manque d'intensité.* Le coton poudre employé est de mauvaise qualité. — Le collodion est trop mince. — Il y a un excès de bromure dans le collodion. — Le collodion est alcalin. — Le collodion est vieux. — Le bain d'argent est acide. Il contient des matières organiques. — Un temps trop long s'est écoulé entre le développement et la sensibilisation.

B. *Excès d'intensité dans les grandes lumières et manque de netteté dans les ombres.* Pose à la chambre noire trop courte et développement forcé.

ADDITION

AUX PROCÉDÉS PHOTOGRAPHIQUES NÉGATIFS[1].

I. *Photographie sur amidon et gélatine.*

L'amidon a été employé par *M. Niépce de St. Victor* avant la découverte de son procédé sur albumine. M. Niépce étendait un empois d'amidon ioduré sur la glace et le laissait sécher, pour le sensibiliser dans un bain d'azotate d'argent, l'exposer à la chambre noire, le développer à l'acide gallique et fixer l'image formée à l'hyposulfite de soude.

La gélatine a été employée de la même manière par *M. Poitevin*, mais elle est encore plus lente à s'impressionner à la chambre noire que le procédé sur albumine.

II. *Photographie sur cellulose*[2].

Immédiatement à côté du procédé au collodion, se place le procédé à la cellulose dont la rapidité est moindre et la finesse plus grande. L'on fait une dissolution d'oxide de cuivre dans l'ammoniaque, soit en dissolvant directement cet acide dans l'ammoniaque, soit en versant plusieurs fois cet alcali sur des tournures de cuivre placées dans un entonnoir.

La dissolution est d'un bleu foncé. L'on y dissout 10 grammes de coton par litre, et la même quantité d'iodure de potassium. La consistance épaisse de la solution permet de la verser sur les glaces comme le collodion ordinaire. La couche obtenue est transparente, mais se colore en rouge en séchant. C'est à ce moment qu'on la plonge dans un bain d'acéto-nitrate d'argent qui enlève l'oxide de cuivre et transforme l'iodure alcalin en iodure d'argent blanc.

A partir de ce moment le procédé est le même que le collodion.

III. *Photographie sur silice.*

M. Eug. Garneri (septembre 1861) s'est servi d'une solution de silice iodurée préparée en versant de l'acide hydrofluosilicique dans le silicate de potasse, jusqu'à neutralisation complète de la potasse. Le liquide clair, consistant en silice soluble, ou plutôt, gélatineuse,

(1) Ces procédés sont analogues à ceux que nous avons décrits sous les noms d'albumine, papier négatif, collodion.

(2) D. Van Monckhoven, *Comptes rendus de l'Académie des Sciences*, 28 mars 1859.

est ioduré à l'iodure de potassium et versé sur les glaces comme on le ferait de collodion. Quand la couche a pris la consistance d'une gelée ferme, on la sensibilise, l'expose, la révèle et la fixe comme à l'ordinaire.

On peut simplifier cette méthode (d'après M. Garneri) en préparant directement la solution siliceuse par l'addition de l'acide iodhydrique à un silicate alcalin.

IV. *Photographie sur vernis iodurés.*

Divers vernis iodurés ont été expérimentés par nous pendant l'été de 1862. Le vernis blanc à la gomme laque et à l'alcool, ioduré par l'iodure d'ammonium donne des images assez rapides, mais peu fines.

Le même vernis étendu à chaud exige beaucoup de temps de pose à la chambre noire, mais donne en revanche des images très fines qui pourraient être employées pour le tirage des positifs sur verre par transparence, à cause de la solidité de la couche.

APPENDICE.

I. *Photographie microscopique.*

L'on peut obtenir des épreuves photographiques extrêmement petites, en se servant du procédé à l'albumine dont la finesse est connue, en même temps que d'objectifs à très-court foyer. Généralement c'est d'après un négatif que l'on travaille en le reproduisant alors en positif et sur des glaces albuminées de quelques millimètres carrés

Il nous suffi donc d'avoir indiqué le principe sur lequel repose l'obtention de ces petites épreuves, en ajoutant, pour les personnes qui voudraient s'occuper de cet objet, que l'on trouve des appareils construits expressément pour cet usage.

II. *Positifs sur verre opale.*

Nous avons signalé, page 139, l'existence de verre opale ayant l'apparence de la porcelaine. L'on peut sur pareil verre produire de fort jolies épreuves de la manière suivante.

Nettoyez bien le verre, versez-y le collodion et sensibilisez comme à l'ordinaire, seulement, employez de préférence les formules que nous avons données pour le collodion positif.

Exposez à la chambre noire en tirant l'épreuve d'après un négatif que vous placerez contre une fenêtre, développez et fixez comme à l'ordinaire.

La couleur de l'image est, comme toujours, d'un gris sale. Recouvrez-la alors d'une solution de chlorure d'or ou de sulfhydrate d'ammoniaque, pour finir par un lavage à l'eau. Avec la première de ces substances, l'image est violette; avec la seconde, d'un noir brunâtre qui imite les peintures sur porcelaine.

Pour finir, appliquez un vernis blanc, de préférence celui à la gomme-laque, que vous étendrez à chaud comme nous l'avons prescrit page 220.

III. *Transport sur papier de la couche de collodion.*

Dans le but d'éviter en voyage le transport d'un grand nombre de glaces, l'on a proposé de transporter la couche de collodion sur papier[1], gélatine, gutta-percha[2], etc. C'est compliquer, suivant nous, bien inutilement les procédés ordinaires, cependant le premier de ces procédés peut parfois être utile. On opèrera alors exactement comme nous l'avons indiqué page 204, ligne 21.

Le papier doit être ciré après cette opération, afin de le rendre suffisamment transparent pour le tirage des positifs sur papier.

Si la gélatine et surtout la gutta-percha étaient moins fragiles, leur emploi serait préférable à celui du papier, mais malheureusement la moindre humidité fait gonfler inégalement la gélatine, et un rayon de soleil fait coller la gutta-percha transparente aux papiers positifs.

IV. *Photographie de nuit.*

Il arrive souvent que l'on ait à reproduire un objet animé ou inanimé là où il manque de la lumière, par exemple dans l'intérieur des grottes, des cryptes d'église, etc., qu'il faut alors éclairer artificiellement.

La lumière électrique est fort avantageuse, mais, malgré son immense pouvoir éclairant, elle n'émet pas autant de lumière chimique qu'on serait disposé à le croire.

(1) N'est-il pas plus rationnel d'opérer directement sur papier, alors surtout que l'on possède d'excellentes et rapides méthodes?

(2) On a fait beaucoup de bruit du transport de la couche de collodion sur une feuille mince de gutta-percha obtenue par l'évaporation d'une dissolution de cette substance dans le sulfure de carbone. Un photographe anglais avait, en adressant des spécimens à la Société photographique, fermé *à la cire* la lettre qui les contenait. Les épreuves étaient perdues! Confiez alors tout votre travail, tous vos soins, à des supports dix fois plus fragiles que les glaces elles-mêmes.

La lampe électrique du prof. *Way* est préférable, quoique sa lumière soit beaucoup moins vive que celle de la lampe ordinaire à charbons.

Voici le principe sur lequel sa construction est basée. Un petit entonnoir en fer percé d'un trou très-étroit et mobile par une crémaillère, est mis en communication avec un réservoir à mercure et le pôle positif d'une pile de Bunsen de 50 éléments. Au-dessous, se trouve un deuxième réservoir en fer qui sert à recueillir le mercure et qui se trouve en communication avec le pôle négatif de la pile. Un mouvement d'horlogerie ramène d'ailleurs le mercure écoulé dans le réservoir primitif.

Le mercure coule en formant un petit filet de gouttellettes qui se suivent rapidement. Il y a donc une suite de solutions de continuité qui donne lieu à la lumière.

Comme le mercure se volatilise, et que ses vapeurs sont dangereuses, la lampe est entourée d'un globe en verre.

Cette lumière offre la particularité curieuse, que tout en étant beaucoup moins vive que celle de la lampe ordinaire à charbons, son intensité photogénique est beaucoup plus considérable [1].

Une pareille lampe peut donc être employée pour reproduire, la nuit ou dans des endroits sombres, des sujets qu'autrement on serait obligé d'abandonner.

M. Moule, dont les expériences de photographie de nuit ont excité en Angleterre un grand étonnement, se sert, pour l'éclairage de l'objet à reproduire, d'un mélange pyrotechnique dont voici la formule :

Salpêtre	86	parties.
Soufre en fleurs	21	»
Antimoine sulfuré natif	6	»

Pour préparer ce mélange, on réduit *séparément* les substances en poudre en les passant ensuite à travers un tamis de soie très-fin. On les mélange à la main, puis on les passe de nouveau deux ou trois fois à travers le tamis, afin d'opérer un mélange bien intime.

Ce mélange est placé dans des boîtes en papier dans lesquelles il est comprimé légèrement.

L'objet est mis au point en l'éclairant avec une lampe ordinaire, puis ouvrant l'appareil muni de sa glace sensible, on allume à la fois deux ou trois boîtes du mélange. Elles doivent brûler une demi-minute. (On règle d'ailleurs leur contenance pour ce temps de pose.)

L'image est alors développée comme à l'ordinaire.

(1) En suspendant autour du globe lumineux de la lampe Way des châssis à reproduction ordinaires, on peut tirer des positifs sur papier en 10 ou 15 minutes. Elle peut donc être d'une grande utilité en hiver, surtout dans les climats sombres.

On parle beaucoup de photographies prises au clair de la lune par M. Breese, mais jusqu'ici on n'a pas d'idée bien exacte des procédés employés par cet amateur.

V. *Photographie instantanée.*

Trois conditions sont essentielles pour la photographie instantanée : 1° posséder des appareils propres à cet usage; 2° donner au collodion et au bain d'argent leur maximum de sensibilité; 3° opérer dans les conditions lumineuses les plus favorables.

Appareils. La partie la plus importante de l'appareil est l'objectif et son obturateur. L'objectif simple sera évidemment délaissé pour l'objectif double, et, s'il s'agit de vues d'un grand angle, pour l'objectif triple ou orthoscopique. L'objectif double veut les objets à reproduire sur des plans peu éloignés entre eux, sinon l'image manque de netteté. L'objectif triple répond mieux à ce but et donne une très-grande lumière.

L'obturateur le plus convenable est représenté fig. 118 et 131. Le premier modèle est surtout précieux pour rendre les nuages en même temps que les premiers plans; pour cela, il suffit de ne l'ouvrir qu'incomplètement en le faisant osciller rapidement. Mais il faut une grande habitude pour acquérir ce tour de main.

L'obturateur de la fig. 131 est à préférer pour une véritable instantanéité, puisque le temps de pose est réduit à un tiers, et même, si le ressort est puissant, à un septième de seconde.

Procédés. Nous n'avons que peu de chose à ajouter à ce que nous avons déjà dit à cet égard. Ayez un bon collodion, que votre bain d'argent marche bien, et le reste est facile. Mais les circonstances dans lesquelles cet accord se manifeste, sont si *fugitives* qu'il nous est impossible de les préciser.

Éclairage. Il va de soi que plus l'éclairage de l'objet à reproduire est intense et plus l'image vient vite. Opérez donc de préférence le matin, entre 10 heures et midi, et si c'est possible, prenez les objets en plein soleil. Vous réunirez ainsi les circonstances les plus favorables pour travailler instantanément.

VI. *Du stéréoscope et des vues stéréoscopiques.*

A. *Le stéréoscope.* L'étude de la vision binoculaire appartient si complétement à la physique et à l'anatomie, que nous ne ferons ici qu'expliquer brièvement le principe sur lequel repose la construction du stéréoscope, afin de mieux faire comprendre les règles qui doivent présider à la prise des vues accouplées dont il est toujours accompagné.

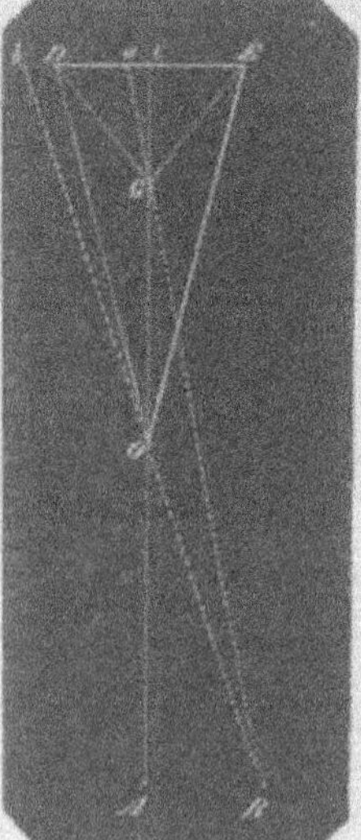
Fig. 214.

Imaginons une pyramide quadrangulaire (fig. 215) placée dans l'axe de l'œil gauche A (fig. 214). Que cette pyramide ait 10 ou 30 centimètres de hauteur, DGE ou DOE, l'image perçue sera toujours un carré coupé par deux diagonales, comme la fig. 215.

Mais fermons l'œil gauche, pour ouvrir l'œil droit B, tout en ne bougeant pas la tête. Dans ce cas, si la pyramide est basse, DGE, son sommet G sera projeté en *a*, un peu à droite du centre *i*; si la pyramide est très-élevée, son centre sera *o* projeté en *b*, hors de la base.

Les figures 216, 217 et 218 montrent donc l'effet produit sur l'œil droit par des pyramides de hauteur différente.

Vient-on à ouvrir les deux yeux, dans ce cas les images se confondent et la *sensation du relief est produite*.

Quand donc, par des moyens optiques quelconques, nous réunissons deux épreuves de la même vue, prises de deux points différents, nous produirons sur notre vue la sensation du relief. L'instrument qui réalise cet effet a reçu le nom de *stéréoscope*.

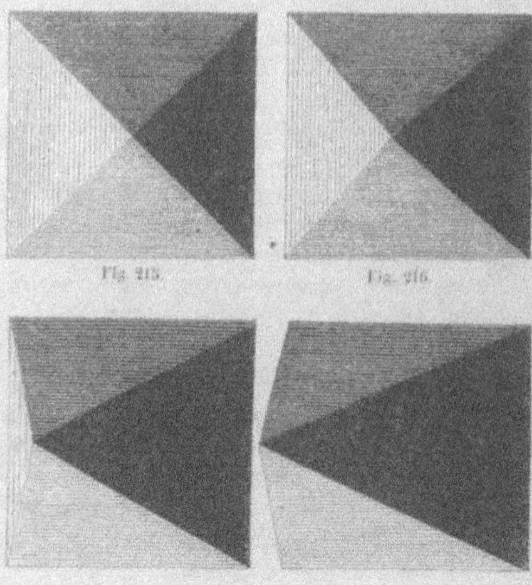
Fig. 215. Fig. 216. Fig. 217. Fig. 218.

Le premier stéréoscope a été construit par M. Wheatstone, illustre physicien anglais, à qui la science est redevable de l'ingénieuse théorie dont nous venons de donner une idée. Il se composait de deux miroirs A, B, devant lesquels on se plaçait pour examiner les épreuves ou les dessins D C situés latéralement.

Les figures 216, 217 et 218 alternativement combinées dans cet instrument avec la figure 215, produiront dès lors l'effet de pyramides

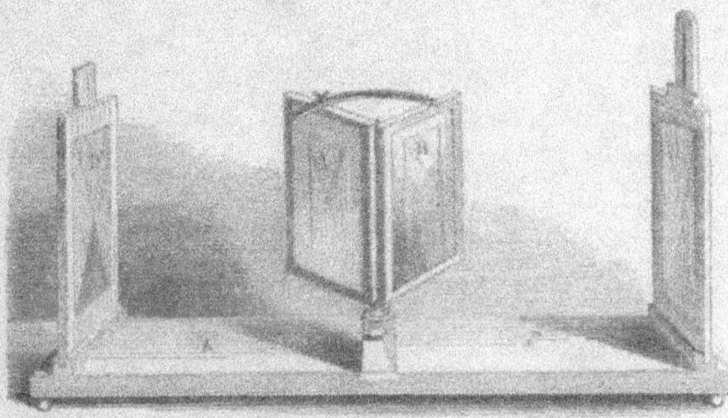

Fig. 219. — Stéréoscope à miroirs.

de plus en plus élevées, ce qu'on comprendra, si l'on a saisi le principe d'après lequel nous les avons dessinées.

M. Brewster, en substituant le stéréoscope réfracteur, formé de prismes à courbures sphériques, au stéréoscope réflecteur (à miroirs) de M. Weatstone, a rendu cet instrument populaire.

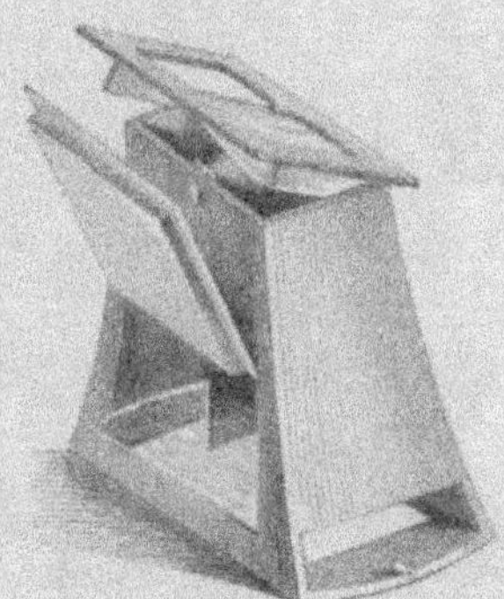

Fig. 220. — Stéréoscope à prismes.

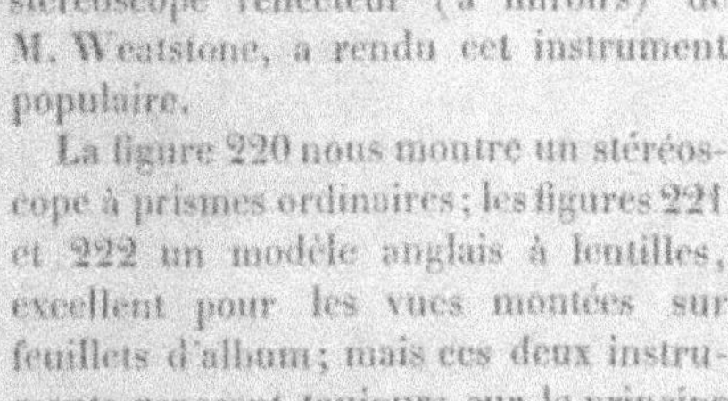

La figure 220 nous montre un stéréoscope à prismes ordinaires; les figures 221 et 222 un modèle anglais à lentilles, excellent pour les vues montées sur feuillets d'album; mais ces deux instruments reposent toujours sur le principe posé par M. Wheatstone, d'amener les deux images que l'on y place à ne donner la sensation que d'une seule.

B. *Les vues stéréoscopiques*. Les règles que l'on doit suivre pour faire les épreuves stéréoscopiques peuvent maintenant se résumer et se comprendre facilement. Commençons par le cas le plus simple, celui où les objets sont très-rapprochés, tels que les portraits, les groupes, etc.

Dans ce cas, l'on se servira de la chambre noire binoculaire dont nous avons donné la description page 120 et suivantes, et le dessin fig. 109 et 119.

Ces appareils s'emploient comme la chambre noire ordinaire,

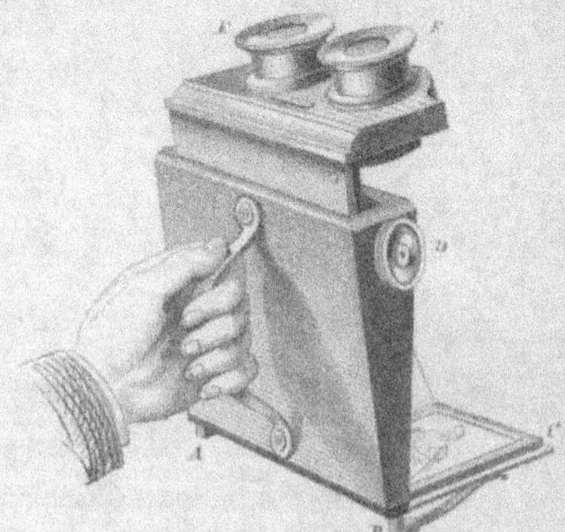

Fig. 221. — Stéréoscope à lentilles prismatiques.

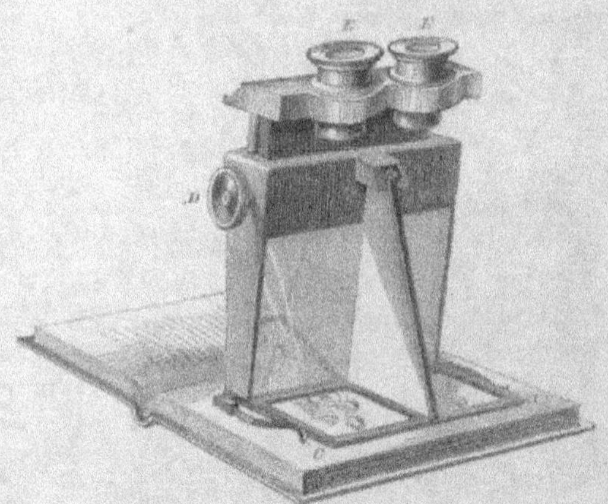

Fig. 222. — Stéréoscope à lentilles prismatiques.

ABC corps du stéréoscope — EE lentilles prismatiques. — D crémaillère pour la mise au point.

puisque les deux épreuves se produisent en même temps; mais, lorsqu'on les tirera en positives sur papier, l'on n'oubliera pas de les *transposer*, c'est-à-dire, de coller à droite celle qui avait été obtenue à gauche et réciproquement, sinon les images ne correspondraient pas à celles perçues par la vue.

Mais si l'objet à reproduire est éloigné, les épreuves n'offriraient pas suffisamment de relief. Théoriquement, l'éloignement des deux objectifs devrait être égal à celui des yeux, mais le relief serait bien faible, et l'illusion presque nulle. Aussi prend-on alors des dispositions spéciales.

A. On peut se servir de deux appareils égaux dirigés vers le même point de la vue (fig. 225). Dans ce cas, il est nécessaire de placer bien horizontale la base en bois qui les supporte.

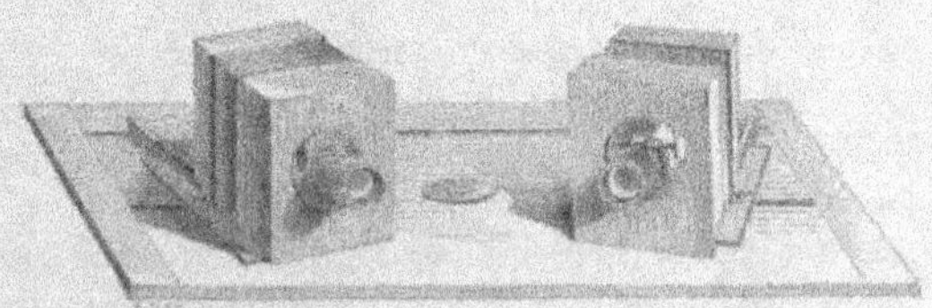

Fig. 225. — Position des chambres noires pour les vues éloignées.

Ce moyen est peu employé, à cause de la difficulté d'obtenir deux épreuves de la même intensité, aussi préfère-t-on opérer sur une seule glace.

B. On peut encore se servir de l'appareil (fig. 109 ou 119) en opérant de la manière suivante : sur la planche horizontale de la fig. 225, placez l'appareil binoculaire en faisant mouvoir la règle latérale pour amener la vue telle qu'on la veut sur le verre dépoli. A l'aide d'une croix au crayon tracée sur ce verre dépoli on connaît le centre de la vue. Portant alors l'appareil de l'autre côté de la planche horizontale, on fait mouvoir la règle jusqu'à ce que le même point de la vue coïncide avec la croix au crayon. Alors on est certain de l'égalité des deux images et l'on peut tirer les deux épreuves successivement.

De nouveau l'épreuve positive devra être transposée, mais cela est d'autant plus nécessaire que, quelque soin que l'on ait apporté à obtenir deux images égales, elles ne le sont jamais tout à fait, et que d'ailleurs, les objectifs de l'appareil sont plus éloignés entr'eux que les deux yeux.

Aussi ne doit-on s'occuper de ces détails que chez soi, après l'achèvement du négatif. On trace sur l'image, avec une pointe d'acier, deux carrés qui aboutissent aux mêmes points, et, ces lignes se produisant en noir sur le positif, celui-ci se découpe facilement et peut être redressé en collant les épreuves sur la carte bristol.

C. Enfin, l'appareil le plus usité pour les *vues* stéréoscopiques est représenté fig. 123.

On suit une marche analogue à celle que nous venons de décrire en B. La chambre noire est d'abord placée comme dans la fig. 223, dans l'une de ses positions, et dirigée sur le sujet à reproduire, puis dans sa seconde position et dirigée vers le même point. Ces deux vues paraissent, sur le verre dépoli, parfaitement égales, mais elles ne le sont pas en réalité.

Enlevant alors le verre dépoli, la chambre noire est placée à la droite de l'opérateur, celui-ci regardant la vue qui est devant lui. Remplaçant le verre dépoli par le châssis que l'on introduit *par la droite* de la pièce de bois (fig. 122), il est clair que c'est la partie de la glace, à gauche dans le châssis, qui va se trouver à découvert. La planchette est tirée et le temps de pose expiré, on referme cette porte. La figure 123 montre donc la position de la chambre noire, *dans la première station*, c'est-à-dire, celle de droite. Dans la seconde position, celle de gauche, on fera glisser le châssis à épreuves entre les deux rebords, jusqu'à ce que l'arrêt en cuivre rencontre le ressort. Alors on tirera la 2e épreuve.

De cette façon les épreuves positives ne doivent pas être renversées et l'image négative examinée dans le stéréoscope possède le relief qu'elle ne posséderait pas si nous avions opéré comme précédemment (A et B).

Relativement à la distance des deux stations de la chambre noire, il n'y a rien d'aussi variable. Pour les vues éloignées, sans premiers plans, l'on se sert parfois de deux trépieds éloignés de plusieurs mètres, mais, s'il y a des premiers plans, cette base ne doit avoir que 80 centimètres. Enfin, pour les paysages rapprochés, une base de 30 ou 40 centimètres est déjà suffisante. Pour les portraits les appareils binoculaires sont préférables. (Voyez aussi page 248, *reproduction des monuments et des paysages*.)

VII. *Sculpture photographique.*

Le même principe qui préside à l'obtention des vues stéréoscopiques a servi à M. Willemme à la *sculpture photographique*. Imaginons une statue placée au centre d'une série d'objectifs placés en cercle, nous aurons une série de contours différents qui, agrandis à l'aide de pantographes, pourront être reportés mécaniquement sur un bloc de marbre. Il ne restera plus alors qu'à achever à la main le bloc ainsi sculpté.

VIII. *Reproduction des gravures, plans, tableaux, etc.*

La reproduction des gravures, des plans, des photographies, des anciens portraits au daguerréotype, etc. rentrent tous dans la même catégorie.

Cependant, avant d'aborder cette description, rappelons brièvement un ancien procédé de M. Niépce, qui permet de reproduire des gravures ou des objets imprimés quelconques sans chambre noire.

Reproduction des gravures par l'iode. La gravure étant placée sur une cuvette dont le fond est recouvert d'une couche très-mince d'iode, s'imbibe de ce métalloïde de préférence dans les noirs. Quand alors on la presse sur du papier amidonné dans un châssis à reproduction, l'iode se volatilise lentement, et reproduit en bleu foncé toute la gravure sur le papier amidonné. Pour obtenir une image bien nette, il est nécessaire de n'exposer la gravure aux vapeurs de l'iode qu'un temps très-court, sinon les blancs eux-mêmes s'en imbibent et l'image reportée sur papier amidonné manque de pureté.

L'image bleue (formée d'iodure d'amidon) peut être transformée en argent métallique noir, en trempant le papier en pleine lumière dans une dissolution étendue de nitrate d'argent, puis d'acide gallique. Un lavage final la fixe complétement.

La méthode de M. Niépce ne peut pas toujours être appliquée et alors on a recours à la reproduction par la chambre noire.

A. *Reproduction des gravures et objets analogues par la chambre noire.* Les objets à photographier ne seront pas couverts de verre, afin d'éviter la réflexion de la lumière dans l'appareil. Cependant, si on ne peut pas faire autrement, l'éclairage sera ménagé de telle façon que cette réflexion ne se voie pas sur le verre dépoli.

Si les objets doivent être reproduits en grandeur naturelle ou agrandis, on les exposera au soleil, sinon le temps de pose serait trop considérable. On peut même rendre l'éclairage plus intense à l'aide de deux ou trois miroirs qui réfléchissent la lumière sur la gravure.

Les objets à reproduire seront placés dans un châssis *vertical, et perpendiculaire à l'axe de l'objectif.* Cette condition est de rigueur, sinon les objets seraient déformés par l'objectif. Pour atteindre ce but, rien n'est aussi facile. Il suffit de placer un petit carré de papier de 1 centimètre de côté sur le milieu de la gravure, et de tracer sur le verre dépoli deux lignes au crayon qui aboutissent aux angles. Le point d'intersection de ces lignes est dans l'axe de l'objectif, et en mettant au point, l'on s'assure qu'il coïncide avec le carré de papier placé sur la gravure.

De plus, on mesure avec un compas la distance de ce point aux bords de la gravure, ces distances doivent être égales dans le sens horizontal et égales dans le sens vertical. Ces conditions sont de rigueur dans la reproduction des cartes et des plans, mais ne doivent être qu'approximatives pour les autres reproductions. L'appareil sera muni, soit d'un objectif *triple*, soit d'un objectif *orthoscopique*, l'objectif simple exigeant un diaphragme trop petit et déformant les lignes droites qui bordent la gravure.

La chambre noire la plus convenable est celle représentée fig. 108 munie d'un double soufflet. L'on peut alors facilement lui donner la longueur nécessaire.

En reproduisant des gravures, l'on ne doit pas prendre une pose trop longue, au contraire, sans cela l'image manquerait de netteté dans les traits délicats. Les épreuves photographiques exigent une pose *courte* si elles sont d'un ton trop égal, et *longue* si elles offrent trop d'opposition.

Plus le papier d'une gravure ou d'une épreuve photographique est jaunâtre, plus il faut de pose. Une chose curieuse, et qui s'explique facilement, c'est que les anciennes épreuves photographiques jaunies viennent presqu'aussi bien que les récentes. Le jaune, en effet, de ces images altérées est aussi peu photogénique que le noir.

Le même cas a lieu pour les anciens manuscrits dont l'encre a jauni. — Un fait inverse se présente dans le cas d'écriture à l'encre bleue. Celle-ci est invisible ou presqu'invisible sur le cliché, attendu que le bleu vient comme le blanc.

Relativement aux *procédés*, l'on emploiera de préférence le collodion humide ou sec. Dans le cas de reproduction de gravures, le collodion à l'*iodure seul* donnant des images *heurtées*, sera à préférer au collodion *iodo-bromuré*; mais dans les autres cas c'est ce dernier que l'on choisira.

B. La *reproduction des tableaux* offre les plus sérieuses difficultés, et nous pouvons le dire sans détour, des difficultés insurmontables.

Voici pourquoi. Non seulement les *couleurs*, mais encore la *nature des matières employées* dans la peinture ont un pouvoir photogénique différent. Pour donner un exemple de ce dernier cas, nous citerons une expérience curieuse de M. Glaisher. On trace avec un pinceau trempé dans une solution de sulfate de quinine des traits sur un papier blanc. On ne voit aucun des traits, mais une épreuve photographique les rend visibles, ce qui se comprend facilement quand on sait que les rayons émis par le sulfate de quinine diffèrent de ceux émis par le papier blanc.

Un fait analogue a lieu en reproduisant les couleurs; le vermillon, le rouge à la garance amenés par des mélanges à offrir la même couleur, différeront dans la reproduction.

Il suffit de ces quelques lignes pour faire voir toute la difficulté qui s'attache à la reproduction des tableaux, aussi ne reconnait-on, dans la photographie d'un tableau, que le dessinateur et non le peintre. Ce genre de reproduction est donc impossible dans l'état actuel de nos connaissances, et tout ce que nous pouvons conseiller ici ne sont que des moyens d'*atténuer* ces difficultés *et non de les vaincre*.

Le collodion bromuré est indispensable pour reproduire un tableau, et même l'addition d'un chlorure semble nécessaire. Voici une formule qui donne de bons résultats :

Alcool	**100**	**cent. cubes.**
Ether	**100**	» »
Coton-poudre	**2**	**grammes.**
Iodure de cadmium	**1**	»
Iodure d'ammonium	**1**	»
Bromure d'ammonium	**0,5**	»
Chlorure de cadmium	**0,25**	»

Il arrive que le chlorure de cadmium se précipite de cette solution au bout de quelques jours, alors on se servira du chlorure de *lithium* ou du chlorure d'*éthylamine*.

Quand le tableau à reproduire offre des couleurs très-variées, on doit exagérer très-fortement le temps de pose.

Souvent les tableaux se trouvent dans des salles dans lesquelles on ne peut les déplacer. L'appareil sera alors placé sur un échafaudage pour l'amener à la hauteur du point central du tableau. Le collodion sec permettra d'ailleurs une pose suffisamment longue pour compenser le manque de lumière, si tel est le cas.

Dans certaines circonstances, on pourra éclairer les tableaux à l'aide de la lampe électrique munie d'un réflecteur, et il sera même utile de faire passer cette lumière à travers un verre bleu pâle coloré aux sels de cobalt pour atténuer l'action du jaune et du rouge, si ces couleurs dominent dans le tableau.

Le jaune, le rouge, le vert, couleurs dominantes des tableaux d'histoire, se reproduisent en noir. Le bleu, le violet, l'indigo, au contraire, en blanc. Que l'on juge par là combien la copie doit changer l'original. Aussi les vrais amateurs d'art préfèrent-ils une bonne gravure à une reproduction photographique, excepté pourtant pour certains tableaux sur lesquels le temps a singulièrement nivelé toutes les couleurs vives.

IX. *Reproduction des monuments et des paysages.*

Pour donner à ce chapitre toute la clarté possible, nous le diviserons en cinq parties, à savoir :

1° Reproduction des monuments.
2° Reproduction des paysages.
3° Emploi du collodion sec.
4° Emploi du collodion humide.
5° Petits appareils pour les clichés destinés aux agrandissements.

1° *Reproduction des monuments.* Quand on prétend reproduire un monument *avec exactitude*, il y a plusieurs conditions à observer pour atteindre ce but.

On commencera par se placer tant que possible à une hauteur telle que l'axe de l'objectif puisse rester horizontal. Si, pour un motif quelconque, on est obligé d'incliner *fortement* l'appareil, jamais les lignes parallèles du monument ne seront conservées.

Si l'on ne peut pas se placer à une hauteur suffisante, on élèvera la planchette qui porte l'objectif; en donnant de plus une *légère* inclinaison à l'axe de l'objectif; on sacrifiera même une partie de l'ensemble pour atteindre la perfection du sujet principal.

Un seul exemple fera comprendre le motif de ces recommandations. Nous avons devant nous un monument d'une grande élévation et nous ne pouvons, ni nous éloigner suffisamment pour que le terrain placé sous le monument sous-tende un angle égal à la hauteur apparente, ni nous élever de manière à atteindre le même but. Voici alors ce qu'il y a à faire : s'éloigner et s'élever d'abord autant que possible, puis, prendre un objectif à court foyer et à très-petit diaphrame, en élevant la planchette qui le porte, et si tous ces moyens ne suffisent pas encore, incliner légèrement l'axe de l'objectif, mais seulement lorsqu'il y a urgence.

Voilà un cas extrême, mais heureusement il se présente rarement. Les grands principes de la reproduction des monuments consistent : 1° Dans l'emploi d'objectifs doubles ou triples (voyez page 114) qui ne déforment pas les objets comme les objectifs simples, (on doit en posséder d'ailleurs deux ou trois de longueur focale différente); 2° dans le maintien du verre dépoli dans un plan vertical.

Si l'on n'observe pas ces deux principes, il arrive que les lignes verticales et parallèles du monument à reproduire s'inclinent sur l'épreuve et donnent à cette dernière un aspect peu naturel.

Il ne faut pas non plus s'imaginer qu'un appareil *plongeant*, c'est-à-dire, dont l'axe est abaissé, soit préférable à un appareil dirigé en sens contraire, le principe est constant, l'appareil doit rester horizontal, sans cela l'on obtient des reproductions déformées.

La condition la plus favorable donc pour la reproduction des monuments, c'est de pouvoir les prendre d'un point suffisamment élevé.

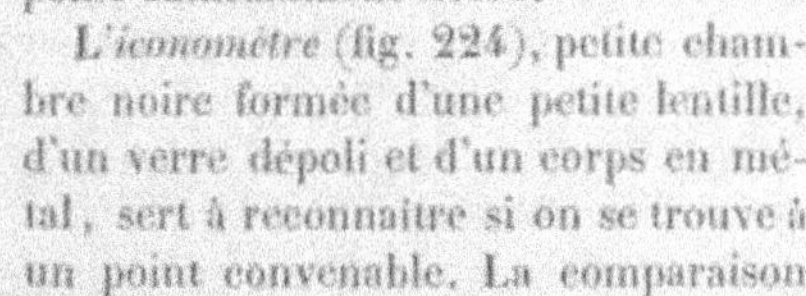

Fig. 224. — Iconomètre.

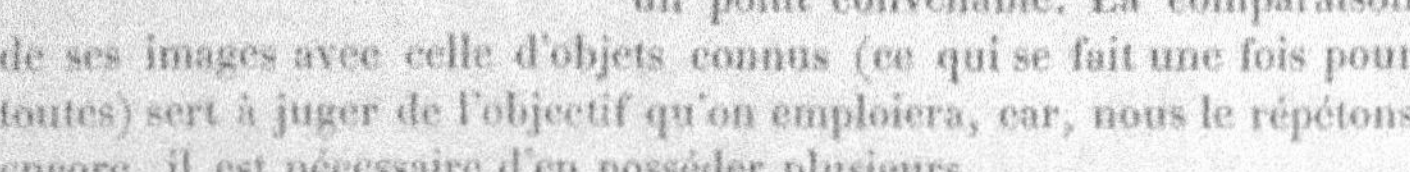

L'*iconomètre* (fig. 224), petite chambre noire formée d'une petite lentille, d'un verre dépoli et d'un corps en métal, sert à reconnaître si on se trouve à un point convenable. La comparaison de ses images avec celle d'objets connus (ce qui se fait une fois pour toutes) sert à juger de l'objectif qu'on emploiera, car, nous le répétons encore, il est nécessaire d'en posséder plusieurs.

L'*éclairage du monument* à reproduire est évidemment de la plus haute importance. Un éclairage de face est favorable pour copier les inscriptions et les petits détails d'architecture, l'éclairage latéral pour les bas-reliefs, etc. Ceci est tellement variable, que nous ne pouvons guère donner de conseils à cet égard.

2° *Reproduction des paysages*. L'objectif simple convient parfaitement pour cet objet, et, comme il n'y a plus ici de lignes droites dont on doit conserver le parallélisme, ce que nous venons de dire relativement à l'inclinaison de l'axe de l'objectif ne s'applique plus.

La principale difficulté de la reproduction des paysages consiste dans le choix de ce paysage et dans son éclairage. On le comprend, nous ne pouvons pas nous étendre sur cet objet.

Disons, en passant, que le grand secret de bien rendre un paysage consiste surtout dans une certaine exagération du temps de pose, de manière à permettre au *vert* d'agir, pendant que les couleurs plus photogéniques se *solarisent* et par suite s'affaiblissent. Mais, la connaissance parfaite de ces éléments si fugitifs constitue bien certainement une des plus grandes difficultés de la photographie.

3° *Emploi du collodion sec*. Le collodion sec s'emploie aussi bien pour la reproduction des monuments que pour celle des paysages. Le matériel exigé s'indique pour ainsi dire de lui-même. Pour la dimension des glaces stéréoscopiques, par exemple, l'emploi de la boîte à escamoter (fig. 133 et 134) est excellent, mais au-delà de cette dimension, il vaut mieux recouvrir le trépied d'une toile noire, et opérer le renouvellement des glaces du châssis sous cette tente improvisée.

Comme on n'est jamais complètement certain du temps de pose, ni de la pureté de la couche sensible, il est toujours bon de prendre trois clichés et même 3 du même objet. On commence par apprécier le temps de pose par le raisonnement et des comparaisons antérieures, et on prend successivement une pose un peu plus courte, égale, et plus longue que celle que l'on s'imagine être suffisante. On risque moins alors de revenir sans une seule bonne épreuve.

4° *Emploi du collodion humide.* Quand on est appelé à reproduire un grand nombre de monuments, il est préférable de se servir du collodion humide. Si on a l'embarras de traîner à sa suite un matériel considérable, d'un autre côté, on est certain de rapporter des négatifs achevés. Cependant les circonstances dicteront au lecteur s'il doit, ou non, recourir au collodion humide.

Trois méthodes se présentent pour opérer sur collodion humide, en pleine campagne :

1° à l'aide de la tente de Leake ou de toute autre analogue ;

2° de la tente ordinaire ;

3° ou enfin, d'une voiture fermée.

Avant de décrire ces trois méthodes, disons que les appareils devront être choisis et emballés avec soin. Quant au cuvettes, celle représentée fig. 155 est ici la meilleure dont on puisse faire usage.

A. La tente de Leake est fort ingénieuse et ne pèse que quelques kilogrammes. Elle n'est guère applicable cependant qu'aux dimensions inférieures à la plaque entière.

La construction en est fort simple. La tente repose sur quatre pieds et est fermée, non jusqu'au sol, mais jusqu'à la hauteur des hanches. On s'y enferme donc à moitié, en serrant autour des reins le rideau noir qui la ferme. On a ainsi les bras libres et l'on opère assez commodément.

En France, M. Anthony a construit un appareil plus simple encore, et dans lequel on doit seulement introduire les bras; M. Rouch, en Angleterre, si notre mémoire est fidèle, a construit des appareils analogues.

B. L'emploi de la tente ordinaire est plus applicable aux grandes dimensions. Autant il y a d'amateurs, autant il y a de modèles de tente différents. Pour donner une idée exacte des conditions qu'une bonne tente doit réaliser, nous décrirons ici celle de M. Smartt, qui nous semble réunir la légèreté à la stabilité.

La figure 225 indique suffisamment tous les détails de sa construction. Disons seulement que formée d'une suite de triangles qui se renforcent les uns les autres, sa stabilité est considérable, et que, les supports étant articulés, elle occupe un volume fort restreint. Voici d'ailleurs la légende de la figure.

O O O Points d'attache de la table sur les six pieds formant le châssis.
C C' Evier et tuyau de départ des eaux.
B Bain fixé sur la table.
E Réservoir à eau muni de son robinet R.
K Tablette pour appuyer les glaces.

Deux côtés de la tente sont enlevés pour la clarté de la figure. Des cordes fixées à sa partie supérieure et au sol, assurent sa stabilité.

La dimension de cette tente est en hauteur de 2 mètres, en largeur de 1 mètre, et en profondeur de 50 centimètres. Son poids total est de 10 kil. y compris la toile noire.

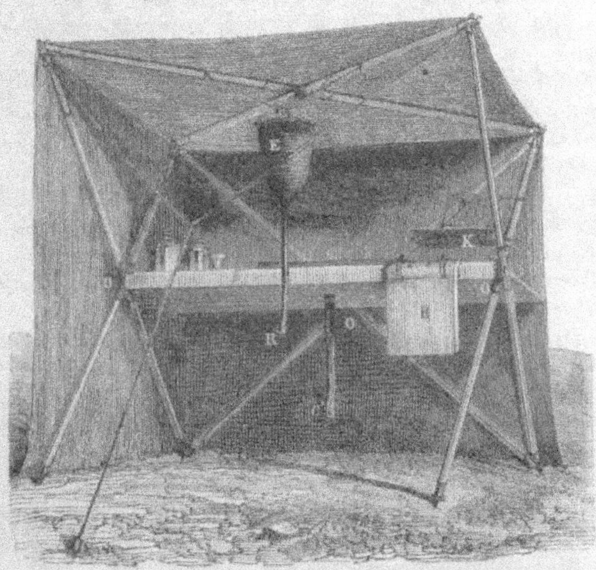

Fig. 225. — Tente de M. Smartt.

Quelque soit la tente adoptée, il sera bon de la placer à l'ombre, afin d'éviter l'échauffement intérieur de l'air par les rayons solaires directs. De plus, l'étoffe qui la couvre doit être jaune à l'extérieur, noire à l'intérieur. Le motif en est simple, le jaune s'échauffe peu sous l'influence des rayons solaires et oppose une grande résistance au passage des rayons chimiques de la lumière, les seuls qui agissent sur les préparations photographiques. D'ailleurs, la toile noire intérieure arrête les derniers rayons qui auraient pu passer à travers l'extérieure.

5° Enfin au lieu de tente, on peut se servir avec de très-grands avantages d'une voiture en bois sur ressorts, dont les parois sont formées de toile peinte en blanc à l'extérieur et recouverte de papier jaune à l'intérieur. Elle doit reposer sur deux roues, et être assez légère pour pouvoir se déplacer sans grands efforts. Elle offre sur la tente l'immense avantage de ne pas exiger un continuel emballage et déballage des appareils, et d'être immédiatement prête.

On dispose l'intérieur de cette voiture tout juste comme le cabinet obscur, de sorte que l'on a toute facilité d'y travailler à son aise.

Ajoutons enfin, que la plupart des amateurs instruits par une longue expérience préfèrent la voiture à la tente.

Il est bon, avant de partir avec la tente-voiture pour la campagne, de parcourir la liste des objets nécessaires, sans cela l'on oublie toujours un objet quelconque, et de préférence, le plus indispensable.

5° *Petits appareils pour les clichés destinés aux agrandissements.* Les procédés pour l'amplification des petites épreuves se sont tellement perfectionnés qu'il est possible d'obtenir de grandes et belles épreuves positives d'après des clichés qui n'ont guère qu'un demi décimètre carré.

M. Bertsch a construit sous le nom de *chambre automatique* un appareil qui réalise toutes les conditions nécessaires pour obtenir ces petites épreuves avec une grande netteté.

L'objectif est d'un foyer très-court, de sorte qu'une fois l'image mise au point sur des objets éloignés, l'est pour tout objet situé au-delà de dix mètres. Les glaces sont carrées, n'ont que 6 centimètres de côté. La chambre noire se place en outre dans une boîte analogue à la tente de Leake dont nous avons parlé précédemment, de sorte que l'appareil réunit à la légèreté, la commodité des manipulations.

En Angleterre, M. Skaife a construit un appareil plus petit encore, auquel il a donné le nom de *pistolgraph* et dont le principe est le même, c'est-à-dire, objectif à foyer suffisamment court pour que tout objet placé à deux ou trois mètres se trouve au foyer en même temps que les objets les plus éloignés. L'appareil possède une détente pour démasquer l'objectif et la forme d'un pistolet, ce qui lui a fait donner le nom de *pistolgraph*.

Les petits clichés obtenus à l'aide de ces appareils peuvent, à l'aide d'appareils spéciaux dont nous parlerons à propos de l'amplification des épreuves, être agrandis de manière à fournir de fort beaux positifs sur papier ou sur verre.

ÉPREUVES POSITIVES SUR PAPIER.

Ces épreuves peuvent s'obtenir :

1° Par noircissement direct, derrière un cliché, d'une substance sensible à la lumière.

2° Par la courte exposition d'un papier ioduré et sensibilisé derrière un cliché, et un développement subséquent comme dans les procédés négatifs.

3° A l'aide de procédés divers.

La première méthode est à peu près uniquement suivie.

Théoriquement, le tirage des épreuves positives est d'une très-grande simplicité : on enduit une feuille de papier d'une dissolution de sel marin, puis, quand elle est sèche, d'une dissolution de nitrate d'argent. Il se forme dans la texture du papier une substance blanche, le *chlorure d'argent*, qui jouit de la propriété de noircir rapidement au soleil; aussi prépare-t-on ce papier à l'abri de la lumière.

Il est évident qu'un tel papier placé à la lumière du jour, derrière un négatif (fig. 226), produira une image positive (fig. 227). Mais pour fixer cette image d'une manière permanente, tout le chlorure d'argent que la lumière a épargné doit être enlevé tout en ne touchant pas aux teintes constituant l'image; on y parvient aisément en trempant l'épreuve pendant un quart d'heure dans une dissolution d'hyposulfite de soude, puis la lavant avec soin afin d'éviter que des traces de ce fixateur ne restent dans la texture de papier.

Cependant, afin de donner à l'image un ton plus riche, la *vire*-t-on à l'aide d'un sel d'or, avant de la fixer.

L'épreuve terminée est le produit définitif de toutes les opérations que nous avons si longuement décrites sous le nom de procédés négatifs, mais, ainsi qu'on le verra bientôt, elle ne s'obtient elle-même bien réussie qu'au prix des plus grands soins.

Pour donner de l'ordre et de la clarté à ce chapitre, nous allons le diviser en plusieurs paragraphes dont voici les titres.

§ 1. *Saler le papier*, c'est-à-dire l'enduire de sel marin.

§ 2. *Le rendre sensible à la lumière*, en le couvrant d'une couche de nitrate d'argent.

§ 3. *L'exposer à la lumière.*

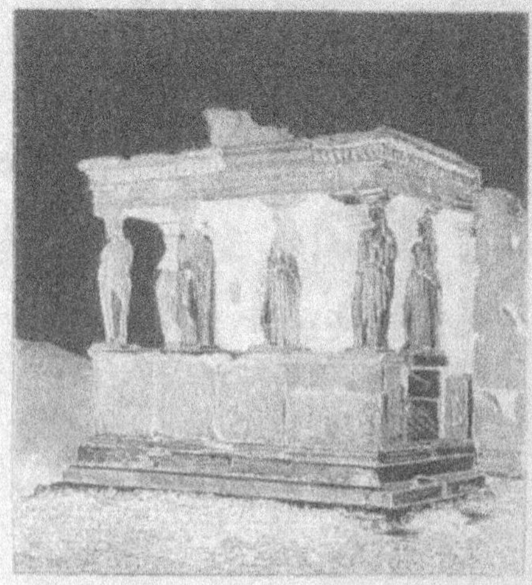

Fig. 226. — Épreuve négative vue du côté du verre.

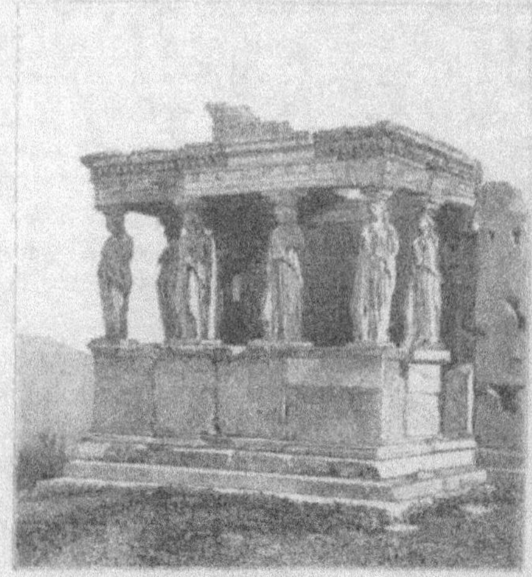

Fig. 227. — Épreuve positive du négatif précédent.

§ 4. *Fixer l'image formée par la lumière et lui donner une coloration convenable.*

§ 5. *Monter l'épreuve*, c'est-à-dire, la coller sur carte et la cylindrer pour la livrer définitivement au public.

§ 6. *Difficultés et insuccès* du tirage des positifs sur papier.

§ 1. SALAGE DU PAPIER.

Le lecteur aura deviné que tous les papiers du commerce ne conviennent pas pour faire les épreuves positives sur papier; choisir le papier serait même une chose fort difficile pour un amateur exercé et à peu près impossible pour le commençant, s'il n'existait des maisons spéciales où on le trouve fabriqué tout exprès pour la photographie.

Les papiers que l'on recherche aujourd'hui de préférence sont les papiers de Saxe et de Rives, mais nous croyons presque inutile d'ajouter que tout papier convenablement choisi (voyez page 171) est propre à cet usage.

Il n'est pas indifférent d'employer l'un ou l'autre côté de la feuille. On l'examinera donc préalablement à un jour frisant en choisissant le côté le plus uni, marquant l'envers au crayon et le coupant de grandeur si on le juge nécessaire, car ces feuilles ont ordinairement une fort grande dimension (45 cent. sur 55).

En moyenne, le papier positif doit être assez épais, les 500 feuilles (1 rame) de 45 cent. sur 55 pèseront environ 7 kilog., mais pour le papier *albuminé*, (nous verrons tout-à-l'heure ce que nous entendons par là) il vaut mieux employer un papier de 10 kil. la rame, surtout si on le veut très-luisant, tandis que pour le papier salé ordinaire 6 à 8 kil. suffisent.

La nature du papier exerce une grande influence *sur la couleur* de l'épreuve au sortir du châssis à reproduction. Les papiers uniquement constitués par la cellulose, (purs en d'autres termes), donnent des épreuves grises et sans vigueur. Les papiers *collés* sont donc à préférer, surtout si l'encollage est fait à la gélatine ou à l'albumine.

A. PAPIER SALÉ SIMPLE.

Le papier peut être salé avec divers chlorures (1), tels que les chlorures de potassium, d'ammonium, de barium et de strontium, etc.; mais, si l'on croyait jadis que tel chlorure donnait à l'épreuve une coloration déterminée, aujourd'hui on a reconnu le contraire et on se sert géné-

(1) Au lieu de sel *marin*, qui donne plus tard du chlorure d'argent, on peut employer une série d'autres sels qui fournissent par double décomposition avec le nitrate d'argent des substances sensibles à la lumière. C'est ainsi que M. Maxwell Lyte s'est servi du phosphate de soude, et que nous-même avons employé à cet effet : le *malate*, le *chloracétate*, le *cyanurate*, le *cholate*, etc., d'argent, mais sans avantages réels.

ralement du *chlorure de sodium* ou *sel marin*, que l'on a partout sous la main et parfaitement pur.

Par litre d'eau de pluie on emploie 30 grammes de sel et on fait un bain abondant que l'on filtre dans une grande cuvette en verre ou en gutta-percha, pour saler en une fois de grandes feuilles que l'on découpe ensuite en petites.

Le papier y est étendu de la manière suivante : on saisit les deux bords opposés de la feuille (fig. 228), dont on fait adhérer le milieu au

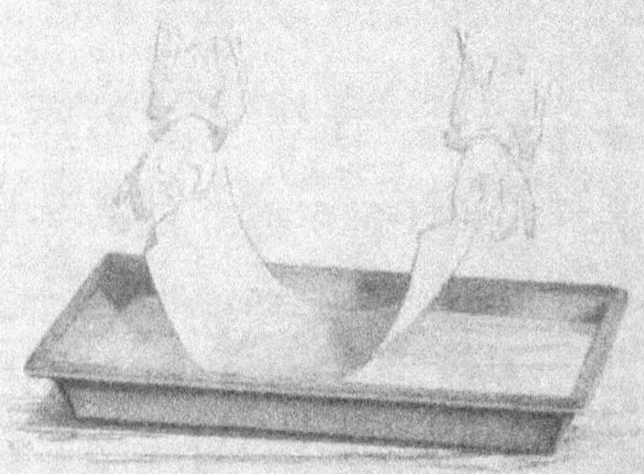

Fig. 228. Salage du papier.

liquide, tandis qu'on abaisse régulièrement ses deux bords, de manière qu'en définitive un côté de papier flotte à la surface du liquide. C'est l'envers marqué au crayon qui doit être au-dessus.

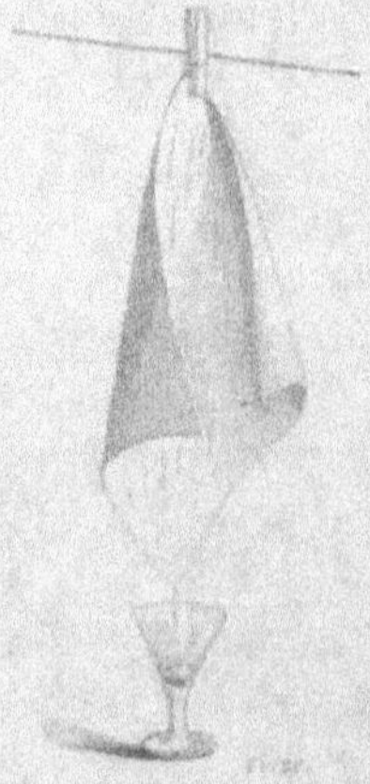

Le papier séjourne sur ce bain 5 minutes en hiver et 3 en été. On soulève alors un des angles de la feuille à l'aide d'une lame plate de verre, on saisit cet angle entre le pouce et l'index en interposant un morceau de papier buvard plié en deux qui absorbe de suite l'excès de liquide, et finalement on suspend la feuille pour sécher, à l'aide d'une pince en bois (fig. 229).

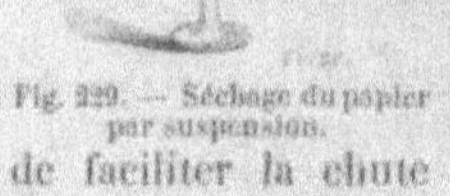

Fig. 229. — Séchage du papier par suspension.

Si l'on n'a pas une grande habitude de ce genre d'opérations, et surtout si les feuilles sont d'une grande dimension, on les suspend comme l'indique la fig. 195 à deux pinces. Dans les deux cas, à l'angle par lequel le liquide s'égoutte, on adapte une petite lame de papier buvard, afin de faciliter la chute des gouttes.

Le papier ainsi salé est conservé dans des portefeuilles ; il peut se préparer par grandes quantités à la fois, car il ne s'altère pas.

B. PAPIERS SALÉS AVEC ENCOLLAGES DIVERS.

MM. Davanne et Girard, dans leur remarquable étude sur les épreuves positives sur papier, ont établi la nécessité *d'encoller* les papiers avec certaines substances, dans le but de donner à l'image, au sortir du châssis à reproduction une couleur plus vive.

Il résulte des expériences de MM. Davanne et Girard :

1° Les papiers sans encollage, ou bien où l'encollage est insuffisant, donnent des épreuves grises et sourdes.

2° L'abondance de l'encollage est la principale cause qui fait varier les tons de l'épreuve.

3° Le ton est d'autant plus vif, la finesse paraît d'autant plus grande, que l'encollage est plus abondant, si l'on n'excède pas certaines limites indiquées par l'expérience.

4° La gélatine fait virer vers le rouge pourpre, l'amidon vers le rouge orangé, et l'albumine vers le pourpre.

La cause de ces phénomènes a été indiquée d'abord par M. Hardwich qui a prouvé que, non-seulement le chlorure noircissait sous l'influence de la lumière, mais encore le nitrate d'argent combiné avec l'encollage du papier.

L'influence de l'encollage du papier sur sa rapidité à l'impression paraît être nulle, quoique pour notre part nous inclinions à croire que le papier fortement albuminé est plus sensible que le papier simplement chloruré.

On peut encoller les papiers avec diverses matières amylacées, comme l'amidon, le sagou, le tapioca, mais les effets sont moins énergiques qu'avec les matières gélatineuses et albumineuses. On trouve d'ailleurs dans le commerce des papiers encollés au tapioca, à l'arrow-root, etc., et en même temps salés.

C. PAPIER ALBUMINÉ (1).

Le papier albuminé donne aux épreuves positives une très-grande finesse et une très-belle couleur, mais il est un peu plus difficile à préparer.

On bat les œufs en neige en y ajoutant par 10 œufs, 10 grammes de sel marin *réduit en poudre fine,* puis, quand l'albumine s'est réunie par le dépôt (voir page 50), on la décante dans une cuvette en porce-

(1) D'après les recherches de M. Spiller, il reste de l'argent dans les blancs des épreuves albuminées, même après le fixage le plus complet. Cette découverte est d'une très-haute importance, car elle fait prévoir l'altération lente de ces papiers, aucun sel d'argent ne paraissant échapper à la réduction à la lumière.

laine et on s'en sert comme du bain salé ordinaire; seulement l'albumine étant très-visqueuse, exige beaucoup de précautions (1).

On commence toujours par écrémer le bain en y passant une bande de papier pour enlever la poussière et les bulles d'air, puis on l'épuise, en salant un nombre considérable de feuilles.

Il est fort difficile d'albuminer de très-grandes feuilles de papier. Pour cela, il est nécessaire de tenir préalablement le papier dans une cave très-humide, et pendant une semaine entière, sinon il ferait des plis sur le bain et l'on aurait toujours des bulles. Lorsque le papier est humide, il s'étend, au contraire, admirablement et l'on n'a pas à craindre ces bulles fatales. Ces recommandations ne s'appliquent guère qu'aux grandes feuilles, les petites s'étendant facilement.

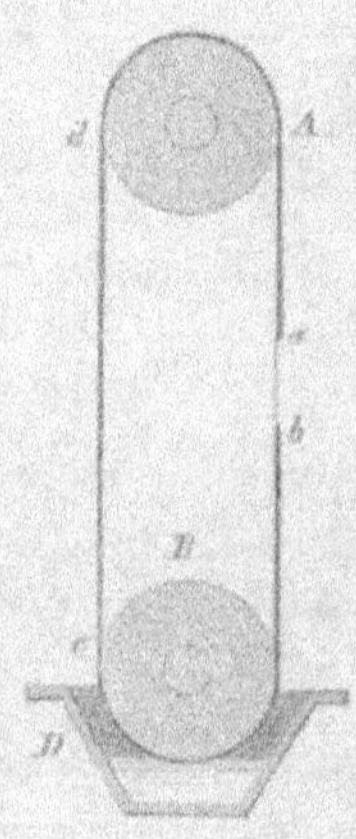

Fig. 250.

M. Henry Romberg a décrit un appareil fort ingénieux pour manier facilement les papiers de grande dimension exigés par les épreuves en grandeur naturelle dont nous parlerons plus tard. Voici le principe de cet appareil, qui sert aussi bien pour le salage que pour toutes les opérations subséquentes.

Deux cylindres en bois verni (fig. 250) sont mobiles entre deux montants en bois; ils peuvent donc se fixer à des hauteurs quelconques. Le papier *aAdcb* s'enroule sur ces cylindres, ses extrémités étant collées par une bandelette de papier mince *ab*. La cuvette D est placée entre les montants, et les cylindres réglés de façon à amener le contact entre le bain et le papier, ou bien, à faire plonger le dit papier. En tournant alors les cylindres lentement, on peut saler, sensibiliser, virer, etc. comme à l'ordinaire, mais on évite les cuvettes de grande dimension.

A propos du papier à l'ammonio-nitrate d'argent, nous décrirons un pinceau de coton qui évite également l'emploi des cuvettes de grande dimension.

Ces très-grandes feuilles se suspendent aussi très-difficilement. Nous avons vu chez M. Marion, qui apporte de grands soins à l'albuminage des papiers, que les feuilles, au sortir du bain, étaient placées à l'aide

(1) M. Hardwich a fait voir que l'addition, par œuf, de 0 gr. 15 d'acide citrique à l'albumine lui donnait une fluidité telle, qu'on pouvait aisément la filtrer, quoiqu'elle donnât au papier tout l'éclat de l'albumine ordinaire.

Il paraît cependant que le désavantage de ce procédé consiste dans le ralentissement du virage subséquent.

d'épingles sur de grands cadres cartonnés comme le montre la fig. 231. L'on évite ainsi que la feuille ne se déchire et ne tombe à terre.

On se sert peu pour les épreuves de grande dimension du papier à l'albumine pure, on préfère généralement un papier salé sur un mélange d'eau et d'albumine qui leur donne moins de brillant. On peut

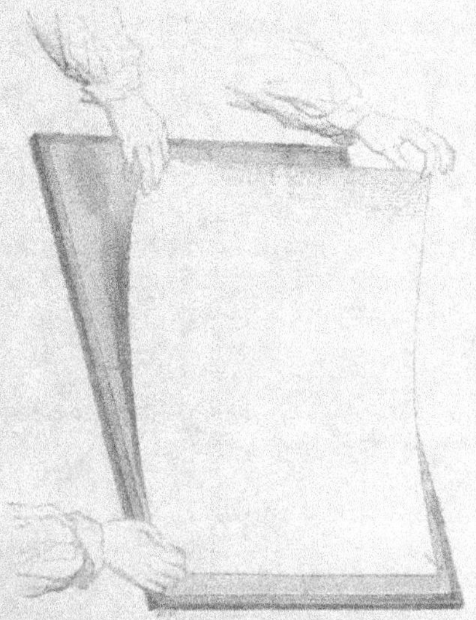

Fig. 231. — Séchage des grandes feuilles.

ajouter à l'albumine pure de 10 à 40 pour cent d'eau, mais plus il y a d'eau, moins le papier aura de brillant.

On trouve dans le commerce, non seulement le papier préparé simplement au sel marin, mais encore à l'albumine. Pour le portrait, il ne faut pas se servir du papier à l'albumine pure qui est trop brillant, mais bien à l'albumine mêlée de son volume d'eau salée à 4 °/₀. Les cartes de visite et les épreuves stéréoscopiques, au contraire, se font généralement sur un papier très-brillant. Pour conserver le papier albuminé, on l'enferme dans des boîtes en fer-blanc ou en zinc bien closes, car s'il prend l'humidité il s'altère très-vite, surtout en été. D'après M. Maxwell-Lyte, le papier albuminé ne se conserve pas au-delà de six mois, le sel rentrant dans la pâte du papier, ce qui occasionne des images superficielles et sans vigueur. Que l'on prépare son papier soi-même ou qu'on l'achète, il y a toujours des feuilles mauvaises. Tantôt il y a de grandes lignes qui proviennent de l'écoulement de l'albumine par l'angle qui s'égoutte, tantôt le brillant des feuilles est beaucoup plus considérable chez l'une que chez l'autre, sans que, jusqu'ici l'on en sache la raison. Enfin, le défaut le plus saillant de certains papiers albuminés consiste dans le refus de *virer*, c'est-à-dire, de se teinter dans le bain d'or dont nous parlerons plus tard.

Une grande difficulté consiste aussi dans certaines raies qui se bronzent dans le châssis sous l'influence de la lumière. Ces raies proviennent de la fluidité inégale de l'albumine, ce qu'il est impossible d'éviter.

§ 2. RENDRE LE PAPIER SENSIBLE A LA LUMIÈRE.

Quand le papier a séjourné quelques minutes sur une solution de chlorure alcalin, une certaine quantité de ce sel se trouve nécessairement renfermée dans ses fibres, de sorte que si on le place sur une solution de nitrate d'argent, il se forme par double décomposition, un chlorure d'argent insoluble et un azotate alcalin qui reste dans le liquide argentifère.

Dès l'origine de l'application de ce procédé, les opérateurs avaient remarqué que si la solution de nitrate d'argent n'était pas beaucoup plus concentrée que celle de chlorure alcalin, l'épreuve restait toujours grise et sans vigueur. On peut en faire l'expérience avec beaucoup de facilité. Il suffit d'enduire le papier d'une solution de chlorure de sodium au 10e et d'une solution d'argent au même titre, on remarque que l'image reste toujours d'une teinte grise sans vigueur.

Il en résulte trois conséquences très-importantes :

La première, c'est qu'il faut toujours se servir d'une solution de sel marin à un titre inférieur à celui de la solution de sel d'argent.

La seconde, c'est qu'à mesure que le bain s'appauvrit par l'usage, il faut le maintenir au même titre par l'addition de nouvel azotate.

C'est là le motif pour lequel *il faut ajouter au bain d'argent 14 grammes de nitrate d'argent chaque fois que l'on a sensibilisé 100 feuilles de 18 cent. sur 24.*

Et enfin la troisième, c'est que le chlorure d'argent possède la propriété de noircir plus fortement et en moins de temps quand il est en contact avec un grand excès de nitrate d'argent.

La sensibilisation du papier doit nécessairement se faire dans l'obscurité, ou bien le soir, à la lumière d'une lampe ou du gaz. Le jour n'agit pas à beaucoup près aussi énergiquement sur le papier positif que sur le collodion, aussi est-il bon d'avoir une chambre spécialement destinée à la sensibilisation des papiers positifs.

Pour cela, les carreaux de la fenêtre seront garnis de verres jaunes qui éclairent fort bien la chambre, quoique cette lumière n'affecte en rien le papier préparé.

Pour sensibiliser le papier, on le fait flotter, *du côté salé*, pendant 3 ou 4 minutes sur un bain d'argent ainsi composé :

Eau	1 litre.
Nitrate d'argent cristallisé	200 grammes.

Si la dose de nitrate est trop faible, les positifs manquent de vigueur ; cependant on peut la réduire à 150 grammes avec le papier salé ordinaire, mais pour le papier albuminé il est de rigueur, au contraire, de ne pas prendre moins de 20 p °/₀ de nitrate d'argent, sinon la coagulation de l'albumine serait imparfaite.

Le liquide est versé dans une cuvette de porcelaine parfaitement nettoyée et le papier y est placé de la manière que nous avons indiquée page 256.

Pour ne pas se tacher trop les doigts, et aussi pour éviter les taches qui se produiraient par le contact des crochets de suspension, il est bon de faire une corne à l'un des angles de la feuille. De cette façon, cet angle ne s'imbibe pas de nitrate, et l'on peut le saisir par là pour suspendre la feuille. Cette suspension se fait avec les pinces en bois ordinaires, en ayant soin de toujours attacher de petites bandelettes de papier aux angles qui s'égouttent. On recueille même ces gouttes de nitrate d'argent dans des éprouvettes (fig. 193 et 229), quoiqu'elles ne puissent plus servir à autre chose qu'à faire du chlorure d'argent.

La feuille sèche doit s'employer endéans les deux jours, si on ne la conserve pas dans *la boite à chlorure de calcium* dont nous avons parlé page 148.

Le bain d'argent peut naturellement servir jusqu'à épuisement, en y ajoutant de nouveau nitrate pour compenser la perte due à la transformation du chlorure alcalin en chlorure d'argent. (Voyez page précédente, ligne 27.) Mais il faut le filtrer chaque fois que l'on veut sensibiliser successivement un nombre quelconque de feuilles salées.

Il faut un bain spécial pour les épreuves albuminées, auquel on ajoute un quarantième de son poids de *kaolin* qu'on laisse toujours au fond du flacon, en l'agitant cependant de temps à autre, pour le laisser ensuite reposer. Ce kaolin maintient le bain d'argent incolore ; sans cette addition, il s'y produirait une coloration jaune qui se communiquerait aux épreuves. Si cette coloration est très-prononcée, il est bon d'exposer le bain au soleil.

MM. Davanne et Girard ont indiqué un moyen plus commode de clarifier un tel bain d'argent, c'est d'y ajouter (par litre) cinq grammes de sel marin dissous dans le moins d'eau possible, et d'agiter fortement le flacon. Le chlorure d'argent formé, décolore complètement le bain, surtout si ce dernier est en même temps exposé au soleil.

Quand on a préparé un grand nombre de feuilles sensibles, on les met, lorsqu'elles sont complétement sèches, les unes sur les autres dans un portefeuille, en ne les maniant que par les bords pour éviter le contact des doigts qui feraient tache, et on les emploie endéans le moindre temps possible, attendu qu'elles noircissent spontanément(1). Nous renvoyons le lecteur à ce que nous avons dit page 148 relativement à la conservation du papier sensibilisé.

PAPIER A L'AMMONIO-NITRATE D'ARGENT.

21. Préparez la solution suivante :

Eau.	1	litre.
Gélatine (2)	3	grammes.
Chlorure d'ammonium	6	»
Citrate de soude cristallisé (3) . .	10	»

On filtre la solution tiède dans une cuvette en porcelaine dans laquelle elle doit occuper une hauteur de 2 à 3 centimètres.

Le papier est passé très-rapidement dans cette solution (il suffit qu'il soit mouillé un instant); si on l'y laissait plus longtemps, les épreuves manqueraient de vigueur *à la surface*. Il est ensuite suspendu pour sécher. Il est bon de ne pas le préparer trop longtemps à l'avance, attendu qu'il perd de ses qualités en vieillissant.

Le bain d'argent sensibilisateur se prépare de la manière suivante :

Dans 200 cent. cubes d'eau pure, dissolvez 30 grammes de nitrate d'argent fondu. Séparez 20 cent. cubes de cette solution et versez *le reste* (soit 180 c. c.) dans un verre large. Ajoutez-y par petites quan-

(1) MM. Davanne et Girard ont prouvé que c'était la présence du nitrate d'argent et non celle du chlorure qui était cause du noircissement spontané du papier sensibilisé. Pourquoi le papier au nitrate noircit-il? C'est ce qu'ils n'ont pas bien précisé, ou au moins ce que nous n'avons pas bien compris par la lecture de leur mémoire. Ce qui est un fait qu'ils ont prouvé par l'expérience, c'est que les papiers au nitrate d'argent se conservent dans une atmosphère parfaitement sèche, mais la théorie ne semble pas bien rendre compte de cet effet. La raison donnée par MM. Davanne et Girard est celle-ci : « Des expériences récentes sur l'altération des papiers ozonométriques en présence de l'air humide, nous ont conduit à penser que l'humidité devait jouer un grand rôle dans cette réaction, et que si l'on parvenait à garder le papier sensible dans un état de siccité absolue, on lui conserverait d'une manière indéfinie sa valeur et ses propriétés. »

Quel est le rôle joué par l'humidité? C'est ce qui est resté jusqu'ici inconnu.

(2) La gélatine est d'abord mise à tremper dans l'eau jusqu'à ce qu'elle soit ramollie, après quoi une légère chaleur suffira pour la dissoudre.

(3) Le citrate de soude est ajouté (d'après M. Hardwich) afin de donner des tons pourprés.

tités de l'ammoniaque, en *agitant vivement* avec un tube de verre. Il se forme d'abord un précipité brun d'oxide d'argent qui se redissout par l'addition subséquente d'ammoniaque. On s'arrête à ce point, en ajoutant alors les 20 cent. cubes que l'on avait réservés et qui produisent un nouveau précipité brun. On ajoute enfin, *goutte à goutte*, de l'acide nitrique jusqu'à ce que le liquide s'éclaircisse complétement. (N'oubliez pas de toujours agiter le liquide avec le tube de verre, après chaque addition d'ammoniaque ou d'acide nitrique.)

La solution est filtrée dans une éprouvette graduée ; l'on y ajoute de l'eau distillée jusqu'à ce qu'elle occupe un volume d'un demi-litre. (500 cent. cubes.)

Le papier salé est placé sur ce bain à la manière ordinaire, en ayant soin d'y ajouter de temps à autre de l'acide nitrique en petite quantité, sinon le papier brunirait très-vite après que le bain a servi à sensibiliser quelques feuilles. C'est même ce défaut qui a engagé la plupart des opérateurs à se servir d'une brosse de coton cardé (fig. 232) faite

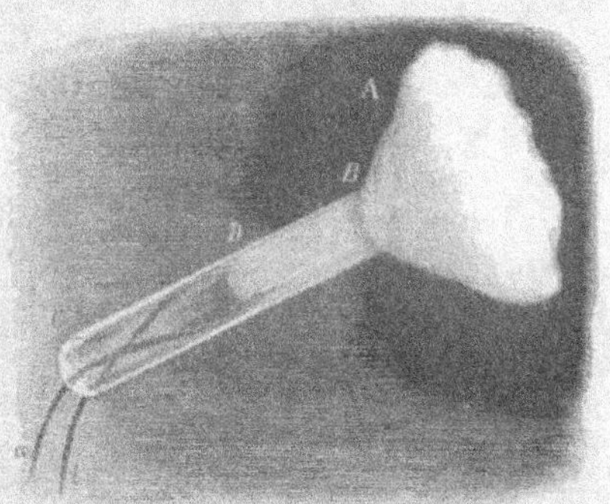

Fig. 232. — Pinceau à nitrater le papier.

de la manière suivante : prenez une touffe de coton cardé et égalisez-la sur une longueur de 15 centimètres, pliez-la en deux en y interposant une ficelle *ab* (fig. 232) que vous passerez dans un tube de verre CB de 1 cent. de diamètre intérieur sur 12 de long, en tirant le coton dans le tube. Coupez alors la touffe à son extrémité à l'aide d'une paire de ciseaux, comme le montre la figure, et enlevez la ficelle en la tirant par une de ses extrémités *a* ou *b*. Vous aurez ainsi un pinceau très-pur et peu coûteux que vous remplacerez dès qu'il aura noirci par la solution argentifère.

Pour sensibiliser le papier, placez-le à plat sur une table recouverte de quelques feuillets de papier buvard en fixant ses extrémités à l'aide de quatre épingles. Versez au milieu de la feuille (que nous supposerons de 44 cent. sur 55) 15 cent. cubes de nitrate d'argent ammoniacal, étendez d'abord le liquide en longueur, puis en largeur, en ayant le plus grand soin d'éviter les épingles (1) qu'on peut du reste enlever dès que la solution est étendue. Séchez par suspension.

Il ne faut pas qu'il y ait excès et non plus manque de liquide à la surface de la feuille. Si vous mettiez trop peu de solution argentifère à sa surface, les traces du pinceau seraient visibles au sortir du châssis à imprimer. Si vous en mettiez trop, l'image viendrait inégalement. (En couvrant la première feuille, trempez d'abord le pinceau dans le bain d'argent et exprimez bien l'excès de liquide.)

La sensibilisation ne doit être faite que quelques heures à l'avance, et quelques jours, si on conserve le papier dans la boîte à chlorure de calcium décrite page 148.

Le papier destiné aux épreuves positives par grandissement, dont nous parlerons bientôt, doit être salé sur un bain contenant 20 gr. de chlorure d'ammonium par litre et sensibilisé sur un bain d'argent contenant 60 à 65 gr. de nitrate d'argent par demi-litre ; au reste, la préparation des bains reste la même. La raison en est qu'avec ces dernières proportions le papier s'imprime plus vite.

b. On peut aussi préparer le papier *albuminé* à l'ammonio-nitrate d'argent, mais alors la méthode à suivre est différente de celle que nous venons de décrire.

Bain d'argent. Dissolvez dans un demi-litre d'eau distillée 250 grammes de nitrate d'argent fondu et séparez le liquide en deux portions égales. Ajoutez *à l'une* de l'ammoniaque jusqu'à ce que le précipité brun qui se forme d'abord soit redissous, puis ajoutez *le reste* de la solution d'argent. Il se forme de nouveau un précipité brun que l'on redissout par l'acide nitrique comme dans le procédé précédent. Enfin, l'on étend le liquide dans de l'eau distillée jusqu'à ce qu'il occupe un volume de 1500 cent. cubes, on y ajoute encore 250 cent. cubes d'alcool et on filtre la solution dans une cuvette plate en porcelaine.

Sensibilisation. Le papier, albuminé par les procédés ordinaires, est placé sur ce bain comme nous l'avons indiqué page 256, en l'y laissant 3 minutes et en le suspendant pour sécher. Si le bain communique au papier une tendance à jaunir, on l'additionnera d'acide nitrique.

Le bain s'affaiblissant par l'usage, on le renforcera et le ramènera

(1) Servez vous d'épingles qui ont séjourné quelques heures dans un vieux bain de cyanure, elles seront alors argentées et ne produiront plus aucun effet sur le nitrate d'argent.

en même temps chaque jour à son volume primitif en l'additionnant de :

Nitrate d'argent	100 grammes.
Eau distillée	300 cent. cubes.
Alcool	100 »

L'alcool s'évaporant facilement, le bain tend alors à former des bulles à la surface du papier ; dans ce cas, on l'additionnera d'alcool.

Les principaux avantages du papier à l'ammonio-nitrate d'argent consistent dans l'économie des bains d'argent qui sont moins concentrés (et qui se colorent aussi moins vite) ; l'absence de taches avec les papiers fortement albuminés ; le virage plus facile ; l'exposition moindre à la lumière solaire ; et enfin, les épreuves plus fouillées et plus riches de ton.

En revanche, il se conserve moins longtemps, surtout par les fortes chaleurs. L'humidité l'altère rapidement, mais l'emploi de la boite à chlorure de calcium peut le préserver de cette cause d'altération.

Pour ne plus devoir revenir sur ces procédés à l'ammonio-nitrate d'argent, nous allons anticiper ici sur les chapitres suivants et dire en quoi consiste leur différence avec les procédés ordinaires.

Les négatifs n'ont pas besoin d'être aussi *denses*, l'impression ne doit non plus être poussée aussi loin, l'épreuve perdant moins dans le bain à virer. Au sortir du châssis à imprimer, l'épreuve est lavée à plusieurs eaux, et placée dans le bain à virer.

Le bain de virage doit être plus étendu qu'à l'ordinaire, l'action ayant lieu avec une très-grande rapidité(1). On surveillera donc l'épreuve avec soin. Quant au dévirage à l'hyposulfite, il existe ici la même difficulté que dans les procédés ordinaires, et l'expérience seule peut indiquer le moment précis où le virage à l'or est suffisant.

En ne se servant pas du citrate de soude dans le bain salé, il faut encore moins de temps pour le virage.

Voilà le procédé tel qu'il est employé en Amérique par la plupart des opérateurs et tel qu'il nous a été communiqué par un de nos amis, M. C. Waldack. Ajoutons qu'il donne, en général, des épreuves plus belles de ton, et que l'on rencontre moins de variation dans le virage avec le papier albuminé. Le bain d'or le plus employé est formé de chlorure d'or et de bicarbonate de soude, connu sous le nom de bain d'or alcalin.

(1) Bien entendu avec le papier non albuminé ; avec ce dernier le virage est seulement un peu plus court qu'à l'aide du nitrate d'argent non ammoniacal.

§ 3. EXPOSITION DU PAPIER SENSIBILISÉ A LA LUMIÈRE.

Nous avons décrit page 130 le châssis à reproduction et la manière de s'en servir. On apportera à la construction ou au choix de ce châssis les plus grands soins, car si, par exemple, la planchette qui presse le papier contre la glace n'était pas bien plane, le papier sensible se trouvant à une certaine distance de l'image tandis qu'en d'autres endroits le contact serait parfait, il en résulterait dans l'image positive des inégalités dans la netteté qui gâteraient cette image.

Le châssis est exposé au soleil ou à la lumière diffuse. Les photographes de profession, qui ont souvent une très-grande quantité d'épreuves à tirer, placent les appareils à reproduction sur un châssis dont ils peuvent varier l'inclinaison (fig. 233), ce qui a pour but de faire arriver les rayons solaires perpendiculairement à la surface d'un grand nombre de châssis à la fois.

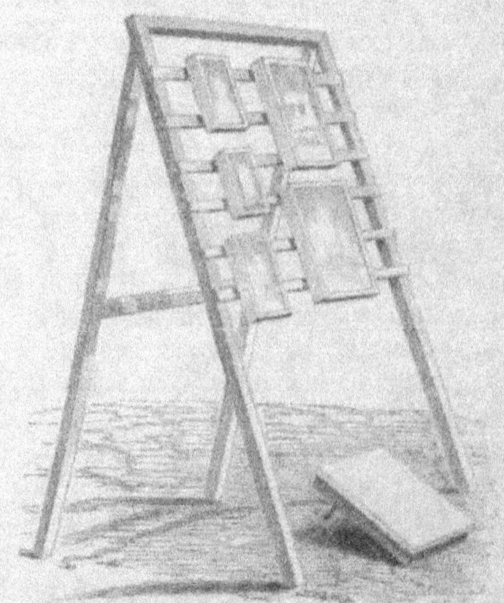

Fig. 233. — Châssis mobile pour le tirage des épreuves positives.

Voici les couleurs successives que prend le papier au chlorure d'argent sous l'influence de la lumière.

1° Bleu très-pâle,

2° bleu pâle,

3° bleu pourpre clair,
4° pourpre foncé,
5° noir,
6° noir gris métallisé,
7° olive.

On examine de temps à autre la venue de l'épreuve, ce dont on juge d'ailleurs approximativement par les bords du papier qui dépassent le négatif.

Il ne suffit pas que l'épreuve soit suffisamment venue dans le châssis à reproduction, car le fixateur lui enlève beaucoup de sa puissance. Il est donc nécessaire que la teinte soit beaucoup plus foncée, attendu qu'elle diminue par les opérations suivantes. Quant au moment exact où il faut soustraire le papier à l'action du soleil, il dépend du mode de fixage et la pratique seule peut donner des indications à cet égard.

Plus une épreuve négative est vigoureuse, mieux elle se reproduit en épreuve positive. Mais si cette épreuve est très-faible, on peut néanmoins la faire venir passablement en atténuant l'action des rayons solaires. Pour cela on expose le châssis, non au soleil, mais simplement au jour. Ou bien encore, comme on en voit un exemple sur la figure 235, on couvre le châssis d'un cadre recouvert d'une feuille de papier blanc.

Nous avons parlé page 152 des vignettes à fond dégradé (verres jaunes à fond incolore) à l'aide desquelles on donnait aux portraits un fond blanc ou noir; c'est évidemment pendant l'exposition du papier à la lumière qu'on s'en sert.

Quand le fond d'un portrait n'est pas bien venu, il est assez difficile de le corriger. Quelques amateurs découpent une épreuve positive et la collent sur le cliché, mais, dans ce cas les contours du portrait sont d'une dureté fort peu agréable. Ce qu'il y a de mieux à faire, c'est de couvrir le châssis à reproduction avec le verre jaune à fond dégradé en ayant naturellement soin de placer l'ovale de façon que le buste seul s'imprime tandis que le fond disparaisse.

Veut-on, sur les vues, avoir un effet de nuages? L'on tirera deux négatifs : le premier, avec un temps de pose ordinaire où le ciel est d'un noir parfait; le second, avec un temps de pose si court, que rien, dans la vue, ne vienne au développement, si ce n'est le ciel avec ses nuages.

L'épreuve positive étant tirée avec le premier cliché, l'on aura un ciel blanc. L'on applique alors ce positif contre le deuxième cliché, en le couvrant de coton, de façon à ce que la lumière agisse seulement sur la partie du cliché que recouvre l'effet de nuages. Nous avons donné page 239, ligne 17 une méthode plus convenable pour obtenir une vue avec ses nuages.

Il est facile de produire sur l'épreuve positive un effet de nuages artificiel. Pour cela on fait en sorte que le ciel de la vue ne soit pas trop foncé (en exagérant un peu le temps de pose) et on peint, non sur la couche, mais sur l'autre côté de la glace, l'effet de nuages désiré. Le positif aura alors ce même effet de nuages, mais inverse.

Tous ces petits tours de mains, très-simples en pratique, sont assez difficiles à expliquer. Un lecteur intelligent suppléera naturellement par sa propre expérience à la trop grande concision de notre texte.

Pour finir, nous ferons quelques recommandations purement pratiques, mais d'une très-haute importance.

Quand un cliché est récemment verni, n'en tirez pas immédiatement une épreuve *par un soleil ardent*. Si bon que soit le vernis, il colle toujours un peu quand il est récemment appliqué. Au lieu d'exposer au soleil direct, employez la lumière diffuse, ou bien recouvrez le châssis d'un cadre à papier blanc.

Le papier positif doit être parfaitement sec pour tirer une épreuve positive, sinon, sous l'influence du soleil, l'humidité sort des fibres du papier, se condense sur la couche, et le nitrate d'argent du papier ne tarde pas à noircir l'épreuve négative. Quand on le voit à temps, ces taches peuvent encore s'enlever avec le cyanure de potassium, mais il faut être très-adroit et très-prudent.

Jamais on ne doit laisser, la nuit, le contact se prolonger entre le positif et le négatif. L'abaissement de température condense l'humidité sur le cliché comme dans le cas précédent.

Le papier albuminé exige un surcroît de précautions, il colle plus facilement au cliché et se tache aux endroits où on le touche. On le maniera seulement pas ses bords.

Nous avons vu que l'on pouvait préparer une grande quantité de papier positif à la fois, à condition de le tenir renfermé dans des boîtes à chlorure de calcium. Il ne faut pas ouvrir ces boîtes à tout propos, mais en enlever assez de papier pour le travail du jour et celui du lendemain. On conçoit, en effet, que les papiers reprendraient vite leur humidité naturelle et ne tarderaient pas à noircir spontanément malgré la présence du chlorure desséchant.

Nous avons toujours supposé que le tirage des épreuves positives s'effectuait d'après des négatifs sur verre, mais on opérerait exactement de la même manière d'après des négatifs sur papier.

Il ne faut jamais interposer de feuille de papier ciré ou huilé entre le négatif et le papier positif, dans le but de protéger ce dernier du contact du nitrate d'argent du papier positif, parce que la netteté de l'épreuve en serait fortement altérée, surtout si l'impression se fait à la lumière diffuse.

§ 4. VIRAGE ET FIXAGE (1).

Au sortir du châssis, l'épreuve peut être, ou immédiatement fixée, ou replacée dans la boîte à chlorure de calcium pour la finir plus tard. En été, il est préférable de fixer l'image au sortir du châssis, d'autant plus qu'un grand nombre d'épreuves se tirent pendant cette saison; mais en hiver, les positifs s'imprimant lentement, il vaut mieux les conserver pour en réunir un certain nombre, que l'on fixe alors en un seul jour.

Quoi qu'il en soit, l'épreuve est d'abord immergée quelques minutes dans l'eau distillée, en l'y retournant plusieurs fois pour favoriser l'imbibition du papier et la dissolution du nitrate d'argent qu'il contient. Il est bon, si ce bain contient un grand nombre d'épreuves, de les changer constamment de place à l'aide de la pince (fig. 166). L'épreuve est ensuite placée dans une seconde cuvette également remplie d'eau distillée. Quand la première a servi à en dégorger une centaine, on la verse dans un grand pot et on la remplace par l'eau de la seconde cuvette que l'on renouvelle à son tour.

En un mot, renouvellement d'eau suffisant pour enlever complètement le nitrate d'argent, et conservation de ces eaux de lavage pour en retirer plus tard l'argent qu'elles contiennent (2). (Voyez page 60.)

Les épreuves, après avoir été soigneusement lavées, sont immergées dans un des deux bains de virage suivants, qui sont les plus employés :

1° Formule de M. Legray :

Eau distillée	1	litre.
Hypochlorite de chaux sec	3	grammes.
Chlorure d'or (3)	1	»
Chlorure de sodium	1	»

2° Formule de M. Hardwich :

Eau distillée	1	litre.
Bicarbonate de soude	10	grammes.
Chlorure d'or (3)	1	»
Acide citrique	1	»

Pour préparer le premier bain, l'hypochlorite de chaux est d'abord

(1) Ces opérations doivent se faire dans une pièce peu éclairée, à l'abri des rayons solaires directs.

(2) Il est bon de passer quelques instants l'épreuve dans un troisième bain contenant 10 gr. de sel marin par litre, les dernières traces de nitrate d'argent qui pourraient rester dans le papier sont ainsi transformées en chlorure d'argent.

(3) Voyez page 62 ce que nous avons dit relativement à la préparation du chlorure d'or.

broyé dans un mortier avec un peu d'eau, l'on y ajoute alors les chlorures d'or et de sodium, puis on jette le tout dans le vase contenant l'eau distillée, en lavant le mortier avec la pissette pour enlever le reste des matières solides. Le bain est alors filtré et conservé dans une cuvette en porcelaine couverte d'une lame de verre pour le préserver de la poussière, qui réduit l'or à l'état métallique.

Le second bain se prépare de la même manière.

Ces bains se conservent indéfiniment et peuvent servir jusqu'à ce que leurs qualités virantes soient épuisées. On en retire l'or comme nous l'avons indiqué page 79.

Les épreuves immergées dans ces solutions aurifères y prennent une couleur bleue très-vive, cependant le papier albuminé exige pour atteindre cet effet un temps fort long, (plusieurs heures quelquefois), tandis que le papier non albuminé se colore très-vite.

Quand l'expérience vous aura appris à quel moment le virage doit être arrêté, vous enlèverez les papiers et les passerez dans un bain d'eau spécial, contenant 5 grammes de carbonate de soude par litre, pour les immerger ensuite dans le bain fixateur :

Eau.	1 litre.
Hyposulfite de soude	300 grammes.

Dans ce bain les épreuves changent rapidement de couleur, elles *dévirent* comme on dit. Toute la difficulté pratique du virage des positives consiste dans l'appréciation exacte des trois points suivants :

1° La teinte que doit offrir le positif dans le châssis à reproduction, teinte que l'on peut aisément faire varier par une exposition plus ou moins prolongée au soleil, ce qui est nécessaire, parce que tel virage *dépouille* plus l'épreuve que tel autre. C'est ainsi, par exemple, que le bain de M. Legray nécessite des positifs plus fortement imprimés que celui de M. Hardwich.

2° Le moment précis où le virage aux sels d'or doit être arrêté pour obtenir, après l'hyposulfite, un ton plus ou moins violet ou tel autre que l'on préfère.

3° Le temps que l'épreuve doit rester dans l'hyposulfite, tant pour enlever l'excès de chlorure d'argent, c'est-à-dire la fixer, que pour produire une couleur donnée de l'épreuve.

Ces trois points ne peuvent pas s'enseigner, la pratique seule peut les apprendre.

Relativement au fixage, il ne faut que dix minutes tout au plus pour le réaliser; d'ailleurs, l'épreuve incomplètement fixée présente, examinée par transparence, un aspect poivré qui indique que le chlorure d'argent n'est pas enlevé; au contraire, sa texture est uniforme si ce sel d'argent est dissous.

Il est très-important de ne pas laisser l'épreuve plus d'un quart d'heure dans l'hyposulfite, et de ne pas se servir de ce bain pour un nombre trop grand d'épreuves, ce qui les exposerait à s'altérer rapidement. Il est difficile d'indiquer à quel moment un bain d'hyposulfite doit être rejeté, mais il est bon de le renouveler souvent, même quand on suppose qu'il pourrait *encore* servir pour fixer un petit nombre d'épreuves. On en retire l'argent métallique comme nous l'avons indiqué page 78.

Les vieux hyposulfites du fixage des épreuves négatives ne peuvent pas être employés pour fixer les épreuves positives sur papier.

Enfin, il s'agit d'enlever l'hyposulfite de soude qui, en séjournant dans la texture du papier, détruirait insensiblement l'image.

Beaucoup d'expériences ont été faites dans le but de rechercher la meilleure méthode pour enlever complétement l'hyposulfite de soude. Si elles n'ont pas abouti à des moyens nouveaux, elles ont servi, au moins, à établir d'une manière certaine que l'hyposulfite semble fixé mécaniquement dans les fibres du papier, et qu'il fallait des moyens mécaniques pour l'enlever. Parmi ces moyens trois nous semblent bons :

1° Placez l'épreuve en la retournant deux ou trois fois sur une toile à larges mailles tendue sur un cadre en bois, et laissez y tomber l'eau de 2 ou 3 mètres de hauteur par une tête d'arrosoir criblée de trous très-petits. Les gouttelettes possèdent ainsi une certaine puissance de pénétration, et, au bout de dix minutes, toute trace d'hyposulfite est enlevée.

2° Passez l'épreuve dans l'eau, puis entre deux cylindres de gutta-percha qui tournent sur leur axe et la compriment avec force, immergez-la de nouveau et recommencez plusieurs fois le même manége, pour abandonner finalement l'épreuve une heure entière dans l'eau.

3° Enfin, immergez les épreuves successivement dans cinq ou six grandes cuves remplies d'eau, dans lesquelles un aide les change constamment de place et les suspend à chaque changement d'eau pour les laisser égoutter quelques minutes. Ce moyen, le plus commode de tous, semble aussi le plus meilleur, il est recommandé par M. G. Schadboldt, une très-grande autorité.

Le premier moyen est précieux quand on doit opérer rapidement, et le second nous semble présenter beaucoup d'avenir, (nous devons ajouter qu'il a été proposé en principe par M. Bayard).

Quoi qu'il en soit, tous les procédés sont bons pourvu qu'ils enlèvent complétement l'hyposulfite, ce qui est beaucoup plus difficile avec le papier albuminé qu'avec le papier ordinaire.

On observera les recommandations suivantes dans le lavage des épreuves :

1° Elles ne peuvent séjourner que quelques minutes dans les deux premiers bains de lavage, afin d'éviter l'action de l'hyposulfite de soude sur l'argent qui constitue l'image, action qui tend à jaunir l'image, en la *sulfurant*.

2° Celles qui séjournent trop longtemps dans l'eau (plus de six heures) jaunissent dans les blancs et perdent leur belle coloration.

3° Le dernier bain d'eau doit être le plus abondant et formé d'eau de pluie filtrée.

Les épreuves sont séchées par suspension et chauffées devant un foyer ordinaire, ce qui les fait *remonter en couleur*.

Pour savoir si une épreuve est suffisamment lavée, appliquez-y la langue, vous ne pouvez pas goûter la moindre saveur sucrée; ou bien, prenez une petite quantité du dernier bain de lavage et versez-y du bichlorure de mercure. Un précipité blanc se forme à l'instant s'il y a trace d'hyposulfite. (Il est nécessaire d'essayer si l'eau employée ne produit pas un effet analogue, car alors l'expérience ne serait pas concluante).

AUTRES RECETTES DE VIRAGE.

Le papier simplement salé se vire et se fixe facilement. Il n'en est pas de même du papier albuminé, même quand on a employé l'ammonio-nitrate d'argent pour le sensibiliser.

La cause de la difficulté du virage des papiers albuminés est inconnue, on constate le fait sans pouvoir l'expliquer.

Les bains dont nous avons donné les formules semblent réussir le plus souvent, (celui de M. Legray surtout donne des blancs très-purs); mais chose curieuse, leurs effets varient avec la provenance des divers papiers albuminés. Nous croyons donc devoir donner ici quelques autres recettes qui peuvent réussir alors que les deux précédentes ne donneraient pas de résultats :

A. Préparez deux bains d'hyposulfite à raison de 300 grammes par litre d'eau, et ajoutez au second 2 grammes de *chlorure d'or et de sodium* ou de chlorure d'or neutralisé par la craie (voyez page 64).

Immergez d'abord l'épreuve dans le premier bain pendant dix minutes, puis dans le second pour la virer. Lavez ensuite à grande eau pour enlever l'hyposulfite de soude.

B. Fixez d'abord l'épreuve à l'hyposulfite, lavez-la une heure ou deux à plusieurs eaux, et virez-la dans un bain d'or composé de 1 gramme de *chlorure double d'or et de sodium* dans un litre d'eau. L'action est vive et l'image se ronge rapidement pendant qu'elle vire. Lavez-la de nouveau à plusieurs eaux.

C. Opérez inversément, c'est-à-dire, au sortir des bains d'eau de lavage virez à l'or, lavez de nouveau et fixez à l'hyposulfite de soude.

Ce moyen est à préférer au précédent au point de vue de l'inaltérabilité de l'image.

D. Remplacez les bains de virage de MM. Legray et Hardwich par ceux-ci :

Formule de M. Maxwell-Lyte :

Chlorure d'or	1 gramme.
Phosphate de soude	20 »
Eau distillée	1 litre.

Formule de M. Laborde :

Eau	1 litre.
Acétate de soude	30 grammes.
Chlorure d'or	1 »

E. M. de Cavanza a substitué aux sels d'or les sels de platine (bichlorure) mais les effets obtenus sont moins beaux qu'avec les premiers.

F. M. Humbert de Molard fixe les épreuves à l'ammoniaque au lieu de l'hyposulfite de soude, au reste, le procédé opératoire n'est pas changé. Il introduit dans le bain fixateur quelques gouttes de cyanure de potassium contenant de l'iode en dissolution, mais cette addition ne nous semble pas utile.

§ 3. MONTAGE DE L'ÉPREUVE POSITIVE.

L'épreuve positive est placée à plat sur une table, recouverte d'une glace calibrée, (ovale, carrée, ou de toute autre forme), et découpée avec un canif, ou contournée avec un crayon et découpée à l'aide d'une paire de ciseaux.

On l'enduit par derrière de colle à l'amidon, puis on l'applique sur le bristol, sur lequel on la laisse sécher pour la passer alors à travers l'appareil à satiner. En relisant les pages 152 à 156 on trouvera des renseignements au sujet de ces diverses opérations sur lesquelles il est inutile de revenir ici.

Si les épreuves n'ont pas été tirées sur papier albuminé, on peut néanmoins leur donner un grand lustre, soit en les gommant, soit en les vernissant à l'aide d'une solution de gomme laque dans l'alcool.

On commence par les coller à l'aide d'un pinceau trempé dans une solution chaude de :

Eau	500	grammes.
Gélatine	20	»
Alun	20	»

ce qui les empêche d'être pénétrées par le vernis; on procède alors au vernissage comme suit :

On forme un tampon de ouate de coton que l'on entoure d'un tissu ou tricot de laine blanche; on met du vernis dessus (gomme-laque et alcool), on le recouvre d'un linge fin sur lequel on étend un peu de saindoux; on promène légèrement et vivement sur les épreuves, en tournant le tampon, ainsi que le font les ébénistes sur les meubles; on renouvelle trois fois le vernis et le saindoux, et à une quatrième fois on met une goutte d'huile d'olive à la place du saindoux.

Ensuite on prend un nouveau tampon de coton et de laine sur lequel on verse 5 ou 6 gouttes d'alcool à 40°, on le recouvre d'un quadruple linge fin que l'on promène de nouveau sur les épreuves pour opérer le dessèchement du corps gras. Le premier linge étant sec, on l'enlève, on frotte avec le deuxième, qui, étant sec à son tour, fait place au troisième, et celui-ci au quatrième et dernier; après quoi le vernissage est complet; il ne reste plus qu'à séparer les cartons réunis sur la feuille de papier et tout est terminé.

§ 6. INSUCCÈS DU TIRAGE DES POSITIVES SUR PAPIER.

A. *Manque de vigueur.* Le négatif est trop transparent, ou la proportion de nitrate d'argent trop faible. (Voyez page 261, ligne 5). L'encollage manque dans le papier.

B. *Trop de vigueur*, c'est-à-dire, trop d'opposition entre les noirs et les blancs. Le négatif est heurté.

C. *Couleur rouge plus ou moins terne, au sortir du châssis.* Bain salé trop concentré, ou solution d'argent trop faible. (Voyez **A**).

D. *L'épreuve est rouge après le fixage.* Insuffisance de virage.

E. *L'épreuve est bleue après le fixage.* Virage poussé trop loin.

F. *L'épreuve est jaune dans les blancs et semble passée.* Vice dans l'ensemble des procédés, tels que mauvais virage, vieux hyposulfites, etc.

G. *Taches marbrées blanches.* Absorption insuffisante du nitrate d'argent, provenant surtout d'un séjour trop court du papier sur le bain sensibilisateur.

H. *Taches marbrées noires*. Réduction d'argent par des impuretés mécaniques qui flottent à la surface du bain d'argent.

I. *Taches noires (à la lumière transmise)*. **a**) Impuretés mécaniques du papier, sont déjà visibles après l'application du bain d'argent. **b**) Fixage imparfait (voyez page 270, ligne 34).

J. *Images superficielles, poivrées*. Le sel est rentré dans la pâte du papier (voyez page 259, ligne 18).

K. *Refus de virer*. **a**) Épuisement du bain d'or. **b**) Mauvaise qualité du papier. **c**) Température trop basse.

L. *Altération de l'épreuve dont les blancs jaunissent lentement et les noirs prennent une couleur désagréable*.

Causes très-complexes.

On peut ramener plus ou moins ces épreuves altérées en les immergeant dans une solution de chlorure d'or. (MM. Davanne et Girard). Dans la partie scientifique de cet ouvrage nous reviendrons plus longuement sur les causes de cette altération, en attendant, voici les règles à suivre pour réaliser un fixage parfait :

1° Virer les épreuves dans un bain qui ne contienne pas d'hyposulfite de soude.

2° Les laver parfaitement au sortir des bains de virage à réaction acide et même les passer dans un bain alcalin avant de les immerger dans le fixateur. (Voyez page 270, ligne 15.)

3° Ne jamais employer d'hyposulfite qui a servi à fixer un grand nombre d'épreuves.

4° Ne jamais ajouter d'acide à l'hyposulfite.

5° Laisser l'épreuve fort peu de temps dans les deux premiers bains de lavage qui suivent le fixage.

6° Opérer un lavage parfait de l'épreuve pour enlever toute trace d'hyposulfite de soude de la texture du papier.

M. *Aspect farineux des épreuves albuminées dans le bain de virage*. Ce défaut se présente souvent avec le papier albuminé, rarement avec le papier salé simple.

a. Une cause de cet insuccès paraît provenir de la vieillesse du papier albuminé. (Voyez page 259, ligne 18).

b. Une seconde, de la nature du papier même, mais on y porte remède en immergeant le papier avant le virage pendant 10 minutes dans un bain composé de 7 gr. d'acétate de soude par 500 gr. d'eau, le laissant bien égoutter, puis le plaçant dans le bain d'or.

ÉPREUVES POSITIVES PAR DÉVELOPPEMENT.

En hiver, la lumière est souvent insuffisante pour le procédé au chlorure d'argent tel que nous venons de le décrire. On peut alors avoir recours au procédé suivant, qui est dû à M. Blanquart-Evrard et que M. Sutton a publié cette année dans les *Photographic Notes*.

Le papier est d'abord plongé pendant quelques heures dans une solution contenant :

Eau	1	litre.
Gélatine	10	grammes.
Iodure de potassium	10	»
Bromure de potassium	2,5	»

On épuise le bain en iodurant un grand nombre de feuilles, que l'on conserve dans un portefeuille fermé, après les avoir séchées par suspension.

Le papier est alors placé dans une cuvette en gutta-percha très-profonde, dans laquelle on verse un mélange de :

Acide chlorhydrique	deux volumes.
Eau	un volume.

L'acide doit occuper une hauteur de quelques millimètres seulement. Une feuille de verre est placée sur deux bâtons de cire à cacheter mis en travers sur le fond de la cuvette, de sorte qu'elle se trouve à une petite distance de la surface de l'acide. C'est sur ce verre qu'on étend le papier ioduré, en l'abandonnant un quart d'heure aux vapeurs du gaz acide chlorhydrique. La cuvette est fermée hermétiquement, à l'aide d'une forte glace que l'on y a préalablement ajustée, en chauffant les bords de la cuvette et en l'appuyant fortement sur cette glace.

Au sortir de cette vapeur acide, le papier est placé un autre quart d'heure sur le bain de nitrate à 7 °/o et acidulé par quelques gouttes d'acide nitrique. Il se forme dans la texture du papier un mélange d'iodure, de bromure et de chlorure d'argent.

On l'éponge au sortir du nitrate, en le comprimant dans du papier buvard qui peut servir plusieurs fois, jusqu'à ce qu'il ait noirci, en quel cas on le brûle pour en retirer l'argent.

Dès que le papier sensible est sec, on l'expose dans un châssis à reproduction, mais la pose (à la lumière diffuse) varie nécessairement suivant la densité de l'image du cliché, la lumière, etc. En tous cas, elle est comprise entre 5 et 20 secondes, et l'image est à peine visible au sortir du châssis à imprimer.

Le bain d'acide gallique (préparé comme à l'ordinaire) doit être très-abondant, afin de pouvoir contenir un grand nombre d'épreuves; on le maintiendra à une température de 25° centigrades, en opérant donc en hiver dans une place chauffée.

Le développement dure environ 20 minutes. Les épreuves y prennent un ton assez désagréable et se couvrent même de taches marbrées qui s'enlèvent plus tard. On les change continuellement de place, en les examinant en même temps pour arrêter le développement quand il est jugé suffisant.

A ce moment, l'épreuve est placée sur une glace, épongée avec une éponge ordinaire et des deux côtés, et sans la laver, immergée dans l'hyposulfite de soude à 5 pour cent, où elle séjourne 5 minutes, et où elle vire légèrement. Au sortir de ce bain, on l'immerge dans un second bain à 5 pour cent, et cette fois pendant 20 minutes, pour la fixer complètement.

Comme le fait très-bien remarquer M. Sutton, le premier bain sulfure légèrement l'épreuve, mais insuffisamment paraît-il pour causer l'altération subséquente, au moins l'expérience prononce-t-elle ainsi.

Enfin, après le fixage, vient le lavage sur lequel nous n'avons rien à ajouter à ce que nous avons dit page 271.

Après les lavages, l'épreuve est immergée dans un bain d'acide chlorhydrique qui enlève un dépôt jaunâtre et les taches marbrées dont nous avons parlé plus haut. Elle est alors lavée de nouveau et séchée.

Enfin, la partie peut-être la plus curieuse de ce procédé, consiste dans la suspension des feuilles sur des cordes dans une place vitrée, où elles sont soumises plusieurs semaines à l'action de la lumière, ce qui, d'après M. Sutton, améliore encore leur teinte définitive, la coloration rouge se pourprant insensiblement.

Voilà le procédé de M. Blanquart-Evrard, dont tout le monde a pu admirer la beauté des épreuves et surtout la fixité. L'auteur de cet ouvrage possède plusieurs de ces épreuves tirées il y a neuf ans, et doit avouer qu'elles n'ont pas changé, résultat qu'il n'ose pas prédire aux procédés actuels, au contraire, son opinion formelle étant que les épreuves albuminées s'effaceront infailliblement en un petit nombre d'années.

Sans aucun doute ce procédé peut être simplifié à l'aide des connaissances que nous possédons aujourd'hui, mais tel qu'il est, nous croyons avec M. Sutton, qu'il réalise de très-grands avantages sur les procédés ordinaires, avantages qui se résument surtout dans l'économie, la fixité et la promptitude avec laquelle ces épreuves s'obtiennent, surtout si l'on opère sur un grand nombre à la fois.

POSITIFS SANS SELS D'ARGENT.

Nous ne pouvons ici qu'énumérer rapidement ces procédés, qui n'ont plus qu'une valeur pour ainsi dire historique. Les personnes qui voudraient s'occuper spécialement de cette étude, trouveront d'amples renseignements sur ce sujet dans les deux ouvrages suivants :

Robert Hunt, *Researches on light*, 1844.

» » *A manual of photography*, 1853.

Quant aux procédés publiés depuis 1853, les journaux photographiques les contiennent en entier.

Nous ne ferons donc que les rappeler ici très-brièvement, en nous étendant seulement un peu plus sur le tirage au charbon, procédé curieux dont les résultats sont certainement inaltérables, mais qui nous paraît infiniment trop compliqué pour rivaliser avec la gravure héliographique de MM. Niépce, Talbot, etc.

Procédés aux sels de fer.

Le perchlorure de fer a été employé, il y a plusieurs années, par Sir John Herschell, et plus récemment par M. Poitevin. Un papier enduit de ce sel est sensible à la lumière, le perchlorure passant à l'état de protochlorure [1].

Le tartrate de fer et de potasse ou d'ammoniaque, jouit de la même propriété, c'est-à-dire d'être réduit par la lumière. L'ammonio-citrate de fer est le plus sensible parmi ces sels.

Cyanotype. Un papier au perchlorure de fer étant exposé à la lumière, lavé, puis immergé dans une solution de ferricyanure de potassium, on obtient une image bleue.

Chrysotype. Le même papier, donne avec le chlorure d'or, une image pourpre.

Divers. Le même papier donne avec les sels d'argent, de mercure, de platine, des images grises.

Les réactions sur lesquelles ces procédés sont basés sont très-connues. L'on sait que les protosels de fer réduisent les métaux des deux dernières sections, et que, avec certains réactifs, tels que le ferricyanide de potassium, ils donnent des précipités colorés. Or ces protosels se forment par l'action de la lumière sur les persels de fer.

(1) Nous inclinons à croire que ce n'est pas le perchlorure de fer qui jouit de cette propriété, mais bien l'oxychlorure qui se forme par l'action de l'air sur ce composé (D. V. M.)

Procédés aux sels d'urane. (MM. Burnett et Niépce de St. Victor.)

Les sels d'urane jouissent de la même propriété que les persels de fer, ils se réduisent à la lumière.

Un papier enduit d'une solution d'azotate d'urane à 20 pour cent, étant donc exposé, derrière un cliché, à la lumière solaire un temps suffisant, réduit alors les sels d'or, d'argent, de mercure, à l'état métallique ce qui constitue l'image.

Il suffit alors d'un simple lavage à l'eau pour fixer l'image.

On peut d'ailleurs obtenir des images en mélangeant par exemple poids égaux de nitrates d'urane et d'argent, les étendant de 5 ou 6 fois leur poids d'eau, laissant flotter le papier sur ce liquide, et, lorsqu'il est sec, le soumettre à la lumière derrière un cliché.

Le nitrate d'urane se réduisant à l'état de sous-sel, libère l'argent du nitrate et forme ainsi l'image. Cependant un simple lavage à l'eau ne suffit plus pour la fixer, le papier contenant le plus souvent des matières organiques capables de se combiner avec le nitrate d'argent. Il sera donc préférable d'avoir recours à l'hyposulfite de soude.

Voici quelques méthodes pour obtenir des épreuves monochrômes qui pourront être très-utiles dans certains cas.

1° Epreuves rouges, teinte de sanguine.

Le papier est flotté 4 minutes sur une solution d'azotate d'urane à 20 pour cent, suspendu et séché dans l'obscurité, exposé à la lumière solaire derrière le cliché pendant un temps variable entre 8 et 10 minutes, lavé à l'eau chaude, immergé dans un bain de

Prussiate rouge de potasse	1 gramme.
Eau	50 »

où elle se développe en peu de minutes avec une teinte rouge.

Pour fixer, des lavages à l'eau suffisent.

2° Epreuves vertes.

On prend l'épreuve rouge précédente avant qu'elle ne soit sèche, et on la plonge dans une solution de

Eau distillée	50 grammes.
Perchlorure de fer.	1 »

elle ne tarde pas à passer au vert. — On la lave à plusieurs eaux pour la fixer et on la sèche à un feu vif.

3° Épreuves violettes.

Faites un bain de :

Eau	1	litre.
Azotate d'urane	150	grammes.
Chlorure d'or	2	»

Laissez flotter le papier 3 ou 4 minutes sur ce bain, séchez par suspension et exposez au soleil derrière un cliché. Au bout de 10 à 15 minutes l'image est formée. Pour la fixer, lavez à plusieurs eaux.

L'image est constituée par l'or à l'état métallique.

4° Épreuves bleues.

Laissez flotter une minute le papier sur un bain de

Eau distillée	100	grammes
Prussiate rouge de potasse	20	»

séchez par suspension, et imprimez dans le châssis à reproduction jusqu'à ce que les grands noirs de l'épreuve atteignent une couleur bleue foncée.

Placez alors l'épreuve dans une solution de 1 gramme de bichlorure de mercure par litre d'eau, puis, après lavage, dans une solution chaude de 12 gr. acide oxalique dans 100 gr. d'eau, lavez et séchez.

Procédés aux sels de chrôme.

A. Le *chlorure de chrôme* (maximum) se réduit à la lumière, et donne des images avec les sels des métaux peu oxidables. (D. V. M., inédit.)

Les autres sels de chrôme sont dans le même cas.

B. Les *chromates* (M. Mungo Ponton) répartis dans le papier, donnent des images par l'insolation.

De telles images manquent en général de vigueur, mais MM. Hunt, Niépce, Poitevin, Sella, Perry et bien d'autres expérimentateurs, en associant au bichromate certains sels métalliques ou organiques, ont donné à ces épreuves un éclat beaucoup plus grand.

La propriété la plus remarquable des *chromates* consiste dans leur propriété d'oxider, sous l'influence de la lumière, certains corps organiques, particulièrement la gélatine. La théorie rend assez bien compte de ce qui se passe ; l'acide chromique du chromate se décompose en sesquioxyde de chrôme, et l'oxygène mis en liberté, se porte sur le corps organique qui reste même combiné, paraît-il, avec l'oxide de chrôme.

Cette gélatine ainsi modifiée peut se colorer par des poudres fines, telles que le charbon, et c'est sur cette propriété qu'est basé le procédé dit « *tirage au charbon* » qui a eu tant de retentissement dans ces dernières années. Ces procédés ont pour principaux auteurs **MM.** Poitevin, Garnier et Salmon, Pouney, etc., mais M. Mungo Ponton en a indiqué depuis longtemps le principe. (*Edimburgh new Philosophical Journal*).

A. Laissons M. Poitevin décrire lui-même deux de ces procédés [1].

« 1° Pour préparer les papiers, je les recouvre d'une dissolution concentrée d'un des corps organiques précités (gomme, gélatine et congénères) et additionnée d'un sel à acide chromique; après dessication, je soumets à l'influence de la lumière directe ou diffuse à travers le cliché du dessin à reproduire; après un temps d'exposition variable, j'applique au tampon ou au rouleau une couche uniforme d'encre grasse typographique ou lithographique, éclaircie préalablement, et je plonge la feuille dans l'eau. Alors toutes les parties qui n'ont pas été impressionnées abandonnent le corps gras, tandis que les autres en retiennent des quantités proportionnelles à celle de la lumière qui a traversé le cliché. »

« 2° J'applique les couleurs diverses, liquides ou solides, sur le papier, les étoffes, le verre et d'autres surfaces, en mélangeant ces couleurs avec le mélange ci-dessus indiqué (bichromate de potasse et matière organique), et appliquant ce mélange ou cette combinaison sur le papier ou toute autre surface.

L'impression photographique, sur cette surface préparée, se produit par l'action de la lumière passant à travers un négatif photographique, une gravure ou un objet convenable, ou enfin à la chambre noire; on lave ensuite au moyen d'une éponge et avec une grande quantité d'eau. L'albumine ou la matière organique devient insoluble dans les parties où la lumière a agi, et le dessin est reproduit par la couleur que l'on a employée. »

B. Voici le procédé de MM. *Garnier et Salmon :*

On commence par dissoudre 30 grammes de sucre blanc dans 30 grammes d'eau. Après dissolution complète on y ajoute 7 1/2 grammes de bichromate d'ammoniaque bien neutre qu'on y fait dissoudre en versant le liquide sur le bichromate pulvérisé et en agitant bien avec une baguette de verre, puis enfin on y mélange dix grammes d'albumine préalablement battue. Après avoir amené le tout à l'état de mixture aussi parfaite que possible on la passe dans un linge fin; d'autre part, on fixe avec des punaises la feuille de papier sur une

(1) Voyez, pour plus amples renseignements « *Traité de l'impression sans sels d'argent* » par M. Poitevin.

planchette et sur cette feuille on étend la mixture, au moyen d'une brosse ronde en soies de porc (hauteur des soies dix cent.; diamètre de la brosse à sa base 5 1/2 centimètres). Pour que la couche soit bien égale, sans stries ou traces laissées par les soies de la brosse, on prend aussi juste que possible ce qu'il faut de la solution, ni plus ni moins. Cela fait on chauffe la feuille devant le feu, en présentant l'envers sans trop l'approcher, le séchage se termine promptement. On s'assure que la feuille est sèche en passant le doigt sur la couche où il doit bien glisser, quoique la couche paraisse encore un peu poisseusse en appuyant.

Le papier ainsi préparé est exposé à la lumière derrière le cliché dans le châssis à reproduction. Dans une expérience faite sous les yeux des membres de la commission de la Société Française de Photographie, l'exposition à la lumière avait duré un quart-d'heure, le temps était à demi-couvert et clair. Au sortir du châssis, l'image était très-marquée, par surcroît d'intensité du ton jaune du bichromate. On rechauffe un peu le papier devant le feu, la chaleur paraissant aider à l'action de la lumière, ce qui, si ce fait est vrai, pourrait fournir un moyen de modifier partiellement la valeur des noirs. Enfin on fixe de nouveau la feuille sur la planchette et on étend sur toute sa surface au moyen d'un blaireau assez bien fourni, assez long pour être flexible, sans être trop mou, du noir d'ivoire très-fin; on termine l'extension du noir avec un tampon de coton et on l'égalise aussi bien que possible. Enfin, on détache la feuille de la planchette, et, après l'avoir présentée au feu pour la sécher très-légèrement, on la plonge dans l'eau ordinaire, avec précaution, l'image étant au-dessus. Après un quart-d'heure environ, quand on juge que la couche de bichromate restée soluble est détachée de la feuille, on retire celle-ci très-doucement par les deux angles d'un des petits côtés; une solution jaune se sépare sur la limite entre l'air et l'eau.

La feuille au sortir de l'eau présente une image où les noirs sont très-distincts, mais où les blancs sont un peu sales. Enfin on la soumet à l'action d'un bain ainsi composé.

Eau	1000	grammes.
Eau saturée d'acide sulfureux . .	50	»

La proportion de l'eau saturée d'acide sulfureux peut être augmentée ou diminuée, l'action est alors plus ou moins prompte.

On apporte de grands soins dans le maniement de l'épreuve dans ce bain final, et cela, parce que la couche insolubilisée qui retient le carbone, adhère très-faiblement au papier, tant qu'un premier séchage n'a pas lieu. Sous ce rapport il serait utile de sécher une première fois entre le bain d'eau pure et celui d'acide sulfureux.

L'acide sulfureux se produit d'ailleurs très-facilement en chauffant de l'acide sulfurique concentré avec du cuivre dans un ballon en verre. On adapte au ballon un tube qui plonge dans l'eau et les bulles de gaz acide sulfureux qui se dégagent se dissolvent dans cette eau jusqu'à ce qu'elle soit saturée.

Le bain d'acide sulfureux a pour effet de dépouiller les blancs de leur aspect jaune et sale, cependant ces blancs ne deviennent jamais très-purs et c'est là le défaut persistant du procédé. Le papier retient, dans les plus grands clairs, des parcelles de carbone qui sans doute s'attachent aux aspérités invisibles, que n'avait pu refouler le satinage préalable, ou qui se relèvent par l'huméfaction du papier, lors de l'application de la couche sensible. C'est la difficulté principale qui reste à vaincre, mais elle n'est pas la seule : les demi-teintes laissent à désirer quant au modelé, dans les vues les détails des lointains sont incomplètement rendus, souvent même indécis, les noirs manquent de brillant et d'homogénéité, surtout dans les tons intermédiaires.

C. Le procédé de *M. Pouncy* repose sur les mêmes principes :

On prépare d'une part une dissolution saturée de bichromate de potasse et de l'autre une solution de gomme arabique qui ait la consistance d'un vernis ordinaire (10 à 20 %). On se procure également du charbon végétal, du noir d'ivoire est encore bon, mais on le broie à la molette de manière à l'avoir extrêmement fin. On le délaie ensuite dans l'eau.

On mélange, à volumes égaux, les deux premières solutions, et un quart de la troisième. Le papier est placé sur une planche et reçoit le mélange précédent que l'on applique à l'aide d'un pinceau comme dans la méthode de Garnier et Salmon. Au sortir de la presse à positifs le papier est immergé dans l'eau où on l'abandonne pendant un laps de temps qui peut varier d'une heure à plusieurs jours. Il est bon de faire observer que, si les grands clairs apparaissent dès que l'épreuve est immergée dans l'eau, c'est une preuve que l'exposition à la lumière a été insuffisante ou bien que la gomme arabique est trop épaisse.

Dès que tous les détails de l'image ont apparu, l'épreuve est lavée, séchée à l'air, puis doucement chauffée devant un feu. C'est surtout ce séchage qui donne de la fixité aux images.

D. Enfin, ce procédé au charbon a été modifié encore par M. Joubert, en Angleterre, et M. Fargier, en France, mais seulement dans ses détails.

Procédés aux sels de mercure.

Les sels de mercure au maximum sont réduits par la lumière à l'état de sels au minimum (Sir John Herschell). Il en résulte qu'on peut baser différents procédés photographiques sur cette propriété des sels de mercure.

Procédés aux sels de cuivre.

Chromatype. (Robert Hunt, 1843.) Un papier est passé dans une solution de sulfate de cuivre, puis de bichromate de potasse.

Le premier effet de la lumière sur ce chromate de cuivre ainsi formé dans la texture du papier, est de le brunir ; le second, de le ramener à une teinte d'un jaune clair, de sorte que l'on obtient deux images : la première négative, la seconde positive, par rapport à un modèle donné.

Dans les deux cas, le papier passé dans le nitrate d'argent donne une image positive. Le fixage se fait à l'eau pure.

Beaucoup d'autres sels de cuivre sont sensibles à la lumière.

Procédés aux sels de manganèse.

Le manganate de potasse est sensible à la lumière et, réparti dans le papier, tend à donner des images positives.

Le deutoxide de manganèse dissous dans le cyanure de potassium possède la même propriété, ainsi que beaucoup d'autres composés de manganèse.

Procédés aux sels de platine, d'or, etc.

Enfin, dans des conditions analogues à celles que nous avons précédemment énumérées, beaucoup d'autres sels métalliques sont réduits par la lumière, soit à l'état de sous-sels, soit à l'état métallique, surtout en présence de corps réducteurs.

C'est ainsi que les sels des métaux peu oxidables, sont en général réduits à l'état métallique en présence des matières organiques, ce sont : l'argent, l'or, le platine, le palladium.

D'autres composés métalliques subissent une réduction moins complète, particulièrement si leur radical forme des sels de deux degrés d'oxidation, (sels de protoxide et sels de peroxide). Alors le sel au maximum passe à l'état de sel au minimum. Ce sont : les sels de chrôme, de fer, de mercure, d'urane, de titane, etc.

Les sels alcalins semblent insensibles à la lumière.

POSITIVES PAR AMPLIFICATION.

On fait généralement à la photographie un reproche qu'elle mérite, c'est de fausser la perspective et de ne pas reproduire un modèle à plusieurs plans tel que nos yeux le voient.

Ce reproche, que l'on ne peut écarter, s'explique facilement à l'aide des lois de l'optique. On se sert, en effet, pour reproduire les objets, d'objectifs d'une grande distance focale et d'un grand diamètre. Voyons ce que sont les images dans ces deux cas.

1° Il est évident, d'après ce que nous avons dit page 42, que plus un objet est éloigné, plus son image se peint près du foyer principal, et inversement. D'après la formule que nous avons donnée page 42, un objet éloigné de 10 mètres et reproduit à l'aide d'un objectif de 30 cent. de foyer, formera son image à 309 millimètres en arrière de cet objectif, tandis que l'image d'un second objet, éloigné de 100 mètres, se formera à 300 millimètres, c'est-à-dire, au foyer principal. Il est donc impossible de mettre à la fois au point ces deux objets, quelque petit que soit le diaphragme dont on arme l'objectif.

2° Si l'on se sert d'un objectif double, surtout s'il a un grand diamètre relativement à sa distance focale, un autre défaut s'ajoute au manque de netteté, c'est que chaque point de l'objectif voyant une *image différente*, ces images se superposent et faussent *la forme* de l'objet reproduit.

Pour rendre ce fait palpable, reportons-nous à la figure 214 (page 240) et supposons AB l'ouverture de l'objectif regardant la pyramide DOE. Il est bien évident que le point B de cet objectif donnera une image *b*OE tandis que le point A donnera une image DOE, ces deux images se superposent sur le verre dépoli en déformant par conséquent l'objet(1).

On peut, il est vrai, atténuer ce défaut des objectifs doubles en les diaphragmant fortement, mais alors on leur enlève leur qualité prin-

(1) Il est hors de doute que ce défaut est peu sensible si l'objectif n'a que 3 ou 4 pouces d'ouverture et si l'objet est suffisamment éloigné. Mais nos lecteurs n'ignorent pas qu'il existe des objectifs combinés de 8 pouces et même davantage. Il y a peu d'années, M. Disdéri s'est servi d'un objectif de 14 pouces d'ouverture construit par M. Jamin pour faire des portraits en grandeur naturelle ; or, en supposant à cet objectif une distance focale de 40 pouces, l'image devait être horriblement déformée puisque les images formées par deux points extrêmes de l'objectif, différaient entr'elles de plus de 10 degrés !

cipale, celle de permettre une pose très-courte pour la formation de l'image sur la glace sensible.

Il résulte de ce qui précède, que les épreuves obtenues par les méthodes ordinaires et amenées par des moyens optiques *parfaits* à la dimension des objets qu'ils représentent, ne correspondent pas du tout à la forme réelle de ces objets. En un mot, les moyens employés actuellement pour la reproduction des objets par la photographie manquent d'exactitude, et si les épreuves *paraissent* fidèles, c'est le résultat de leur petite dimension qui nous empêche de bien apprécier leurs irrégularités.

Ainsi que l'a fort bien dit M. Bertsch dans une séance de la Société Française de photographie, avant de chercher les moyens d'amplifier les épreuves, il faut d'abord se préoccuper de les obtenir exactes ou tout au moins, très-approximativement exactes.

Ce résultat peut s'atteindre avec un objectif d'un foyer quelconque et armé d'un diaphragme très-petit, pourvu que l'on s'éloigne suffisamment de l'objet pour que son image se forme au foyer principal ou très-près de ce foyer principal.

Le calcul et l'expérience démontrent que si l'image d'un objet est réduite par la réfraction à travers les surfaces courbes de l'objectif, au centième de la dimension du dit objet, tous les objets situés plus loin seront rigoureusement au point. On peut mieux apprécier ce résultat en jetant un coup d'œil sur les tableaux placés pages 44 et 45. Cherchons en haut des colonnes : 1/100e, et nous trouverons alors que la distance des objets est la suivante, pour des objectifs divers.

DISTANCE FOCALE DE L'OBJECTIF : centimètres.	DISTANCE DES OBJETS : mètres.
10	10,10
15	15,15
20	20,20
25	25,25
30	30,30
35	35,35
40	40,40
50	50,50

Donc, *pour produire des images parfaitement nettes et analogues à celles que notre œil perçoit, il ne faudrait jamais que les premiers plans de l'objet à reproduire fussent plus rapprochés que cent fois la distance focale de l'objectif.*

En se servant des objectifs à vue ordinaires, surtout s'ils ont une longue distance focale, les difficultés des lieux doivent rendre souvent cette condition impossible à réaliser. Mais plus cette distance focale est courte et plus les premiers plans pourront être rapprochés ; en effet, avec un objectif de 10 cent. de foyer ils seront de dix mètres, et ainsi de plus en plus rapprochés à mesure que cette distance focale se raccourcit encore.

Ces règles posées, nous pouvons facilement obtenir des clichés susceptibles d'être agrandis avec avantage, si l'amplification ne doit pas être exagérée.

Résumons ainsi les conditions optiques nécessaires pour atteindre ce résultat :

1° Pour les portraits, servez-vous d'objectifs de petite dimension et de foyer très-court ; éloignez-vous suffisamment pour réduire l'image d'une personne posant debout par exemple, à 3 ou 4 centimètres et moins encore.

2° Pour les monuments, les paysages et les vues où l'amplification doit conserver encore plus la netteté, les premiers plans seront éloignés de cent fois la distance focale de l'objectif, et comme cette condition est difficile à réaliser en pratique si l'objectif a une longue distance focale, servez-vous d'objectifs combinés fortement diaphragmés et d'un très-court foyer.

L'objectif qui offre le plus d'avantages parmi ceux que le photographe possède, est celui que nous avons décrit page 132, ligne 17 ; mais si on peut en trouver d'un plus court foyer encore, ils seront à préférer. Nous avons également parlé page 252 d'un appareil très-propre à la reproduction des monuments et des paysages sur des glaces de très-petite dimension.

Relativement aux procédés à employer pour l'obtention des clichés, le procédé au collodion est à préférer, mais il est absolument nécessaire de se servir d'un collodion très-fluide, peu ioduré, et qui ne donne pas des images trop intenses. Le cliché destiné aux agrandissements doit être transparent, même dans les noirs les plus épais.

Il faut éviter des clichés solarisés et rougeâtres, parce qu'ils exigent un temps de pose considérable à la chambre solaire dont nous parlerons tout-à-l'heure.

Voyons maintenant les appareils optiques propres à donner de grandes images de clichés de petite dimension.

Suivant la nature des procédés photographiques, deux espèces d'appareils peuvent être employés.

1° Appareil à condensateur qui concentre une grande quantité de lumière sur le cliché, de manière à pouvoir le reproduire agrandi sur papier positif au chlorure d'argent.

2° Appareil sans condensateur, concentrant moins de lumière sur le cliché et, par suite, nécessitant pour le tirage des positives la méthode négative que nous avons décrite page 274. Le petit cliché peut aussi être transformé en un positif sur verre, sur albumine ou sur collodion sec, celui-ci être amplifié en recevant l'image sur une grande glace collodionnée, de sorte qu'en définitive, l'on aura un grand négatif dont on tirera des positifs à la manière ordinaire.

Quand le petit cliché ne doit être amplifié que de deux ou trois fois, cette dernière méthode est assez avantageuse; mais s'il s'agit d'amplifications plus considérables, elle ne l'est plus, à moins que l'on n'ait à faire un nombre considérable de grandes épreuves, ce qui est le cas exceptionnel.

1° Appareil à condensateur.

C'est M. Woodward, peintre américain, qui a mis cet appareil en vogue, sous le nom de *chambre solaire*. Cependant il n'y a absolument rien de nouveau dans sa disposition, et, pour preuve, nous mettons ici sous les yeux du lecteur, une coupe de la « *fantasmagorie* » (fig. 234), dont tout le monde connait les applications.

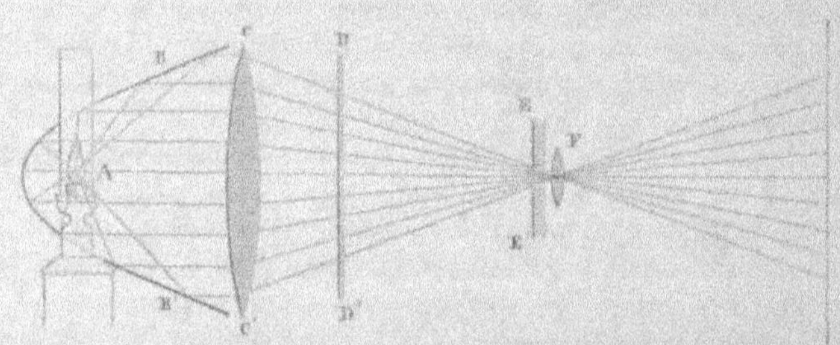

Fig. 234.

A est la lampe éclairante, dont les rayons divergents sont rassemblés par un miroir parabolique BB' en un cylindre de rayons parallèles qui tombent sur une grande lentille convergente CC' au foyer F de laquelle ils se réunissent pour continuer leur chemin à l'infini; imaginons-les cependant arrêtés par un écran plan.

Si nous plaçons une lentille convergente en F, de manière que son centre optique coïncide avec le foyer des rayons émanés de la grande lentille (ou condensateur) CC', la marche des rayons ne subira aucun changement et une glace peinte DD' placée convenablement au-delà du foyer de la petite lentille F, formera dès lors une image très-nette sur l'écran.

Le condensateur ne joue aucun rôle dans la formation de l'image, la preuve c'est que les distances de la glace DD' à la lentille F, et de cette dernière à l'écran, sont liées par la loi des foyers conjugués dont nous avons cité des exemples pages 42 et suivantes.

Le condensateur possède seulement l'avantage de faire servir tous les rayons lumineux émanés de la lampe, à éclairer la glace DD' et à former l'image.

La *chambre solaire* de Woodward (fig. 233), repose entièrement sur ces principes. En effet, l'appareil est essentiellement composé d'une

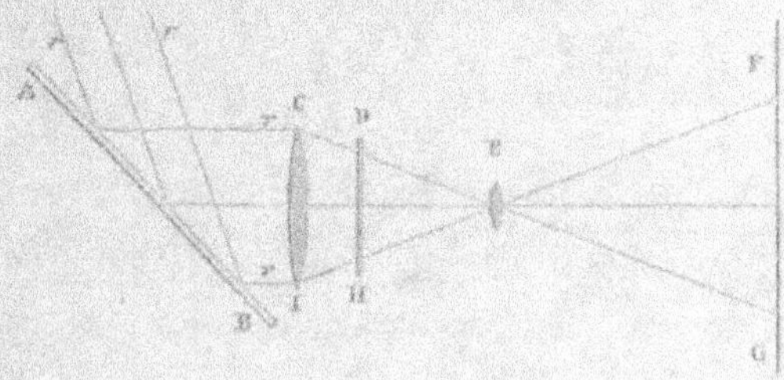

Fig. 233.

grande lentille CI au foyer principal de laquelle est fixée une lentille achromatique E. Un miroir AB renvoie les rayons solaires *r r* sur le condensateur, et le cliché, mobile à l'aide d'une crémaillière, est placé entre les deux lentilles à une distance qui varie suivant celle de l'écran FG sur lequel l'image se forme.

Voilà l'appareil dans son ensemble, passons aux détails.

1° *Le condensateur* sera d'une très-grande dimension, si c'est possible de 50 centimètres de diamètre et même davantage. La raison en est toute simple : plus cette lentille est grande, plus elle réunit de lumière et plus, par conséquent, le positif s'imprime vite.

Le condensateur sera en verre très-blanc à base de zinc. S'il était verdâtre, l'image viendrait moins vite au centre, à cause de l'absorption des rayons chimiques par la partie la plus épaisse de la lentille.

Le condensateur ne doit pas être achromatique. Sa distance focale ne sera pas inférieure à deux fois son diamètre, ni supérieure à trois. Ses surfaces doivent, tant que possible, être exemptes d'aberration sphérique.

2° L'objectif destiné à être placé en E sera achromatique, ou pour nous exprimer plus exactement, corrigé pour les rayons chimiques. Il sera monté comme les objectifs à vue ordinaires, *sa surface plane ou concave étant tournée du côté du positif.*

Le centre optique de l'objectif doit être placé au point de croisement des rayons émanés du condensateur. Mais comme ce dernier n'est pas achromatique, les rayons chimiques (bleus) n'ont pas leur foyer au même point que les rayons lumineux (jaunes) (voyez fig. 25, page 40). Il est donc nécessaire d'ajuster l'objectif à une place convenable et pour cela la monture sera à crémaillière.

Voici comment se fait cet ajustement :

Le condensateur étant fixé dans un côté de sa boîte (comme nous le verrons tout-à-l'heure) et la lentille simple à l'autre, on interpose un verre d'un violet foncé entre les deux, et on règle alors l'objectif simple de la manière suivante.

Collez deux pains à cacheter vers le bord du condensateur et deux autres sur le mur opposé à la place où se forment les deux images des premiers. Placez alors l'objectif simple et avancez-le ou reculez-le jusqu'à ce que l'image des deux pains, qui s'était d'abord déplacée, revienne à sa place primitive. Inutile d'ajouter que cet ajustement doit se faire pendant l'interposition du verre violet. Ce dernier peut alors être enlevé, l'ajustement des lentilles étant maintenant fait sur le foyer des rayons chimiques du condensateur et non sur le foyer des rayons lumineux. Cependant il est préférable de laisser encore ce verre violet en place jusqu'au moment de la mise au point du petit cliché.

3° *Le cliché* sera mobile, par conséquent l'appareil doit être spécialement monté pour cet objet.

La monture la plus ordinaire consiste dans une grande boîte carrée aux extrémités de laquelle se trouvent le condensateur et la lentille simple. Entre les deux, se meut, à l'aide d'une crémaillière, le cliché placé dans un châssis.

Cependant tout cet appareil est parfaitement superflu, et il suffit de se procurer un miroir monté comme nous le décrirons tout-à-l'heure, et un condensateur, pour pouvoir monter soi-même l'appareil. Voici dès lors comment on s'y prendra.

Dans une chambre parfaitement obscurcie, choisissez le mur exposé au sud, faites-y une entaille carrée et insérez-y le bloc carré de bois dans lequel est monté le condensateur *o* (fig. 236).

Il est bon de placer bien verticalement le condensateur à une hauteur suffisante. Collez sur son centre un pain à cacheter dont vous mesurerez la hauteur au-dessus du plancher (nous la supposerons de 125 centimètres).

A plusieurs mètres du condensateur placez un châssis en bois A recouvert d'une feuille de papier blanc et de telle manière qu'il soit parallèle au plan du condensateur. Fixez un pain à cacheter au centre du châssis et à 125 centimètres de hauteur à partir du plancher. Il est clair maintenant que la ligne idéale qui passe par les deux pains à cacheter du châssis et du condensateur est à fort peu près horizontale, à moins que le plancher ne soit très-irrégulier, ce qui est le cas exceptionnel.

Il faut aussi que les deux plans du condensateur et du châssis soient bien perpendiculaires à cette ligne idéale, c'est-à-dire, que le

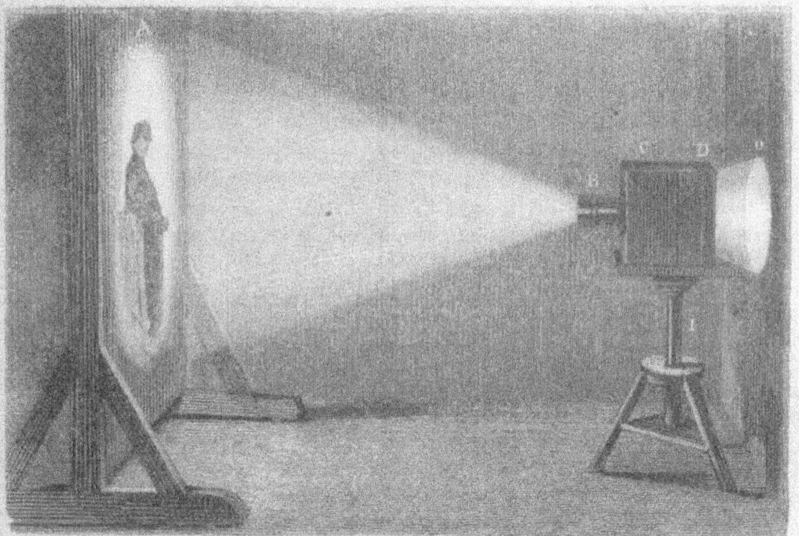

Fig. 256. — Disposition de la chambre solaire.

châssis soit placé *vis-à-vis* du condensateur. Ceci est d'ailleurs tellement évident que nous n'avons pas besoin d'insister sur ce point.

Prenez maintenant un pied d'atelier ordinaire, placez-le de telle manière que sa tige mobile I soit bien verticale et sa planchette bien horizontale. Placez sur cette dernière une chambre noire CD ordinaire, munie d'un objectif à vue B; munissez-le *pour le moment* d'un très-petit diaphragme, et fixez-le sur la chambre noire. Enlevez le verre dépoli de cette dernière, remplacez-le par une glace au centre de laquelle vous collerez un petit cercle de papier de 1/4 de centimètre de diamètre (le centre de cette glace se détermine par les deux droites qui joignent les angles opposés).

Regardez maintenant par le diaphragme de l'objectif B, et ajustez la chambre noire jusqu'à ce que le centre en papier de la glace coïncide avec le pain à cacheter du condensateur. Allez alors regarder en D en plaçant l'œil très-près du centre en papier et ajustez de nouveau l'appareil sur le pain à cacheter du châssis. Quand on a ainsi plusieurs fois ajusté l'appareil, la ligne idéale qui joint le centre du châssis et du condensateur passe aussi par le centre de l'appareil photographique.

Une autre méthode pour atteindre ce résultat consiste à percer le châssis A à l'endroit couvert par le pain à cacheter et à faire ajuster l'appareil par un aide, pendant que l'on regarde derrière le châssis et à travers le trou si le diaphragme de l'objectif, le centre en papier placé sur la glace et le pain à cacheter du condensateur, sont bien en ligne droite.

Avant de procéder à cet ajustement, il est bon de fixer à *peu près* l'appareil de manière à ce que l'objectif B se trouve au foyer du condensateur. Il suffit pour cela d'une courte expérience préalable.

Tout étant disposé comme nous venons de le dire, vous fixerez fortement (à l'aide de vis) le pied et le corps de la chambre noire, afin qu'un accident quelconque ne vienne pas déranger tout le système.

C'est maintenant le moment de procéder à l'ajustement définitif de la lentille B, ce que vous ferez comme nous l'avons indiqué plus haut (page 290, ligne 10).

Le cliché étant placé en D et le châssis en A, il suffit de mouvoir le tiroir de la chambre noire pour obtenir en A une image d'une netteté parfaite; mais n'oublions pas de mettre au point à travers un verre violet placé sur le condensateur *o* et qui le couvre en entier. La netteté en est bien un peu troublée, mais avec un peu d'habitude il est facile de parer à cet inconvénient. D'ailleurs, si ce manque de netteté vous dérange, servez-vous d'une cuvette à glaces parallèles (voyez page 146, ligne 5 et fig. 157) et versez-y une dissolution de sulfate de cuivre ammoniacal qui est d'un bleu foncé.

Il se présente ici un point sur lequel nous devons insister tout particulièrement.

Si nous nous servons d'un condensateur très-considérable, c'est pour réunir le plus de lumière possible. Il faut donc employer toute cette lumière et non pas une fraction quelconque. Expliquons-nous, en nous servant pour cela de la fig. 235 :

Il est clair que la grandeur du positif est ce qui préoccupe avant tout l'opérateur. Préparer une feuille de 40 cent. sur 55 pour n'obtenir qu'un positif de 30 cent. sur 40 n'entre pas dans son esprit. En un mot, il y a ici une donnée dont il faut tenir compte avant tout, c'est la hauteur FG du papier.

Les lentilles E et CI étant donc en place, et les rayons solaires réfléchis sur le condensateur, nous commencerons toujours par nous procurer sur le châssis un cercle lumineux un peu plus grand que la hauteur de notre papier sensible, et *l'image amplifiée du négatif devra couvrir la même surface.*

Un second élément fixe c'est la dimension du cliché à agrandir. Or, supposons DH la hauteur de ce cliché, dans ce cas (que nous prenons tel d'ailleurs pour le moment) il n'y a qu'une seule place possible pour ce cliché, puisque la lentille F a un foyer déterminé et la feuille FG une dimension fixe, c'est l'endroit où nous l'avons marqué sur la figure. On voit que toute la lumière traverse ce cliché, excepté ses bords extrêmes; mais *si ce cliché est plus grand ou plus petit, sa place reste toujours la même;* dans le premier cas, le centre seul forme l'image FG; dans le second, toute la lumière qui vient des bords du condensateur est perdue.

Nous avons vu précédemment : 1° qu'on pouvait obtenir des clichés d'une dimension quelconque propres à être agrandis; 2° qu'il était cependant préférable d'user de petits clichés faits expressément pour l'appareil et dès lors d'une dimension fixe. Si l'on suit cette dernière règle, l'appareil est complet tel que nous l'avons décrit, sauf le miroir dont nous parlerons tout-à-l'heure; mais si l'appareil doit servir à agrandir différentes dimensions de clichés, il faudra autant d'objectifs simples E que de dimensions de clichés.

En effet, le cliché peut n'avoir qu'une dimension de deux ou trois centimètres jusqu'à celle du rectangle inscrit dans le disque du condensateur. Alors il suffit de le placer quelque part dans le cône lumineux CEI pour que toute la lumière venant du condensateur le traverse jusque vers les bords (qu'il faut toujours sacrifier).

D'autre part la dimension du papier règle la distance entre le châssis FG et la lentille E, donc, il y a ici un élément variable, c'est la distance focale de la lentille E.

Il en résulte *que l'on doit posséder une série de lentilles simples, dont les distances focales varient de 2 en 2 pouces, afin de pouvoir se servir de clichés de n'importe quelle dimension, ou bien, que l'on doit toujours faire les clichés d'une dimension constante.* Comme il est d'ailleurs aisé de faire de petits clichés, que, de plus, ils réunissent mieux les conditions de netteté que nous avons considérées page 286, comme étant indispensables, il s'en suit que c'est cette dernière méthode que l'on préférera.

Les miroirs qui servent à réfléchir la lumière sur le condensateur doivent être en *verre argenté*, attendu que sous l'influence des rayons solaires, l'étamage au mercure se détruit très-vite.

Les miroirs argentés se détruisent aussi assez vite si on les peint au minium comme le font actuellement les fabricants. Quand donc on commandera un miroir à une manufacture de glaces, on prescrira expressément de ne pas couvrir l'argenture d'une couche de peinture et de doubler l'épaisseur de la couche d'argent.

L'appareil étant horizontal, la longueur du miroir doit être très-grande, particulièrement si la latitude du lieu est élevée, c'est-à-dire dans les climats froids. Cela est même un inconvénient tel que l'on ne peut travailler dans des appareils horizontaux qu'à la condition de monter le miroir, non sur un mur qui regarde le Sud, mais *sur l'angle* d'un mur qui regarde au contraire l'Est, quitte à sacrifier les premières heures et les dernières et à n'opérer qu'entre dix heures du matin et 2 heures de relevée. A cette condition, la longueur du miroir ne doit pas dépasser 3 fois la dimension du diamètre du condensateur. Quant à sa largeur, il suffit d'une fois et quart ce diamètre.

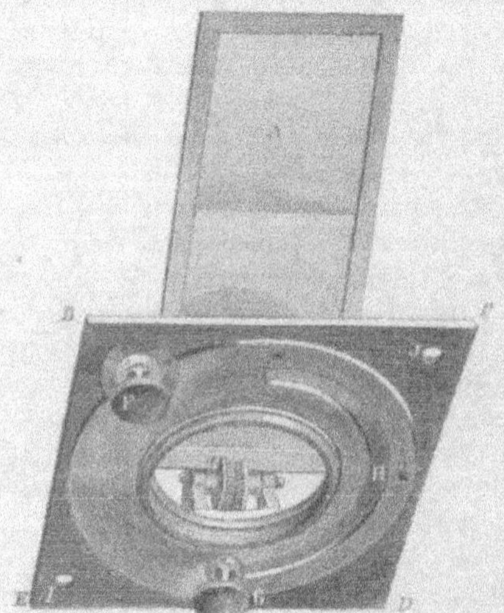

Fig. 237. — Miroir monté pour la chambre solaire.

La monture du miroir la plus ordinaire est représentée fig. 237. Un cadre en bronze BCDE se fixe dans le volet de la chambre noire et porte une roue dentée, percée d'une grande ouverture circulaire. Cette roue dentée est cachée sur la figure, mais on voit le pignon F à l'aide duquel on la fait mouvoir.

Cette roue est suffisamment large pour porter un engrenage a dans lequel le miroir est fixé; G est le pignon denté qui commande ce miroir et H la rainure du disque qui couvre la grande roue dentée et qui permet au pignon G de voyager lorsqu'on meut le pignon F. Mais le dessinateur a commis la faute de placer l'appareil sur le côté, car H doit être en bas et le côté BE en haut. A midi (le miroir étant fixé dans un mur exposé au Sud) le pignon G sera en H.

Cette monture n'est guère adoptée que dans le cas où le condensateur est petit. Mais le modèle représenté fig. 238 est plus convenable pour porter de grands miroirs.

Le miroir L (fig. 238) (dont la largeur, dans cette construction, doit être double de celle du condensateur), est monté en bois et fixé à une demi-roue dentée K à l'aide d'angles en fer. La tige G, se rendant à l'intérieur de la chambre obscure, commande une seconde tige *a*, à l'aide d'un engrenage conique H. Cette tige *a* porte à sa partie supérieure une vis sans fin qui travaille sur la petite roue dentée I et celle-ci sur la grande roue K.

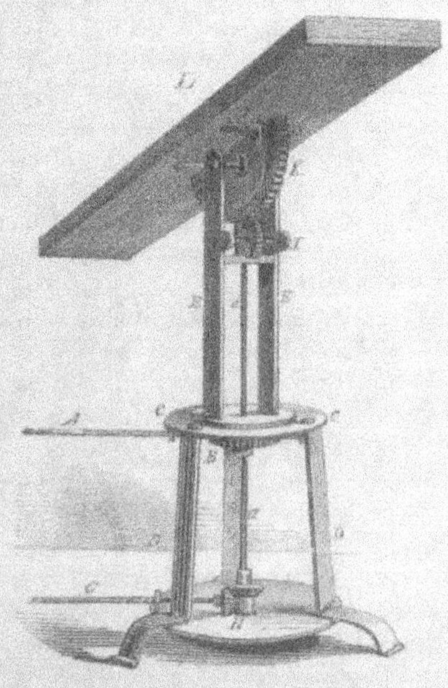

Fig. 238. — Grand miroir à double mouvement.

Il s'en suit qu'en tournant la poignée qui termine la tige G, on communique un mouvement vertical au miroir.

Le mouvement horizontal se fait par la tige A, à l'extrémité de laquelle se trouve une vis sans fin qui fait tourner la roue dentée B. Celle-ci porte les deux tiges EE, qui à leur tour portent les axes des roues I et K. Cette roue B est percée à son centre, pour donner passage à la tige *a*, et tourne à frottement doux dans la pièce de fer circulaire *cc* qui porte tout l'appareil sur trois pattes D.

Les deux tiges A et G sont parallèles, en les mouvant ensemble on peut donner au miroir toutes les positions possibles.

Nous devons l'idée première de cet appareil à M. Dubosq. Il porte, de même que celui représenté fig. 237, le nom de *porte-lumière*.

Cet appareil se place en dehors de la chambre obscure sur une forte planche ou sur un fer à cheval encastré dans le mur, sur lequel on fixe les trois pattes en fer à l'aide de vis. Les tiges A et G se rendent à l'intérieur, on les voit sous le condensateur dans la fig. 236.

Le centre K du miroir correspond au centre du condensateur et se trouve sur la même ligne horizontale.

Quant à la marche simultanée des diverses pièces qui constituent tout l'appareil, elle sera facile, après les détails sur lesquels nous venons de nous étendre si longuement.

Le miroir étant placé à l'extérieur, on commence par le faire mouvoir jusqu'à réfléchir les rayons solaires dans le condensateur, de manière à ce que l'axe du cône lumineux soit horizontal.

Le cliché est introduit dans son châssis D (fig. 236) le verre bleu interposé, et le tiroir D avancé ou reculé jusqu'à ce que l'image se peigne avec une grande netteté sur le châssis A. On enlève alors le verre bleu, on fixe le papier sensible sur le châssis A (et pour l'ajuster, ce châssis doit être mobile dans le sens vertical) et l'impression lumineuse se fait avec une rapidité qui varie surtout suivant l'intensité des rayons solaires, la température, la sensibilité du papier chloruré et la grandeur du condensateur.

Mais une grande difficulté se présente ici et qui est cause que l'on doit tâcher de se procurer des condensateurs forts grands. Le soleil se meut, par conséquent l'image se déplace. Il faut donc constamment mouvoir le miroir à l'aide des tiges et avec une attention soutenue. Il y a même un point que nous avons omis de mentionner, c'est qu'il fallait tracer sur les bords du cliché un petit point de repaire, et fixer sur le châssis l'endroit où ce point se reproduit et alors le maintenir en place par de légers mouvements du miroir (1).

La surface du condensateur, (moins une fraction due à l'absorption des rayons actifs de la lumière par le miroir et la matière des lentilles) règle surtout la rapidité de l'impression. En pratique, il est bon de ne pas dépasser une dimension de 44 cent. sur 55 pour l'agrandissement du cliché et de se servir d'un condensateur de 50 cent. de diamètre, cependant avec une lentille de 38 centimètres de diamètre, on peut déjà opérer très-rapidement (en 20 minutes, en été).

Quand la lumière a agi un temps suffisant, on enlève le papier chloruré du châssis et on le fixe à la manière ordinaire.

La netteté du positif varie avec celle du petit cliché qui sert de type (c'est là un motif de plus pour se servir de clichés fort petits et faits tout exprès dans ce but), et le soin que l'on a mis à mouvoir les tiges du miroir. S'il reste un léger foyer chimique dans l'appareil, (ce qu'on vérifie par l'expérience) il suffit d'avancer ou de reculer très-peu le châssis pour le corriger.

Pour finir, recommandons à l'opérateur l'obscurité parfaite de la chambre où l'on opère, et de disposer entre l'objectif et le châssis A

(1) L'héliostat, miroir muni de mouvements d'horlogerie, permet de conserver l'image réfléchie pendant un certain temps dans une position constante, mais il n'y a qu'un modèle d'héliostat possible pour la photographie, c'est celui qui se meut autour d'un axe parallèle à l'axe du monde, toutes les fois qu'on voudra avoir un rayon réfléchi horizontal on sera arrêté par l'énorme longueur du miroir et des frottements irréguliers des axes secondaires. (*Voyez* Applications de la photographie aux sciences d'observation, dans la seconde partie de cet ouvrage. La monture du miroir est la même que celle du Télescope en verre argenté.)

un écran en carton découpé (soit en carré, soit en ovale) qui ne laisse passer que la partie des rayons lumineux qui forme l'image.

Nous venons de voir que l'appareil de Woodward est disposé horizontalement et que dans les climats froids le soleil étant en général très-bas sur l'horizon, le miroir devait avoir une longueur considérable, à moins de placer l'appareil dans la direction Est-Ouest au lieu de Sud-Nord et de n'opérer que pendant les heures environnant midi.

On peut aussi placer l'appareil verticalement, de façon que le condensateur soit horizontal et inséré dans la partie supérieure du toit. Quant au miroir, la monture représentée fig. 237 est la plus avantageuse, on lui fait réfléchir la lumière dans un sens vertical et l'image est reçue sur un châssis horizontal.

Ce système peut paraître singulier, cependant dans nos climats où le soleil s'approche peu du zénith, et dans les grandes villes où l'on ne trouve pas toujours un local favorable pour installer la chambre solaire, il rendra de grands avantages. En été, surtout quand le soleil atteint sa plus grande hauteur au-dessus de l'horizon (Juin) le système horizontal est à préférer, mais depuis le mois d'Août au mois de Mai, c'est l'inverse.

En inclinant l'appareil d'un angle égal à celui de la latitude et en le plaçant dans le méridien, il suffit d'un seul mouvement communiqué au miroir pour maintenir l'image immobile.

Nous pourrions ajouter beaucoup à ce chapitre, si nous ne craignions de fatiguer l'esprit du lecteur, et surtout si nous pouvions entrer dans certains développements scientifiques qui malheureusement sont d'un ordre trop élevé pour figurer dans cet ouvrage. Qu'il nous suffise de dire que l'appareil optique des agrandissements pour être parfait devrait être construit de la manière suivante :

1° Miroir monté équatorialement. 2° Axe du condensateur dans le prolongement de l'axe horaire, et au foyer, prisme qui rejette horizontalement les rayons lumineux. 3° Condensateur en crown de grande dimension. 4° En arrière, lentille négative en flint d'une grandeur suffisante pour le cliché (4 pouces en diamètre) et à courbures telles à laisser les rayons faiblement convergents et à achromatiser l'ensemble. 5° Système de 2 lentilles achromatisées (à la façon des oculaires de Ramsden) et prisme réflecteur.

Ce système donnerait des images très-nettes et si un mouvement d'horlogerie était appliqué au miroir, il permettrait d'abandonner l'appareil à lui-même et le cliché s'imprimerait comme à l'ordinaire.

2° Appareil sans condensateur.

M. Bertsch trouve à la chambre solaire plusieurs défauts, tels que les bourrelets de diffraction, la nécessité de mouvoir constamment le miroir, d'exiger la présence du soleil pendant plusieurs minutes consécutives, etc. Il voudrait qu'on se servît de lumière parallèle au lieu de convergente pour éclairer le cliché, et surtout, que l'on rejetât le papier au chlorure d'argent, qui, dit-il avec raison, nécessite un aide à cause du temps fort long que dure l'impression.

Pour obvier à ces divers inconvénients, M. Bertsch propose d'opérer sur un positif sur verre (par transparance), d'amplifier celui-ci en un grand négatif sur collodion duquel on tirerait alors autant de positifs que l'on voudrait.

Certes pour les photographes de profession qui doivent livrer *plusieurs* portraits en grandeur naturelle, ou tout au moins de grande dimension, ce système aurait de l'avantage. Mais M. Bertsch pense-t-il que si ces grandes épreuves deviennent réellement à la mode, le public en demandera plus d'un seul exemplaire (car le prix en sera élevé), et alors le travail ne sera-t-il pas plus court en opérant directement à la chambre solaire qu'en suivant sa méthode?

Relativement à l'éclairage du cliché par la lumière parallèle, certes l'amplification gagnerait en netteté, et nous sommes sur ce point parfaitement d'accord avec M. Bertsch. Seulement l'appareil devrait, suivant nous, toujours être à condensateur afin de pouvoir opérer au papier au chlorure d'argent.

Quoi qu'il en soit, l'appareil de Woodward peut être rendu plus maniable et donner de meilleurs résultats comme netteté :

1° En substituant au condensateur une lentille *achromatique* de 16 cent. de diamètre et de 80 cent. de foyer.

2° En faisant usage d'une lentille simple d'un foyer de 70 centimètres.

3° En ne donnant au cliché que 10 centimètres de côté.

4° En substituant au papier au chlorure d'argent le papier négatif dont nous avons parlé page 276.

Vu la grande distance focale du condensateur, les bourrelets de diffraction sont ici réduits à rien et le temps d'exposition à la lumière ne dépasse pas 30 secondes, (bien entendu en n'opérant que sur un papier de 50 centimètres sur 60) donc, plus d'aide qui rectifie constamment la position du miroir.

En revanche, les positifs manquent en général de couleur et il est nécessaire de les retoucher.

Quoi qu'il en soit, la méthode de M. Bertsch diffère de celle de Woodward dans les points suivants :

Le cliché reçoit directement les rayons solaires, ces rayons passent alors dans une lentille convergente de 3 pouces de diamètre, puis, dans une seconde, d'où ils forment en divergeant l'image sur un écran de papier négatif. — L'exposition à la lumière est ainsi rendue très-courte, mais l'appareil de M. Bertsch nécessite des clichés fort petits et faits exprès pour cet objet à l'aide de la chambre automatique dont nous avons parlé page 252.

Sans posséder l'appareil précité on peut atteindre un résultat analogue, pourvu que le cliché à agrandir soit plus petit que le carré inscrit dans l'objectif double que l'on possède. Avec un objectif de 81 mill. le cliché ne peut pas avoir plus de 6 cent. de côté, et avec un objectif de 108 mill. plus de 9 cent. Le cliché est fixé dans un châssis en bois bien vertical. Les rayons solaires étant réfléchis horizontalement par un porte-lumière à miroir extérieur, on avance ou on recule l'objectif double *retourné* jusqu'à ce que l'image se peigne nette sur le chassis placé vis-à-vis. C'est sur ce dernier qu'est placé le papier sensible.

Si l'on se sert comme type d'un positif sur verre (par transparence) on peut ainsi obtenir un fort grand cliché sur collodion en quelques secondes et sans toucher au miroir.

Quoi qu'il en soit des deux espèces d'appareils dont nous venons de donner le principe et la construction, nous croyons que le premier (la chambre solaire de Woodward) sera celle qui réunira, pour les photographes de profession, les plus grands avantages.

Certainement il est préférable d'employer, pour éclairer le cliché, la lumière parallèle des rayons solaires directs à la lumière convergente du condensateur de Woodward, mais dans le premier cas il faudrait encore recourir aux grandes lentilles afin de pouvoir se servir de papier au chlorure d'argent, quoique M. Bertsch pense que ces grands disques absorbent trop de lumière par leur épaisseur, ce que l'expérience ne confirme point.

M. Claudet a indiqué, du reste, un nouveau rôle des grandissements. Il croit avec raison que leur grande utilité consistera à fournir au peintre le contour exact d'un portrait, car, ajoute M. Claudet, j'ai ainsi fait au crayon sur le châssis sur lequel se peignait l'image agrandie, des dessins fort grands d'après de petits négatifs, qui, entre les mains d'artistes, sont devenus de magnifiques portraits peints.

GRAVURE HÉLIOGRAPHIQUE.

La transformation des épreuves photographiques ordinaires, en planches susceptibles d'être imprimées, réaliserait un progrès immense si elle pouvait se faire d'une manière parfaite. Déjà les résultats obtenus sont fort beaux, mais ne peuvent pas, néanmoins, rivaliser avec ceux que donnent les méthodes de photographie ordinaires.

Nous avons parlé dans l'historique de cet ouvrage des essais dans cette direction de MM. Niépce, Beuvière, Fizeau. Il nous reste à indiquer les perfectionnements apportés par M. Niépce de St. Victor aux procédés de son oncle, et les méthodes nouvelles de divers auteurs.

Comme nous n'avons aucune expérience personnelle de ces procédés héliographiques, nous sommes obligés de laisser parler les auteurs eux-mêmes. Commençons donc par la **gravure sur acier** de MM. Niépce de St. Victor et Lemaître (1853).

« L'acier sur lequel on doit opérer ayant été dégraissé avec du blanc de craie, M. Lemaître verse, sur la surface polie, de l'eau dans laquelle il a ajouté un peu d'acide chlorhydrique, dans les proportions de 1 partie d'acide pour 20 parties d'eau ; c'est ce qu'il pratique pour la gravure à l'eau-forte, avant d'appliquer le vernis : par ce moyen celui-ci adhère parfaitement au métal.

La plaque doit être immédiatement bien lavée avec de l'eau pure et puis séchée.

Il étend ensuite, à l'aide d'un rouleau recouvert de peau, sur la surface polie, *le bitume de Judée dissous dans l'essence de lavande*, soumet le vernis ainsi appliqué à une chaleur modérée, et quand il est séché, préserve la plaque de l'action de la lumière et de l'humidité.

Sur une plaque ainsi préparée, j'applique le recto d'une épreuve photographique directe (ou positive) sur verre albuminé ou sur papier ciré, et j'expose à la lumière pendant un temps plus ou moins long, suivant la nature de l'épreuve à reproduire, et suivant l'intensité de la lumière : dans tous les cas, l'opération n'est jamais très-longue, car on peut faire une épreuve en un quart d'heure au soleil, et en une heure à la lumière diffuse. Il faut même éviter de prolonger l'exposition, car dans ce cas l'image devient visible avant l'opération du dissolvant, et c'est un signe certain que l'épreuve est manquée, parce que le dissolvant ne produira plus d'effet.

J'emploie pour dissolvant trois parties d'huile de naphte rectifiée et une partie de benzine : ces proportions m'ont en général donné de bons résultats ; mais on peut les varier en raison de l'épaisseur de la couche de vernis et du temps d'exposition à la lumière, car plus il y aura de benzine, plus le dissolvant aura d'action. Les essences produisent le même effet que la benzine, c'est-à-dire qu'elles enlèvent les parties du vernis qui ont été préservées de l'action de la lumière. L'éther agit en sens inverse, ainsi que je l'ai découvert.

Pour arrêter promptement l'action et enlever le dissolvant, je jette de l'eau sur la plaque en forme de nappe, et j'enlève ainsi tout le dissolvant ; je sèche ensuite les gouttes d'eau qui sont restées sur la plaque, et les opérations héliographiques sont terminées.

Maintenant reste à parler des opérations du graveur, M. Lemaitre, se charge de les décrire.

COMPOSITION DU MORDANT.

Acide nitrique à 36°, en volume . .	1 partie.
Eau distillée	8 »
Alcool à 36°	2 »

L'action de l'acide nitrique étendu d'eau et alcoolisé dans ces proportions a lieu aussitôt que le mordant a été versé sur la plaque d'acier préparée comme il vient d'être dit ; tandis que les mêmes quantités d'acide nitrique et d'eau sans alcool ont l'inconvénient de n'agir qu'après deux minutes de contact. Je laisse le mordant fort peu de temps sur la plaque, je l'en retire, je lave et sèche bien le vernis et la gravure, afin de pouvoir continuer et creuser le métal plus profondément sans altérer la couche héliographique. Pour cela, je me sers de résine réduite en poudre très-fine, placée dans le fond d'une boîte préparée à cet effet. Je l'agite à l'aide d'un soufflet, de manière à former une sorte de nuage de poussière que je laisse retomber sur la plaque, ainsi que cela est pratiqué par la gravure à l'aqua-tinta ; la plaque est alors chauffée, la résine forme un réseau sur la totalité de la gravure, elle consolide le vernis, qui peut alors résister plus longtemps à l'action corrosive du mordant (acide nitrique étendu d'eau sans addition d'alcool). Elle forme dans les noirs un grain fin, qui retient l'encre d'impression et permet d'obtenir de bonnes et nombreuses épreuves, après que le vernis et la résine ont été enlevés à l'aide de corps gras chauffés et d'essences. »

Le 30 octobre 1853, M. Niépce a modifié ainsi son vernis et son dissolvant :

Benzine	100 grammes.
Bitume de Judée	5 »
Cire jaune	1 »
Huile de Naphte	5 parties.
Benzine	1 »

Le vernis est versé sur la planche d'acier à la manière du collodion. La couche sèche est exposée au soleil derrière le positif sur verre, puis les opérations ont lieu comme elles sont indiquées précédemment.

Quelquefois le vernis est trop fragile pour résister à l'action de l'eau forte, alors la couche est consolidée par un séjour de quelques minutes sur l'essence d'aspic; on applique le grain d'aqua-tinta à l'aide de la résine, puis on fait mordre l'acide, ou mieux, l'eau iodée et ensuite l'acide.

M. Ch. Nègre, qui emploie également le bitume de Judée, se sert au lieu d'un positif, d'un négatif sur verre, et, après l'action de la lumière, enlève les parties solubles par le dissolvant. L'acier mis à nu est doré par un procédé galvanique. L'or couvre complètement les parties attaquées par la lumière, imparfaitement les demi-teintes et très-légèrement les noirs eux-mêmes, aussi ce dépôt imparfait de l'or produit-il le *grain*. La couche de vernis étant enlevée, l'acide est appliqué et enlevé après qu'il a mordu, la planche est alors susceptible d'être imprimée.

MM. Lerebours, Lemercier, Davanne et Bareswill se sont servi de procédés analogues (ayant le bitume de Judée pour base), mais en opérant sur pierre lithographique. Leur procédé porte le nom de **photolithographie.**

PROCÉDÉS DE M. TALBOT, SUR CUIVRE, ACIER, ZINC.

Le procédé de M. Talbot paraît donner de très-beaux résultats, au moins si nous pouvons en juger par les quelques spécimens que nous avons vus. Nous donnons ici la description qu'en a donnée M. Talbot lui-même dans l'*Athænium*. (1853.)

« Dans cette invention, j'emploie des plaques d'acier, de cuivre ou de zinc, comme les graveurs ont coutume de le faire. Avant de se servir d'une plaque, on doit bien en nettoyer la surface; il faut alors la frotter avec un morceau de linge que l'on a plongé dans un mélange de soude caustique et de blanc d'Espagne, afin de la débarrasser de toute trace de graisse. Elle doit être ensuite frottée à sec avec un autre morceau de toile. Cette opération doit être répétée une seconde fois, après quoi la plaque est suffisamment propre.

Pour graver une plaque, je la recouvre d'abord d'une substance qui soit sensible à la lumière. On la prépare comme il suit : on fait dissoudre environ une partie de bonne gélatine dans vingt parties d'eau à l'aide de la chaleur; on ajoute à cette solution environ quatre parties en poids d'une solution saturée de bichromate de potasse dans l'eau, et l'on filtre le mélange à travers une toile. La meilleure espèce de gélatine à employer est celle dont se servent les cuisinières et les confiseurs, et qui se vend ordinairement sous le nom de gelée. A défaut de celle-là on peut se servir de colle de poisson, mais elle ne réussit pas aussi bien. Quelques échantillons de colle de poisson ont une acidité qui corrode et dégrade légèrement les plaques de métal. Si cet accident se rencontre, il faut ajouter au mélange de l'ammoniaque en quantité suffisante pour le corriger. Ce mélange de gélatine et de bichromate de potasse se conserve bon pendant plusieurs mois, ce qui est dû au pouvoir antiseptique et préservateur du bichromate. Il reste liquide et propre à l'usage en tout temps durant les mois de l'été; mais dans la saison froide il se prend en gelée, et il faut le chauffer avant de s'en servir : on doit le tenir dans un buffet ou dans un lieu obscur. Les proportions données ci-dessus sont convenables, mais on peut les faire varier considérablement sans nuire au résultat. Le procédé de gravure doit être exécuté dans une chambre faiblement éclairée, et il s'exécute comme il suit : on verse un peu de la gélatine préparée sur la plaque à graver, qui est alors tenue verticalement, et l'on fait égoutter le liquide excédant par un des angles de la plaque. On la tient dans une position horizontale au-dessus d'une lampe à alcool qui fait bientôt sécher la gélatine, et celle-ci reste comme une couche mince, d'une couleur jaune pâle, recouvrant la surface métallique, et généralement bordée de quelques franges étroites des couleurs du prisme. Ces couleurs sont utiles au manipulateur, en ce qu'elles le mettent en état de juger de la très-petite épaisseur de la couche : lorsque celle-ci est très-mince, les couleurs du prisme se voient sur toute la surface de la plaque. Des plaques pareilles donnent souvent d'excellentes gravures, néanmoins il est peut-être plus sûr d'employer une couche de gélatine qui soit un peu plus épaisse. L'expérience seule peut guider l'opérateur vers le meilleur résultat. L'objet à graver est alors placé sur la plaque métallique et vissé avec elle dans un châssis photographique à copier. Cet objet peut être ou une substance matérielle comme de la dentelle, des feuilles de plantes, etc., ou une gravure, une écriture, une photographie, etc., etc. La plaque sur laquelle l'objet est appliqué doit alors être exposée à la lumière du soleil pendant un temps qui varie d'une à plusieurs minutes, selon les circonstances; ou bien, on peut l'exposer à la lumière du jour, mais pendant un temps ordinairement long. Comme dans les autres procédés photographiques, le jugement de l'opérateur doit être mis en jeu, et son expérience le guidera pour le temps convenable d'exposition à la lumière. Lorsque le châssis est soustrait à la lumière et que l'on a enlevé l'objet de la plaque, on voit sur elle une faible image, la couleur jaune de la gélatine ayant tourné au brun partout où la lumière a agi. Ce procédé, tel que je l'ai décrit jusqu'ici est dans tous ses rapports essentiel, identique avec celui que j'ai décrit dans la spécification de ma première patente pour le perfectionnement de la gravure, portant la date du 29 octobre 1852.

La nouveauté de la présente invention consiste dans la méthode perfectionnée par laquelle l'image photographique, obtenue de la manière décrite ci-dessus, est gravé sur la plaque métallique. La première de ces améliorations est la suivante : autrefois je supposais qu'il était nécessaire de laver la plaque portant l'image photographique dans l'eau ou dans un mélange d'eau et d'alcool, qui dissolvait seulement les portions de la gélatine qui n'avait pas subi l'action de la lumière; et je crois que toutes les autres personnes qui ont employé cette méthode de gravure, par le moyen de la gélatine et du bichromate de potasse, ont suivi cette même méthode, savoir, de laver l'image photographique. Mais quels que soient les soins avec lesquels ce procédé est conduit, on trouve fréquemment, lorsque la plaque est séchée de nouveau, que l'image est légèrement troublée, ce qui d'ordinaire nuit à la beauté du résultat; et je suis maintenant assuré qu'il n'est pas du tout nécessaire de laver l'image photographique; au contraire, on obtient des gravures beaucoup plus belles sur des plaques qui n'ont pas été lavées, parce que les traits et les détails du dessin les plus délicats n'ont été nullement altérés. Le procédé que je pratique maintenant est le suivant: lorsque la plaque portant l'image photographique est ôtée du châssis à copier, je répands sur sa surface, avec beaucoup de soin et très-également, un peu de gomme copal finement pulvérisée (à son défaut on peut employer de la résine commune). Il est bien plus aisé de répandre également cette poudre résineuse sur une surface de gélatine que sur la surface nue d'une plaque métallique. La principale erreur contre laquelle l'opérateur doit se garantir, c'est de répandre trop de poudre; les meilleurs résultats s'obtiennent en employant une couche très-mince de cette poudre, pourvu qu'elle soit uniformément distribuée. S'il y en a trop, elle empêche l'action de l'eau forte. Lorsque la plaque a été ainsi recouverte d'une couche très-mince de copal, on la tient horizontalement sur une lampe à esprit de vin pour fondre le copal; ce qui demande beaucoup de chaleur. On pourrait supposer qu'en chauffant ainsi la plaque, après la formation sur elle d'une image photographique délicate, on troublerait et l'on gâterait l'image; mais il n'en est rien. La fusion du copal se connait au changement de couleur. On retire alors la plaque de la lampe et on l'expose au froid. Ce procédé peut être appelé une application d'un fond d'*aqua-tinta* sur la gélatine, et je crois que c'est un procédé nouveau. Dans la manière ordinaire de faire une *aqua-tinta* les particules résineuses sont placées sur la surface nue du métal avant que la gravure soit commencée. La gélatine étant ainsi recouverte d'une couche de copal, disséminé uniformément et en fines particules, on verse l'eau forte par-dessus. L'eau forte est préparée comme il suit: on sature de l'acide muriatique, autrement appelé acide chlorhydrique, avec du peroxyde de fer, autant qu'il peut en dissoudre à l'aide de la chaleur. Après avoir filtré la solution, afin de la débarrasser des impuretés, on la fait évaporer jusqu'à ce qu'elle ait considérablement diminué de volume, et on la verse dans des flacons d'une capacité convenable; par le refroidissement, elle se solidifie en une masse brune demi-cristalline. On bouche alors exactement les flacons, et on les garde pour s'en servir. Dans la présente spécification, je désignerai cette préparation de fer sous le nom de sesquichlorure de fer, parce que je la crois identique à la substance décrite sous ce nom par les auteurs de chimie, voyez, par exemple, la

Chimie de Turner, 5e édition, page 537 ; par d'autres elle est appelée permuriate de fer, voyez, par exemple, *Manuel de Chimie*, de Brande, 2e édition, vol. II, page 117 (1).

C'est une substance qui attire fortement l'humidité. Lorsqu'on en retire un peu d'un flacon, sous la forme d'une poudre sèche, et qu'on la met sur une plaque, elle tombe promptement en déliquescence en absorbant l'humidité de l'atmosphère. En dissolution dans l'eau, elle forme un liquide jaune sous une petite épaisseur, mais brun marron sous une épaisseur plus grande. Pour rendre plus intelligible son mode d'action dans la gravure photographique, j'établirai d'abord qu'elle peut être très-utilement employée dans la gravure ordinaire à l'eau forte, c'est-à-dire que si une plaque de cuivre, d'acier ou de zinc est recouverte d'un vernis, comme pour la gravure à l'eau forte, et qu'on trace à la pointe un dessin sur cette couche, alors la solution de perchlorure de fer étant versée dessus, produit promptement l'effet d'une gravure à l'eau et cela sans dégager de bulles de gaz ou donner d'odeur; pour cette raison, il est bien plus avantageux de s'en servir que d'employer l'eau-forte, parce qu'elle ne cause aucun dommage aux mains de l'opérateur ni à ses habits, s'il en tombe sur eux. On peut l'employer à des degrés de force divers pour la gravure ordinaire ; mais elle demande à être employée à un degré de force spécial pour la gravure photographique, et, comme le succès de ce procédé de gravure repose principalement sur ce point, il faut y apporter une grande attention.

L'eau dissout une quantité extraordinaire de perchlorure de fer, en développant quelquefois de la chaleur pendant que se fait la dissolution. J'ai trouvé qu'il était convenable de procéder de la manière suivante :

Un flacon (no 1) est rempli d'une solution saturée de perchlorure de fer dans l'eau.

Un flacon (no 2) contient un mélange, consistant en cinq ou six parties de la solution saturée et une partie d'eau.

Un flacon (no 3) contient un liquide plus faible, formé de parties égales d'eau et de solution saturée. Avant d'entreprendre une gravure ayant de l'importance, il est presque essentiel de faire des essais préliminaires, pour s'assurer que ces liquides sont d'une force convenable. Je vais donc indiquer maintenant quels doivent être ces essais. J'ai déjà expliqué comment se produit l'image photographique sur la surface de la gélatine, et comment on la recouvre d'une couche mince de copal ou de résine en poudre, laquelle est ensuite fondue en tenant la plaque sur une lampe. Lorsque la plaque est parfaitement refroidie, elle est prête pour le procédé de gravure, qui s'exécute comme il suit : une petite quantité de la solution du flacon no 2, celle qui consiste en cinq ou six parties de solution saturée par une partie d'eau, est versée sur la plaque et étendue également avec un pinceau de poils de chameau. Il n'est pas nécessaire de faire un rebord de cire autour de la plaque, parce que le liquide employé est en si petite quantité qu'il n'a pas de tendance à tomber de la plaque. Le liquide pénètre la gélatine par-

(1) Perchlorure de fer est le terme adopté généralement (D. V. M.).

tout où la lumière n'a pas exercé son action; mais il refuse de pénétrer les parties sur lesquelles la lumière a suffisamment agi. C'est sur ce fait remarquable qu'est fondé principalement l'art de la gravure photoglyphique. Après environ une minute, la gravure commence à se faire, on le reconnaît en ce que les parties gravées tournent au sombre, au brun ou au noir; bientôt cet effet se répand sur toute la plaque. Les détails du dessin apparaissent avec une grande rapidité dans chacune de ses parties. Il ne faut pas que cette rapidité soit trop grande, et, si elle tend à le devenir, il est nécessaire de retarder les progrès de la gravure, avant qu'elle ait acquis une profondeur suffisante (ce qui exige une action de quelques minutes de durée). Si donc on trouve, dans les essais, que la gravure marche trop rapidement, il faut modifier la force du liquide du flacon n° 2, en y ajoutant un peu de la solution saturée n° 1, avant de l'employer pour une autre gravure; mais si, au contraire, la gravure manque de se montrer après le laps de quelques minutes, ou si elle commence, mais en marchant trop lentement, c'est un signe que le liquide du flacon n° 2 est trop fort ou trop près de la saturation; pour le corriger, on y ajoute un peu d'eau avant de l'employer pour une autre gravure. Mais, en le faisant, l'opérateur doit être averti qu'une très-petite quantité d'eau opère souvent une grande différence et fait mordre le liquide très-rapidement. Il doit donc avoir soin, en ajoutant de l'eau, de ne pas le faire trop copieusement. Lorsque la force convenable de la solution du flacon n° 2 a été ainsi bien réglée, ce qui demande généralement trois ou quatre essais, on peut l'employer avec sécurité. Supposons donc qu'on s'est assuré que la force de la solution est bien au point; on commence alors la gravure comme il a été indiqué ci-dessus, et elle marche jusqu'à ce que tous les détails du dessin soient devenus visibles et présentent un aspect satisfaisant aux yeux de l'opérateur, ce qui arrive généralement après deux ou trois minutes, l'opérateur faisant mouvoir le liquide pendant tout ce temps avec une brosse de poil de chameau, et frottant ainsi légèrement la surface de la gélatine, ce qui produit un bon effet. Lorsqu'il semble probable que la gravure ne peut pas devenir meilleure, il faut l'arrêter. Cela se fait en essuyant le liquide avec du coton ou de la laine, et faisant ensuite rapidement tomber un courant d'eau froide sur la plaque pour enlever tout ce qui y restait. On essuie alors la plaque avec un linge propre, et on la frotte ensuite avec du blanc d'Espagne tendre et de l'eau, pour enlever la gélatine. Après cela, on trouve la gravure achevée.

Je vais maintenant décrire un autre procédé de gravure très-peu différent du premier, et que j'emploie souvent. Lorsque la plaque est prête pour recevoir la gravure, versez dessus une petite quantité du liquide n° 1, la solution saturée. On doit laisser le liquide sur la plaque pendant une ou deux minutes. Il ne produit pas d'effets apparents, mais il agit utilement en faisant durcir la gélatine. On le fait ensuite écouler de la plaque, et l'on verse sur celle-ci une quantité suffisante de la solution n° 2. Celle-ci produit la gravure de la manière décrite précédemment; et, si elle paraît être tout-à-fait satisfaisante, il ne reste rien de plus à faire.

Mais souvent il arrive que quelques faibles portions de la gravure, telles que des montagnes éloignées ou des bâtiments dans un paysage, refusent d'apparaître; et comme sans ces parties la gravure serait imparfaite, je recommande à l'opérateur, dans ce cas, de prendre un peu du liquide faible (n° 3) dans une petite soucoupe, et sans faire écouler le liquide (n° 2) qui a produit la gravure de l'épreuve, de toucher avec une brosse de poils de chameau, trempée dans le liquide (n° 3), les parties du dessin où il désire renforcer l'effet. Ce simple moyen fait souvent apparaître les détails que l'on désire, et cela quelquefois avec une grande rapidité, de sorte que l'opérateur a besoin de prendre des précautions, en employant la solution faible (n° 3), spécialement pour que la liqueur corrosive ne pénètre pas dans les endroits qui doivent rester blancs; mais entre des mains habiles, son emploi ne peut pas manquer d'être avantageux, car elle fait ressortir et met en évidence les ombres faibles et douces qui font la perfection de la gravure, et qui autrement resteraient probablement invisibles. Il faut en ceci avoir acquis de l'expérience, comme dans la plupart des autres opérations délicates qui ont rapport à la photographie; mon rôle consistait à exposer clairement les premiers principes de ce nouveau procédé de gravure, suivant la méthode qui m'a paru le mieux réussir jusqu'à présent. »

PROCÉDÉS DE M. POITEVIN.

M. Poitevin commence par dissoudre dans l'albumine battue et déposée une dissolution concentrée de bichromate de potasse dans l'eau. On verse une certaine quantité de cette albumine sur une pierre lithographique ordinaire parfaitement nettoyée, puis on la laisse sécher spontanément à l'abri de la lumière.

La pierre ainsi préparée est soumise, derrière un cliché photographique ordinaire, à l'action de la lumière solaire, pendant 10 minutes environ. La lumière, en décomposant le bichromate de potasse, isole une partie de l'acide chromique qui gonfle l'albumine, de sorte qu'en examinant la couche d'albumine à un jour frisant on aperçoit toute l'image en relief.

Si on passe sur cette surface ainsi modifiée un rouleau recouvert de cette qualité d'encre dans laquelle entre du savon et que les lithographes appellent *encre de report*, celle-ci adhère aux points recouverts d'albumine impressionnée par la lumière et non aux autres, et la pierre se trouve ainsi recouverte d'encre disséminée en proportions variables comme elle l'aurait été par le crayon du dessinateur. En acidulant ensuite, en mouillant avec l'éponge, l'encre en excès disparaît. Le dessin s'égalise en lui faisant subir les opérations lithographiques connues, c'est-à-dire l'enlevage à l'essence et le réencrage au rouleau, et l'on n'a plus ensuite qu'à recouvrir. Cette pierre ainsi préparée est revêtue d'une couche de gomme qui ne prend que là où il n'y a pas d'encre, et soumise encore à l'encrage ordinaire et à l'acidulation.

M. Poitevin a publié ainsi divers dessins *photolithographiques*, qui ont subi un grand tirage et qui promettent beaucoup.

M. Poitevin a décrit un autre procédé en ces termes (1) :

« Depuis longtemps j'avais songé à employer le gonflement de la gélatine, qui est de six à sept fois son volume primitif lorsqu'on l'imprègne d'eau, pour obtenir par le moulage des gravures en relief ou en creux. En 1848, j'ai trouvé la propriété que possède une plaque daguerrienne impressionnée par la lumière et passée aux vapeurs de mercure, de se recouvrir de cuivre seulement sur les blancs de l'épreuve lorsqu'on la plonge pendant quelque temps dans un bain de sulfate de cuivre, et en la mettant en communication avec le pôle positif de la pile galvanique. Le dépôt partiel de cuivre était reporté sur une feuille de gélatine et me servait de cliché pour obtenir des positives par le tirage ordinaire. En mouillant la surface de cette feuille de gélatine qui portait la pellicule de cuivre, je remarquai que les parties non recouvertes de cuivre se gonflaient d'une manière assez régulière pour permettre d'obtenir un moule en creux, en moulant du soufre sur cette surface ; j'en fis l'essai et j'obtins une gravure assez satisfaisante ; je n'ai pas alors continué ces essais qui étaient chanceux, et qui détruisaient les clichés fort difficiles d'ailleurs à produire. Plus tard, en 1849, ayant découvert mon procédé de photographie sur gélatine, que je publiai l'année suivante, je remarquai aussi que les négatives, lorsqu'elles étaient terminées, portaient le dessin en creux dans les parties claires ; je pensai encore à mouler ces surfaces pour obtenir des planches gravées, mais des occupations qui me tenaient assez souvent éloigné de mon laboratoire m'empêchèrent de m'occuper de ces moulages. Ce n'est qu'en 1854, en essayant l'action de la lumière sur une couche de gélatine coulée sur des plaques métalliques et additionnée de bichromate de potasse, puis en mettant à la pile galvanique, que j'obtins un dépôt très-régulier de cuivre sur les parties non impressionnées ; en outre, la couche de gélatine se gonflait seulement où la lumière n'avait pas agi : en répétant ces expériences et en mettant simplement dans l'eau les plaques, je fus frappé de la pureté des creux ainsi formés par l'action de la lumière tandis que la gélatine qui n'avait pas subi l'influence lumineuse se gonflait et perdait son bichromate. Ce fut alors que je cherchai de nouveau à mouler ces surfaces ; j'employai d'abord la cire, puis le soufre : mais la gélatine fondait ; enfin le plâtre me donna des moules très-satisfaisants. C'est en continuant ces essais que je suis arrivé à produire sur des planches de cuivre des gravures en creux, en impressionnant la couche de gélatine bichromatée à travers un dessin positif et des planches gravées en relief en me servant d'un négatif. C'est du moins ce qui a lieu sur les dessins au trait ; quant aux dessins photographiques d'après nature, ils donnent, si la couche de gélatine est assez épaisse, des surfaces inégalement ondulées selon la quantité de la lumière qui a traversé chaque partie. On pourrait ainsi obtenir des moules en plâtre pour la lithophanie ; si la couche de gélatine est

(1) Mémoire lu à la Société Française de Photographie, le 20 Février 1857.

mince, on obtient une gravure que l'on peut imprimer dans le genre de la taille-douce.

Voici les moyens que j'ai employés dans ces opérations. La gélatine dont je me suis servi était blanche et de première qualité ; je n'ai pas essayé les gélatines communes : je la coupe par petits morceaux, je la mets tremper dans de l'eau distillée. On en fond à la lampe ou au bain-marie une quantité proportionnelle à l'épaisseur de la couche que l'on veut obtenir et on l'additionne ou non de bichromate de potasse en dissolution concentrée ; on la coule sur une plaque de doublé bien nettoyée à l'alcool et à la craie, sur une glace ou bien sur toute autre surface posée de niveau ; on laisse sécher spontanément à l'abri de la poussière et de la lumière, si l'on y a ajouté du bichromate.

1° Pour les planches en creux dans le genre des gravures à l'eau forte :

La couche de gélatine doit avoir une très-faible épaisseur ; 0gr,4 à 0gr,5 de gélatine en dissolution suffisent par décimètre carré de surface de plaque, on l'additionne de quelques gouttes de dissolution concentrée de bichromate : une trop grande quantité de ce sel produirait des piqûres en cristallisant dans l'épaisseur de la couche ; cette couche ayant été séchée dans l'obscurité, est impressionnée à travers le dessin positif que l'on veut reproduire, l'action se produit en quelques minutes au soleil, on met alors la plaque tremper dans de l'eau ordinaire ; les parties qui n'ont pas été impressionnées se gonflent, et les parties qui ont reçu l'action de la lumière, prenant beaucoup moins d'eau, forment des creux. Pour obtenir des planches de cuivre gravées j'ai employé deux procédés : le premier consiste à mouler en plâtre la surface de gélatine impressionnée et gonflée d'eau ; sur le moule en plâtre je faisais un second moule en gutta-percha que je métallisais et sur lequel j'opérais le dépôt galvanique : le second moyen consiste à métalliser la gélatine et à effectuer directement à sa surface le dépôt galvanique.

Pour mouler en plâtre, on recouvre la surface de la gélatine imprégnée d'eau d'une dissolution de sulfate de fer, dans le but d'empêcher l'adhérence du plâtre avec la gélatine, on lave à l'eau ordinaire, on égoutte, et sur la plaque entourée de rebords on verse du plâtre gâché serré, on chasse les bulles d'air avec un pinceau et lorsque le plâtre est pris, on met sa surface au contact d'une faible couche d'eau placée dans une cuvette, et l'on détache le moule avec précaution. La surface de gélatine est lavée à grande eau et recouverte de nouveau d'une dissolution de sulfate de fer, et peut donner un second moule en plâtre. On obtiendrait ainsi un grand nombre de moules aussi fidèles les uns que les autres.

Sur le plâtre humide je coule à la température de 100 degrés, un mélange de gutta-percha, de cire jaune et de résine dans les proportions de 2 parties de cire pour 1 de gutta-percha et 1 de résine, ou bien seulement un mélange de 1 de cire et 1 de résine. Je métallise ces moules avec une dissolution de phosphore dans l'éther et le sulfure de carbone que je verse à la surface et je plonge ensuite le moule dans une dissolution de nitrate d'argent ; j'ai aussi métallisé les moules en les recouvrant de collodion ioduré, les sensibilisant au nitrate et les traitant par le sulfate de fer. Dans l'un et l'autre cas on a une surface recouverte d'argent réduit qui est très-conductrice de l'électricité. Ces moules, mis dans la pile, peuvent donner une planche de cuivre gravée en creux.

Pour mouler immédiatement en cuivre la couche de gélatine impressionnée, on fait autant que possible disparaître par des lavages à l'eau ordinaire, la totalité du bichromate non décomposé par la lumière. On laisse sécher cette couche, et on la plonge dans une dissolution d'iodure de potassium, on l'y laisse s'en imprégner. La plaque étant retirée de la dissolution d'iodure est mise dans une position inclinée, le bord inférieur reposant sur une feuille de buvard. Lorsque toute trace de liquide a disparu de la surface, on la sensibilise dans un bain de nitrate d'argent, on l'expose à la lumière et on réduit le sel d'argent par le sulfate de protoxyde de fer ; on renforce la couche d'argent par des additions successives de nitrate et de sulfate de fer : la surface est alors propre à recevoir le dépôt galvanique.

Le dessin en creux que l'on obtient sur la planche de cuivre est toujours redressé et l'impression donne des épreuves en sens contraire de l'original ; il faut donc, si l'on se sert d'une positive photographique pour impressionner, à travers la couche de gélatine, la tirer en sens inverse, c'est-à-dire employer pour la produire un cliché redressé.

2° Pour les planches en relief, dans le genre des clichés pour l'impression typographique :

La couche de gélatine doit être plus épaisse que dans le cas précédent, une quantité de 0gr, 8 à 1 gramme par décimètre carré de surface est suffisante ; une plus grande épaisseur donnerait des reliefs plus forts, mais la surface de la planche ne serait pas assez plane pour être encrée convenablement. La gélatine est coulée, sans addition de bichromate, sur une plaque de verre posée de niveau, et on laisse sécher spontanément ou dans une étuve. Lorsqu'elle est sèche on la plonge dans une dissolution concentrée de bichromate de potasse. Quand elle en est imprégnée, on la retire et on la lave à l'eau ordinaire pour ôter l'excès de bichromate qui est à la surface, et on la laisse sécher spontanément dans l'obscurité. On peut s'en servir plusieurs jours après cette préparation ; mais après un certain temps, le bichromate agissant sur la gélatine, même dans l'obscurité, la gélatine n'a plus la propriété de se gonfler dans l'eau.

On impressionne la couche ainsi préparée et sèche à travers un négatif de la gravure que l'on veut reproduire, ce cliché doit être très-net, très-vigoureux et sur verre. L'exposition à la lumière à travers le cliché doit être suffisamment prolongée, pour que son action ait pénétré complètement la couche de gélatine, autrement on aurait un dessin en relief, dont les différents traits ne seraient pas sur le même plan. C'est pourquoi on ne doit employer que des couches suffisamment épaisses pour produire les tailles serrées, les grands blancs devant toujours être creusés au grattoir ou à l'échoppe, soit sur le moule en plâtre, soit sur le cuivre. Avec un cliché sur verre, cette exposition ne doit pas dépasser vingt à trente minutes au soleil.

La planche impressionnée porte le dessin en brun, on la laisse refroidir si elle s'est échauffée par le soleil, et on la plonge dans de l'eau froide que l'on renouvelle de temps en temps. Lorsque l'on juge que la gélatine non impressionnée s'est complétement gonflée dans l'eau, on moule en plâtre comme dans le cas précédent, on a un cliché en relief que l'on transforme en plaque de cuivre par la pile, on la monte sur un petit bloc et on peut l'intercaler dans les formes de la typographie.

J'ai l'honneur de présenter à la Société de Photographie :

1° Une planche en cuivre gravée en creux, obtenue d'après le moulage en plâtre de la gélatine impressionnée à travers le dessin original ;

2° Une planche en cuivre moulée immédiatement sur la gélatine impressionnée ;

3° La série d'opérations pour obtenir un cliché en relief.

Je prie de considérer ces objets seulement comme les premiers résultats obtenus lors de la découverte de ce procédé ; m'étant depuis cette époque consacré entièrement à l'application de mon procédé de photolithographie que vous avez eu la bienveillance d'accueillir favorablement, je n'ai nullement travaillé le procédé d'hélioplastie que je vous présente aujourd'hui. »

PHOTOLITHOGRAPHIE (1) (M. NEWTON).

« Une pierre lithographique ou une plaque de zinc est recouverte avec une solution formée de 1 quart (1lit,135) d'eau, 4 onces (124gr,36) de gomme arabique, 160 grains (10gr,352) de sucre et une certaine quantité de bichromate de potasse. La pierre ainsi préparée est conservée dans l'obscurité jusqu'à ce qu'elle soit sèche. On l'expose alors à la *chambre* ou bien on la recouvre d'un cliché, et on l'expose à la lumière. L'action lumineuse a pour effet de rendre la gomme à peu près insoluble. La pierre est alors lavée avec une solution de savon qui enlève la couche partout où la lumière ne l'a pas attaquée, tandis que le savon est décomposé dans les endroits où la lumière a agi et que là il se forme une surface convenable pour l'impression, « l'action du savon étant inversement proportionnelle à l'intensité avec laquelle la gomme a été fixée par la lumière. » La pierre ainsi préparée est lavée avec de l'eau, et quand elle est sèche, on la recouvre au rouleau d'une couche d'encre d'impression, qui, se combinant avec le savon, donne un nouveau corps à l'épreuve. Quand on veut obtenir des variations d'ombre et de lumière, on doit donner un grain à la pierre, mais cela n'est pas nécessaire lorsqu'on ne veut obtenir que des noirs et des blancs.

Ce procédé a été employé il y a quelque temps par MM. Cutting et Bradford, de Boston. Sa différence avec celui de M. Poitevin consiste en ce que dans le premier l'encre adhère aux parties sur lesquelles a agi la lumière, tandis que dans celui-ci c'est l'inverse qui se produit. »

PHOTO-ZINCOGRAPHIE.

Nous connaissons déjà les procédés de M. Talbot sur zinc, M. Paul Pretsch a publié des procédés analogues, de même que M. le colonel James (2).

(1) *Photo'news*, 1859.

(2) M. James vient de publier un ouvrage spécial sur ces procédés.

Après s'être étendu sur la meilleure méthode pour obtenir le cliché d'une gravure ou de tout autre objet, M. James continue ainsi (1) :

« Occupons-nous maintenant de la préparation du papier sensible ; la qualité du papier sensible est elle-même d'une grande importance. Différentes espèces en ont été essayées, mais celle qui nous a paru le plus convenable pour notre but, est une espèce demi-transparente, à surface douce, connue sous le nom de *papier à tracer pour les graveurs*.

On prépare une solution de gomme arabique en dissolvant 5 parties de cette substance dans 4 parties d'eau distillée.

D'autre part, on sature de l'eau bouillante de bichromate de potasse, et l'on mélange ensemble 1 partie de solution de gomme et 2 de solution de bichromate, en maintenant le tout à la température de 200° Fahr. (60° C.).

Le papier est ensuite recouvert de cette solution chaude au moyen d'une brosse plate, puis séché ; on l'expose ensuite sous le négatif à la manière ordinaire. Le temps nécessaire pour produire l'image varie depuis dix minutes à la lumière diffuse, jusqu'à deux en plein soleil ; cependant il est des jours où vingt minutes d'exposition ne suffisent pas pour produire une impression convenable. Dans ce dernier cas, il faut s'il est possible, remettre le tirage à un autre moment, car ses résultats ne peuvent pas être bons. La durée de l'exposition est déterminée d'après l'aspect de l'épreuve ; lorsque tous les détails sont sortis avec netteté, on retire l'épreuve du châssis.

Il faut alors recouvrir toute la surface de celle-ci d'une couche légère d'encre grasse composée de la manière suivante :

Vernis à l'huile de lin	**4,50**	**parties.**
Cire	**4,00**	»
Suif	**0,50**	»
Térébenthine de Venise	**0,50**	»
Gomme mastic	**0,25**	»
Noir de fumée	**3,50**	»

On dissout dans l'essence de térébenthine une certaine portion de ce mélange, de manière à obtenir une solution en consistance de crème légère, qui se laisse aisément appliquer à la surface de l'épreuve.

D'ailleurs on doit remarquer que le point jusqu'auquel doit être poussée la dilution de l'encre grasse est en grande partie déterminé par la nature du sujet à reproduire. S'il est d'une nature claire, s'il s'agit par exemple d'une gravure à grands traits, la solution doit être beaucoup plus épaisse que s'il s'agissait d'un sujet plus chargé. Du reste, l'expérience est le seul guide qui puisse servir à déterminer ce point.

On laisse la térébenthine s'évaporer pendant une demi-heure, puis pendant quelques minutes on pose l'épreuve, le dos en-dessous, sur un bain d'eau chaude, puis on l'enlève, et on la place, la face en dessus, sur une plaque de porcelaine.

La surface est ensuite frottée légèrement au moyen d'une éponge

(1) *British Journal of Photography*. Septembre 1, 1860.

imprégnée d'eau gommée chaude; l'encre abandonne alors aisément les parties sur lesquelles la lumière n'a pas agi, tandis qu'elle adhère avec ténacité aux plus petits détails dessinés par l'action lumineuse.

Lorsque le dessin est bien éclairci, on place l'épreuve dans une cuvette plate et on la lave d'abord avec de l'eau chaude, et enfin avec de l'eau froide. Une fois sèche, elle est prête à être transportée sur zinc ou sur pierre.

Deux méthodes peuvent être employées pour opérer ce transport suivant la quantité d'encre dont l'épreuve est chargée.

Si l'on n'en a employé qu'une petite proportion par suite de la coloration du sujet, le transport a lieu par le procédé anastatique.

Dans ce but, la surface de la plaque de zinc est poli avec de la poudre d'émeri et rendue aussi douce que possible. L'épreuve est placée et abandonnée pendant dix minutes entre deux feuilles de papier qui préalablement ont été mouillées de la manière la plus uniforme avec un mélange d'acide nitrique et d'eau fait dans la proportion de 5 parties d'eau pour 1 d'acide concentré. Sur la plaque de zinc, on place une feuille de papier imprégnée d'acide, puis on passe celle-ci, tandis qu'elle est ainsi recouverte, sous le cylindre d'une presse; l'acide pressé à la surface du zinc en mord légèrement la surface. La feuille de papier est ensuite enlevée et l'on fait soigneusement disparaître au moyen de papier buvard la couche de nitrate de zinc qui recouvre la plaque. L'épreuve est alors placée contre celle-ci, la face en-dessous, et l'on passe de nouveau à la presse; on détache le papier, puis on gomme le transport, et l'on en frotte légèrement la surface au moyen d'une éponge imbibée d'encre typographique adoucie au moyen de l'huile d'olive; lorsque tous les détails paraissent suffisamment vigoureux, on fait mordre avec une solution très-concentrée d'acide phosphorique dans l'eau gommée; la force de cette solution est calculée de telle façon qu'une goutte abandonnée trois minutes à la surface d'une plaque de zinc polie la teinte légèrement et en altère la netteté. Le transport est alors prêt à être tiré par les procédés ordinaires.

Si l'on a employé une quantité d'encre plus considérable, le mode de transport est un peu différent.

La plaque est préparée en frottant sa surface avec du sable fin et de l'eau, l'on fait usage d'une molette en zinc pour lui communiquer un aspect grenu. L'épreuve est laissée pendant dix minutes au contact de feuilles de papier mouillées aussi uniformément que possible; on la place ensuite, la face en-dessous, au contact de la plaque, on la recouvre de deux ou trois feuilles de papier, puis on passe le tout à la presse lithographique ordinaire. Les feuilles de papier étant ensuite enlevées, on mouille le dos de l'épreuve avec de l'eau gommée, jusqu'à ce que son adhérence à la plaque soit tellement diminuée, qu'on puisse aisément la détacher. Après avoir été ainsi gommé et séparé de la feuille qui le portait, le transport est soumis à la morsure par le procédé anastatique qui vient d'être décrit; puis on le soumet à l'action du rouleau imprégné d'encre typographique éclaircie au moyen de l'essence de térébenthine; il est propre alors à être imprimé.

L'épreuve photographique peut d'ailleurs être transportée sur pierre, aussi bien que sur une plaque de zinc grenu ; dans ce dernier cas, la surface de la pierre doit être préparée comme dans le procédé lithographique ordinaire.

Après avoir ainsi décrit les méthodes de transport, nous devons revenir sur les considérations qui déterminent la proportion d'encre à employer, et par suite le mode de transport. La quantité de cet agent qu'il est nécessaire d'appliquer sur l'épreuve photographique pour obtenir un transport bien réussi est plus grande lorsqu'on opère sur zinc grené que lorsqu'on fait usage de la pierre, et de toutes les méthodes c'est le procédé anastatique qui en nécessite le moins.

L'action qu'exerce sur la gomme insoluble l'eau chaude dans laquelle on plonge l'épreuve, consiste à la gonfler et par suite à étendre l'encre qui déborde la ligne formée par la gomme insoluble. Il est donc évident que si le sujet représenté photographiquement est chargé en ligne, s'il s'agit, par exemple, d'une gravure délicate, l'élargissement de ses lignes encrées est suffisant pour les amener au contact lorsque l'épreuve est dans l'eau, et lorsque ensuite elles se sont refroidies, et que la gomme reprend son état naturel, elles ne peuvent se séparer ; par suite, sur l'épreuve sèche, au lieu d'une succession de lignes, on ne trouve plus qu'une ombre continue. Dans un cas semblable, la quantité d'encre appliquée doit être aussi petite que possible, et pour obtenir une couche légère et qui doit être très-peu épaisse. Par suite, le transport doit être opéré sur une surface douce, par le procédé anastatique ; car pour obtenir un bon résultat sur une pierre ou sur une plaque grenée, il est nécessaire d'employer une quantité d'encre plus considérable.

D'un autre côté, comme les épreuves tirées au moyen d'une plaque grenée ou d'une pierre sont toujours meilleures que celles obtenues sur une surface douce, et comme les premières permettent un tirage beaucoup plus considérable, si le sujet reproduit est si peu chargé, qu'il n'y ait rien à craindre, tandis que la substance formant les lignes se refroidit dans l'eau, il vaut mieux appliquer l'encre en plus grande proportion ; car la condition *sine quâ non* de réussite du second procédé consiste dans l'emploi d'une quantité assez considérable de cet agent. »

En ce qui concerne le mérite relatif des différentes méthodes que nous venons d'énumérer, celles de MM. Niépce, Talbot et James paraissent donner les meilleurs résultats. Beaucoup d'autres procédés ont été publiés par MM. Asser, Joubert, Osborne, etc., mais le fond de ces procédés est compris dans ceux que nous venons de décrire.

Nous n'avons pas encore vu les planches de M. James, qui, d'après ce qu'on nous écrit, sont fort belles et présentent un très-grand avenir, mais en revanche, nous pouvons dire quelques mots sur celles de MM. Niépce, Nègre et Talbot.

Les procédés au bitume de Judée paraissent plus appropriés que ceux de M. Talbot à la reproduction des photographies, les demi-teintes y étant mieux marquées; et, si le *grain* n'existait pas sur ces planches, on pourrait les croire obtenues par les procédés photographiques ordinaires.

Le procédé de M. Talbot semble mieux réussir pour la reproduction des cartes et des plans, cependant nous devons ajouter que notre expérience personnelle est insuffisante pour donner de la valeur à cette opinion.

On trouve des spécimens des procédés de M. Niépce dans ses « *Recherches photographiques,* » de M. Talbot dans le « *Journal de la Société photographique de Londres.* »

Quant aux procédés de M. Poitevin, d'après les spécimens insérés dans son « *Traité de l'impression sans sels d'argent,* » nous avons constaté qu'ils laissaient encore beaucoup à désirer, mais l'auteur ne les présentant que comme des résultats imparfaits de ses premiers essais, il se peut que ces procédés possèdent des avantages que nous n'avons pu apprécier, faute d'éléments suffisants.

L'avenir de la photographie réside dans le perfectionnement de ces procédés de gravure par l'action de la lumière, car, ainsi que nous l'avons déjà dit dans le cours de cet ouvrage, non-seulement nos épreuves photographiques sont trop fragiles pour résister au temps, mais elles ne se vulgariseront que le jour où leur bas prix les rendra réellement accessibles aux masses, et c'est ce bas prix (en même temps que l'inaltérabilité des épreuves), que la gravure héliographique est destinée à réaliser.

SECONDE PARTIE.

THÉORIE DE LA PHOTOGRAPHIE

ET

APPLICATIONS DE CET ART AUX SCIENCES D'OBSERVATION.

THÉORIE

DES

PROCÉDÉS PHOTOGRAPHIQUES[1].

Les procédés actuellement employés en photographie se divisent en deux classes bien distinctes :

1° Les procédés aux sels d'argent;
2° Les procédés sans sels d'argent.

Les premiers surtout méritent notre attention, d'abord parce qu'ils sont pour ainsi dire exclusivement en usage, et ensuite à cause des nombreuses études dont ils ont été l'objet.

(1) Ceux de nos lecteurs qui possèdent les éditions précédentes de cet ouvrage (surtout la seconde), remarqueront que nos opinions ont changé sur beaucoup de points. Cela provient de ce que la partie scientifique de la photographie n'a fait l'objet de nos études que depuis un an environ, et qu'à la suite d'un examen plus approfondi de ces matières, nos opinions personnelles se sont substituées à celles d'auteurs que nous nous étions borné à mentionner, sans attacher une importance suffisante à relier leurs observations entre elles ou à faire ressortir leurs conclusions contradictoires.

Nous nous sommes attaché uniquement aux faits confirmés par l'expérience, rejetant les hypothèses gratuites dont malheureusement les personnes qui s'occupent de photographie font un si déplorable et fréquent usage, ce qui explique et motive le dédain dont les savants en général couvrent les recherches photographiques. Il n'est certes pas dans notre opinion d'amoindrir par ces lignes les travaux des Hunt, Hardwich, Davanne, Girard, Crookes, Schadboldt, Spiller, Bertsch, Hadow, Malone, et d'autres auteurs sérieux, mais à côté de ces travaux méritoires et consciencieux, combien d'absurdités, de théories et d'assertions fausses, d'expériences mal exécutées et encore plus mal interprétées, qui inondent les publications photographiques et exposent un auteur à vérifier constamment des expériences délicates, ou à s'exposer à répéter les mêmes erreurs, ou à passer sous silence des faits réellement exacts à la suite d'une défiance naturelle !

I. LES PROCÉDÉS AUX SELS D'ARGENT.

Ils se divisent en deux catégories :

1° Suivant qu'on les expose un temps très-court à la lumière et qu'on *développe* l'image *latente* par l'acide gallique ou tout autre réducteur.

2° Suivant qu'on les expose un temps suffisant pour amener un noircissement intense.

Dans les deux cas, la lumière agit en raison de son intensité et produit des images *inverses* à celles que notre œil perçoit, c'est-à-dire, où les parties blanches sont rendues en noir. Mais comme il faut un temps *très-court* d'exposition à la lumière pour produire les premières, on s'en sert dans la chambre noire à objectif, et l'on obtient alors un *négatif*, aussi nommé : *cliché*, *type*. Quant aux seconds, comme il faut au contraire un temps considérable d'exposition à la lumière, on les met en contact avec un *négatif* à travers lequel les rayons solaires produisent alors un *positif*, c'est-à-dire, une image où les blancs correspondent aux parties les plus lumineuses de l'objet primitivement reproduit.

Les procédés aux sels d'argent se divisant ainsi expérimentalement en deux catégories bien distinctes (et nous allons voir que la lumière agit du reste différemment dans les deux), nous adopterons cette division, en appelant les premiers « procédés *négatifs* » et les seconds « procédés *positifs*. »

PROCÉDÉS NÉGATIFS AUX SELS D'ARGENT.

§ 1. FORMATION DE L'IMAGE DANS LA CHAMBRE NOIRE.

Il n'est pas indifférent d'employer un sel d'argent quelconque dans ces procédés. Si la plupart des composés d'argent noircissent à la lumière, il en est peu qui, exposés un temps très-court, peuvent alors déceler l'image sous l'influence de l'acide gallique ou de tout autre réducteur. Les composés d'argent qui possèdent cette propriété à un très-haut degré sont : l'*iodure*, le *bromure* et le *chlorure*, mais le premier est de beaucoup le plus sensible.

L'iodure d'argent est donc le corps qui constitue la base des procédés négatifs. On le produit par l'action directe de l'iode en vapeur sur une lame d'argent (*daguerréotype*), ou bien par double décomposition dans la pâte du papier (*Talbotype*), la texture d'une couche d'*albumine* (procédé sur albumine), de *coton-poudre* (procédé sur collodion), de *gélatine*, etc.

Il y a cependant ici un point sur lequel nous devons insister. Pour former l'iodure d'argent, on introduit un iodure alcalin dans une surface poreuse, puis celle-ci est immergée dans une dissolution de nitrate d'argent. Or, il se peut que la matière qui constitue la surface poreuse agisse chimiquement sur le nitrate d'argent, et qu'alors nous ayons deux composés d'argent en présence, et même trois, si nous y comprenons le nitrate d'argent en excès qui imbibe la dite surface poreuse. C'est précisément le cas des procédés sur albumine et gélatine, mais non le cas du coton-poudre (collodion) et du papier *pur*.

Remarquons en outre une chose curieuse, c'est que le composé argentico-organique des deux premiers (albumine et gélatine) peut former une image indépendamment de l'iodure d'argent, à la condition d'une exposition à la lumière suffisante. De plus, l'expérience prouve que dans ces deux procédés, l'addition de l'iodure d'argent exerce peu d'effet, que le temps de pose à la chambre noire à objectif est toujours fort long, et que l'image est légèrement visible avant le développement par l'acide gallique. La même chose a lieu avec le coton-poudre ou la cellulose qui contient des corps organiques capables de se combiner avec le nitrate d'argent, surtout si ces corps sont l'albumine (procédé Taupenot) ou la gélatine (papier encollé, papier ciré).

Pour examiner de quelle manière la lumière agit dans les procédés négatifs, nous ne pouvons considérer que l'iodure d'argent parfaitement pur (daguerréotype) ou bien imbibé d'un excès de nitrate d'argent (papier pur, collodion).

Deux théories sont ici en présence pour expliquer comment l'iodure d'argent exposé un temps extrêmement court à la lumière, possède alors la propriété de condenser les vapeurs de mercure, ou de réunir les molécules d'argent mises en liberté par l'action de l'acide gallique sur le nitrate d'argent en excès :

1° C'est une action chimique.

2° C'est une action physique.

La première est généralement adoptée, surtout depuis que MM. Bareswill et Davanne l'ont présentée dans leur ouvrage « *Chimie photographique* » avec la clarté et la netteté d'exposition qui les distingue.

Voici les arguments sur lesquels ces auteurs se reposent particulièrement :

1° Les sels d'argent en général, l'iodure en particulier, noircissent par une exposition suffisante à la lumière, donc en un temps fort court, ils noirciront encore, mais d'une façon invisible. Cependant la quantité infiniment petite d'argent sert alors d'élément attractif sur les molécules d'argent mises en liberté par l'acide gallique (et probablement aussi, dans l'opinion de ces auteurs, sur les vapeurs de mercure).

2° Si cette théorie est vraie, dans certains procédés où l'exposition à la lumière est très-longue, l'image sera visible. L'expérience prouve qu'il en est ainsi de l'albumine, du papier encollé à la gélatine, du papier ciré.

3° Enfin leur argument principal consiste dans la célèbre expérience de M. Young qui avait exposé une glace albuminée à la chambre noire et l'avait fixée à l'hyposulfite de soude (qui dissout l'iodure d'argent comme on sait) avant de procéder au développement, et qui, malgré cela, avait obtenu une image. Donc, disent MM. Bareswill et Davanne, la lumière a décomposé une petite fraction d'iodure d'argent en iode et argent, l'hyposulfite de soude a respecté l'argent qui sert alors, pendant le développement, de point attractif aux molécules de même métal mises en liberté par l'acide gallique.

Examinons la valeur de ces trois arguments :

1° Une glace collodionnée exposée au soleil 1/108e de seconde noircit alors sous l'influence de l'acide gallique, tandis qu'elle ne subit pas le moindre changement appréciable en cinq minutes d'exposition directe (bien entendu s'il n'y a pas présence de bromure d'argent ou de matières organiques autres que le coton-poudre). Répétons-le, pas même de changement *appréciable* en 32,400 fois le temps où l'image apparait par un réducteur, et cependant, pour MM. Bareswill et Davanne, de l'argent existerait et donnerait lieu au développement subséquent.

2° Oui, dans certains procédés l'image est visible au sortir de la chambre noire, mais remarquons-le bien, précisément dans les procédés sur lesquels nous avons appelé l'attention, parce que, outre l'iodure d'argent, il y avait aussi présence d'une matière organique capable de se combiner avec le nitrate d'argent. Cela est si vrai, qu'une simple comparaison suffira pour mettre ce fait hors de doute. Le procédé au collodion est cent fois plus rapide que l'albumine ou le papier ciré, et cependant une glace au collodion et un papier ciré (tous deux à l'iodure d'argent) étant exposés dans le même appareil et le même temps, la glace sera vierge de toute image apparente, tandis que le papier en laissera apercevoir une. Mais, le lecteur le comprendra, cette image secondaire n'est pas due à l'iodure d'argent, mais à la matière argentico-organique du papier ciré.

3° Enfin, le troisième argument, qui fait toute la force de la théorie de MM. Bareswill et Davanne, n'est pas, ce nous semble, plus concluant.

Comment se peut-il en effet, qu'une glace collodionnée, infiniment plus sensible à la lumière qu'une glace albuminée, et exposée *le même temps*, ne donne pas de traces d'image, si on enlève avant le développement l'iodure d'argent par l'hyposulfite de soude?

Cela est fort simple. MM. Bareswill et Davanne attribuent la formation de l'image, dans l'expérience d'Young, à la décomposition de l'iodure d'argent. Il n'en est rien, attendu que la glace albuminée donne une image très-vigoureuse sans iodure d'argent, et il en est ainsi dans tous les procédés photographiques où une image est visible au sortir de la chambre noire.

Voici ce qui se passe :

La glace d'Young est formée d'iodure d'argent et d'*albuminate d'argent*. Le premier reçoit l'effet de la lumière *sans noircir;* le second, au contraire, se décompose en un sous-sel brun, soluble dans l'acide azotique et la potasse caustique. L'hyposulfite enlève l'iodure d'argent, soit, mais il laisse, non pas l'argent métallique, mais l'albuminate noirci qui donne lieu alors au développement.

On le voit, dans notre manière de voir, il n'y aurait pas élimination d'argent métallique, et même, ajoutons-le dès maintenant, pas *d'action chimique*, bien entendu dans les cas où l'iodure d'argent n'est pas mêlé de composé argentico-organique. S'il restait un doute dans l'esprit du lecteur sur la théorie présentée par MM. Bareswill et Davanne, les faits suivants, pensons-nous, l'éclaicirait complètement.

1° Si la lumière agit chimiquement sur l'iodure d'argent d'une glace au collodion et qu'il se forme, soit de l'argent métallique, soit si l'on veut un sous-sel, il est évident que l'acide azotique mélangé de son volume d'eau (qui, comme on sait, dissout instantanément l'argent, surtout s'il est divisé) appliqué après l'action de la lumière, doit les dissoudre. Or, une glace ainsi traitée, lavée pour enlever l'excès d'acide, et recouverte d'un mélange d'acide pyrogallique et de nitrate d'argent laisse développer une image, faible il est vrai, mais cependant très-visible.

2° Le bromure d'argent noircit beaucoup plus vite à la lumière que l'iodure. Or, par développement, c'est l'inverse qui arrive.

3° Si l'action de la lumière sur l'iodure d'argent est véritablement chimique, elle doit être proportionnelle à sa durée. En termes plus facilement compréhensibles pour les photographes : s'il faut une seconde pour produire une image vigoureuse, cette image le sera doublement et triplement en deux et trois secondes.

Or, c'est là une propriété de l'iodure d'argent vraiment extraordinaire, c'est qu'il n'en est pas ainsi. La lumière pour amener un maximum d'effet exige un temps donné, et si ce temps est dépassé, l'effet décroît et l'image est sans aucune vigueur (Moser). Cet effet a été appelé *solarisation*.

Cet argument nous paraît décisif. Rapprochons-le de quelques faits fort curieux découverts par Moser et que nous avons eu l'occasion d'observer également :

a. Une lame de verre est exposée, derrière un papier découpé, à l'action des rayons solaires; l'haleine projetée sur cette glace rend l'action visible.

b. Une lame d'argent poli donne le même résultat, mais si, aux vapeurs aqueuses de l'haleine, on substitue celles de mercure, l'exposition aux rayons solaires peut être considérablement diminuée.

c. Une médaille de cuivre légèrement chauffée est placée sur une lame d'argent poli : l'haleine et les vapeurs mercurielles rendent l'image visible, même si l'expérience est faite dans l'obscurité.

d. Si cette médaille est abandonnée un temps très-long sur la lame d'argent poli, ou même un temps assez court dans certaines circonstances que Moser n'a pas su préciser (il s'est borné à constater le fait), l'image formée par l'haleine et le mercure *se solarise* et peut même être inverse à celle de l'expérience **c.**

Ce fait offre une analogie frappante avec l'action de la lumiè re sur l'iodure d'argent, action qui *tend* à se renverser, si l'expérience est poussée suffisamment loin et qui se renverse effectivement, si pendant que l'on développe l'image on laisse entrer le jour dans le cabinet noir où ce développement se fait.

L'action de la lumière sur l'iodure d'argent des procédés négatifs est donc purement physique (1), *et si dans quelques uns une image se produit par une action chimique, elle est due, non à l'iodure d'argent mais à la matière argentico-organique.*

Mais quelle est la nature de cette action physique?

Le Dr Hill Norris pense que l'électricité joue là un rôle; M. Testelin que les molécules d'iodure d'argent ont pris des pôles électriques et que dès lors les vapeurs mercurielles et l'argent se déposent comme une balle de sureau est attirée par un corps électrisé. Mais il faut le dire, ces hypothèses sont bien hasardées et ne reposent pas sur une seule expérience précise.

Moser a été plus explicite lorsqu'il a émis ce principe général, basé

(1) M. Beuvière a remarqué que si on recouvre de cuivre (par un procédé galvanique) une lame d'argent iodée ayant reçu l'impression lumineuse, le cuivre se dépose sur les parties altérées par la lumière.

au moins sur des expériences nettes et claires, que *lorsqu'un corps a été touché par un autre, les vapeurs peuvent rendre le point de contact visible.*

On conçoit, d'après ce principe, que la lumière en un temps déterminé, puisse donner de nouvelles propriétés physiques à l'iodure d'argent; mais comment conçoit-on que ce temps ne peut être dépassé sans détruire une partie de l'action primitive? Cet effet négatif est d'ailleurs obtenu avant que l'action chimique ne commence, au moins ne constate-t-on rien qui puisse la faire supposer, alors que déjà la lumière a agi trop longtemps!

Un fait non moins singulier c'est que certains réducteurs, plus énergiques cependant que l'acide pyrogallique et le sulfate de fer, ne produisent aucune image, quoiqu'ils libèrent l'argent du nitrate de ce métal. Tels sont, par exemple, les acides hypophosphoreux et phosphoreux.

Avouons-le sans détour, nous ne connaissons pas la nature du changement physique qui se produit dans l'action de la lumière sur l'iodure d'argent, la théorie de Moser semble la plus rationnelle, mais ne rend pas un compte suffisamment exact du singulier phénomène de la *solarisation*, pour être entièrement vraie.

Si, dans les procédés où l'iodure d'argent est pur ou seulement mélangé de nitrate du même métal, la formation de l'image doit être uniquement attribuée à une action physique, il n'en est pas ainsi dans les procédés où un corps argentico-organique est en présence de cet iodure et alors l'action chimique du noircissement du sel d'argent a lieu en même temps que l'action physique. Ce qui en est la preuve, c'est que ces corps argentico-organiques employés seuls donnent des images, et d'autant plus vigoureuses que l'exposition à la lumière est poussée plus loin, sans offrir la propriété de la solarisation, au moins nous ne l'avons pu constater dans nos expériences(1).

Les seuls sels d'argent qui paraissent former les images par une action physique sont : l'*iodure*, le *bromure* et le *chlorure*, et tous trois possèdent la propriété de la *solarisation*(2).

(1) Nous avons fait à cet égard des expériences fort nombreuses sur papier gélatiné, albuminé, ciré; albumine et gélatine sur verre; collodion albuminé. Dans tous ces procédés, particulièrement ceux à l'albumine, l'iodure d'argent ne nous a paru d'aucune utilité, et il suffit, par exemple, d'une glace simplement albuminée et passée dans le nitrate d'argent pour obtenir des négatifs à la manière ordinaire.

(2) Nous ne pouvons pas finir ce paragraphe sans signaler quelques faits curieux qui sont, du reste, complètement inexpliqués jusqu'à ce jour.

a. L'iodure d'argent (associé au bromure), formé à la surface d'une lame d'argent

§ 2. DÉVELOPPEMENT DE L'IMAGE LATENTE.

Les endroits de la substance sensible frappés par la lumière condensent les vapeurs de mercure (daguerréotype), ou se recouvrent d'argent précipité par l'action du révélateur sur le nitrate d'argent en excès qui mouille la couche (procédés humides).

Dans le premier cas, l'image est constituée par l'amalgame d'argent, attendu qu'on enlève subséquemment l'iodure d'argent par l'hyposulfite de soude. Dans le second, l'image semble devoir être constituée par l'argent métallique, au moins est-ce l'opinion généralement reçue et même la nôtre, mais des expériences récentes nous ont prouvé qu'il n'en est pas toujours ainsi.

Les images sur albumine, gélatine, papier ciré, cèdent, surtout les premières, de l'argent à l'état de combinaison organique à la potasse caustique, ce qui prouve que leur composition est complexe.

Les images sur collodion ne paraissent non plus formées d'argent pur, au moins d'après l'expérience suivante :

Une glace collodionnée et sensibilisée étant exposée à la lumière, et développée *à l'acide pyrogallique*, est ensuite soigneusement lavée et placée dans l'acide nitrique. La plus grande partie de l'image est dissoute, mais il reste souvent une faible image, très-difficilement visible[1]. Après lavage de l'acide, l'image peut même être développée une seconde fois et une nouvelle application de l'acide laisse toujours une image secondaire.

par les vapeurs de l'iode et du brôme, est d'une très-grande sensibilité à la lumière (par le développement au mercure); mais ces deux substances sont au contraire presqu'insensibles (par le développement à l'acide gallique), lorsque, formées par double décomposition entre un iodure et un bromure alcalins et une solution de nitrate d'argent dans la texture du papier ou de tout autre corps poreux, l'on enlève l'excès de nitrate d'argent par des lavages à l'eau.

Il y a plus, si l'iodure et le bromure d'argent, au lieu d'être préparés de cette manière, sont formés en imprégnant d'abord le papier de nitrate d'argent, puis de l'iodure et du bromure alcalins, une complète insensibilité en résulte, même après des lavages répétés.

b. On connait beaucoup de substances qui retardent l'action de la lumière sur l'iodure d'argent, citons l'acide azotique, le sulfate d'argent, l'iodure d'éthyle, etc.

c. L'iodure et le bromure d'argent mouillés de nitrate d'argent dans une surface poreuse (qui n'exerce pas d'action sur ce dernier), sont environ de 60 à 120 fois plus sensibles à la lumière que ces mêmes composés dont l'excès de nitrate d'argent a été enlevé par des lavages à l'eau. (Bien entendu, par développement.)

d. D'après nos expériences récentes, une surface opaline ou demi transparente d'iodure d'argent, laisse passer les rayons actifs de la lumière qui agissent avec la même énergie sur une seconde et troisième lame.

(1) Ce phénomène est assez irrégulier. Les *bons* collodions ne l'offrent pas, mais certains collodions acides, un peu lents, l'offrent au contraire très-souvent.

L'examen de la couche prouve donc :

1° Que l'iodure d'argent n'est aucunément réduit par les réducteurs (1).

2° Que l'image est formée pour la plus grande partie, sinon en totalité, d'argent pur.

3° Qu'une fraction de l'image est quelquefois formée par un corps inconnu (2).

Le *fixateur* enlevant alors l'iodure d'argent, il reste dans la couche de l'argent métallique pur, ou à peu près pur, qui peut prendre l'aspect métallique par le frottement.

PROCÉDÉS POSITIFS AUX SELS D'ARGENT.

§ 1. FORMATION DE L'IMAGE.

L'on n'emploie, dans ces procédés, que le noircissement direct du chlorure d'argent; quant à l'iodure et au bromure d'argent, ils donnent des épreuves positives grises, ayant la couleur de l'argent précipité. Au reste, ces deux substances ne prennent pas un ton aussi foncé, quoiqu'elles noircissent *plus vite*, surtout le bromure.

Nous savons déjà que le chlorure d'argent se forme dans la texture du papier par double décomposition entre le chlorure de sodium et le nitrate d'argent, mais qu'on laisse toujours un excès de nitrate, parce que le noircissement est alors plus intense. On associe même une troisième substance à ces deux : l'albumine; de sorte que chacune d'elles, prise isolément, peut donner une image. Nous avons donc à examiner l'action de la lumière :

1° sur le chlorure d'argent;

2° sur le papier au nitrate d'argent;

3° sur l'albuminate d'argent.

Chlorure d'argent. Le fait que le chlorure d'argent noircit dans l'acide azotique, doit indiquer clairement que cette substance subit autre chose qu'une simple élimination de chlore avec réduction d'argent, puisque l'argent est soluble dans l'acide azotique.

(1) Quelques auteurs affirment le contraire, et prétendent qu'une glace à l'iodure d'argent pur peut se développer par l'acide pyrogallique sans addition de nitrate d'argent. Il n'en est rien, au moins suivant les expériences de MM. Bareswill et Davanne, Hardwich, et les nôtres.

(2) Quel est ce corps? Il est soluble dans l'hyposulfite de soude et le cyanure de potassium. Enlevé par ce dernier, l'image peut de nouveau être faiblement développée. L'argent déposé par un mélange d'acide pyrogallique et de nitrate d'argent est en entier soluble dans l'acide azotique, donc il ne provient pas du réducteur. D'ailleurs avec le sulfate de fer la même chose a lieu.

D'un autre côté, il est hors de doute que le chlorure d'argent noirci à la lumière se dissout en grande partie dans l'acide azotique, en laissant un chlorure violet trop riche en chlore pour correspondre à la formule Ag_2 Cl. (1).

De ce dernier fait nous concluons, avec MM. Bareswill, Davanne et Crookes, qu'il se forme principalement de l'argent métallique; mais du premier, qu'il s'y trouve aussi un sous-sel en petite quantité.

Papier au nitrate d'argent. Ce papier, en noircissant à la lumière, élimine l'argent métallique du nitrate.

Albuminate d'argent. M. Hardwich a fait avec cette substance des expériences fort curieuses. Il la préparait en versant du blanc d'œuf dans une solution de nitrate d'argent. Le produit blanc noirci à la lumière est soluble dans l'acide azotique *et la potasse caustique* (qu'il colore en rouge). L'action de la lumière sur ce composé n'est donc pas une réduction d'argent métallique, mais donne lieu à un sous-sel qui reste combiné avec la matière organique. La gélatine produit des effets analogues.

De l'ensemble de ces divers faits, on peut conclure : que la lumière forme sur le papier au chlorure d'argent une image dont l'argent métallique constitue la principale base; sur papier chloruré et albuminé, outre ce produit, une combinaison organique dans laquelle l'argent n'existe pas à l'état métallique.

§ 2. VIRAGE ET FIXAGE DES ÉPREUVES.

Nous savons que les bains de virage sont analogues aux bains de dorure découverts par Elkington, c'est-à-dire, des aurates alcalins. Une épreuve au chlorure d'argent noirci à la lumière (formée donc en grande partie d'argent métallique) s'y dore sans que l'on sache la réaction qui a lieu, et l'or divisé étant pourpre, l'image prend cette couleur.

Si les épreuves albuminées se dorent plus difficilement que les épreuves chlorurées simples, cela provient de ce que l'albuminate noirci par la lumière n'est pas de l'argent métallique et que les pores du papier sont fermés mécaniquement par l'albumine, ce qui empêche la solution aurifère d'agir sur le chlorure noirci qui se trouve en dessous.

(1) Le chloro-valérate d'argent étant dissout dans l'acide azotique, abandonne sous l'influence de la lumière, un produit *violet* de chlorure d'argent (M. Stas).

Le monochloracétate d'argent dissous dans l'ammoniaque, abandonne, dans les mêmes circonstances, des cristaux violets de chlorure d'argent, dont la composition est variable, mais que l'acide azotique ne blanchit pas (D. V. M.).

Quant au fixage, sa théorie est de la plus grande simplicité. Fixer une épreuve consiste uniquement à enlever tout le chlorure d'argent blanc non altéré (et le sous-chlorure s'il en existe). Or, l'hyposulfite de soude transforme le premier en sel double (hyposulfite de soude et d'argent) qui se dissout dans un excès de ce sel, de même que le second qu'il dédouble en argent métallique et en chlorure ordinaire.

C'est à cette action qu'est dû le changement de couleur d'une épreuve immergée dans ce sel; en effet, le chlorure violet se transformant en argent métallique, de plus, le liquide enlevant le chlorure blanc interposé entre les molécules de l'argent réduit, un changement de couleur en est l'effet naturel.

Altération des épreuves positives. L'expérience a démontré :

1° Qu'un bain d'hyposulfite de soude qui a servi à fixer un grand nombre d'épreuves, peut virer une épreuve (c'est-à-dire lui donner une couleur agréable à l'œil) sans que l'on ait besoin de recourir au virage préalable à l'or, mais que dans ce cas, les épreuves étaient sujettes à s'effacer par le temps, ou tout au moins à se transformer lentement en épreuves d'un aspect jaune, aspect malheureusement connu de tout le monde.

Ce fait s'explique par la décomposition de l'hyposulfite d'argent (formé par les sels d'argent contenus dans la texture du papier au contact du fixateur) en sulfure de ce métal qui se mélange avec l'argent métallique formant l'image et en modifie la teinte.

Il se produit d'autant plus facilement qu'on immerge un plus grand nombre d'épreuves en même temps dans le fixateur, car alors, outre que ce dernier est déjà presque saturé de sels d'argent, ces épreuves se sulfurent localement faute d'un contact suffisant avec le liquide en excès.

2° Qu'un acide faible ajouté à l'hyposulfite, lui communiquait exactement les mêmes propriétés.

Les acides, en effet, libèrent de l'hyposulfite de soude une certaine quantité de soufre qui se combine avec l'argent métallique constituant l'image.

3° Qu'une épreuve abandonnée longtemps dans l'hyposulfite de soude jaunissait, et que le produit formé consistait en sulfure d'argent.

Ce fait est constaté, mais son explication nous est inconnue[1].

(1) M. Hardwich a publié dans le *Journal de la Société Photographique de Londres* des équations chimiques pour prouver qu'il se formait là une série de sels de la série thionique ; dans le premier des cas que nous avons cités : du tetrathionate de soude; dans le second de l'acide hyposulfureux peu stable, comme on sait (quoique l'existence de cet acide est problématique); dans le troisième : de l'acide sulfurique qui produirait également de l'acide hyposulfureux.

Les équations de M. Hardwich sont sans doute fort rationnelles, et nous les avons

Un grand nombre d'épreuves passées ont été analysées, et dans toutes, on a constaté la présence du soufre, qui parait donc être la cause de l'altération des épreuves positives.

Cela paraitra hors de doute lorsqu'on saura que MM. Davanne et Girard ont prouvé par l'expérience ce fait curieux : qu'une épreuve formée d'argent pur, et sulfurée par l'hydrogène sulfuré ou tout autre sulfurant, *devenait jaune* comme les épreuves sortant des vieux hyposulfites ou séjournant trop longtemps dans l'hyposulfite neuf.

Ce fait est fort extraordinaire, car le sulfure d'argent est le composé le plus stable d'argent que l'on connaisse ; il constitue dans le sein de la terre de grandes masses minérales qui, cristallisées ou amorphes, ne paraissent pas subir d'altération à l'air.

La grande analogie qui existe entre l'aspect de l'épreuve sulfurée de MM. Davanne et Girard et de celles qui ont été obtenues dans les conditions des bains fixateurs que nous venons de signaler, ont porté ces deux savants à émettre cette règle (confirmée par l'expérience) que toutes les fois que le bain fixateur était sulfurant, la fixité des épreuves était compromise.

M. Spiller a fait voir récemment que l'albuminate d'argent ne se dissout pas en entier dans le fixateur, de sorte que dans le cas des épreuves albuminées, de l'argent à l'état de combinaison organique reste dans les blancs, outre l'argent à l'état métallique et à l'état de sous-sel qui forme les noirs.

La grande division de l'argent dans les épreuves positives doit être cause de leur sulfuration à l'air, le sulfure d'argent est noir il est vrai, et non jaune, mais ce sulfure noir jaunit en subissant une modification moléculaire.

Les épreuves virées à l'or (dorées en d'autres termes) sont certainement plus fixes que celles formées par l'argent pur, mais l'expérience n'a pas encore dit si elles étaient réellement inaltérables.

même reproduites en partie dans la deuxième édition de cet ouvrage, mais malgré la haute estime que nous professons pour cet auteur, en y réfléchissant plus sérieusement, nous avons dû reconnaître qu'elles représentaient des réactions purement hypothétiques ; que d'ailleurs la série thionique était peu connue, et sans nier leur existence, nous mettons en doute que des analyses précises aient servi à les établir(*).

Nous nous bornerons donc aux faits que nous connaissons réellement, *ceux que l'expérience confirme*, sans essayer des hypothèses sur des réactions dont les Traités de chimie les plus complets ne parlent même pas.

(*) Pour donner un exemple qu'une équation chimique ne peut reposer que sur l'expérience, prenons celle-ci

$$S + 3O = SO_3$$

certes cette formule est rationnelle, mais l'expérience prouve que la réaction se fait ainsi

$$S + 3O = SO_2 + O.$$

Un seul fait a détruit, dans notre opinion, plusieurs des équations de M. Hardwich, c'est qu'un hyposulfite neutralisé par la soude, produit les mêmes effets qu'un hyposulfite neutre sur papiers salés. Or, si des acides se forment, ils agiront sur l'alcali en produisant des substances n'ayant aucune action sur l'épreuve.

L'emploi de l'hyposulfite de soude semble donc dangereux pour fixer les épreuves positives sur papier, ce sel se décomposant facilement en présence des matières qui forment l'image, mais en dorant préalablement ces épreuves et en évitant bien les conditions que l'expérience a prouvé être dangereuses pour leur inaltérabilité, on peut croire avec raison qu'elles résisteront mieux à l'action des agents atmosphériques que celles non dorées et uniquement formées d'argent pur, métal facilement altérable par l'hydrogène sulfuré de l'air.

II. LES PROCÉDÉS SANS SELS D'ARGENT.

Dans la plupart de ces procédés, il y a une *action chimique* caractérisée par un changement visible (ou un changement invisible, mais pouvant se rendre sensible par l'application de certains réactifs). Nous avons cependant signalé page 26, l'*action purement physique* de la lumière sur le soufre; voici cette belle expérience :

On dissout du soufre dans le sulfure de carbone et l'on y immerge, dans l'obscurité, une feuille de papier que l'on sèche alors très-rapidement en évitant que le soufre ne forme de cristaux. Ce papier exposé à la lumière, puis soumis aux vapeurs mercurielles ou frotté avec un tampon de ouate de coton imbibé de noir de fumée en poudre impalpable, noircit là où la lumière a agi, en formant ainsi une image négative (MM. Garnier et Salmon).

Le plus souvent l'action de la lumière est purement chimique et consiste dans la *réduction* des corps soumis à son influnece. C'est ainsi que les sels métalliques au maximum sont réduits au minimum, et ce cas est fréquent dans les sels des dernières sections à partir du manganèse et du fer. Si ces sels sont colorés, comme le chlorure de chrôme, l'iodure de mercure, l'action est visible; mais si ces sels sont incolores ou faiblement colorés, comme le bichlorure de mercure, le nitrate d'urane, l'action est invisible et n'est décelée que par des réactifs qui agissent sur les sels au minimum sans exercer d'effet sur les sels au maximum.

Si le sel au minimum formé contient un métal de la dernière section, ce dernier lui-même est éliminé; c'est ainsi que le perchlorure d'or est réduit d'abord à l'état de protochlorure, puis à l'état d'or métallique. Les corps avides d'oxigène accélèrent dans ce cas la réduction, et, pour le chlorure d'or par exemple, l'action est bien plus rapide en présence de l'acide oxalique, d'un formiate alcalin, etc.

Ces corps réducteurs peuvent même, sous l'influence de la lumière, mettre le métal en liberté dans certains sels qui ne sont pas réduits à l'état métallique sans leur présence, tel est le cas pour les sels de mercure.

La lumière produit parfois aussi une *oxidation*, par exemple des essences, des bitumes, des résines. C'est ainsi que sont produites les images sur acier enduit de bitume de Judée, images qui ne se forment pas dans le vide ou dans un gaz comme l'azote ou l'hydrogène.

Enfin, quoique jusqu'ici des procédés photographiques n'aient point été basés sur cette propriété, la lumière favorise la combinaison de certains corps. La chimie est remplie d'exemples de corps qui n'agissent facilement les uns sur les autres qu'à la faveur des rayons solaires, ou qui ne se forment que sous son influence et celle de la chaleur. Comme exemple du premier cas, nous citerons la formation des produits chlorés de l'éthytène; et du second, celle de l'acide glycollique dans une dissolution ammoniacale de monochloracétate d'argent.

Enfin, ce ne sont pas indifféremment tous les rayons colorés qui constituent la lumière blanche qui agissent chimiquement dans tous ces exemples, mais plutôt les rayons bleus, indigos, violets et extraprismatiques. Aussi, cette partie des rayons lumineux porte-t-elle souvent le nom de rayons *chimiques*, *actiniques*, *actifs*, etc.

L'examen de ces faits constitue le chapitre suivant.

RECHERCHES SCIENTIFIQUES

SUR LA

PHOTOGRAPHIE.

Dans ce chapitre, nous devons nous borner aux recherches principales dont la photographie a été l'objet, en excluant celles, beaucoup plus nombreuses, sur l'action chimique de la lumière. C'est ainsi, par exemple, que nous ne dirons que peu de chose de l'influence des rayons lumineux sur le règne organique et sur les substances autres que les sels d'argent, ce qui nous conduirait autrement trop loin.

Nous examinerons en premier lieu l'*action de la lumière sur les sels d'argent*, action qui s'étudie à l'aide des rayons du spectre solaire et qui varie, comme on sait, suivant les milieux qu'elle traverse et la nature de sa source.

Nous parlerons donc premièrement de la méthode d'obtenir un spectre solaire parfaitement pur; secondement, de l'interposition des corps transparents; troisièmement, des différentes sources de lumière, pour examiner alors l'action des rayons sur les sels d'argent en général, et ceux employés en photographie, en particulier.

Nous avons dit quelques mots (page 25) de la production du spectre solaire et de son action sur les sels d'argent. C'est ici le lieu de développer les points que nous n'avons fait qu'effleurer dans ces pages, que toutefois, nous supposerons encore présentes à la mémoire.

I. LE SPECTRE SOLAIRE.

Pour étudier l'action de la lumière sur les sels d'argent, les verres colorés sont peu avantageux, parce qu'ils transmettent toujours plusieurs rayons. L'on peut s'en assurer aisément en regardant un objet blanc, long et étroit, à travers un prisme et le verre à analyser.

Sans verre coloré, l'objet blanc est bordé des couleurs les plus vives, qui sont : le rouge, l'orangé, le jaune, le vert, le bleu, l'indigo et le violet; mais à travers le verre coloré, quelques unes disparaissent, et celles qui restent déterminent la nature de sa couleur propre.

Les couleurs du spectre solaire sont, au contraire, indécomposables et par conséquent pures; mais pour les produire exemptes de lumière blanche, il faut monter l'appareil avec un soin extrême.

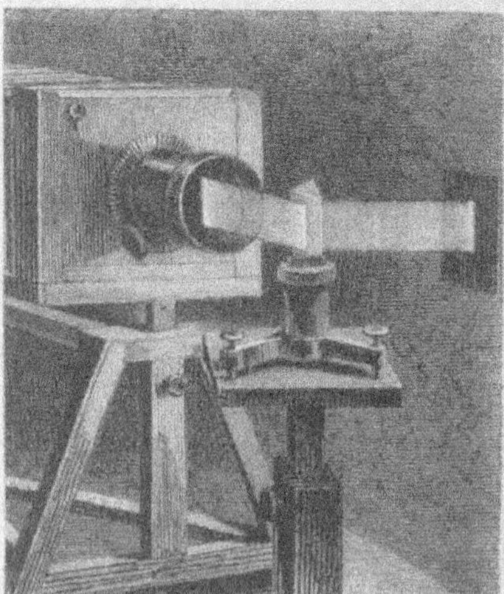

Fig. 239. — Disposition de l'appareil pour le spectre solaire.

Voici la disposition que nous employons avec le plus d'avantage (fig. 239).

Dans le volet d'une chambre complétement obscurcie, on place verticalement, (ce qu'on vérifie avec un fil à plomb), une plaque de cuivre à ouverture rectiligne très-étroite (pas inférieure cependant à un millimètre de largeur), et de deux ou trois centimètres de hauteur. D'ailleurs les deux lamelles de cuivre qui la forment sont mobiles et peuvent s'éloigner ou se rapprocher suivant que le spectre doit être plus ou moins lumineux.

Les rayons solaires sont réfléchis horizontalement à travers cette ouverture rectiligne à l'aide d'un miroir plan en verre argenté et poli. Au besoin, un miroir ordinaire peut être employé, mais dans ce cas, une partie des rayons chimiques de la lumière est absorbée par son passage à travers le verre du miroir.

Sur le trajet du rayon lumineux se place verticalement le prisme en flint, quartz ou en tout autre matière transparente, monté sur un pied à trois vis. On vérifie la verticalité du prisme en comparant la hauteur du spectre au-dessus du plancher à celle de la fente : ces deux hauteurs doivent être égales.

En tournant le prisme sur son axe (et sa monture est disposée de façon à permettre facilement un tel mouvement), on voit le spectre se rapprocher du rayon lumineux $a a'$ (fig. 4), et il arrive bientôt un moment où il s'en éloigne, même en tournant le prisme en sens inverse. Il y a donc une position $c' d'$, appelée *minimum de déviation*, et

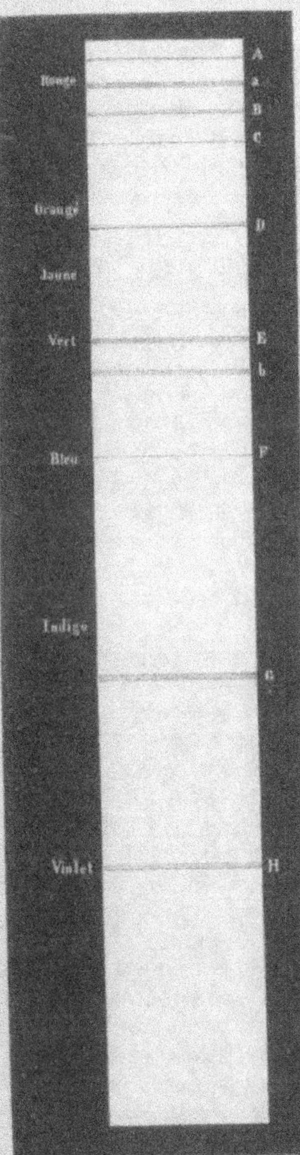

Fig. 240. — Spectre solaire.

qu'il est essentiel de bien réaliser, sinon les couleurs du spectre seraient mélangées de lumière blanche.

Le spectre ainsi obtenu est diffus, mais en le recevant dans un appareil photographique à travers un objectif double comme le montre la fig. 239, on peut mettre la fente au point à travers le prisme et dès lors il prend une forme rectangulaire. En faisant mouvoir la crémaillère de l'objectif, on peut mettre les différentes couleurs successivement au point (car elles ont toutes un foyer différent) et apercevoir les raies dont nous avons parlé page 26 et dont nous avons indiqué les principales, fig. 240.

La chambre noire qui sert à recevoir le spectre doit pouvoir se raccourcir et s'allonger suffisamment et être supportée par un pied susceptible des mouvements nécessaires pour la placer horizontalement. Le châssis à glace aura environ 10 centimètres de hauteur sur 50 de large.

Pour donner plus de précision aux expériences, il est bon de placer très-près du prisme et du côté de la fente, un carton dans lequel on découpe une ouverture longitudinale suffisamment large pour laisser libre la face du prisme qui regarde la fente; on évite ainsi les rayons diffus qui entrent souvent dans l'appareil et faussent les résultats. Le prisme doit toujours se placer le plus près possible de l'objectif.

Plus l'objectif est rapproché de la fente, plus le spectre est large et long; et plus il s'en éloigne, plus il est court et lumineux. Il en résulte qu'avec des substances très-sensibles à la lumière, on se servira de la première disposition et avec celles, au contraire peu sensibles, de la seconde. Dans le premier cas, le spectre doit avoir 3 ou 4 décimètres de longueur; dans le second, 1 décimètre, et même on élargira un peu la fente du volet.

Ajoutons que l'expérience nous a appris que dans le premier cas, il est bien difficile d'obtenir un spectre suffisamment pur, et il vaut mieux se servir de deux prismes placés l'un à la suite de l'autre, tous deux au minimum de déviation; on peut être certain alors de sa pureté.

Si l'expérience doit durer plus d'une minute, il est nécessaire d'employer l'héliostat pour réfléchir les rayons solaires dans la chambre, et lorsqu'on veut opérer avec une précision très-grande, le miroir doit être supprimé et tout l'appareil monté *équatorialement*[1]. Il y a plus, nous verrons bientôt que le flint arrête, par absorption, une grande quantité des rayons extra-prismatiques, aussi est-il bon de se servir du quartz, mais comme les prismes faits avec cette substance donnent un spectre fort court à cause de leur faible pouvoir dispersif, il est bon d'en accoler deux, ce qui dès lors l'étale sur une plus grande longueur. Quand on fera tailler ces prismes de quartz, l'on recommandera à l'opticien que les rayons réfractés (au minimum de déviation), les traversent dans la direction de l'axe optique. (Le quartz cristallise en prismes hexagones et possède la double réfraction.)

Le spectre solaire, obtenu comme nous venons de le décrire, est très-propre à l'étude de l'action des rayons colorés sur les divers sels d'argent ou toute autre substance sensible à la lumière.

Ses diverses teintes sont plus ou moins espacées suivant le pouvoir dispersif du prisme employé. Nous avons déjà désigné les couleurs principales dont il est formé, ajoutons que Sir John Herschell en a ajouté deux autres, assez difficiles à bien observer mais qui se voient cependant si la chambre est bien obscurcie, ce sont, au-delà du rouge : le cramoisi; et au-delà du violet : le gris ou violet lavande (crimson and lavender).

En promenant lentement un thermomètre ou une pile thermo-électrique dans les différentes couleurs du spectre, on trouve que le maximum calorifique correspond au rouge et qu'il varie avec la nature du prisme. Le maximum de l'intensité lumineuse se trouve dans le jaune et ne varie pas avec la nature du prisme, s'il est incolore.

Quant au maximum de l'action chimique, tantôt il se trouve dans les rayons les moins réfrangibles; tantôt, au contraire, dans le bleu,

(1) Voyez pour de pareilles montures « *Application de la photographie à l'astronomie.* »

le violet, et même au-delà ; la nature du prisme exerce une grande influence sur le maximum de l'intensité chimique (ce qui fait l'objet de l'alinéa suivant), surtout s'il est placé dans les rayons invisibles situés au-delà du violet.

Quant à ces derniers, l'œil ne peut les apercevoir, quoique l'une personne voie un spectre plus long que l'autre ; néanmoins ces rayons existent puisqu'ils agissent sur le chlorure d'argent et bien d'autres substances.

Cette *lumière obscure* (qu'on nous pardonne l'expression), offre une propriété vraiment extraordinaire, celle de pouvoir changer de réfrangibilité par certaines substances (nommés à cause de cela *fluorescentes*) de telle façon qu'elle devient alors perceptible à l'œil.

M. Stokes (qui a découvert ce phénomène) a rendu cette lumière visible à l'aide d'une dissolution de sulfate quinine placée dans un tube de verre. Écrit-on avec ce liquide sur un papier blanc, à la lumière ordinaire on ne discerne pas les caractères, mais vient-on à les *éclairer* par les rayons *obscurs* du spectre, à l'instant ils deviennent visibles. D'ailleurs, ces caractères (éclairés par la lumière du jour), se reproduisent par la photographie comme des caractères à l'encre noire.

II. INTERPOSITION DE CORPS TRANSPARENTS.

L'interposition de lames transparentes (colorées ou non), exerce toujours une certaine influence sur la composition du spectre solaire. Une lame de mica ou de quartz enfumés, arrête presque tous les rayons lumineux, mais transmet, au contraire, en entier les rayons calorifiques et une certaine partie des rayons extra-prismatiques. Une lame de verre vert très-clair (coloré par les sels de cuivre), et mouillée sur une de ses surfaces par une dissolution d'alun, arrête les rayons calorifiques et laisse passer presque tous les autres. Enfin, une lame de verre violet foncé (coloré par les sels de cobalt), est presque opaque, et cependant transmet les rayons chimiques.

Nous n'avons à nous occuper ici que de l'action des lames (incolores ou colorées) sur les rayons chimiques du spectre solaire, examinons-les donc en commençant par les *lames incolores*, gazeuses, liquides et solides et en finissant par les écrans colorés solides, les seuls qui nous intéressent.

1° Lames incolores.

a. *Gazeuses.* A mesure que l'on s'élève sur les montagnes élevées, les rayons extra-prismatiques s'allongent. Même à la surface de la mer, ce phénomène a lieu, et varie suivant la distance zénithale du soleil (M. Crookes).

L'air arrête donc une certaine quantité des rayons chimiques du soleil, une partie est diffusée, une autre absorbée. Cette imparfaite transparence de l'air est probablement cause du temps plus considérable d'exposition à la lumière qu'il faut dans les procédés photographiques après trois heures de l'après-dînée.

D'après les recherches de M. Allen Miller, qui a expérimenté sur le spectre produit par l'étincelle électrique jaillissant entre deux pointes métalliques, et plusieurs gaz renfermés dans un tube de laiton de 60 cent. de longueur fermé à ses extrémités par des lames minces de quarz, (le prisme étant également de quarz), les gaz incolores, tels que l'hydrogène, l'azote, l'acide carbonique, l'oxide de carbone, ne manifestent aucun pouvoir absorbant ; le gaz oléfiant, le protoxide d'azote, le cyanogène ont un effet sensible ; mais le gaz à l'éclairage, l'acide sulfureux, et surtout le trichlorure et l'oxychlorure de phosphore (en vapeurs), manifestent un pouvoir absorbant énergique sur le spectre extrême.

b. *Liquides.* Les liquides peuvent être expérimentés, soit en les plaçant dans un prisme à angle variable formé de lames de verre ou mieux de quartz, ou bien en les enfermant dans une cuvette formée de glaces collées ou de lames de quartz.

Il y a déjà plusieurs années que M. Becquerel a énoncé cette règle : qu'en général les substances liquides incolores retardent peu l'action de la lumière sur les surfaces sensibles à cet agent. Cependant, quand on expérimente avec le spectre, une absorption manifeste se produit sur certains rayons, surtout sur les rayons violets extrêmes.

D'après M. Allen Miller, deux liquides peuvent être regardés comme complètement transparents pour les rayons chimiques, ce sont : l'eau et l'alcool ; mais déjà ce dernier fait naître dans le spectre un déficit considérable (sur les rayons invisibles les plus réfrangibles). La liqueur des Hollandais, le chloroforme, l'éther, la benzine, la glycérine, l'alcool amylique, l'esprit de bois, l'oxalate d'éthyle, l'acide acétique, le bisulfure de carbone, sont rangés dans leur ordre de transparence photographique, les derniers étant les plus absorbants. Enfin, le trichlorure et l'oxychlorure de phosphore, d'une limpidité parfaite et parfaitement incolores, arrêtent tous les rayons chimiques.

M. Becquerel a observé qu'une dissolution de 1 gr. de sulfate de quinine dans 100 gr. d'eau acidifiée par quelques gouttes d'acide sulfurique, arrête tous les rayons invisibles situés au-delà du violet, et même l'extrême violet visible. Cependant, d'après M. Hunt, la lumière blanche perd peu de son intensité chimique en traversant un pareil milieu, bien entendu, sur les substances dont le maximum de sensibilité se trouve dans le bleu ou l'indigo, et non au-delà.

c. *Solides*. Depuis longtemps l'on sait que certains solides, quoique parfaitement transparents et incolores, retardent l'action de la lumière sur les lames sensibles à la lumière employées en photographie. Le flint, par exemple, y apporte un retard très-sensible, mais M. Percy prétend que cela provient de la trace d'argent accompagnant toujours le plomb qui entre dans la composition de ce verre et le colore en jaune.

M. Allen Miller a fait à ce sujet des expériences très-nombreuses et voici les conclusions auxquelles il arrive :

« 1° Les corps incolores, également transparents pour les rayons visibles, ont une perméabilité très-différente pour les rayons chimiques. 2° Les corps photographiquement transparents sous forme solide gardent leur transparence à l'état liquide ou gazeux ; les solides incolores transparents qui exercent une absorption photographique considérable gardent leur action absorbante, avec plus ou moins d'intensité, à l'état liquide où à l'état gazeux. Que le corps solide soit liquéfié par la chaleur ou par sa dissolution dans l'eau, les conclusions relatives au passage à l'état liquide restent les mêmes. La perméabilité parfaite de l'eau pour les rayons chimiques, jointe à cette circonstance que, dans aucun cas, le procédé de dissolution n'interfère avec l'action spéciale exercée par les rayons incidents sur la substance dissoute, a permis de soumettre à ce genre d'épreuves un grand nombre de corps qu'il aurait été impossible d'expérimenter autrement, en raison de la difficulté extrême de les obtenir en cristaux de dimension et de limpidité suffisantes[1]. »

Les substances qui arrêtent *le moins* de rayons chimiques sont, suivant cet auteur, le cristal de roche, l'eau congelée, le spath fluor blanc et même le sel gemme et parmi celles qui en arrêtent *le plus*, les nitrates et les hyposulfites alcalins.

2° Lames colorées.

Relativement aux expériences sur les lames colorées, nous ne parlerons ici que de celles qui offrent quelque intérêt au point de vue des procédés photographiques.

(1) *Cosmos* 1862.

En thèse générale nous pouvons dire que si l'on interpose une lame colorée entre le prisme et l'ouverture du volet, l'action sera double : elle dépendra d'abord de la couleur de ce verre, et en second lieu de sa nature. Dans tous les cas, si le verre est de couleur foncée, il y aura nécessairement absorption de certains rayons colorés, de sorte qu'il est bon de se servir d'un spectre court et fortement éclairé.

M. Ed. Becquerel, en se servant de verres colorés, a observé plusieurs phénomènes assez curieux, voici un extrait de son remarquable mémoire[1] :

« Verre coloré en rouge par le protoxyde de cuivre. — En faisant usage d'un verre rouge assez foncé (qui est presque pur, le seul qui soit à peu près monochromatique, puisqu'il ne laisse passer en grande partie que le rouge et le commencement de l'orangé prismatique), et le plaçant devant le faisceau que l'on reçoit totalement pour avoir un spectre bien intense, on voit sur l'écran que la partie lumineuse comprise entre A et le milieu de l'orangé forme une teinte rouge bien prononcée. Les lignes *a*, se distinguent assez bien. Cette image se termine après A, et ensuite brusquement de l'autre côté entre C et D. On reconnait en outre une légère lueur vers F, ce qui indique que des rayons de cette réfrangibilité traversent cet écran.

En recevant le spectre sur de l'iodure d'argent impressionné, au bout de deux heures d'action d'un soleil énergique, on voit une impression sur la plaque, après l'avoir passée à la vapeur de mercure, impression qui correspond exactement à la partie éclairée en rouge et qui se termine aux mêmes lignes. Les raies *a* sont assez bien dessinées. De plus, on reconnait une légère action vers EF, de sorte que des rayons de cette réfrangibilité ont impressionné la plaque.

Ainsi l'on voit qu'avec ce verre, là où la lumière est absorbée totalement, il n'y a pas de rayons chimiques, et que, par rapport aux sels d'argent, ce verre ne laisse passer presque en totalité que les rayons continuateurs (voyez page 345).

D'autres verres rouges moins foncés donnent les mêmes résultats si ce n'est que l'on a davantage de rayons situés vers F qui impressionnent la plaque. On voit donc qu'il est possible que des verres rouges très-foncés laissent passer des rayons d'autre réfrangibilité que le rouge, et que l'iodure soit impressionné par des rayons correspondant au bleu ou au vert prismatique. Ainsi, il est probable que ces rayons auront dû agir lorsque M. Möser a laissé plusieurs jours une plaque iodurée sous un verre rouge à la lumière ; et cette expérience, de laquelle il croyait pouvoir conclure que les rayons rouge ou de même réfrangibilité, après

(1) *Annales de Chimie et de Physique*, 1843, tome 9.

une action prolongée, influencent l'iodure d'argent, ne prouve rien quant à la réfrangibilité des rayons actifs, car un verre rouge peut en transmettre de plusieurs sortes[1].

Verre jaune d'or. — Si l'on place sur la route du rayon lumineux, avant sa réfraction, un verre jaune clair, on voit que la partie la moins réfrangible du spectre, c'est-à-dire située entre A et F, passe en totalité, tandis que les rayons bleus, indigo, violets, sont en partie absorbés; ce qui fait qu'au delà de G, on ne voit plus aucune trace lumineuse sensible. Lorsqu'on reçoit le spectre sur l'iodure d'argent déjà impressionné (voyez page 343), on voit qu'entre A et F la plaque reçoit une impression due à l'action des rayons les moins réfrangibles; mais on aperçoit aussi une action dans les rayons les plus réfrangibles jusqu'en I d'un côté, et de l'autre jusque entre G et F. Aussi ce verre agit-il de la même manière sur les rayons chimiques et sur les rayons lumineux.

Verre bleu. — Les verres colorés qui paraissent bleu d'azur par transmission agissent d'une manière curieuse sur le spectre solaire. Ceux qui sont très-foncés ne partagent en général le spectre lumineux qu'en deux parties. D'abord, on voit la partie AC, rouge, puis un intervalle obscur CF, et ensuite la partie bleue, indigo, violette, qui paraît passer presque sans absorption. Si le verre est assez clair, comme un de ceux dont j'ai fait usage, on voit d'abord la partie AC, lumineuse rouge assez intense, qui indique que les rayons rouges passent presque sans absorption; ensuite un espace qui s'étend de D au milieu de DE et qui est jaune, mais moins lumineux que le jaune prismatique. Ainsi, cette partie éprouve une absorption partielle. L'intervalle entre ces deux portions prismatiques éclairées est plus obscur; mais au milieu, entre C et D, on voit une faible teinte orangée. En E on aperçoit une partie lumineuse EH, qui commence à la fin du vert et finit à la limite extrême du violet. Ainsi il y a quatre parties lumineuses, séparées par trois grandes bandes obscures.

Quand on fait agir ce spectre sur l'iodure d'argent, on voit d'abord une action de N en F. Si l'iodure a été primitivement impressionné, au bout d'une heure et demie d'action, outre l'action dans les rayons les plus réfrangibles, il s'en produit une de F en E, et une autre de C en A correspondant à la partie lumineuse. Mais l'intervalle CE sur la plaque était resté net, car l'intensité des rayons jaunes ne paraît pas dépasser celle de AC; et pour que cela soit, il faut que vers D les rayons aient éprouvé une absorption assez forte. Mais au bout de trois heures et demie d'action sur la plaque, nous avons vu une impression corres-

(1) Voyez le commencement de ce chapitre, page 333, ligne 26.

pondante à la partie jaune vers D. Ainsi, les trois parties les plus lumineuses avaient leurs correspondantes exactement dans le spectre chimique. Il est probable qu'une action d'une journée aurait donné indice de la bande orangée. Mais l'expérience ne serait pas très-nette, en ce qu'on distingue difficilement cette partie du spectre de la lumière diffuse qui l'environne et qui impressionne aussi la plaque à la longue.

En général, j'ai trouvé, en faisant usage de verres colorés, que lorsqu'une substance agissait par absorption sur une portion du spectre lumineux, il agissait aussi de la même manière sur la portion de même réfrangibilité du spectre chimique qui influence une substance sensible. Les différences que l'on semble voir au premier abord ne proviennent que de ce que l'on n'a pas égard à l'intensité relative d'action de ces parties des deux spectres, par rapport à leur maxima et à l'étendue des spectres actifs. Si l'on y a égard, comme je l'ai indiqué dans ce paragraphe, on verra qu'il y a dépendance mutuelle entre les rayons lumineux et les rayons qui agissent non seulement sur l'iodure d'argent, mais encore sur les autres substances chimiques impressionnables. »

III. EFFET DES DIFFÉRENTES SOURCES DE LUMIÈRE.

Dans toutes les expériences que nous avons citées précédemment, nous nous sommes toujours servi de la lumière solaire, mais si l'on emploie une autre source lumineuse, la flamme du gaz, l'arc voltaïque produit par la pile entre deux cônes de charbon, une spirale de platine chauffée au rouge, etc., les résultats ne sont plus les mêmes, non plus que l'intensité des raies, leur nombre et leur disposition relative. Ainsi l'on sait, que la lumière électrique produit un spectre à raies blanches; les flammes bleues un spectre où le violet domine; les flammes rouges où le rouge domine, etc. L'action chimique de ces spectres est également sujette à certaines variations. D'après M. Crookes, dans la lumière du gaz, la grande masse des rayons photogéniques se trouve entre les raies extrêmes du violet visible, tandis qu'avec la lumière solaire, ces rayons se trouvent en plus grande abondance en dehors de ces limites. Cependant, on n'a pas observé de changements marquants, en employant ces sources lumineuses, et l'effet est à peu près le même qu'à l'aide des rayons solaires; d'ailleurs, il est naturel que la coloration des flammes exerce une grande influence sur la place du maximum d'intensité, mais ce sont là des résultats qui découlent nécessairement de la couleur de la flamme plutôt que de sa nature.

Parmi les sources de lumière qui renferment le plus de rayons chimiques, nous citerons, d'après M. Talbot, la flamme du cyanogène qui est d'un magnifique bleu pourpre; mais la lampe électrique au mercure du prof. Way, dont nous avons parlé page 238, est infiniment plus intense, et peut être employée dans les procédés photographiques chaque fois que la lumière solaire vient à faire défaut.

IV. ACTION DES RAYONS PRISMATIQUES SUR LES SELS D'ARGENT.

Nous savons maintenant comment il faut monter les appareils pour obtenir un spectre solaire d'une grande pureté; nous savons aussi que le prisme de flint peut être employé pour les recherches ordinaires, mais qu'un prisme de quartz est nécessaire pour celles qui ont pour objet les rayons obscurs les plus réfrangibles. La lumière solaire, à cause de son intensité, sera employée presqu'exclusivement surtout s'il s'agit de recherches photographiques; mais l'action chimique des autres sources lumineuses peut donner des résultats différents.

L'importance de cet alinéa (au point de vue des procédés photographiques) nous engage à le diviser de la manière suivante :

1° Action des rayons prismatiques sur les sels d'argent en général; 2° sur l'iodure d'argent; 3° sur le bromure; 4° sur le chlorure.

1° Action des rayons colorés sur les sels d'argent en général.

Les sels d'argent noircissent pour la plupart à la lumière, même ceux qui sont colorés. Sir John Herschell et M. Robert Hunt ont fait beaucoup de recherches sur ces sels et leur ont trouvé d'énormes différences de sensibilité.

La préparation des surfaces sensibles se fait, dans le cas de l'insolubilité des sels d'argent à essayer, par double décomposition dans la texture du papier, et dans le cas de la solubilité de ces sels, par immersion du papier dans leur solution aqueuse ou alcoolique.

Généralement dans le premier cas le noircissement est plus intense en présence d'un excès de sel d'argent soluble, le nitrate par exemple.

L'action du spectre sur ces sels s'étend depuis le bleu jusque bien au-delà du spectre visible, et le maximum est dans l'indigo et le violet.

Chose curieuse, les raies de Frauenhofer qui sillonnent le spectre visible, sillonnent aussi, sous forme de lignes blanches, le spectre invisible situé au-delà du violet. Ces raies ont été dessinées avec le plus grand soin par MM. Becquerel et Hokes. Elles se désignent d'ailleurs par des lettres de l'alphabet qui suivent celles de la fig. 240.

2° Iodure d'argent.

Il existe plusieurs maxima chimiques pour cette substance, suivant qu'on l'examine :

A. PAR NOIRCISSEMENT DIRECT, SANS DÉVELOPPEMENT.

a. *Sur la lame d'argent iodé (daguerréotype)*[1]. Le maximum d'action est dans le violet, s'étend d'un côté dans le bleu, et de l'autre, bien au-delà des rayons visibles. L'action est presque nulle dans le rouge extrême, mais complétement nulle dans l'orangé, le jaune et le vert.

b. *Préparé dans le papier par double décomposition entre l'iodure de potassium et le nitrate d'argent.* Le maximum se déplace suivant la concentration du nitrate d'argent en excès (R. Hunt), mais se trouve, ou à l'extrême violet (R. Hunt), ou même un peu au-delà (Sir John Herschell). Elle est nulle dans les autres rayons colorés, excepté dans l'extrême rouge, où elle est cependant à peine sensible.

Le nitrate d'argent en excès, éliminé par des lavages répétés, enlève à l'iodure d'argent la faculté de noircir; tout au plus un léger changement de teinte s'aperçoit-il dans le bleu et le violet.

B. PAR UNE EXPOSITION TRÈS-COURTE ET DÉVELOPPEMENT.

a. *Au mercure sur la lame du daguerréotype.* Action très-légère avec production d'une teinte rose dans l'extrême rouge; ligne à peine perceptible dans l'orangé; action nulle dans le jaune, à peine sensible dans le vert, très-énergique dans le bleu, l'indigo, le violet et l'extrême spectre (R. Hunt) (Sir John Herschell).

b. *A l'acide pyrogallique sur collodion.* L'action est nulle dans le rouge ou presque nulle; l'orangé, le jaune et le vert n'ont aucune action quel que long que soit le temps d'exposition, mais le bleu et les rayons situés au-delà agissent très-activement[2]. Le maximum d'action est dans l'indigo et le commencement du violet (W. Crookes).

(1) R. HUNT, *Philosophical Magazine*, 1840.

(2) Si l'action est prolongée au-delà du temps nécessaire pour donner une impression des rayons bleus et violets, ces parties se solarisent (voyez page 30); mais dans aucun cas, le jaune, l'orangé et le vert n'agissent.

C. PAR NOIRCISSEMENT PRÉALABLE, PUIS ENDUIT D'UN IODURE ALCALIN.

MM. Herschell, Talbot, R. Hunt, Fyfe, Lassaigne, (et récemment M. Poitevin), ont trouvé qu'un papier à l'iodure d'argent d'abord noirci, ou seulement légèrement impressionné, puis recouvert d'iodure de potassium, se comportait d'une toute autre manière à la lumière : qu'il blanchissait et donnait par conséquent des épreuves positives, aussi bien par une action prolongée de la lumière que par une action très-courte aidée par un développement subséquent.

Au spectre solaire, l'action est très-curieuse, mais très-complexe(1) et difficile à décrire.

Deux actions contraires se manifestent à partir du jaune moyen. Par la première, le papier blanchit à partir de l'extrême violet, mais pas uniformément sur tout cet espace. Par la seconde, il noircit à partir du rouge jusqu'au jaune, mais non plus uniformément. D'ailleurs, cette action est variable suivant la préparation du papier.

D. PAR UNE LÉGÈRE ACTION PRÉALABLE ET ACTION SUBSÉQUENTE DES RAYONS PRISMATIQUES.

Si, avant d'exposer la surface sensible d'iodure d'argent aux rayons du spectre, on la soumet pendant quelques secondes à l'action de la lumière diffuse, de manière à opérer une légère décomposition dans toute la couche sensible, on remarquera que les rayons les moins réfrangibles, rouge, orangé et jaune, incapables par eux-mêmes de commencer l'action, peuvent cependant la mener à fin. M. Ed. Becquerel a donc nommé *rayons excitateurs* les rayons les plus réfrangibles de F en P, et *rayons continuateurs* ceux qui se trouvent de F en A. Donc, les premiers noircissent l'iodure d'argent (et le chlorure), et les seconds, qui n'ont aucune action sur ces substances, peuvent cependant continuer l'altération opérée par les premiers.

M. M.-A. Gaudin a découvert une propriété fort singulière des rayons continuateurs, voici l'expérience qu'il a faite :

Une plaque étant impressionnée dans la chambre noire, on ne peut y distinguer aucune image, et il faut la soumettre aux vapeurs mercurielles pour la faire paraître. Mais, si au sortir de la chambre noire, on expose la plaque à la lumière derrière un verre rouge, l'action commencée par les rayons excitateurs est continuée, de sorte que l'iodure d'argent est décomposé au point que l'image devient

(1) SIR JOHN HERSCHELL, *Phil. Trans. On the Action of the Rays of the Solar spectrum.*

visible, exactement de la même manière que si on l'eut exposée pendant plusieurs heures à la chambre noire[1].

Möser avait pensé que tous les rayons pouvaient commencer l'action et la mener à fin ; cela est vrai quand on se sert de verres colorés, et c'est cette expérience qui prouve le mauvais emploi de ces verres quand il s'agit de telles recherches, car, M. Ed. Becquerel a démontré[2] que lorsqu'on se sert des couleurs simples obtenues à l'aide d'un prisme, ou mieux à l'aide de deux prismes comme nous l'avons vérifié nous-même, le jaune n'a aucune action sur l'iodure d'argent.

3° Bromure d'argent.

A. NOIRCISSEMENT DIRECT.

Pur, ce sel est peu sensible à la lumière, mais il noircit cependant au bout d'un temps suffisamment long. Dès qu'il se trouve en présence d'un excès de nitrate d'argent, même très-léger, le noircissement devient extrêmement rapide.

Au spectre solaire, le noircissement commence immédiatement et sur toute l'étendue du spectre visible, et même bien au-delà des rayons violets. Le maximum d'action se trouve près de la raie G. (Sir John Herschell)[3].

B. PAR DÉVELOPPEMENT.

Le bromure d'argent humide est infiniment plus lent que l'iodure, et les images n'ont pas une intensité considérable. Si le temps de pose est prolongé jusqu'à ce qu'une action visible se manifeste, le développement donne une image très-faible, ce qui indique une solarisation évidente. Si le temps de pose est plus court, on observe la même action que sur l'iodure d'argent, mais les trois quarts du vert s'impriment (Sir John Herschell). M. William Crookes, en opérant sur collodion a observé la même action, et a noté, que le maximum d'action s'étendait depuis E et F jusqu'au violet H.

C. EN ASSOCIANT LE BROMURE D'ARGENT A L'IODURE.

M. Crookes a obtenu un effet moyen qui est fort curieux sur papier, parce que l'on y discerne mieux, par l'intensité du noir, l'action due

(1) L'auteur de cet ouvrage a en vain essayé de produire cet effet sur l'iodure d'argent par des procédés humides dans lesquels le nitrate d'argent en excès était enlevé par l'eau.

(2) Voyez page 341.

(3) M. Becquerel attribue cet effet à la lumière diffuse mélangée au spectre. Quant à nous, malgré la haute autorité de Sir John Herschell, nos expériences nous ont donné un résultat analogue à celui de M. Becquerel, à savoir, action nulle dans les rayons rouge, orangé jaune ; faible dans le vert, énergique dans les autres.

à l'iodure tandis que celle sur le bromure dans le vert est rougeâtre. Il y a donc, suivant M. Crookes, deux actions nettement séparées dues isolément à chaque corps (iodure et bromure), et non une seule action comme si le mélange de ces deux corps était une combinaison. Au point de vue de la pratique de la photographie, l'observation de M. Crookes est d'une très-haute importance.

4° Chlorure d'argent.

L'action du spectre sur le *chlorure d'argent blanc,* varie suivant la nature du chlorure alcalin employé pour le préparer et la concentration du nitrate d'argent en excès qui l'imbibe (R. Hunt).

Sur le chlorure d'argent *pur* le maximum d'action est dans le bleu et s'étend bien au-delà du violet, mais l'action est complètement nulle dans le rouge, l'orangé, le jaune et le vert.

Cependant, si le chlorure d'argent n'est pas préparé dans une chambre parfaitement obscurcie, ou si le spectre n'est pas d'une pureté parfaite, au bout d'un temps assez long, les couleurs les moins réfrangibles elles-mêmes finissent par s'imprimer, et avec des teintes qui rappellent celles du spectre.

Le phénomène remarquable des rayons continuateurs que nous avons décrit plus haut à propos de l'iodure d'argent, s'applique également au chlorure.

L'action des rayons prismatiques sur le *chlorure d'argent violet,* est fort extraordinaire. (Ce chlorure se prépare en traitant l'argent métallique par le bichlorure de cuivre ou simplement en laissant noircir à la lumière un papier au chlorure d'argent ordinaire.) En effet, ce chlorure prend et conserve l'impression des couleurs qui l'ont frappé. Cette branche de la photographie a reçu le nom d'*héliochromie*. Nous la décrivons plus loin dans tous ses détails.

Les premiers essais dans cette voie ont été faits, comme nous l'avons vu page 19, par Sir John Herschell en 1840.

M. Becquerel a mieux réussi (1848 et 1849, *Annales de chimie et de physique*) sur des lames d'argent poli immergées quelques instants dans une solution de bichlorure de cuivre qui leur communique une teinte violette. Ce qui est curieux, c'est que le spectre imprimé sur une telle plaque agit le plus activement dans l'orangé et le rouge, précisément l'inverse que sur le chlorure d'argent blanc.

D'ailleurs cette partie de la photographie est trop importante pour que nous ne nous y étendions suffisamment pour permettre à nos lecteurs de répéter ces belles expériences et peut-être d'y introduire des perfectionnements.

HÉLIOCHROMIE.

Le chlorure d'argent violet préparé, soit par l'action de la lumière sur le chlorure d'argent blanc ordinaire, soit par celle des bichlorures (de fer et de cuivre) sur l'argent métallique, paraît être un sous-chlorure.

Néanmoins l'existence de ce sel est fort discutée parmi les chimistes, quoique, depuis la découverte par M. Wöhler de sous-sels d'argent *cristallisés* (le tungstate et le molybdate), on devienne généralement d'accord sur la *possibilité* de l'existence de ce sous-chlorure, possibilité que l'on avait même contestée.

Toujours est-il que le chlorure d'argent blanc noircit dans l'acide azotique, circonstance qui milite fort en faveur du sous-chlorure, car on conçoit difficilement la décomposition dans cette condition du chlorure blanc en chlore et argent métallique.

On pourrait admettre, à la vérité, que le bichlorure de cuivre en agissant sur l'argent métallique, ne produisit qu'un chlorure d'argent dans un état moléculaire particulier, mais traité par l'ammoniaque, une abondante poudre noire d'argent métallique recouvre la lame polie et indique forcément la présence d'un chlorure intermédiaire.

Ces faits nous conduisent à penser que dans de telles circonstances il se forme, sinon un sous-chlorure d'argent pur, tout au moins un pareil sel mélangé d'une quantité variable de chlorure ordinaire.

Voici la meilleure méthode pour préparer les lames propres à reproduire les couleurs :

Prenez une plaque ordinaire de daguerréotype, vernissez-la du côté du cuivre, et, après avoir percé un petit trou à l'un de ses angles, polissez-la du côté de l'argent comme nous l'avons indiqué page 160.

Attachez alors la plaque à un fil de cuivre argenté et mettez-la en communication avec le pôle positif (charbon) d'une pile composée de deux petits éléments de Bunsen. Attachez par un fil de cuivre une lame de platine à l'autre pôle de la pile (zinc) et immergez quelques instants les deux lames dans un mélange de 1 partie d'acide chlorhydrique pur et de 8 parties d'eau. L'acide est décomposé, l'hydrogène se rend sur le platine et le chlore se porte sur la lame d'argent en la colorant.

L'opération peut être faite dans une place faiblement éclairée, la surface ainsi préparée n'étant pas très-sensible à la lumière.

L'argent prend successivement dans ce bain les teintes des lames minces par transmission. En faisant varier l'épaisseur de ces lames, on reconnaît que le spectre s'impressionne plus ou moins bien.

M. Ed. Becquerel a rendu ce procédé très-simple, en interposant un voltamètre dans le circuit, ce qui, en recueillant l'hydrogène, permet de doser le chlore; comme on connaît la dimension des plaques, on peut ainsi rendre les expériences comparables entre elles.

Cette disposition est facile à réaliser en pratique en se servant d'un bain très-abondant dans lequel on immerge une cloche graduée en quarts de centimètre cube et que l'on retourne au-dessus de la lame de platine enroulée.

La couche qui donne les meilleurs résultats correspond à 6 1/2 cent. cubes d'hydrogène par décimètre carré de surface de la lame d'argent, ce qui revient à 5 3/4 cent. cubes pour une plaque quart ordinaire.

Plus la couche est mince, plus elle est sensible, mais moins les nuances sont belles.

M. Niépce de St. Victor, dans un mémoire présenté à l'Académie des sciences de Paris en 1851, a indiqué une autre préparation de la couche, qui consiste dans l'immersion de la lame d'argent poli dans des bichlorures ou dans des chlorures mélangés à des sels de cuivre. Il a remarqué que ces chlorures donnaient à la couche la propriété de s'impressionner le plus facilement aux couleurs qu'ils communiquaient à la flamme de l'alcool.

Quel que soit le mode de préparation, la lame préparée est séchée avec soin au-dessus de la flamme d'une lampe à alcool et frottée avec un morceau de coton qui enlève un léger duvet qui paraît provenir des impuretés mécaniques de la surface.

La quantité de chlorure d'argent ainsi formé correspond à peu près à celle de l'iodure d'une lame de collodion sensibilisé à la surface d'une glace. La surface impressionnable est donc d'une certaine épaisseur.

A la lumière diffuse la plaque prend une teinte d'un gris violet, (analogue à celle des papiers positifs au chlorure d'argent abandonnés longtemps aux rayons solaires), mais vient-on à l'exposer aux rayons d'un spectre court et très-lumineux, voici l'action qui a lieu : la partie qui s'impressionne d'abord est l'orangé et le rouge, elle prend une teinte rougeâtre correspondant à celle du spectre en cet endroit. Cette portion se fonce à mesure que le spectre agit, et passe bientôt au noir, si l'action se continue. L'image se prolonge même au-delà de la raie A, dans la partie du spectre appelée *cramoisi* par Sir John Herschell, et prend là une teinte amarante foncée qui semble indiquer le passage du rouge du spectre au violet. Le vert se marque bien, de même que le bleu et le violet; mais l'orangé et le jaune ne paraissent guère que tout au commencement.

Les teintes de l'image sont sombres, surtout si le spectre agit longtemps; mais c'est surtout dans le cramoisi que l'impression se fonce le plus. Le bleu, l'indigo et le violet sont les couleurs qui présentent le plus de vivacité.

Au-delà du violet, il se forme une traînée grisâtre correspondant non seulement au gris lavande de Sir John Herschell, mais s'étendant même plus loin. Ce qui est remarquable, ajoute M. Becquerel, c'est qu'en hâlant sur la plaque, la vapeur d'eau se condense de préférence en cet endroit, même lorsque l'impression y a été trop courte pour la rendre sensible à l'œil. Il y a donc là un rayonnement de la lumière tout particulier (1).

M. Becquerel pense que cette action est due au chlorure ordinaire qui se trouve mélangé au sous-chlorure, car en faisant varier le procédé de préparation de la couche, l'étendue de cette action extra-prismatique est variable. Le sous-chlorure ne s'imprimerait donc que dans les limites du spectre visible, et le chlorure ordinaire qui s'y trouve mélangé, au-delà de ce spectre en donnant une teinte grise.

La lumière n'agit pas en blanc, mais ce résultat peut s'obtenir à l'aide de certaines modifications dans la surface sensible, et c'est certainement un des faits les plus curieux du beau Mémoire de M. Becquerel. En effet, il suffit de maintenir la plaque dans une boîte chauffée à 35° pendant plusieurs heures (de 36 à 48) ou bien, de l'abandonner le même temps aux rayons du jour sous un verre rouge, pour communiquer à la surface de chlorure la propriété de reproduire le spectre avec beaucoup plus de vivacité et de donner une impression blanche de la lumière blanche.

Jusqu'ici M. Becquerel n'est pas parvenu à communiquer aux plaques une sensibilité suffisante pour la reproduction des objets à la chambre noire; mais M. Niépce de St. Victor a atteint ce résultat à l'aide de procédés qu'il n'a pas encore publiés.

Quelle est la nature de l'action de la lumière sur le chlorure d'argent violet? C'est évidemment une action chimique (probablement combinée avec une action physique inconnue), puisqu'on constate la production d'un courant électrique dans le circuit formé par deux plaques reliées par un fil métallique et plongées dans l'eau acidulée, l'une d'elles recevant l'action de la lumière. Mais pourquoi les *couleurs* s'impriment-elles? C'est ce que jusqu'ici la science n'a pas su éclairer.

Le fixage des images héliochromiques n'a pas encore été réalisé. La chimie nous enseigne que tous les corps qui dissolvent le chlorure d'argent blanc décomposent aussi le chlorure violet en argent métallique et chlorure ordinaire, aussi l'image photochromatique est-elle

(1) Qui est peut-être dû aux rayons chimiques sur lesquels le sulfate de quinine agit le plus activement.

détruite par l'ammoniaque, le cyanure de potassium, l'hyposulfite de soude, etc., en laissant une trace grise d'argent divisé.

MM. Becquerel, Niépce de St. Victor, (et nous mêmes), avons essayé sans résultat un très-grand nombre de substances pour opérer le fixage de ces images; cependant rien n'en prouve l'impossibilité, témoin l'expérience suivante de M. Niépce de St. Victor :

« Si, au sortir du bain chlorurant, on ne fait que sécher la plaque, sans élever la température au point d'en faire changer la couleur, et qu'on l'expose ainsi à la lumière recouverte d'une gravure coloriée, on obtient *réellement*, après très-peu de temps d'exposition, une reproduction de cette gravure avec toutes les couleurs; mais celles-ci le plus souvent, ne sont pas visibles; quelques-unes seulement apparaissent lorsque l'exposition à la lumière a été assez prolongée; ce sont les verts, les rouges, et quelquefois les bleus; les autres couleurs, et fréquemment toutes, quoique certainement produites, sont restées à l'état latent. En voici la preuve : si l'on prend un tampon de coton imprégné d'ammoniaque ayant déjà servi à nettoyer une plaque, et que l'on frotte doucement sur la couche, on voit apparaître peu à peu l'image avec toutes ses couleurs.

Il a fallu pour cela enlever la couche superficielle de chlorure d'argent, pour arriver à la couche inférieure plus profonde, à celle qui adhère immédiatement à la plaque d'argent, et sur laquelle s'est formée l'image.

On voit par là qu'il ne s'agirait que de trouver une substance qui développât l'image, et peut-être qu'en même temps elle la fixerait. Le problème serait alors résolu en entier. »

Non-seulement les images photochromatiques peuvent s'obtenir sur des lames d'argent, mais encore sur l'argent métallique précipité à la surface du verre (miroirs argentés de Liebig) et même dans une couche de collodion. Mais alors l'impression n'est jamais aussi brillante que sur les lames d'argent poli.

Le chlorure d'argent est jusqu'ici la seule substance qui ait donné des impressions colorées bien constatées; l'iodure et le bromure ne les produisent pas dans des conditions identiques. On a bien constaté dans certaines circonstances des images qui présentaient accidentellement des couleurs, mais elles étaient dues à des pellicules produites par des vapeurs ou des corps en dissolution dans l'eau qui servait aux lavages. D'ailleurs, ces couleurs sont alors causées par le phénomène des *lames minces* de Newton, et changent avec l'inclinaison de la plaque aux rayons du jour réfléchis à sa surface, tandis que dans les procédés de MM. Becquerel et Niépce, l'image n'est pas due aux lames minces, puisque la couche a une épaisseur relativement assez grande.

V. ACTION DES RAYONS PRISMATIQUES SUR LES COMPOSÉS AUTRES QUE LES SELS D'ARGENT.

Nous ne pouvons pas décrire l'action du spectre sur le grand nombre de substances sensibles à la lumière que l'on connaît actuellement. Ces recherches se trouvent développées dans l'ouvrage de M. Hunt, que nous avons déjà eu l'occasion de citer : « *Researches on Light* 1844. »

En général, les rayons qui agissent avec le plus d'activité, et pour ainsi dire exclusivement, sont compris entre le bleu et la partie extrême du spectre le plus réfrangible, le maximum se trouvant dans le bleu, l'indigo et le violet, rarement au-delà.

Quelques substances offrent des particularités curieuses, citons-en quelques exemples.

Un papier au chlorure d'or étant exposé quelques minutes derrière un cliché de manière à amener un commencement d'action visible, puis dans l'obscurité, continue à s'impressionner dans les parties attaquées par la lumière, de sorte qu'au bout de quelques heures, l'image atteint une très-grande vigueur, juste comme si on avait laissé l'action à la lumière se prolonger (Seebeck). Au spectre solaire, ce papier se comporte de la même manière ; au bout d'une heure d'action *on ne voit rien*, mais vient-on à laisser l'action se prolonger ou à enfermer le papier dans l'obscurité, l'impression devient entièrement visible au bout de quelques heures.

Sur un papier recouvert d'une solution alcoolique de *gaïac*, le maximum d'action se trouve dans les rayons obscurs, bien au-delà du violet. Ce papier prend une teinte bleue dans les rayons les plus réfrangibles et reste incolore dans le rouge, l'orangé, le jaune et le vert. Mais si on l'expose d'abord à la lumière jusqu'à lui communiquer une teinte bleue, alors les rayons compris entre le rouge et le vert blanchissent le papier, tandis que les rayons bleus, etc. continuent l'action. Ce curieux phénomène a été observé par Wollaston.

L'action des rayons prismatiques sur les matières colorantes organiques est également digne d'attention, les couleurs étant détruites par des portions différentes du spectre solaire, mais toujours comprises entre le rouge et le violet, ainsi que l'a démontré Sir John Herschell. Il y a plus, les rayons les plus efficaces pour la destruction d'une couleur végétale sont en général complémentaires de ceux qui constituent la couleur détruite.

Relativement à l'influence de la lumière sur les *substances végétales*, il y a beaucoup de divergence parmi les observateurs. C'est ainsi que les uns prétendent que les plantes verdissent le plus activement dans le jaune ; les autres dans le bleu.

Nous pourrions ajouter beaucoup de faits à cet alinéa, mais rien que des faits, sans aucun aperçu théorique qui jetât quelque jour sur ces phénomènes curieux qui ont été l'objet de tant d'observations contradictoires, même de la part de savants illustres(1).

La théorie des rayons excitateurs et continuateurs semble s'appliquer, dans certaines limites, à toutes les substances sensibles à la lumière, mais il y a des exceptions nombreuses qui empêchent de formuler nettement cette loi.

VI. MESURE DE L'ACTION CHIMIQUE DE LA LUMIÈRE.

Nous avons déjà parlé page 20 des résultats obtenus par MM. Bunsen et Roscoe sur la mesure de l'action chimique de la lumière pendant les diverses périodes de l'année. Dans le cours de cet ouvrage, nous avons insisté à différentes reprises sur ce fait : que cette action variait dans un même jour. Quoique cette étude appartienne à la physique pure, nous dirons quelques mots des moyens que l'on emploie pour mesurer l'action chimique de la lumière.

Nous savons déjà qu'un mélange de chlore et d'hydrogène (voyez page 21) se combine lentement à la lumière diffuse (et avec explosion aux rayons solaires), en donnant de l'acide chlorhydrique dont la grande solubilité dans l'eau est connue de tout le monde. Or, supposons que des volumes égaux de chlore et d'hydrogène soient enfermés dans un tube avec un peu d'eau, la quantité d'acide chlorhydrique formée en un temps donné et dissoute dans cette eau, pourra servir de terme de comparaison pour des sources de lumière différentes. (Si le chlore n'est pas préparé dans l'obscurité, la combinaison s'opère même sans l'intervention de la lumière).

(1) Le phénomène de *l'emmagasinement de la lumière*, récemment découvert par M. Niépce de St. Victor est peut-être cause de plusieurs erreurs dans les expériences dont nous signalons les résultats contradictoires. On sait maintenant que les corps soumis longtemps à la lumière, la condensent pour ainsi dire, pour l'abandonner ensuite lentement en donnant lieu à un rayonnement capable de produire le noircissement des sels d'argent. Or, si le papier est ainsi insolé sans qu'on le soupçonne, on conçoit qu'il puisse se produire alors dans certaines parties du spectre une action uniquement due au phénomène de l'emmagasinement. L'étude, au reste, en appartient uniquement à la physique pure, ce qui est la raison pour laquelle nous n'en parlons pas plus longuement dans ce livre.

Malgré la haute exactitude du moyen de mesure employé par MM. Bunsen et Roscoe, nous pensons qu'à cause des difficultés dont il est entouré, les expérimentateurs préféreront des méthodes un peu moins exactes, mais plus faciles dans leur exécution.

Celle de M. Draper est très-simple. Faites une dissolution aqueuse de peroxalate de fer dans l'eau distillée et remplissez-en *complètement* un flacon. Prenez ensuite un tube recourbé en S et d'un faible diamètre intérieur, munissez-le d'un bouchon et placez-le sur le flacon. Par le fait que le flacon est rempli jusqu'au goulot et que l'on enfonce le bouchon, le liquide entre dans le tube recourbé et en sort à l'extrémité.

Sous l'influence de la lumière, le peroxalate de fer se décompose en dégageant de l'acide carbonique; or, en recueillant ce dernier sur la cuve pneumatique dans une cloche graduée, on a un moyen de doser l'action chimique par le volume gazeux. Comme l'acide carbonique est soluble dans l'eau, on doit employer de l'eau qui en est saturée avant l'expérience. D'ailleurs, l'appareil peut être monté de toute manière qui permette d'apprécier exactement le volume de gaz dégagé.

M. Fowler(1) a indiqué une autre méthode basée sur le même principe. Mélangez dans l'obscurité des solutions aqueuses d'oxalate d'ammoniaque et de bichlorure de mercure et remplissez-en un flacon comme nous venons de l'indiquer plus haut. Sous l'influence de la lumière solaire (et même diffuse), le liquide se trouble en produisant du sel ammoniac, du protochlorure de mercure et du gaz acide carbonique qui se dégage et que l'on peut recueillir dans une cloche graduée.

Nous n'insisterons pas plus longtemps sur cet objet qui sort du sujet de ce livre, mais les lignes qui précèdent suffiront pour faire comprendre comment de telles expériences s'exécutent.

VII. IMAGES THERMOGRAPHIQUES ET ÉLECTROGRAPHIQUES.

Non-seulement la lumière, mais encore le calorique et l'électricité, peuvent donner lieu à la formation d'images par le rayonnement, le contact, le passage du fluide d'un corps à un autre, etc. Ceci ne surprendra aucun physicien, surtout en ce qui regarde le calorique, car

(1) *British Journal of Photography*, October 1858.

les expériences de Melloni sur le rayonnement, celles de MM. de la Provostaye et Desains sur la polarisation de la chaleur, ont établi l'identité presque complète de la lumière et de la chaleur. Quant à l'électricité, c'est la branche de la physique la moins connue; aussi la formation des images à l'aide de ce fluide est-elle fort étonnante, précisément parce que nous ne pouvons nous en faire aucune explication un peu rationnelle.

IMAGES THERMOGRAPHIQUES.

Möser, de Königsberg, découvrit qu'un corps placé dans l'obscurité à une petite distance d'une surface métallique, pouvait imprimer son image sur celle-ci, par une exposition plus ou moins longue. Il en conclut qu'il existe des rayons, non lumineux pour la rétine, mais qui peuvent impressionner les surfaces, de manière à y produire ainsi des images par la condensation de certaines vapeurs. Il désigne ces rayons sous le nom de *rayons invisibles*.

Un sculpteur nommé Rauch, ayant placé une gravure de Raphaël sur le cadre d'une glace, remarqua qu'elle s'était reproduite sur la glace. En souvenir de cette belle observation, Möser nomma les images produites dans l'obscurité par le contact des corps, *images de Rauch*.

M. Robert Hunt, en répétant les expériences de Möser, découvrit que c'était plutôt à l'échange de chaleur qu'il fallait attribuer cet effet et il fit à ce sujet des expériences tellement concluantes, qu'il est difficile de ne pas admettre avec lui, que c'est plutôt à cette cause qu'il faut attribuer l'obtention des images dans l'obscurité absolue.

Draper avait découvert en 1840, qu'en plaçant sur une plaque très-froide de métal poli, une pièce de monnaie d'argent que l'on enlevait après un contact prolongé, l'image de la pièce de monnaie devenait visible par la condensation de l'haleine à la surface du métal poli, et que plusieurs jours après l'image pouvait encore être rendue visible.

M. R. Hunt remarqua qu'il était nécessaire d'opérer avec deux métaux dissemblables pour obtenir des images très-nettes, par exemple une pièce de monnaie d'argent ou d'or sur une plaque de cuivre, et que plus les métaux étaient opposés quant à leur pouvoir conductible de la chaleur, plus l'image était forte. Ainsi il plaça sur une lame de cuivre poli une pièce de monnaie d'or, d'argent et de cuivre. Chauffant alors modérément la plaque polie en promenant au-dessous une lampe à alcool, puis la soumettant aux vapeurs de mercure, les images des monnaies d'or et d'argent étaient bien mieux rendues que celle de la monnaie de cuivre. Quant à l'image elle-même, non-seulement le disque était bien net, mais encore les lettres s'étaient reproduites.

C'est encore au même savant que l'on doit les belles expériences suivantes :

On place sur une pièce de cuivre, des verres bleus, orangés, rouges, des pièces de crown, de flint et de mica. On les laisse en contact pendant une demi-heure : puis rendant les images visibles on s'aperçoit que l'image du verre orangé est bien marquée, celle du verre rouge est moins bien, mais le verre bleu n'en a pas donné du tout. Le crown et le flint ont impressionné la plaque, tandis que le mica au contraire n'a produit aucun effet. Mais ce qui est plus curieux, c'est qu'en se servant de la vapeur d'iode au lieu de celle de mercure pour développer les images, la pièce de mica produit une image très-nette.

Il n'est pas nécessaire que les pièces soient en contact pour que le mercure ou l'iode rende leurs images visibles, et voici l'expérience de M. Hunt qui le prouve : sur une plaque de cuivre poli, on place une glace épaisse, et sur cette dernière des pièces de monnaie et divers autres corps. Abandonnant le tout à soi-même pendant une nuit, et soumettant alors la plaque de cuivre aux vapeurs de mercure, tous les objets qui étaient sur la plaque deviennent visibles. Mais de plus, en plaçant au-dessus des pièces de monnaie, à deux centimètres de distance une lame de bois, une image faible en est reproduite.

Ayant remarqué que le papier noir produisait une image plus forte que le papier blanc, M. Hunt appliqua ce principe à la reproduction des gravures et parvint ainsi à les reproduire.

Une plaque de cuivre parfaitement polie est immergée dans une solution de nitrate de mercure, puis immédiatement lavée pour enlever le sel de mercure. Un dépôt de métal s'est fait sur le cuivre. A l'aide d'un morceau de coton on polit la plaque, qui présente alors une surface miroitante comme une glace. Sur la surface amalgamée on place une gravure de même grandeur, puis on la couvre de deux ou trois doubles de papier. On place sur ceux-ci une glace épaisse pour établir un contact parfait entre la gravure et la surface de cuivre amalgamée. Il faut que le contact dure environ une heure, mais en chauffant la plaque de cuivre à une douce température, on peut ne le faire durer que dix à vingt minutes. On enlève alors la glace épaisse et la gravure et on soumet la plaque aux vapeurs mercurielles de la même manière qu'on le fait d'une plaque daguerrienne. L'image apparaît en quelques secondes, le mercure se portant sur les parties de la plaque qui correspondent aux blancs de la gravure. L'image est encore faible, mais une seconde opération la renforce considérablement. A cet effet la plaque est soumise aux vapeurs de l'iode dans une boite-jumelle analogue à celle dont on se sert pour ioder les plaques daguerriennes, l'iode se porte sur les parties non attaquées par le mercure qui correspondent aux noirs de la gravure. En ces endroits l'iode noircit la plaque; l'image est donc formée de traits noirs tranchant sur la surface miroitante du mercure.

IMAGES ÉLECTROGRAPHIQUES.

Les exemples où la foudre tombant d'un objet sur un autre en y laissant une image du premier, soit de la même dimension, soit plus petit, sont assez nombreux et appuyés par des témoignages irrécusables. Citons-en un. Le 18 Juillet 1689, la foudre tomba sur le clocher de l'église St. Sauveur, à Lagny. Après la chute, quand on vint à examiner le désastre produit, on remarqua que les caractères d'un livre avaient été imprimés sur la nappe qui couvrait l'autel sur lequel il était placé tout ouvert.

On peut du reste reproduire ce phénomène à l'aide de la machine électrique. Karsten, en plaçant sur une lame de verre une pièce de monnaie et au-dessous une plaque métallique polie, puis, mettant la pièce de monnaie en communication avec une puissante machine électrique en mouvement, de manière à faire jaillir les étincelles entre elle et la lame métallique, remarqua, qu'en soufflant sur la surface du verre, l'image de la pièce de monnaie devenait visible.

M. Delarive a voulu expliquer cet effet par la polarisation des molécules du verre dont le *fluide inhérent aux particules atomiques* serait déplacé. Cette hypothèse ne satisfait aucunément l'esprit, comme la plupart des hypothèses dont les phénomènes électriques sont l'objet, car il faudrait commencer par établir si les particules atomiques possèdent ou non de l'électricité propre.

MM. Karsten, Riess, Dove, Knorr, etc., ont fait beaucoup d'expériences sur les figures électrographiques qui sont réellement curieuses; mais vient-on à en rechercher la cause, on se trouve bientôt en face des phénomènes moléculaires dont les chimistes essaient en vain de pénétrer le secret.

Quant aux hypothèses qui ont été avancées, elles s'appliquent à un si petit nombre de faits, elles admettent comme démontrées des théories tellement contestables et bonnes tout au plus à enchainer les faits dans la mémoire, que nous préférons renvoyer les lecteurs aux sources originales, plutôt que nous en faire l'écho dans ce livre.

APPLICATION DE LA PHOTOGRAPHIE

AUX

SCIENCES D'OBSERVATION.

I. A LA MÉTÉOROLOGIE.

On conçoit de quelle utilité la photographie peut être pour la représentation exacte des phénomènes de la météorologie. Signalons, par exemple, la reproduction des diverses classes de nuages, la forme des éclairs, des trombes, des aurores boréales, des halos et des parasélènes, etc. Pour cet objet, l'objectif panoramique de M. Sutton, dont nous avons parlé page 114, sera employé avec le plus de succès, à cause du grand angle qu'il embrasse. Quant aux procédés, le collodion nous semble le plus favorable, à cause de sa sensibilité et de la finesse de ses images.

La photographie s'applique dans quelques observatoires, celui de Kew, par exemple, à la reproduction du mouvement oscillatoire du baromètre, du thermomètre, de l'électromètre[1], etc.

La figure 241 nous montre le principe de ces appareils appliqué sur un baromètre. *a* figure une lampe à l'huile ou au pétrole, ou bien un bec de gaz; A B C est un miroir (parabolique dans sa section horizontale et droit dans sa section verticale) qui concentre la lumière à son foyer sur la colonne de mercure *b*; D est la lentille cylindrique qui réunit

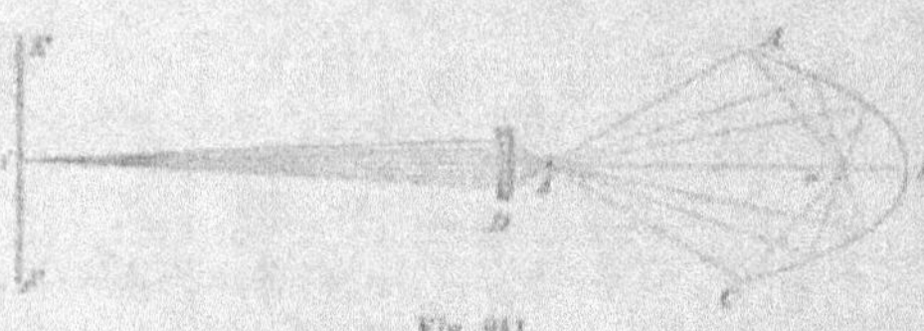

Fig. 241.

(1) F. Ronalds. *Description de quelques instruments magnétiques, etc.*, traduction de M. Moigno, 1855.

les faisceaux lumineux sur une plaque photographique EF possédant un mouvement azimuthal.

La colonne de mercure interceptant une partie des rayons lumineux, produit une image dont les courbes indiquent des hauteurs différentes de la colonne et par suite des pressions atmosphériques différentes.

Quant aux détails de construction, ils se modifient suivant les circonstances. Au lieu d'un miroir parabolique fort difficile à exécuter, on peut simplement se servir d'une lame de cuivre argenté et poli, que l'on courbe, à l'aide de vis de rappel qui s'appliquent par derrière, en portion de cylindre au foyer duquel se place le bec de gaz. Les rayons de la source lumineuse ainsi rendus parallèles, sont reçus sur une lentille cylindrique de grande dimension, qui les concentre sur une seconde plus petite, suivant le principe de la fig. 234, page 288. La colonne barométrique est placée en DD', plus près de la lentille F parce que celle-ci a un foyer très-court.

La plaque mouvante est formée d'un papier préparé à l'iodure de potassium et au nitrate d'argent et appliqué par son côté mouillé sur une glace couverte de lignes horizontales et verticales tracées au diamant à des intervalles rapprochés et égaux. De cette façon, les moyennes d'observation se lisent avec facilité et s'annotent avec la plus grande exactitude.

Pour donner une idée encore plus nette de ces instruments, voici la description d'un appareil propre à l'enregistrement des variations électriques de l'air. (Fig. 242 et suivantes.) Cet appareil porte le nom de *photo-électrographe* et a été imaginé par M. Francis Ronalds en 1845, qui l'a installé à Kew où il rend de grands services.

La figure 242 nous fait voir la boite qui contient toutes les parties de l'instrument, et la figure 243 la partie antérieure avec son mouvement d'horlogerie. On comprend le jeu des différentes pièces par la simple inspection de la figure, aussi, dans les lignes suivantes, ne nous arrêterons-nous que sur les détails principaux.

A est le grand conducteur en communication avec la barre métallique qui se trouve sur le bâtiment; elle est parfaitement isolée dans toutes ses parties et communique à l'aide d'une tige B avec les deux feuilles d'or qui constituent l'électromètre. En passant à travers la boite, cette tige est entourée de verre afin d'éviter tout contact avec les corps conducteurs de l'électricité. L'électromètre C est entouré d'une cage vitrée (non représentée sur la figure) afin de préserver les feuilles d'or des ébranlements causés par des courants d'air.

D est la lampe qui porte une lentille condensatrice. Une ouverture, que l'on voit sur la figure sous forme d'un large arc de cercle mais qui, en réalité, est plus étroite, livre passage à la lumière à travers la boite.

E est l'objectif à lentilles combinées qui forme l'image des feuilles d'or en F sur un petit verre dépoli (que l'on peut du reste enlever après la mise au point). Ces feuilles se voient en *nn* (fig. 243) et l'ouverture en *rr*. Sur la boite qui contient ce système, se trouve un

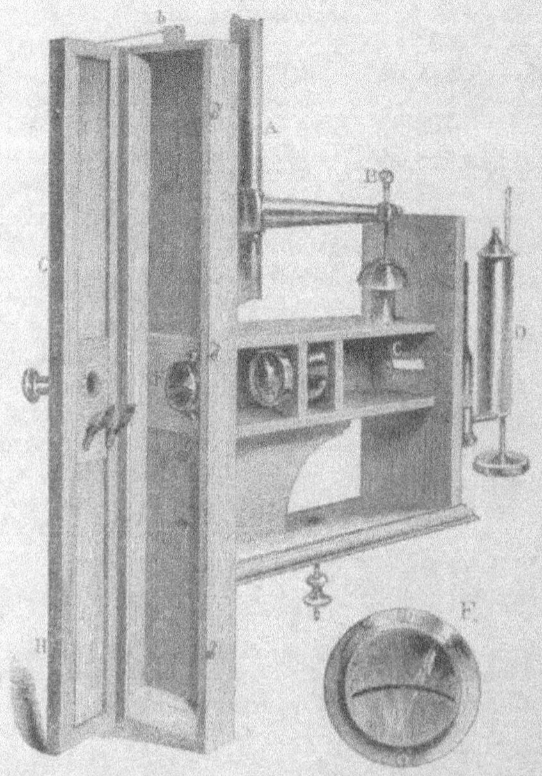

Fig. 244. Fig. 245.

Appareil électrographe de l'Observatoire de Kew.

long châssis vertical muni d'une porte GH à ressorts, dans laquelle glisse la porte-plaque, c'est-à-dire, l'appareil qui contient le papier talbotype sensible à la lumière.

Ce porte-plaque est visible fig. 245. C'est un châssis muni sur un côté de deux roulettes et pressé sur l'autre par un ressort qui l'appuie vers la gauche. Une planchette peut glisser dans ce châssis de manière à découvrir le papier sensibilisé comme dans les appareils photographiques ordinaires (voyez page 121, fig. 107). Cette planchette porte en bas un arrêt qui la retient à la partie inférieure de la boite, de sorte qu'en tirant sur le haut du châssis on découvre le papier sensibilisé.

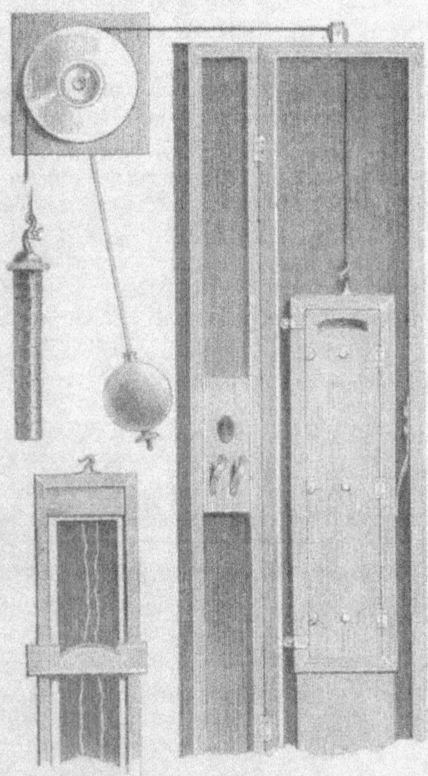

Fig. 244. Fig. 245.
Détails du châssis glissant.

C'est précisément ce qui a lieu quand l'appareil est en fonction. Une horloge munie d'un fort poids lève lentement le châssis, de sorte qu'il s'ouvre insensiblement en faisant aussi mouvoir le papiér sensible. Tout l'appareil est d'ailleurs hermétiquement clos, afin d'éviter qu'une lumière étrangère ne vienne impressionner le papier. Voici alors ce qui arrive. Les feuilles de l'électromètre se rapprochant et s'éloignant suivant l'intensité de l'électricité atmosphérique[1], interceptent donc la lumière venant de la lampe et qui noircit le papier. Or, le châssis se mouvant très-lentement et régulièrement, on obtient, fig. 244, sur le fond impressionné du papier deux courbes blanches, dont on peut, à l'aide d'une échelle divisée que l'on voit sur la figure, connaître l'écartement (et par suite celle des feuilles d'or), à un instant quelconque (une division étant tracée sur le côté du châssis), en noter les différentes phases et en prendre la moyenne.

Non-seulement l'enregistrement de l'électricité atmosphérique peut avoir lieu par ce système, mais encore celui de la pression atmosphérique, de la température de l'air, de l'intensité magnétique, etc.

Dans la description qui précède, nous passons plusieurs détails que la figure fait ressortir suffisamment, mais nous devons dire un mot des procédés photographiques dont on se sert.

Les papiers sensibles se renouvellent de douze en douze heures; on règle d'ailleurs leur longueur sur la variabilité de l'élément à enregistrer, car on conçoit que lorsqu'il s'agit de variations comprises dans d'étroites limites pendant de longues périodes de temps, le mouvement d'horlogerie qui entraîne le châssis puisse être très-lent, mais doit être rapide dans le cas contraire.

C'est le papier qui offre le plus d'avantages pour cet objet. On le choisit bien pur et le prépare par immersion dans un bain d'iodure et de bromure de potassium. On le conserve dans cet état, pour le passer dans une solution d'acéto-nitrate d'argent quand on en a besoin. Le papier ainsi sensibilisé est enfermé entre les deux feuilles de verre du châssis pour l'empêcher qu'il ne sèche. Il noircit directement à la lumière, mais si l'image manque d'intensité (comme c'est le plus souvent le cas), on immerge quelques instants le papier dans une solution d'acide gallique qui développe l'image, pour la fixer ensuite à la manière ordinaire. On consultera du reste à ce sujet la partie de cet ouvrage qui traite de la photographie sur papier.

(1) Un appareil spécial en indique la nature, c'est-à-dire, si elle est positive ou négative. Quant aux variations brusques des feuilles, les procédés photographiques employés ne sont pas assez sensibles pour en faire voir les traces.

II. A LA MICROGRAPHIE.

Il existe plusieurs méthodes pour obtenir des épreuves photographiques agrandies d'objets extrêmement petits. Celle consistant dans l'emploi du microscope solaire convenablement construit, semble surpasser toutes les autres. Cependant, comme les micrographes ne possèdent pas toujours ce dernier instrument, nous parlerons préalablement de la disposition ordinaire qui ne nécessite, outre les appareils photographiques ordinaires, que le microscope dans sa forme usuelle que nous supposerons, pour fixer les idées, composé des pièces suivantes :

1° *Pour l'éclairage :* réflecteur plan ordinaire, dans lequel le verre étamé est remplacé par le verre *argenté* (pour éviter la détérioration par les rayons solaires); lentilles achromatiques avec mouvement à pompe, (éclairage Dujardin), qui permettent de concentrer les rayons lumineux sur une très-petite surface de l'objet; diaphragmes mobiles pour rétrécir à volonté le faisceau éclairant; platine rotative dans un plan horizontal, indépendante du corps de l'instrument pour faire varier l'éclairage.

2° *Pour le grossissement :* jeux de lentilles avec ou sans immersion, suivant la nature de l'objet, ce dont le micrographe seul peut juger; prisme qui renvoie les rayons lumineux dans une direction horizontale.

Ceci posé, voici comment se montent les pièces accessoires. Dans le volet d'une chambre noire fixez le porte lumière dont nous avons donné le dessin page 294; dans le cercle de cuivre insérez une pièce de bois dressée au tour, et dans celle-ci, une lentille *collectrice* provenant d'un objectif quelconque employé en photographie, (une lentille pour vues, de deux ou trois pouces de diamètre, convient le mieux). Réfléchissez le faisceau lumineux horizontalement, et, près du foyer du collecteur, placez une table à mouvement élévatoire comme celle qui supporte le prisme de la fig. 239. Rapprochez le microscope du porte lumière, en le plaçant convenablement, jusqu'à ce que le cône lumineux provenant du collecteur se réfléchisse sur le miroir incliné de 45° du microscope et que le foyer des lentilles, placées sous la platine, soit bien réglé. Pour réussir, la table qui porte le microscope sera parfaitement horizontale et munie d'un mouvement à crémaillière très-doux pour permettre un ajustement très-exact. L'oculaire est nécessairement enlevé; il y a plus, tout le tube situé en arrière du prisme s'enlève aussi, et à sa place on substitue un diaphragme qui arrête tous les rayons obliques, en prêtant un soin extrême à éviter toute réflexion de la lumière sur les parois intérieures des tubes de l'instrument, ce qui amènerait infailliblement la perte, dans l'épreuve photographique, de tous les détails délicats.

Disposez maintenant derrière le prisme une chambre noire à soufflet d'une grande longueur, et recevez l'image sur le verre dépoli. Mais le système lenticulaire n'étant pas corrigé pour les rayons chimiques, l'image, quoique d'une parfaite netteté sur le verre dépoli, ne vient pas avec la même définition sur l'épreuve, et ce n'est que par des expériences répétées que l'on peut corriger ce défaut. Voici néanmoins, un moyen assez simple qui réduit considérablement cette difficulté.

Procurez-vous une cuvette à glaces parallèles (voyez page 146) d'environ 12 centimètres de hauteur sur 12 de largeur et deux d'épaisseur, et versez-y une solution concentrée d'oxide de cuivre ammoniacal [1]. Cette solution est d'un bleu foncé, elle absorbe beaucoup de lumière, mais en agrandissant le condensateur on y remédie aisément, tandis que l'on y gagne sous le rapport de la coïncidence des foyers lumineux et chimique, attendu que le maximum d'action de la lumière sur les plaques collodionnées se trouve dans le bleu. Fermez cette cuvette avec un verre dépoli, afin d'éviter qu'elle ne se trouble par l'évaporation de l'ammoniaque et les poussières de l'atmosphère.

Grâce à cet artifice, on peut se servir de microscopes ordinaires, mais il est nécessaire, pour une mise au point un peu minutieuse, d'adjoindre au bouton de la crémaillière qui règle le foyer du microscope, une longue tige qui permet d'ajuster les lentilles en même temps qu'on examine l'image sur le verre dépoli.

Quant à l'obturateur, un carton que l'on tient à la main permet de régler convenablement le temps de pose et est, suivant les amateurs qui s'occupent spécialement de cet objet, préférable à tout autre mécanisme.

Si l'objet est préparé entre deux glaces et transparent, il n'existe pas de difficultés sérieuses pour le reproduire grossi plusieurs centaines de fois ; mais s'il est imparfaitement transparent, s'il est surtout fortement coloré, alors les difficultés deviennent, au contraire, très-sérieuses, attendu que dans quelques cas la couleur propre de l'objet peut agir sur le bleu de la solution cuivrique et arrêter tous les rayons lumineux, et, en cas d'un éclairage construit sur des principes propres

(1) Dissolvez à chaud du sulfate de cuivre dans l'eau, filtrez, et versez goutte à goutte cette liqueur dans de l'ammoniaque en vous arrêtant au moment où vous jugerez la teinte convenable.

à pouvoir se passer de l'interposition de la cuvette, absorber suffisamment de chaleur pour brûler rapidement.

La difficulté de reproduire les animaux vivants croît nécessairement avec le grossissement. Tue-t-on les animaux, ils se déforment; cependant la décharge électrique (par le choc en retour), et l'empoisonnement par la morphine, paraissent obvier plus ou moins à cet inconvénient, nous disons plus ou moins, parce que la mort par le poison ou la commotion électrique agissent différemment sur les différentes espèces d'animaux microscopiques.

Un savant français, M. Bertsch, qui s'est depuis plusieurs années occupé de ce sujet, après un mûr examen de ses différentes difficultés (qui proviennent surtout de l'appareil optique) a modifié le microscope solaire de telle façon, que désormais tous les amateurs pourront s'en servir avec facilité.

Voici la description et l'usage de l'instrument, qui a la forme du microscope solaire ordinaire dont la construction est connue de tout le monde.

Le porte-lumière est formé par un grand prisme à réflexion totale, mais un miroir argenté le remplace sans désavantage. Ce porte-lumière est fixé dans le volet d'une chambre complètement obscurcie et reçoit dans son cercle intérieur le pas de vis qui termine le microscope, dont l'axe optique est rendu parfaitement horizontal.

Le collecteur et le focus sont corrigés pour les rayons chimiques, de même que les lentilles objectives. L'objet, préparé entre deux verres est placé entre les deux lames du porte-objet comme à l'ordinaire, et l'image est reçue à distance, soit dans une chambre noire, soit simplement sur un châssis vertical.

Cet instrument, construit tout exprès pour la photographie par M. Hartnack, le successeur du célèbre Hauberhauser, est, autant que nous avons pu en juger, d'une très-grande perfection, mais possède cependant un défaut sur lequel nous devons appeler l'attention.

Quand les objets à reproduire sont enfermés entre deux glaces et préparés à l'avance, rien ne s'oppose à leur agrandissement, mais s'il s'agit d'animaux vivants, alors la verticalité de la platine entrave l'ajustement, parce que la gouttelette liquide qui les contient tend à descendre. On peut obvier à cet inconvénient à l'aide d'un prisme en flint placé en arrière du focus, qui renvoie les rayons dans une direction verticale, ce qui permet d'employer une platine horizontale. Mais alors un second prisme placé au-dessus des objectifs doit être ajouté à l'instrument, afin de donner au cône de rayons divergents une direction horizontale.

Voilà donc l'instrument employé par M. Bertsch, qui, entre les mains d'amateurs zélés peut donner, (et a donné, en effet), des résultats très-satisfaisants. On peut dire avec beaucoup d'apparence de vérité, que cette branche des sciences (nous parlons de la micrographie), fera un grand pas par l'application de la photographie, aucun dessin fait à la main ne pouvant approcher de l'exactitude des épreuves obtenues par la lumière.

III. A L'ASTRONOMIE (1).

L'astronomie étudie le *mouvement* et la *constitution physique* des astres. Trois instruments servent à cet objet :

1° *L'horloge sidérale*, dont la précision est telle que la variation diurne est inférieure à un quart de seconde.

2° *Le cercle méridien*, formé par une lunette à réticule se mouvant dans le plan du méridien. L'axe de rotation horizontal porte un cercle vertical divisé.

L'heure sidérale du passage d'un astre au méridien détermine son *ascension droite*; sa distance au pôle, mesurée sur le cercle divisé, sa *déclinaison*. A l'aide de ces deux données, on fixe sa position sur la sphère céleste.

3° Le *télescope* (ou la *lunette*) armé du *micromètre filaire* sert à déterminer le *diamètre* apparent de l'astre et sa constitution physique proprement dite.

Cet instrument est ordinairement d'une grande puissance optique et monté *équatorialement*, c'est-à-dire, qu'il se meut à l'aide d'un mouvement d'horlogerie sur un axe parallèle à l'axe du monde. Une pareille monture facilite les observations, en même temps qu'elle permet de mesurer l'ascension droite et la déclinaison d'astres dont l'observation méridienne est difficile ou impossible (de quelques comètes,

(1) Nous ne pouvons donner ici de grands détails sur les instruments astronomiques, que nous devons supposer connus. Les ouvrages dans lesquels on les trouve d'ailleurs parfaitement décrits sont très-rares ; nous ne connaissons que ceux-ci : *Description de l'Observatoire de Poulkova*, par M. Struve, et *Introduction to practical astronomy* by W. Pearson.

Les Mémoires des Académies et des Sociétés savantes contiennent également des articles sur cet objet. Citons en outre les « *Astronomische Nachrichten* » et les « *Memoirs and Montly Notices of the Royal Astronomical Society* » comme deux publications spécialement destinées à l'astronomie, et les *Annales* des Observatoires, qui contiennent souvent la description de leurs instruments. Parmi ces derniers ouvrages, le tome XV des *Cambridge observations* est accompagné de la description la plus complète que nous connaissions de l'*Equatorial*, aussi désigné sous le nom de lunette ou machine *parallatique*.

par exemple), mais en tous cas, la précision de cette observation est alors moindre que celle faite au cercle méridien.

Pour rendre ce chapitre méthodique, nous le diviserons en *observations au cercle méridien* et *observations à l'équatorial.*

Observations au cercle méridien.

Voici en deux mots comment se font ces observations :

L'astronome placé commodément, observe les instants successifs des passages de l'astre devant les sept fils verticaux du réticule et à chaque contact entre l'astre et le fil, il appuie sur un bouton qui enregistre l'heure de l'observation par des moyens mécaniques spéciaux. Aussitôt après, il passe à la lecture des microscopes ou des verniers du cercle vertical, ce qui exige une attention extrême et constitue un travail fort pénible, surtout lorsque la température est très-basse (car les instruments doivent se trouver dans des places ouvertes à l'air extérieur).

L'astronome passant de l'observation des passages dans une lunette à champ obscur, ou tout au moins fort peu lumineux, à la lecture des microscopes où l'éclairage du champ est au contraire puissant, l'œil en est plus ou moins fatigué, de sorte que les observations perdent de leur précision, surtout quand elles se succèdent rapidement.

Si ces observations pouvaient se faire de jour, dans des places convenablement disposées, dans des conditions de température nécessaires à une parfaite tranquillité morale, elles gagneraient singulièrement en exactitude, et c'est précisément la photographie qui peut réaliser ce but, en les enregistrant fidèlement la nuit pour les rendre alors comparables le jour.

Le problème est donc celui-ci : enregistrer à un moment connu le passage de l'étoile dans la lunette et les positions des microscopes ou des verniers de l'alidade par rapport au limbe. Il est, comme on va le voir, loin d'être résolu.

A. *Enregistrement des passages au méridien.*

Quand on place une lame photographiquement préparée au foyer de l'objectif de la lunette[1], on remarque les faits suivants :

Les planètes laissent une trainée noire, très-nettement terminée si le temps est beau, mais en tous cas peu prononcée, le pouvoir photogénique des planètes étant très-faible. Les étoiles fixes laissent une

(1) On commence par des expériences préalables à ajuster le porte-plaques au foyer chimique de l'objectif, sinon les images manqueraient de netteté.

traînée très-nette car elles s'impriment avec une grande rapidité; mais pour peu que l'atmosphère soit trouble, la traînée est extrêmement irrégulière. Il y a plus, c'est au microscope qu'il faut en chercher la trace, car le diamètre en est si faible qu'à l'œil nu on ne voit absolument rien.

Dans l'état actuel des procédés photographiques l'enregistrement du passage des planètes est donc impossible, mais nous n'en dirons pas autant des étoiles des quatre premières grandeurs.

Pour atteindre une certaine précision, voici la disposition qui nous semble la plus rationnelle, à en juger au moins par les quelques expériences que nous avons faites dans cette direction.

Nous substituons au réticule à fils d'araignée un réticule optique construit de la façon suivante : sur une lame de verre à faces parallèles nous précipitons par le procédé Liebig une couche très-mince d'argent, et y traçons au diamant deux lignes perpendiculaires d'une finesse extrême[1]. Ce réticule se fixe à l'extrémité de l'axe de rotation où sa monture peut recevoir un double mouvement pour établir la verticalité d'un des fils et corriger l'erreur de collimation de la lunette. Un troisième mouvement, dans le sens de l'axe, permet d'éloigner et de rapprocher le réticule du centre du cube qui porte la lunette, ce dont on va voir la nécessité. Dans ce cube nous insérons un support (voyez fig. 247) formé de 3 rayons *b*, *c*, *d*, disposés à 120° l'un de l'autre et soudés à petit axe central *a* et à un cylindre périphérique *ei*. La longueur des lames (dans le sens de l'axe de la lunette) est égale au diamètre de l'objectif et s'oppose à toute flexion. Ces trois lames sont d'ailleurs si minces, qu'elles n'interceptent qu'une quantité insignifiante de lumière. Dans l'axe central, nous glissons une tige qui porte un petit prisme à réflexion totale. Sur l'une des faces de ce prisme se trouve un petit objectif dont la distance focale a été calculée par la loi des foyers conjugués de telle façon, que l'image du réticule placé à l'extrémité de l'axe horizontal se confonde avec celle fournie par le grand objectif de la lunette des objets situés à l'infini. On ajuste d'ailleurs convenablement le réticule, jusqu'à ce que cette coïncidence ait lieu.

En ouvrant et en fermant maintenant la lunette par un interrupteur électrique en communication avec l'horloge (on dispose toujours préalablement l'instrument à cet effet), on obtient une image du réticule et une autre de l'étoile sous forme d'une ligne très-fine. En prenant des mesures avec un micromètre de la traînée par rapport aux deux

(1) Toute la difficulté consiste à tracer les lignes suffisamment fines. Elles doivent être à peine visibles à l'œil nu, mais s'apercevoir très-aisément à l'aide d'un faible grossissement.

fils, on peut en conclure l'ascension droite, et même la déclinaison si le fil horizontal correspond à une division du limbe connue à l'avance.

Cet arrangement qui semble très-pratique est sujet à de sérieuses difficultés, parce que l'image de l'étoile est tantôt confuse, tantôt très-nette, et que le plus souvent au lieu d'une traînée droite, c'est une ligne sinueuse que l'on obtient. Ce défaut nous semble bien difficile à corriger et fait en ce moment le sujet de nos recherches, mais en tous cas, dans l'état actuel de nos expériences, l'observation directe est de beaucoup préférable à son enregistrement par la photographie.

B. *Lecture du limbe.*

C'est ici, que dans un avenir prochain, nous pensons que l'on pourra substituer avantageusement la photographie à la lecture ordinaire.

La subdivision du limbe se fait, soit par les verniers, soit par les microscopes. Nos expériences ont porté sur un limbe de six pouces de diamètre donnant par les 4 verniers de l'alidade concentrique 10″. Malgré la petitesse du cercle, MM. Ertel et fils, de Munich, constructeurs de l'instrument en question, ont tracé les divisions avec une telle finesse, qu'aucune incertitude n'existe sur le trait coïncidant de l'alidade et du limbe, mais cependant il faudrait des observateurs singulièrement exercés pour lire par l'estime, au-dessous des 10″.

En éclairant très-fortement les verniers et en les reproduisant agrandis sur une plaque photographique, nous avons acquis la certitude que sur un cercle de six pouces on pourrait lire les 2″ avec exactitude et peut-être encore moins. Ce serait en définitive la lecture microscope où les traits du vernier formeraient un repère, mais la seule difficulté consiste dans l'éclairage du limbe qui doit être extrêmement puissant.

Il nous paraît plus rationnel de faire les observations sur un cercle en verre divisé de deux en deux minutes, de placer vis à vis de la division un objectif au foyer duquel se formerait l'image de deux traits successifs et là une seconde lame de verre divisée, en employant un second objectif pour recevoir l'image des deux divisions sur un papier photographique dont la monture serait indépendante de celle des objectifs. Le cercle serait entièrement libre et l'éclairage du limbe facile. Quant aux moyens de lecture ils seraient placés sur des supports d'une grande fixité(1).

(1) Nous avons fait cet essai à l'aide de deux millimètres divisés en 100 et tracés sur verre. Il a réussi, ce qui nous porte à espérer de bons résultats du moyen que nous énonçons ici.

L'on nous pardonnera ces pages (qui ne contiennent, nous le savons, aucune application pratique), à raison du grand intérêt que doivent inspirer de pareilles recherches, mais nous espérons pouvoir présenter dans une prochaine édition de cet ouvrage des expériences plus précises. Notre seul but est pour le moment de constater la possibilité de l'application de la photographie à ce genre d'observations, et rien de plus.

Observations à l'équatorial.

La reproduction photographique des astres à l'aide de l'équatorial a donné des épreuves très-dignes d'attention entre les mains d'astronomes distingués, tels que MM. Bond, Crookes, W. de la Rue, Hartnup, Hodgson, Secchi, etc. Telle est l'importance de ces recherches, que cette année la Société astronomique de Londres a décerné à M. de la Rue la grande médaille annuelle pour ses magnifiques épreuves du soleil, de la lune, etc., preuve évidente du succès de cette branche de la photographie entre des mains habiles, secondées par un esprit ingénieux et une rare persévérance.

Deux espèces de lunettes sont propres à reproduire les astres par la photographie : la lunette *dioptrique*, ou lunette proprement dite, et la lunette *catoptrique* ou *télescope*.

On connait ces deux instruments. Nous devons examiner ici l'emploi duquel des deux est le plus favorable pour le but que nous nous proposons, surtout entre les mains des amateurs d'astronomie, qui seuls, à cause de la spécialité qu'ils sont libres de choisir, peuvent s'adonner exclusivement à ces recherches.

La lunette doit être nécessairement de grande dimension, afin de concentrer beaucoup de lumière sur la plaque photographique, l'objectif seul occasionne donc une dépense considérable. Ajoutons que l'achromatisme n'étant pas effectué sur les rayons bleus et violets, le foyer chimique qui en résulte rend l'usage des lunettes fort difficile.

Le télescope à réflexion, au contraire, n'a pas de foyer chimique et peut être construit par des amateurs persévérants(1) et en tout cas, le prix n'en est pas élevé.

On se trouve arrêté, dans la construction des objectifs de plus de 14 ou 15 pouces de diamètre, par la difficulté de trouver du verre exempt de stries, et de devoir travailler quatre surfaces, aussi les ob-

(1) Machine pour polir les miroirs de télescope (texte anglais) par M. Lassell. *Mémoires de la Société astronomique de Londres*, page 1, vol. XVIII.

Le *Télescope*, par Sir John Herschell (*Encyclopédie britannique*). Cet ouvrage contient toutes les indications pour construire soi-même les miroirs de télescope.

jectifs de cette dimension sont-ils fort rares et fort coûteux[1], tandis qu'il existe un très-grand nombre de miroirs de télescopes de ce diamètre et même de quatre et de six pieds, celui de lord Ross notamment (exécuté par cet illustre amateur lui-même).

Cependant le poids considérable des miroirs de métal et l'absorption d'une grande quantité de lumière dans l'acte de la réflexion, en ont jusqu'ici considérablement restreint l'emploi.

La substitution par M. Steinheil du verre argenté au métal pour les miroirs de télescope, remettra ces instruments en vogue. Le verre est, en effet, beaucoup moins lourd que le métal, se polit admirablement et s'argente aisément. Un miroir argenté réfléchit d'ailleurs presque toute la lumière incidente, et ce qui est enfin un motif non moins à considérer, le prix en est fort modeste parce qu'on n'a qu'une seule surface à travailler et que l'argenture se fait avec la plus grande facilité.

L'honneur de populariser le miroir de verre argenté appartiendra à M. Léon Foucault, qui en a construit avec le plus grand succès de considérables (de 50 et de 80 cent. de diamètre). Ce savant a aussi substitué aux oculaires ordinaires des oculaires composés à quatre verres, et ce qui est véritablement un grand progrès, a su réduire, à l'aide de procédés ingénieux, la longueur de ses instruments à six fois seulement (au lieu de 12 et 15) leur diamètre.

C'est donc le télescope Foucault que nous croyons le plus propre à la reproduction des astres par la photographie, car la grande quantité de lumière réunie au foyer par un miroir aussi large relativement à sa distance focale, est de la plus grande utilité, comme on en jugera tout-à-l'heure.

La figure 246 nous fait voir la monture adoptée par MM. Foucault et Secretan, avec la différence, que nous avons substitué dans notre dessin le fer au bois et remplacé le corps hexagone en bois par un tube en sapin renforcé de métal à la manière des corps de lunettes de Munich.

Voici la légende de la figure :

AB est un tube en sapin bien sec ajusté sur des cercles en fer intérieurs; à l'extrémité B se trouve le miroir supporté par une traverse en cuivre et un anneau en paille, et à l'autre C le prisme à réflexion totale et le système oculaire que notre figure représente muni du micromètre filaire.

Le tube porte au tiers de sa longueur deux plaques sur lesquelles se fixe l'axe de rotation. Le cercle D est finement divisé et un microscope O sert à la lecture de la déclinaison.

(1) Un pareil objectif coûte déjà, à Munich, près de 32,000 francs.

Les deux montants en fer sont fixés sur un disque en métal P Q revêtu extérieurement de cuivre et portant sur sa périphérie une division et une roue dentée. L'index *i* indique l'ascension droite, et la vis sans fin *a*, susceptible de se désengrener à l'aide d'un levier *c*, fait

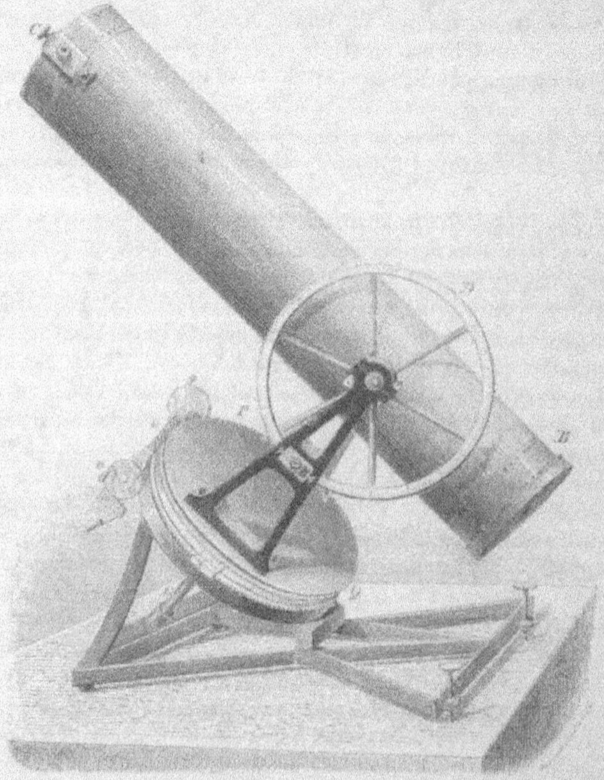

Fig. 246. — Télescope à réflexion monté équatorialement.

mouvoir le plateau P Q dans un plan parallèle à l'équateur. A ce plateau est fixé un prolongement dont on voit la partie extrême en E.

Tout le système est assujetti sur un pied en fer de fonte dont la figure fait suffisamment comprendre la construction. Ajoutons que des galets placés au-dessous du plateau P Q en facilitent le mouvement.

Pour faire servir l'instrument à reproduire les planètes ou des groupes d'étoiles, on encadre dans l'ouverture C (après avoir enlevé le prisme et le système oculaire), le support représenté fig. 247 et dont nous avons déjà parlé page 368. Au centre de l'anneau *a* se fixe un petit châssis pouvant contenir la glace photographiquement préparée.

La mise au point doit se faire d'une manière particulière, parce que cette opération, si simple pour des sujets ordinaires, devient de la plus haute importance pour les images des planètes et des groupes d'étoiles puisqu'elles sont destinées à être subséquemment agrandies. On mettra le verre dépoli, non dans un châssis séparé, mais dans le châssis même qui porte la glace collodionnée. Il est bon, nous dirons indispensable, de mettre au point avec une bonne loupe aplanétique. Voici une disposition excellente pour la mise au point.

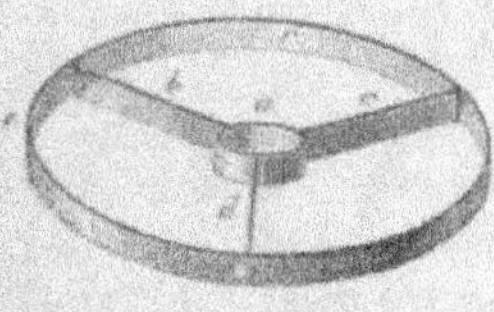

Fig. 247.

La fig. 247 nous montre un anneau central *a* que l'on tarraudera à l'intérieur. Un tube muni d'un pas de vis extérieur pourra y tourner, par conséquent avancer ou reculer par rapport au miroir, ce qui permettra la mise au point. Le châssis sera carré et se fixera sur ce tube; il sera en outre de petite dimension, afin d'arrêter le moins de rayons possible.

La monture adoptée par MM. Secretan et Foucault donne au corps du télescope une très-grande stabilité, mais elle n'est bonne que dans les latitudes élevées. Elle a un grave inconvénient qui consiste dans la difficulté d'y adapter un mouvement d'horlogerie, les frottements dans ce système étant considérables et irréguliers. Il n'y a, pour bien réaliser ce mouvement sur de grands instruments, qu'un moyen réellement simple, (déjà signalé du reste par quelques astronomes anglais), et qui consiste à adapter à la vis sans fin, des roues intermédiaires qui multiplient le mouvement. On place un volant sur l'axe qui tourne le plus rapidement (un tour par seconde) et on le fait tourner à la main. Avec de l'exercice, on parvient par cet artifice à communiquer au télescope un mouvement très-régulier.

La disposition représentée fig. 232 est préférable, mais exige une dépense plus considérable et un ajustement fort précis. La stabilité de ce système est d'ailleurs moindre et un dôme rotatif doit alors préserver l'instrument des agitations de l'air.

Photographie stellaire.

Les étoiles n'ayant pas de mouvement propre appréciable en un petit espace de temps, leur intensité lumineuse étant d'ailleurs considérable, elles s'impriment sur les plaques photographiques en fort peu de secondes, et si elles sont des deux premières grandeurs, pour ainsi dire instantanément.

M. W. de la Rue a pu copier le groupe des Pléiades avec beaucoup de succès, mais, ainsi que nous avons déjà eu l'occasion de le dire, c'est au microscope qu'il faut chercher les petites taches noires qui figurent les étoiles. M. W. de la Rue indique un moyen simple de les rendre plus apparentes, c'est de ne pas les mettre exactement au point, ce qui les étale en cercles, mais alors le temps de pose est plus long et les perturbations atmosphériques beaucoup plus funestes à la régularité de leurs images.

M. Bond[1] a essayé de baser sur le pouvoir photogénique des étoiles un moyen de classification de leur grandeur qui, comme on sait, est assez arbitraire.

Cet astronome a observé que le diamètre de leur image sur l'épreuve au collodion, croissait avec le temps d'exposition et leur intensité. De sorte qu'en comparant sur la même plaque les images d'étoiles de diverses grandeurs en prenant un temps d'exposition suffisant pour que la plus faible possédât un diamètre sensible, toutes les autres auront un diamètre plus considérable et proportionnel à leur grandeur.

Nous ignorons s'il a été donné suite à ces intéressantes recherches, mais les expériences citées dans le Mémoire de M. Bond paraissent fort concluantes, et donnent un grand intérêt à ce nouveau moyen de mesure photométrique.

Les *nébuleuses* et même les *étoiles télescopiques* ne donnent pas d'impression, au moins à l'aide d'instruments de dimension moyenne; mais il est probable que le perfectionnement des procédés photographiques combiné avec l'emploi d'instruments très-puissants, surtout dans des conditions climatologiques plus favorables que celles de nos contrées du Nord, permettront dans un avenir prochain, de reproduire les nébuleuses et les étoiles faibles tout aussi bien que les astres les plus brillants du firmament.

Photographie planétaire.

Si les étoiles ont un grand pouvoir photogénique, il n'en est pas ainsi des planètes, et il serait vraiment curieux qu'un astre, dont la nature paraîtrait douteuse, serait rangé parmi les étoiles ou les planètes avant toute observation de mesure, par la seule différence de son action sur une plaque photographique.

(1) *Astronomische Nachrichten.*

Quand on possède un télescope monté équatorialement d'une certaine puissance, on peut, sans trop de difficultés, obtenir l'image des planètes sur des glaces au collodion. Pour bien réussir, il faut néanmoins une réunion de circonstances favorables assez rare, à savoir : une atmosphère très-tranquille et un mouvement d'horlogerie bien réglé qui permette de maintenir l'astre plusieurs minutes immobile dans l'axe optique du télescope.

Toutefois, à raison du faible diamètre apparent des planètes, leur image est très-petite et il faut l'agrandir subséquemment. Les procédés photographiques ne sont, à beaucoup près, pas assez rapides pour permettre l'amplification de l'image sur le télescope même à l'aide d'un oculaire, comme nous le verrons à propos de la reproduction photographique du soleil. Cependant si l'atmosphère était bien pure, sur une montagne très-élevée par exemple, on pourrait certainement recourir à ce moyen d'amplification, à la condition d'une extrême régularité du mouvement d'horlogerie.

Jupiter avec ses bandes, Saturne avec son anneau, Mars avec sa surface irrégulière, ont donné, surtout les deux premiers, de fort belles épreuves en un espace de temps qui varie de quelques secondes à plusieurs minutes. M. W. de la Rue, qui s'occupe avec une rare activité de ces travaux intéressants, a fait plus, il a obtenu des épreuves stéréoscopiques de ces planètes.

Pour atteindre ce résultat étonnant, il suffit d'en prendre deux épreuves dans une position telle qu'elle a tourné d'une faible quantité sur son axe, ou bien de profiter de son mouvement de translation autour du soleil. Deux images de Mars par exemple, prises à deux heures d'intervalle, correspondent pour cette planète à une rotation de 30 degrés ; et deux images de Saturne (dont les inégalités de la surface affectent une figure de révolution autour de l'axe de rotation), prises à trois ans et demi d'intervalle donnent une image stéréoscopique par rapport à l'anneau et à la planète.

M. W. de la Rue a ainsi exécuté à la main, (d'après la photographie), de fort beaux dessins stéréoscopiques qui ont excité l'étonnement de tous les astronomes qui ont eu l'occasion de les voir.

Photographie lunaire et cométaire.

La lune, vue de la terre sous-tendant un angle d'un demi degré, donne une image de près de 5 centimètres dans un télescope de 6 mètres de distance focale (ce qui est déjà un instrument de grande puissance). L'épreuve photographique grossie quatre fois, et examinée alors à la distance de la vue ordinaire (24 centimètres) sous-tend environ un angle de 30° ce qui correspond seulement à un grossissement de 100 fois.

Malgré ce faible grossissement (car un télescope de 6 mètres en supporte aisément sur cet astre un de 600), les épreuves photographiques de la lune obtenues par M. W. de la Rue, laissent voir certains détails que l'on n'avait pas encore observés jusqu'ici (et ce fait se lie probablement à ce que les rayons qui agissent sur la lame photographique ne sont pas de la même nature que ceux qui agissent sur l'œil(1)).

Le mouvement de translation des planètes autour du soleil étant relativement peu considérable, leur mouvement propre en ascension droite et en déclinaison est pour ainsi dire nul pendant le court espace de temps nécessaire à la production d'une épreuve photographique. Il n'en est pas ainsi de la lune et des comètes dont la trace dans le ciel n'est pas parallèle à l'équateur, mais inclinée. En ce qui regarde la lune (nous parlerons tout à l'heure des comètes) ce mouvement irrégulier en rend la reproduction photographique très-difficile, à moins de s'astreindre à attendre les périodes où le mouvement en déclinaison est nul, ou presque nul.

Voici donc alors ce qu'on fera :

1° Examiner à l'avance dans les Éphémérides (Connaissance des temps, Nautical almanach, etc.) le mouvement en ascension droite de la lune et régler là-dessus le pendule(2) de l'horloge.

(1) « Des portions de la lune également brillantes optiquement ne sont en aucune manière également brillantes chimiquement; il en résulte que les clairs et les ombres dans la photographie ne correspondent pas aux clairs et aux ombres de l'image reproduite au crayon. Il arrive aussi fréquemment que la photographie rend visibles, des détails qui échapperaient à l'œil ou à la vision directe. » (W. de la Rue, *Cosmos*.)

(2) Le mouvement d'horlogerie des machines parallatiques (équatoriaux) n'emploie pas un pendule à échappement qui ferait mouvoir la lunette par soubresauts, mais bien un pendule conique, ou un pendule analogue au régulateur à force centrifuge des machines à vapeur.

Voici ce que dit M. W. de la Rue à ce sujet :

« Comme dans la production des images de la lune, il suffit d'une exposition de quelques secondes, il est essentiel que le mécanisme moteur puisse s'ajuster au temps du mouvement lunaire diurne qui diffère notablement du temps sidéral. Dans la disposition actuelle de mon télescope, cet ajustement s'effectue en altérant la longueur du pendule conique ou du gouverneur à frottement pour augmenter la vitesse de sa double oscillation; c'est ainsi qu'on opère généralement. L'expérience cependant m'a prouvé qu'il y avait plusieurs inconvénients à changer ainsi la vitesse du gouverneur ou du pendule, et je me suis résolu à apporter à mon horloge des modifications qui me permettent de changer la marche du télescope sans changer la vitesse du pendule.

« Je réaliserai ce perfectionnement en substituant la combinaison connue en mécanique sous le nom de disque et plateau au rouage qui transmet actuellement le mouvement de l'horloge au pendule; avec le disque et le plateau on obtient en effet un

2° Adapter à la vis de rappel du cercle de déclinaison un autre mouvement d'horlogerie, qui fasse tourner cette vis d'une quantité calculée à l'avance et égale à l'arc parcouru par la lune en déclinaison.

3° Choisir des procédés photographiques d'une grande sensibilité, de manière à opérer en un espace de temps fort court.

4° Enfin, avoir recours à un miroir de grand diamètre relativement à sa distance focale, un miroir du système de M. Foucault, par exemple.

La même chose peut se dire des comètes, mais comme elles occupent souvent dans le ciel un espace considérable, il sera préférable de se servir d'un objectif double, tel que ceux que l'on emploie ordinairement en photographie, objectif que l'on adaptera à une monture équatoriale, ou mieux, à l'ingénieuse monture récemment imaginée dans ce but par M. Airy et dont c'est ici le lieu de parler.

La fig. 248 de la page suivante représente la lunette que M. Airy a appelée « *Orbit sweeper* » et dont voici la légende :

E est un axe parallèle à la ligne des pôles terrestres avec son cercle horaire et son vernier *i*. Il est supporté sur un pied BLOTP en fer de fonte et muni des rappels nécessaires pour amener l'axe dans une position exacte.

D est l'axe de déclinaison avec son cercle *e* et un fort contrepoids *g* ; il s'attache sur le premier par une pièce Q. C est un troisième axe portant la lunette AB à l'aide d'anneaux *a b*. Il est fixé sur le précédent par une pièce N. La lunette tourne donc sur l'axe C; celui-ci sur l'axe D et enfin ce dernier sur l'axe E[1].

En donnant à l'axe D une position déterminée par rapport à l'axe polaire E, l'inclinaison du troisième C par rapport à un méridien astronomique peut être quelconque, et le télescope décrire également dans le ciel un arc quelconque. Il en résulte qu'on peut lui faire suivre un astre dont le mouvement en déclinaison est rapide comme la lune et surtout les comètes.

Quelque ingénieux que soit l'instrument de M. Airy, la nécessité des trois axes en rendra l'application difficile aux grands instruments.

mouvement variable, en augmentant simplement ou diminuant la distance du disque au centre du plateau; dans cette nouvelle disposition le pendule sera entraîné par un contact avec frottement; et comme j'ai déjà fait usage de ce même système dans d'autres circonstances, je suis persuadé que son application au cas actuel n'entraînera pas trop de difficultés. »

(1) On comprendra mieux le jeu de l'appareil quand on aura lu la description de l'équatorial représenté figure 232. C'est en somme le même instrument avec un axe de plus.

Cependant il sera de la plus grande utilité pour la reproduction des comètes qui, ainsi que nous l'avons dit plus haut, ne nécessitent que l'emploi d'un objectif à verres combinés. Un pareil objectif n'est, relativement aux grandes lunettes, que d'un poids insignifiant.

Pour terminer ce que nous avons à dire des comètes, ajoutons que tantôt elles ont un pouvoir photogénique assez considérable, tantôt, au contraire, paraissent en être complétement dépourvues. C'est ainsi qu'en 7 secondes la comète de Donati a donné une assez belle épreuve, tandis que celle de 1861 n'en a pas donné du tout malgré une exposition de deux heures.

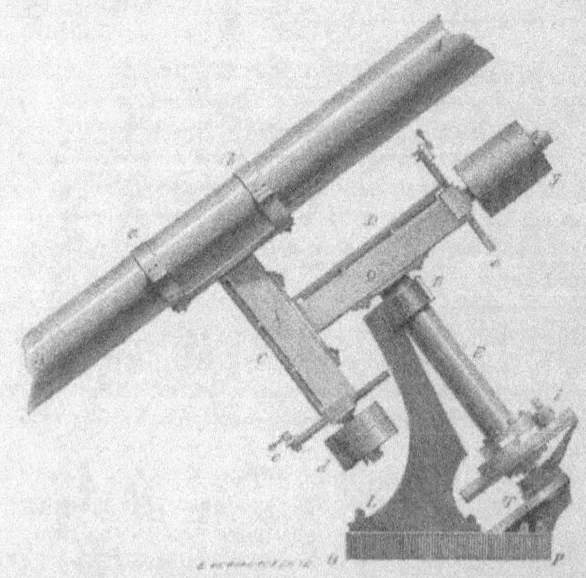

Fig. 248. — Équatorial à trois axes de M. Airy.

Revenons maintenant aux images de la lune :

Le procédé photographique le plus sensible, le collodion, ne permet pas une pose inférieure à quelques secondes, et, le plus souvent à l'aide des lunettes, il faut plusieurs minutes pour obtenir une image vigoureuse.

Voici ce que dit à cet égard M. W. de la Rue (*Cosmos*, 1860) :

« Le temps nécessaire à la production d'une image de la lune varie beaucoup. Il dépend de la sensibilité du collodion, de l'altitude de la lune et de sa phase. J'ai obtenu récemment une image instantanée de la pleine lune ; ordinairement il faut de deux à cinq secondes pour obtenir une bonne et forte épreuve de la pleine lune. Il est très-important que le collodion soit aussi parfait que possible, que l'opérateur ait les mains très-propres, que les appareils soient entièrement débarrassés de la poussière. Pour la lune à l'état de croissant, au premier et au troisième quartier, et dans les mêmes circonstances atmosphériques, le temps de pose varie de vingt à trente secondes. Dans un temps plus court les détails du limbe obscur ne s'impressionneraient pas ou ne deviendraient pas visibles.

« Les portions de la lune situées près du limbe obscur se photographient avec une grande difficulté ; et il faut souvent six fois plus de temps pour obtenir les portions éclairées très-obliquement que pour obtenir d'autres portions moins lumineuses en elles-mêmes, mais plus favorablement éclairées. Les régions élevées dans le voisinage de la portion sud de la lune sont copiées plus facilement que les régions basses appelées communément mers, et je me suis hasardé à dire ailleurs que la lune peut avoir une atmosphère très-dense, mais très-peu étendue ou haute ; il me semble que cette opinion reçoit quelque confirmation d'une observation faite récemment par le R. P. Secchi, et qui tend à prouver que la surface de la lune polarise plus la lumière sur les régions basses et au fond des cratères, que sur les sommets ou sur les crêtes des montagnes où la polarisation n'est pas appréciable. »

La pureté de l'atmosphère exerce une influence capitale sur la finesse des images, et c'est là une des difficultés les plus sérieuses de ce genre de photographie et qui force l'amateur à attendre quelquefois plusieurs semaines avant de rencontrer un moment favorable.

Tout le monde a vu la lune au télescope. On sait que notre satellite présente un aspect volcanique, avec des cratères immenses, comme si des montagnes colossales s'étaient lentement affaisées en ne laissant subsister que leur base et leur cône central.

La figure 249 de la page suivante représente un fragment de la surface de la lune, très-exactement dessiné[1]. Elle fera comprendre au lecteur quel effet les magnifiques épreuves de M. W. de la Rue font dans le stéréoscope, car, deux épreuves prises à un intervalle déterminé diffèrent comme si on les prenait de deux stations éloignées. La lune en effet, oscille autour d'un axe dirigé vers la terre et ce mouvement a reçu de *libration*. On ne voit jamais, comme on sait, que

(1) Recouvrez la figure d'un papier noir découpé qui en cache les bords, et examinez-la à travers une carte percée d'un trou d'épingle. L'illusion sera alors complète, et rappellera très-exactement ce qu'en réalité on voit dans un télescope puissant.

la même face de la lune, mais on en voit un peu plus tantôt d'un côté, tantôt de l'autre.

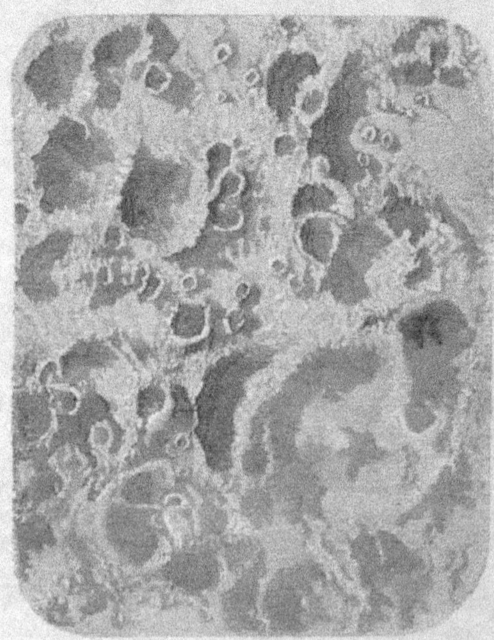

Fig. 249. — Fragment de la surface de la lune.

Le seul effet de la rotation de la terre T autour de son axe (fig. 250) produit déjà cet effet, car de la station *a*, nous voyons le disque *e e* de la lune, et quelques heures après, cinq par exemple, la terre ayant tourné, nous nous trouvons transportés en *b* et alors c'est un disque *i i* que nous voyons. L'effet stéréoscopique est donc celui que percevrait un observateur dont les yeux seraient écartés d'une distance de plusieurs centaines de lieues.

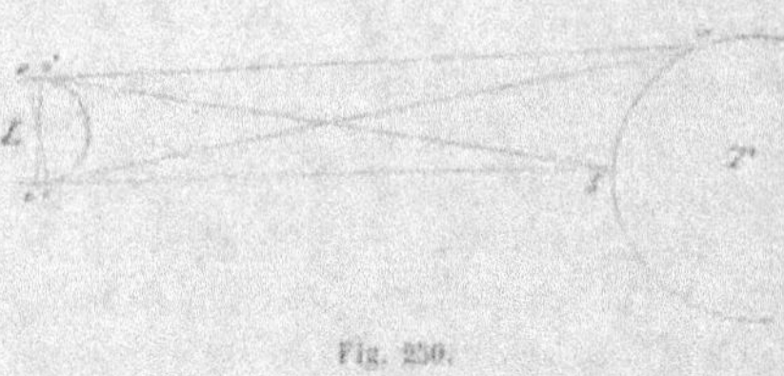

Fig. 250.

Si l'intervalle entre les deux épreuves n'est pas exactement calculé, la lune présentera l'aspect d'un ellipsoïde; s'il est exagéré, l'axe dans le sens de l'œil sera allongé et s'il est trop faible, raccourci, par rapport au diamètre transversal.

Nous avons déjà dit que les images étaient reçues au foyer même du miroir ; il en résulte des épreuves en général assez petites, mais, au lieu d'en tirer des positifs directement dans un châssis à reproduction, on procède par agrandissement comme nous l'avons indiqué page 285 et suivantes. On peut ainsi les grossir quatre et cinq fois, et si elles sont exceptionnellement bien réussies, dix à quinze.

Photographie solaire.

Constitution physique du soleil. Le soleil, examiné au télescope avec un grossissement d'une puissance moyenne et des verres colorés qui en atténuent la trop vive lumière, présente l'apparence d'un disque parsemé de taches plus ou moins nombreuses changeant lentement de place. Ces taches, noires au centre et bordées par une partie plus claire que l'on a appelée *pénombre*, sont généralement confinées dans une zône s'étendant à 35° de l'équateur solaire et paraissent de simples accidents de sa surface, quoiqu'elles persistent quelquefois plusieurs semaines et même plusieurs mois. Leur nombre, leur étendue, et leur forme sont extrêmement variables.

Outre ces taches plus ou moins sombres, il y en a d'autres lumineuses, que l'on a nommées à cause de cela *facules* (torches), et qui se trouvent généralement près des premières, là où elles ont primitivement existé, ou vont apparaître.

Avec un grossissement plus puissant, on remarque en outre que la surface du soleil est rugueuse comme la peau d'une orange et parsemée de petites taches lumineuses appelées *lucules*.

Enfin, avec un grossissement très-considérable, M. Nasmyth, de Penhurst, a vu que l'enveloppe lumineuse du soleil était composée de corps ayant la forme de feuilles de saule, se croisant et se mêlant dans toutes les directions. Chacune de ces feuilles, envisagée séparément, mesure environ 330 lieues de long sur 35 de large. Par leur entrecroisement, elles forment une sorte de structure dentelée. L'épaisseur de la couche lumineuse ne paraît pas très-grande, car on distingue à travers les interstices laissés par ces corps brillants, le corps noir et obscur du soleil. On observe très-bien ces corps avec leurs formes caractéristiques dans le voisinage des taches solaires où ils paraissent lumineux sur un fond noir.

La figure 251 représente une tache du soleil, sa pénombre et les feuilles entrecroisées de M. Nasmyth. Elle a été gravée d'après un dessin fait par cet observateur lui-même et peut servir à ceux de nos lecteurs qui cherchent à perfectionner les moyens de reproduire photographiquement cet astre, car les épreuves solaires que l'on a obtenues jusqu'ici sont loin d'en atteindre la beauté et l'exactitude.

Nous ne dirons rien des théories dont la constitution physique du

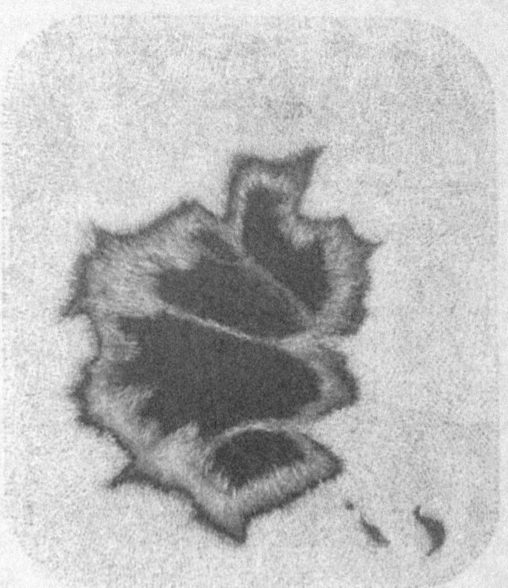

Fig. 251. — Surface rugueuse et taches du soleil.

soleil a été l'objet, mais on comprend quel intérêt on attache à observer cet astre à des intervalles rapprochés, aussi s'est-on appliqué, dès l'époque de Galilée, à en noter l'apparence pour en tirer un jour des données propres à une étude approfondie.

Dès l'apparition du daguerréotype, les astronomes songèrent à tirer parti de cette merveilleuse découverte pour reproduire le soleil à des heures fixes et posséder ainsi son histoire. Ce n'est cependant que dans ces dernières années (en 1858), et sur l'insistance de sir John Herschell, qu'un appareil propre à réaliser ce but a enfin été installé dans un observatoire régulier, celui de Kew. Depuis cette époque, cet astre est reproduit plusieurs fois par jour (à moins que le temps ne fût couvert) et nul doute que les épreuves ainsi obtenues ne constituent des jalons précieux pour son histoire physique.

D'après un travail mathématique de M. Leverrier, il existerait des planètes entre Mercure et le soleil; il paraît même certain qu'une de ces planètes a été observée sur le disque de cet astre[1] par M. Lescarbault. Beaucoup d'astronomes doutent encore, sinon de l'existence de ces planètes, au moins de l'observation isolée de M. Lescarbault. On comprend donc de quelle importance seraient deux épreuves du soleil obtenues à des heures exactement connues et qui présenteraient une tache ronde de la planète en question.

Appareils propres à reproduire photographiquement le soleil. L'intensité lumineuse du soleil étant beaucoup plus considérable que celle des planètes et de la lune, on ne doit pas en recevoir l'image directement au foyer du télescope, mais l'agrandir préalablement par un oculaire. La disposition adoptée par Galilée et les physiciens du dix-huitième siècle pour observer les taches et les éclipses du soleil est même plus avantageuse, et consiste, comme on sait, à réfléchir à l'aide d'un miroir plan les rayons de cet astre dans une lunette de 2 ou 3 pouces d'ouverture munie d'un oculaire. L'image est reçue dans une chambre obscure sur un écran blanc convenablement placé.

Pour bien réussir, un miroir parfaitement plan est de rigueur. Il est difficile de se le procurer, mais si l'objectif de la lunette ne dépasse pas deux pouces de diamètre, un plan de 2 pouces sur 6 est suffisant. On l'argentera et le polira à la manière des miroirs Steinheil dont nous avons parlé page 371, en se servant de la face argentée même pour réfléchir les rayons solaires.

Il est cependant préférable de monter le miroir équatorialement, et de placer la lunette dans le plan du méridien, inclinée sur l'horizon d'un angle égal à la latitude du lieu où l'on opère. Non-seulement alors le miroir peut être moins long, mais encore il est plus facile de faire des mesures sur l'épreuve, surtout si au foyer de la lunette se trouve un réticule. Il est nécessaire de connaître exactement l'heure à laquelle l'expérience a lieu.

M. Warren de la Rue, dans quelques uns de ses essais, a adopté la disposition dont nous avons parlé en premier lieu, et qui consiste à adapter une chambre noire à l'oculaire d'un télescope newtonien monté équatorialement, mais l'emploi des lunettes semble moins embarassant.

Quel que soit l'appareil que l'on adopte, une grande difficulté se présente dès qu'on cherche à grossir très-considérablement l'image, difficulté provenant d'une part du mouvement diurne de la terre, de l'autre de l'imperfection de l'oculaire. L'amateur qui désire donc s'adonner à

(1) Les planètes intra-mercurielles sont trop rapprochées du soleil pour être vues ailleurs.

cette spécialité devra tenir compte des points suivants, et combiner son appareil en vue du résultat qu'il désire atteindre.

Une glace collodionnée exposée un 108e de seconde aux rayons solaires directs est suffisamment impressionnée pour noircir sous l'influence d'un réducteur. Partant de ce point, la dimension de l'objectif et celle de l'image donnée par l'oculaire doivent être calculées (en tenant compte de la perte de lumière par l'absorption et la réflexion des lentilles) de façon à rendre la pose suffisamment courte pour empêcher les détails délicats de disparaître par le mouvement du soleil. Plus l'image doit donc être grande, plus grand sera l'objectif.

Cependant l'expérience a démontré qu'on peut surmonter cette difficulté en montant le miroir équatorialement et le faisant mouvoir à l'aide d'un mouvement d'horlogerie analogue à celui des machines parallatiques (équatoriaux), car si l'on peut aisément construire un objectif de dimension suffisante, il n'en est pas ainsi du miroir plan, dont la construction est infiniment plus difficile(1).

A la condition d'un miroir automatique, un objectif de 2 pouces peut servir à produire des images solaires de 1 mètre de diamètre en 5 ou 6 secondes.

En tous cas, la construction de l'oculaire grossissant est seule sujette à de sérieuses difficultés et a empêché jusqu'ici d'obtenir des épreuves considérablement amplifiées. Cependant M. Dallmeyer a presque résolu ce problème, et livrera prochainement au public, sous le nom de « *enlarging lenses*, » des lentilles spécialement destinées à agrandir par projection des images de petite dimension.

Passons maintenant à la description de l'appareil connu sous le nom de *Photo-héliographe* et qui semble le mieux répondre au but que l'on se propose.

Le photo-héliographe de l'observatoire de Wilna(2) (analogue à celui de Kew), se compose essentiellement d'une lunette avec oculaire et chambre noire montée équatorialement.

La figure 252 représente la monture équatoriale, dont voici la légende :

NO, piédestal en fonte sur lequel se trouve le gnomon XQR qui porte l'axe polaire S. Les ajustements en latitude et azimuth se font à l'aide de vis *ppn*.

S, axe polaire en acier reposant dans le gnomon à sa partie infé-

(1) On peut construire des miroirs rigoureusement plans de 2 pouces sur 4, et même de 3 sur 6, mais au-delà les difficultés deviennent si grandes, que le prix en serait très-considérable.

(2) Nous saisissons ici l'occasion de remercier publiquement M. Dallmeyer d'avoir mis à notre disposition les dessins originaux qui lui servent à construire cet appareil.

rieure sur un pivot d'acier poli, et à sa partie supérieure dans un coussinet en Y où deux roulettes *c* atténuent la friction par des ressorts

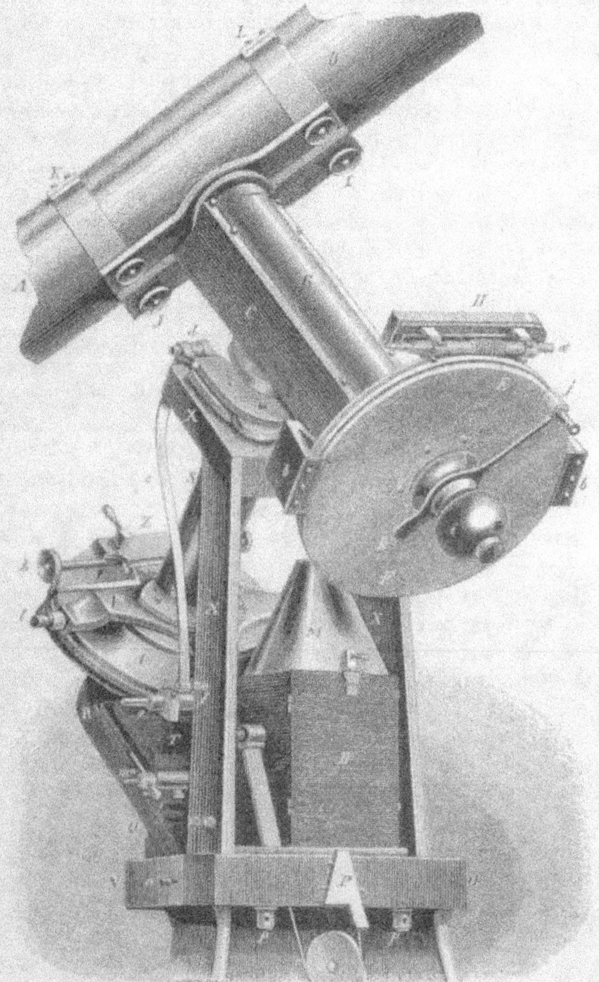

Fig. 252. — Photo-héliographe de l'Observatoire de Wilna (Russie).

df; de cette façon l'axe polaire peut tourner avec une grande facilité.

La construction du cercle horaire est très-ingénieuse. Il s'ajuste librement sur l'axe polaire et porte deux systèmes de verniers, l'un fixé au gnomon, l'autre à l'axe horaire lui-même (le cercle étant divisé sur ses deux faces). Le mouvement de l'horloge est indiqué par l'un, celui de l'axe polaire par l'autre.

Le cercle horaire peut se fixer à l'axe polaire par la vis Z qui y est attachée d'une manière permanente. Un rappel *h* travaille sur des dents taillées dans la partie supérieure du cercle, immédiatement au-dessous la lettre V, et peut se désengrener à l'aide d'un excentrique; il sert à l'ajustement fin des verniers.

MD représente le mouvement d'horlogerie. (Nous ferons observer que la forme du gnomon est très-bien combinée pour lui donner place et que le poids de l'horloge se trouvant dans l'axe du piédestal, concourt à en assurer la stabilité). Ce mouvement se communique par des roues dentées à la vis sans fin *g* qui travaille dans des dents taillées dans la périphérie du cercle horaire. Cette vis *g* est portée sur une plaque glissante T qui permet de la désengrener. Un second mouvement de rappel *m*, peut corriger le mouvement d'horlogerie ou l'excentricité des oculaires, sans toucher aux verniers.

Le mouvement d'horlogerie étant en marche et réglé, on peut malgré cela diriger la lunette sur un objet quelconque sans l'interrompre, en lisant l'ascension droite donnée par les catalogues directement sur le cercle en mouvement(1).

Sur la tête *y* de l'axe horaire s'ajuste une pièce C en métal dans laquelle se trouve l'axe G de déclinaison. Un niveau peut s'y adapter pour faire servir la lunette comme instrument des passages.

FE est le cercle de déclinaison avec son rappel H attaché à la pièce C ainsi que les verniers *b b*.

AB représente le corps de la lunette, attaché à l'axe G par des anneaux K, L et des vis I, J. Un contre-poids *i* équilibre le système.

Ajoutons pour finir, qu'outre les verniers, les cercles portent chacun un microscope micrométrique, et en un mot, tous les accessoires des équatoriaux ordinaires.

Chambre noire télescopique. La chambre noire télescopique est représentée fig. 253. Elle se fixe sur la monture équatoriale (fig. 252) par deux anneaux KL, mais porte deux poignées (non représentées sur la figure) qui permettent de la tourner de 90° sur son axe, ce qui est utile pour amener une tache solaire à parcourir un des fils du réticule (dont nous parlerons tout-à-l'heure).

L'objectif se trouve dans un tube en cuivre D; il a trois pouces de

(1) On en trouvera les détails dans la *Description de l'Équatorial de l'observatoire de Cambridge*, tome XV (*texte anglais*), par M. Airy, Astronome royal.

diamètre et quatre pieds anglais de distance focale, et est corrigé pour les rayons chimiques.

Ce tube se fixe au corps du télescope par un collet E dans lequel il glisse et peut se fixer à volonté par une vis de pression, afin de faire aisément tomber l'image solaire sur le réticule. D'ailleurs, un tube E à crémaillière (fig. 254) sert au mouvement fin.

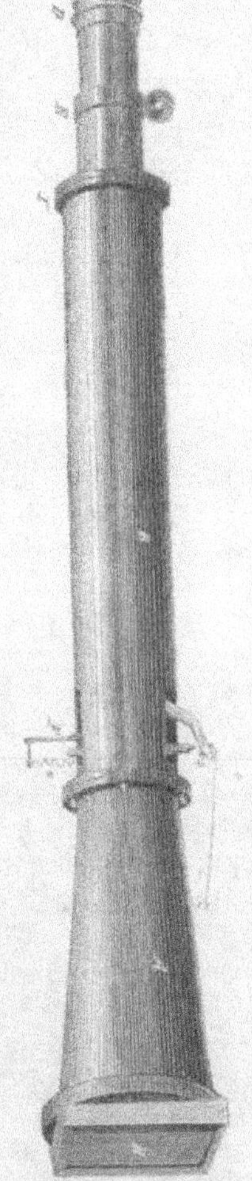

Fig. 253. — Chambre noire télescopique du photo-hélio-graphe.

Là où l'image solaire se forme, se trouve une lame de cuivre à deux ouvertures circulaires, l'une libre, l'autre portant un réticule, de sorte que l'on peut obtenir une image avec ou sans fils en avançant plus ou moins la lame. (Ces fils servent de repère pour les mesures, par rapport aux cercles d'ascension droite et de déclinaison).

Un chercheur, constitué par une petite lentille au foyer de laquelle se trouve un verre dépoli, se trouve sur la chambre noire A.

L'image solaire se forme au foyer de l'objectif, en *b a* à peu près, où elle est agrandie par un oculaire. La chambre noire en métal A, de 20 pouces de long à peu près, porte un châssis carré en acajou pouvant contenir des glaces de 6 pouces de côté, dimension que Warren de la Rue trouve convenable.

L'oculaire est fixé sur la boite A (fig. 254) dans laquelle glisse une lame B à la partie inférieure de laquelle s'attache un ressort *a* dont on fait varier la puissance suivant la vitesse que l'on désire donner à l'obturateur B. Un bras D à poulie sert de soutien au fil *b c* (fig. 255) qu'on brûle ou qu'on détache à un moment convenable.

La figure 255 montre l'intérieur de l'obturateur. L'anneau A D C B représente l'espace qui existe entre le tube à crémaillière E (fig. 254) et le tube B (fig. 253). L'espace blanc indique l'ouverture du tube E (fig. 254).

La lame glissante K E porte une seconde lame intermédiaire I dont on peut faire varier la longueur, afin de régler très-exactement la course de l'obturateur K E, qui porte d'ailleurs une rainure à sa partie supérieure dans laquelle s'engage une vis non représentée sur la figure. L'obturateur est donc sollicité par un ressort retenu par un cordon, et empêché de faire une course égale à sa longueur par une vis qui s'engage dans une rainure. Voilà donc la description de l'instrument dont nous devons maintenant décrire l'usage.

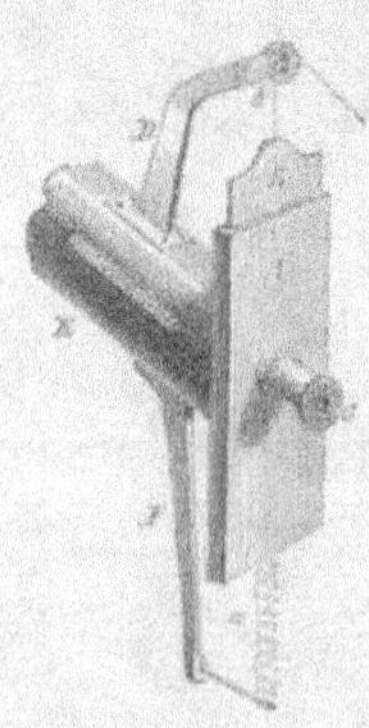

Fig. 234. — Obturateur instantané du photo-héliographe.

Disons tout d'abord que l'objectif est beaucoup trop grand et qu'on peut le réduire à la moitié de son diamètre ce qui permet encore une pose très-courte (1/20e à 1/30e de seconde). Mais on a donné à cet objectif cette dimension, afin de pouvoir s'en servir pendant les éclipses de soleil.

Cet instrument étant destiné à reproduire le soleil d'heure en heure ou à des moments quelconques, il suffit pour cela de l'ajuster (à l'aide des cercles divisés de la monture équatoriale et des positions fournies par les catalogues) et de s'en servir comme d'un appareil photographique ordinaire, sans avoir recours au mouvement d'horlogerie qui n'est destiné à opérer que pendant les éclipses. La mise au point doit nécessairement se faire une fois pour toutes et se vérifier de temps à autre.

Résultats actuellement obtenus. Il nous reste maintenant à parler des images obtenues à l'aide des appareils par projection que nous avons précédemment décrits.

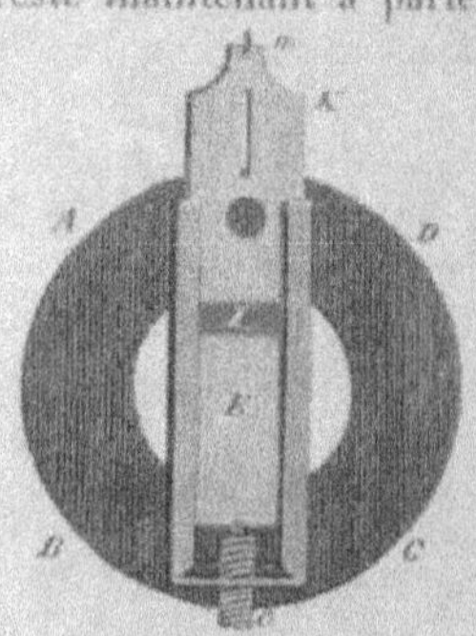

Fig. 235.

Les taches solaires se reproduisent avec facilité et même, quand elles sont prises à un intervalle de quelques heures, sont stéréoscopiques. M. W. de la Rue a établi à l'aide de telles épreuves, (et la découverte est très-importante), que les beaux espaces lumineux appelés *facules* et sur lesquels on a fait tant d'hypothèses, occupent les régions les plus élevées de la photosphère solaire, car on les voit planer bien au-dessus des taches et de leurs pénombres.

Quant à la structure feuilletée dont parle M. Nasmyth, aucune reproduction photographique n'en a jusqu'ici révélé l'existence, mais nous le répétons, les appareils optiques, propres à reproduire le soleil exigent encore bien des perfectionnements, surtout l'oculaire amplifiant, et c'est cette imperfection seule qui est cause que l'observation directe permet de voir plus sur l'enveloppe du soleil que sur les épreuves photographiques.

Quant aux planètes intérieures, rien jusqu'ici n'est venu en confirmer l'existence.

Il nous reste à parler des résultats obtenus par M. W. de la Rue lors de l'éclipse totale de Juillet 1860, mais nous laisserons parler cet illustre amateur lui-même :

« Le 18 Juillet, vers midi, le ciel couvert depuis la veille, commença à s'éclaircir, et une demi-heure après tous les nuages avaient disparu. On a fait des photographies du soleil avant et après l'éclipse, et on en a obtenu 31 pendant l'éclipse même, toujours en notant soigneusement l'heure. Le bord dentelé de la lune y apparaît très-bien ; quelquefois l'une des cornes du croissant solaire se voit émoussée par une montagne de la lune, tandis que l'autre reste parfaitement aiguë. M. Warren de la Rue regardait le phénomène à travers une lunette de 3 pouces d'ouverture et donnait au photographe le signal d'opérer; plusieurs images ont été ainsi prises juste aux moments où la lune éclipsait des taches solaires. »

« ....Quand le soleil fut réduit à un filament lumineux, on ôta les diaphragmes du photohéliographe...... « M. Warren avait si peu de données sur l'intensité des protubérances lumineuses, qu'il s'attendait à les voir représentées sur les photographies par de simples taches noires. Il fut enchanté d'apprendre que leurs images venaient très-parfaites sous l'influence du liquide révélateur. La première plaque avait été exposée pendant une minute, et l'on croyait avoir tout juste le temps d'en introduire une seconde dans l'instrument; M. Warren de la Rue est aujourd'hui convaincu qu'il aurait pu obtenir quatre images par des durées d'exposition de 20 à 30 secondes. A Kew, la lune n'avait laissé aucune trace d'image après une exposition d'une minute entière; donc, puisque les images des protubérances sont solarisées, et celles de la couronne nettement accusées, les protubérances et la couronne ont plus d'intensité lumineuse ou photogénique que la pleine lune. »

.... « Nous arrivons à la description détaillée des photographies. Partant du nord, non pas du zénith, et allant de droite à gauche, on trouve d'abord à l'est une brillante protubérance dont le sommet, à mesure que la lune se découvre, se recourbe à gauche et à droite dans deux directions opposées à partir d'une ligne centrale, comme des feuilles de palmier, les portions courbes ou les feuilles ont beaucoup moins d'éclat que le tronc, en contact par toute sa base avec le bord de la lune ; le centre du tronc est à 28 degrés du nord, sa largeur est d'environ 1 minute (42 kilomètres), sa hauteur de 1 $^1/_2$ minute (63 kilomètres), M. Warren le vit quelques minutes avant la totalité. A 57 degrés du nord se trouve l'extrémité nord d'un nuage courbe détaché, qui d'abord était à $^1/_2$ minute (21 kilomètres) du bord de la lune. Vers son flanc nord, il offre une double courbure ; les deux courbes tournent leur convexité vers le nord. Il est incliné vers l'est d'environ 60 degrés par rapport au rayon de la lune ; sa longueur est de 1 $^1/_2$ minute (63 kilomètres). A mesure qu'elle glisse sur le soleil, la lune s'approcha peu à peu de ce nuage flottant et finit par toucher sa dernière extrémité qui brillait de tout l'éclat de nos nuages terrestres éclairés par le soleil couchant ; sa teinte était un rose très-accusé. A 72 degrés du nord, une protubérance, dont la forme rappelle celle d'un boumerang, s'est imprimée sur la plaque sensible sans être devenue visible. Le tronc a 2 minutes (84 kilomètres) de longueur. Sa pointe courbée vers le nord s'incline vers le bas du côté de l'extrémité du nuage détaché. Plus bas, à moitié de la distance au tronc, une troisième branche se recourbe en haut, de sorte que l'ensemble de la protubérance rappelle la forme du G majuscule de l'écriture ordinaire. On pourrait s'expliquer l'invisibilité de cet appendice pour la vision directe, en admettant qu'il émettait une lumière pourpre ou violette très-faible. Entre cette dernière protubérance et le nuage il y avait une bande de nuages lumineux, longue de 8 degrés et haute de $^1/_4$ minute au plus. De 72 à 135 degrés, on trouve une bande pareille, très-mince ou très-basse auprès du boumerang, augmentant plus loin peu à peu de hauteur jusqu'à un quart de minute, s'élevant ensuite sous forme de cône vers 111 degrés et atteignant une hauteur d'une demi-minute. A partir du cône, on remarque plusieurs projections très-fines que la lunette ne montrait pas, mais dont la plaque sensible a conservé le souvenir. De 129 à 135 degrés, la chaîne s'élève de plus en plus jusqu'à une minute (42 kilomètres); elle est terminée par un contour curviligne, et brillait d'un grand éclat. Entre 115 et 140 degrés, la couronne est aussi très-brillante et de ce point part un de ses plus grands rayons ou faisceaux lumineux courbés vers le nord. A 134 degrés, il existe une protubérance courbée vers le nord, d'une forme assez semblable à celle d'une mitre; elle est haute de 1 $^1/_2$ minute (63 kilomètres), plus déliée au sommet que vers le tronc, et se rallie par un trait de lumière très-faible avec la longue bande de nuages.

La longue bande et la mitre étaient couvertes par la lune avant la fin de la totalité, mais le nuage rose isolé et la première protubérance au nord sont restés visibles durant tout le temps. Au commencement de la totalité on distinguait seulement deux protubérances sur le bord ouest du disque lunaire; l'une, à 194 degrés, consistait en une bande mince haute de $^1/_4$ de minute et longue de 5 $^1/_2$ degrés, projetant vers 197 degrés une pointe courbée vers le sud, d'une demi-minute de hauteur, et que la lune recouvrit dans son mouvement de progression; l'autre protubérance était le pic en forme de montagne déjà signalé et dont le centre occupait le 348e degré; sa hauteur augmenta de $^1/_4$ de minute à 1 $^1/_2$ minute, à mesure que la lune en s'avançant cessa de le couvrir, et il prit, comme on l'a déjà dit, la forme d'un grand navire sous voiles, dont le sommet ou grand mât était haut d'une minute et demie, dont la coque ou le corps mesurait 10 degrés sur le limbe de la lune; vers la fin la lune en glissant mit à nu une longue bande lumineuse s'étendant de 280 à 340 degrés, point où elle touche le corps du navire; en certains endroits elle se réduit à un simple filament limité en haut et en bas par des contours curvilignes; entre 300 et 310 degrés sa hauteur atteint une demi-minute, et de ses deux extrémités on voit surgir deux petites cornes. A 265 et 278 degrés, il y encore deux petites proéminences élevées de $^1/_2$ et $^1/_4$ de minute au-dessus du bord de la lune. »

(*Cosmos*).

INDEX.

www.ingramcontent.com/pod-product-compliance
Lightning Source LLC
LaVergne TN
LVHW020602110826
845149LV00002B/346

* 9 7 8 2 3 2 9 2 3 5 3 0 1 *